12가지 자기 성장의 법칙

12가지 자기성장의 법칙

윤성화 · 최대열

POWERS

OUTOFBOX

추천사

멘토링연구소 윤성화 소장은 12-POWERS를 이론뿐만 아니라 현실과 삶과 직업에서 멋지게 구현하며 살아낸 분입니다. 늘 창의적 접근을 통해서 청년들의 삶이나 진로에 있어 실제적 도움이 되고자 고민하고 애쓰며 쉽지 않은 길을 묵묵히 걸어왔습니다. 그래서 내용 하나하나에 깊은 지혜가 돋보입니다. 비슷한 내용의 책이 주변에 많다고 생각할지 모르지만, 직접 읽어보시면 생각이 달라질 것이라 확신합니다. 이 책은 상당히 독특하고 다르며, 보석과 같습니다. 저자가 제시하고 있는 12가지 성장의 힘이 강조하는 '표면적인' 내용도 물론 탁월하지만, 그 이면에 숨겨진 '핵심' 원리를 제대로 짚어내고 있다는 점에서 이 책은 더욱 가치 있습니다.

저는 정신과 의사로 22년간 사람의 마음을 치료하는 일을 해오면서 치유와 회복의 해법이 깊은 마음(무의식)에 있음을 지속적으로 확인하고 경험하고 있습니다. 깊은 마음에서 인생의 모든 뿌리가 나옵니다. 즉, 인생의 뿌리가 되는 마음의 원리와 원칙을 잘 지켜나갈 때 우리의 인생 역시도 든든해지는 것이지요. 진로나 직업도 큰 맥락은 같다고 생각합니다. 편법이나 눈앞의 가벼운 방식으로는 어떤 일도 제대로 이뤄낼 수 없습니다. 나름의 원칙 없이 남들이 한다고 따라 덤벼들다간 자신의 연약한 뿌리가 드러나 실패를 경험하는 것이지요. 시간이 걸리고 당장은 고생길이라 할지라도 묵묵히 핵심적 원리를 지켜가야 합니다. 자신의 진로뿐만 아니라 인생 전반에 걸쳐 뿌리가 되는 핵심 원리를 배우고 적용해봐야 합니다. 그러한 연습 과정에서 만나는 시행착오와 건강한 실패를 통해서 보석과 같은 삶의 지혜가 축적되는 것이지요. 그런 의미에서 본 책에서 강조하는 '12-POWERS'가 바로 그런 핵심 원리이며 이 원리를 체득한다면 진로뿐만 아니라 인생에서도 묵직한 무게감을 가진 멋진 인생이 될 수 있다고 생각합니다.

인생을 살다 보면 분명 견디기 어려운 바람이 불어온다는 사실을 우리는 알고 있습니다. 하지만 그 바람의 흐름을 아름답게 타고 통과하기 위한 지혜로운 대비는 잘 하지 않는 것 같습니다. 2030 세대에게도 진로와 직업을 포함한 나름의 인생 굴곡이 있지요. 그런 역경 앞에 비록 흔들릴 수 있으나, 결코 뽑히지 않고 오히려 삶의 지혜가 더 쌓여가는 삶을 살 수 있다는 사실을 꼭 기억해주시면 좋겠습니다. 개인적으로 이런 훌륭한 책을 추천할 수 있어 매우 기쁘게 생각합니다. 여러분의 삶이 비상하기 위해 필요한 도움이 되길 진심으로 바랍니다.

김민철 (EJ 심리치료연구소 소장)

추 천 사

저자는 취업 최일선 기업에서 근무하며 기업과 구직자들을 만나는 취업전문가다. 말하자면 전쟁터 한 가운데에서 응급환자들을 집도하는 군의관처럼 구직자들의 커리어를 살려냈다. 그렇지만 얼마 가지 않아 응급처치만으로는 구직자들의 근본적인 문제들을 해결할 수 없다는 것을 알게 되었다고 한다. 이런 고민을 하는 찰나 발걸음을 멈추게 하는 생각을 만난다.

'어떻게 하면 취업 전선에서 언제든 다시 일어나는 사람으로 만들 수 있을까?'

이 근본적인 문제를 해결하고 싶은 열망은 그를 직장을 나와 회사를 만들게 했다. 치열하게 공부했다. 문제를 정의하고 해결책을 찾느라 밤을 새우는 일도 허다했다. 국내에 알려진 방법이 없으면 번역기를 돌려가며 방법을 찾고 또 찾았다. 그 과정과 결과가 바로 이 책, 『12-POWERS』다.

그래서 이 책은 이력서, 자기소개서, 면접 등의 취업에 필요한 기술뿐 아니라 더 근본적인 자기 성장의 법칙을 담고 있다. 내용을 곱씹어 읽다 보면 깨닫게 된다. 그저 젊은 세대가 사회에 첫발을 내디딜 때 필요한 것들만 다루는 게 아니라 생계의 문제를 넘어 말을 올바르게 하고, 몸을 바로 세우고, 마음을 단단하게 할 때 필요한 내용들도 포함하고 있다. 이것을 이해하게 되면 곧 세상과 나의 접점을 더욱 분명하게 하고 살아갈 수 있다. 이렇게 작은 것에서 큰 것으로, 얕은 것에서 깊은 것으로 이어지게 논지를 펼치는 그의 통찰에 나는 혀를 내두를 수밖에 없었다.

그는 이러한 삶을 위해서는 무엇보다 스마트폰과 AI에 빼앗기고 있는 '생각하는 기회'를 잡아야 한다고 강조한다. 나는 그의 말에 수긍해 즉시 유튜브의 알고리즘 기능을 껐다. 그렇게 나는 조금씩 이 책에서 말하는 12가지 힘의 원리를 활용해 '해야 하는 생각'과 '버려야 하는 생각'의 기준점을 알 수 있었다. 20년 넘게 직업을 공부하고 누군가를 교육하는 일을 했던 나조차도 발견하지 못했던 생각의 맹점을 강렬하게 꼬집어 준다.

하지만 진정한 배움은 비움으로 시작한다고 했던가. 그래서 그는 배움만 강조하지 않고 무언가를 채우려면 비울 줄도 알아야 한다고 말한다. 비울 때 필요한 것들이 다양한 분야의 지식, 기술, 정보를 서로 융합해 낼 수 있는 통섭력, 시장에서 정말로 필요한 것만 발췌해서 공부하는 시장조사력, 나를 기준으로 커리어의 로드맵을 만들어 불필요한 노력을 줄이는 커리어매핑력, 과거의 실수를 반복하지 않기 위해 내 분야의 전문가를 찾아가 인터뷰를 해보는 인터뷰력 등이다. 그의 활자들을 읽다 보면 가끔 그의 나이에 의구심을 갖게 한다.

보통은 60대를 넘어서면서 수많은 실수와 실패로 알게 되는 삶의 지혜들을 그는 어떻게 40대 문턱에서 일찍이 깨달을 수 있었을까. 아마도 공부의 목적이 돈을 많이 벌거나 유명세를 좇는 것이 아니기 때문에 가능한 일이 아닐까 싶다. 그의 공부하는 방식, 공부한 것을 나누는 방식을 보면 진정한 교육자의 성품이 묻어 있음을 어렵지 않게 알 수 있다. 그래서 아마도 어린이부터 노인에 이르기까지 전 생애에 그 시기마다 필요한 지혜들을 수없이 읽고 사색에 빠졌을 것이다.

그런 의미에서 나는 이 책에 단 12가지의 비법이 전부가 아니라고 말해 두고 싶다. 이 책을 읽는 그 시간은 문단과 문단 사이, 문장과 문장 사이, 그리고 단어와 단어 사이에서 느껴지는 생각의 결을 발견하는 시간이 될 것이다.『12-POWERS』를 통해 한층 더 넓은 세상을 볼 수 있는 당신이 되기를 바란다.

커리어코치 **정철상** (인재개발연구소 대표,『대한민국 진로백서』저자)

추천사

　이 책은 취업뿐 아니라 그토록 미뤄 왔던 '자기 성장'까지 시작하게 만든다. 운동을 하고 잠을 충분히 자고 책을 읽게 한다. 또한 이 책은 예전보다 조금 더 나은 사람이 되고자 하는 열망까지 품게 한다. 그래서 청년들뿐 아니라 인생의 굴곡을 겪는 청춘들의 서재에 꽂혀 있어야 할 책이다.

－ AI 채용컨설턴트 **최준형** (다온컴퍼니, CEO)

　법문(法文)은 정확한 사람을 만들고 인문학은 깊은 사람을 만든다. 하지만 이 책은 이 둘을 한꺼번에 해낸다. 삶의 본질을 관통하는 그의 시각을 알게 될 때마다 내 아이의 멘토로 그를 모셔 오고 싶은 정도다. 변화를 갈망하고 성장을 원한다면 섣불리 움직이기 전에 이 책부터 읽어야 한다.

－ 법무법인 '길' 변호사 **윤길웅**

프롤로그

 살아 볼수록 인생을 늘 긍정적이고 생산적인 상태로 유지하는 것이 보통 일이 아님을 깨닫습니다. 그것은 인간의 본능인 유지와 생존을 넘어서야 하는 일이고, 끊임없이 나를 무너뜨리려는 수많은 유혹을 이겨내야 하는 결의가 필요한 일이기 때문입니다. 하지만 인간은 결국 고귀한 선택을 하려고 애쓰는 존재인가 봅니다. 일과 삶 그리고 돈 앞에서 무너지는 자신을 반성하며 같은 실수를 반복하지 않으려는 사람들이 모였습니다. '우리는 무엇을 해야 이런 고통에서 벗어날 수 있는가?'를 끊임없이 토론하고 나누고 정보를 공유했습니다. 마치 고대 신전에 모인 철학자들처럼.

 그렇게 수많은 자기반성과 젊은 날에 대한 후회를 끄집어내는 나날들이 이어졌습니다. 그것은 누구에게도 말하지 못했던 자신의 치부를 드러내는 작업이기도 했고, 분야가 다른 사람들에게 서로 배울 좋은 기회이기도 했습니다. 저는 사회적으로 명망이 있는 분들의 이런 솔직한 대담을 혼자 알기가 너무 아깝다는 생각이 들었습니다. 그동안 읽어왔던 많은 선인의 철학적 시선만큼이나 그 대화들이 깊이 있고 울림이 있었기 때문입니다. 너무 개인적인 경험들은 최대한 배제하면서 많은 사람에게 선한 인사이트를 줄 수 있는 부분들을 추려내었습니다. 그래서 이번에는 취업컨설턴트로 활동하시면서 많은 청년에게 용기를 주고 진로의 길을 알려주는 빌드업 최대열 대표님과 진로교육 멘토를 자처하고 있는 제가 공동 집필로 총대를 메어 보기로 했습니다. 그렇게 우리의 젊음보다 다음 세대의 젊음은 조금 더 쉬운 굴곡을 만나기를 바라는 마음을 모아 이 책을 만들었습니다.

하지만 이 책을 써냈다고 해서 저희가 이 책에 등장하는 12가지의 힘의 요소들을 모두 갖춘 사람들이 아니라는 것을 먼저 밝힙니다. 이미 완벽한 길을 가고 있는 사람에게만 교육의 특권을 준다면 감히 누가 선생을 자처할 수 있을까요. 그러니 함께 배우고 반성하고 깨달아간다는 마음으로 이 책을 읽어주셨으면 좋겠습니다. 그저 허무하기만 했던 삶을 조금 더 의미 있고 옳은 방향의 삶으로 바꿔 살아내려고 애쓰는 사람들의 기록이라 여겨주시면 편히 읽을 수 있을 겁니다. 특히나 이번 책은 사회에 첫발을 내딛는 분들에게 도움이 될 내용으로 조금 더 집중해서 집필했습니다. 저희가 만나는 대상들이 청년이기도 하고, 저희는 20대부터 40대까지 경제활동을 책임지고 있는 세대가 바로 서야 나라의 허리가 세워진다고 믿기 때문입니다. 저희는 가장 날 것의 젊음을 매일 마주하는 사람들입니다. 미디어에서 보이는 자신감 넘치는 젊음이 있는 반면, 진로상담이나 취업 컨설팅으로 만나는 젊음은 삶의 곳곳에 '포기'라는 단어가 덕지덕지 붙어있습니다. 그래서 저희는 취업을 그저 '경제활동을 위한 수단'으로만 정의하지 않습니다. 그것은 곧 무기력에서 젊음의 멱살을 잡아 끌어내는 일이고, '나는 아무것도 하지 못하는 사람'이라는 자조적 인생관을 송두리째 바꿔놓을 수 있는 처방전이라 생각하며 일을 하고 있습니다.

 물론 '정보'가 필요해서 이 책을 읽는 분들도 분명히 있으리라 생각합니다. 분명한 건, 그러한 목적으로 이 책을 펼쳤을 때도 분명 유용한 책이라 자신할 수 있다는 것입니다. 하지만 이 책이 '어떻게 하면 내가 연봉이 높은 직업을 가질 수 있는가?'와 같은 단편적인 질문에 대한 답을 찾아 주는 안내자의 역할만 하기를 원하지 않습니다. 그러니 책에 있는 많은 미션들과 생각할 거리를 자신의 것으로 만들어가는 노력을 병행해 보셨으면 합니다. 그래서 삶에 대한 의욕이 불타오르게 되고, 평생 나 자신을 믿어주지 못했던 분들도 '나도 꽤 잘하는 사람이구나'를 발견하는 자기 발견적 성찰이 동반되는 경험이 이 책을 통해 일어났으면 합니다.

 그래서 취업보다는 일을, 경제활동보다는 노동의 가치를, 정보보다는 정보에 대한 해석을 더 중점적으로 이야기하려고 애썼습니다. 늘 직접적으로 보이는 것보다 그 속에 숨겨진 진의(眞意)를 발견하는 것이 더 중요한 법이니까요. 그래서 이 책을 접하는 많은 분이 '나'라는 사람의 가치를 재발견하여 '생각보다 인생이 괜찮구나!'라는 것을 깨달아가셨으면 좋겠습니다. 지금 나에게 그런 능력이 없을지라도 오늘의 내가 계속해서 '좋은 선택'을 반복하다 보면 결국 삶이 자기가 원하는 방향으로 이끌어갈 수 있는 것임을 일찍이 알아가시길 바랍니다. 책 한 권으로 인생을 송두리째 바꿔놓을 수는 없지만 최소한 부정적으로 흘러가던 물줄기의 방향 정도는 바꿔 놓을 수 있지 않겠냐는 작은 희망을 품고 이 책을 세상에 내어놓습니다. 책에서 부족해 보이는 부분에 대한 진언들도 겸허히 듣겠습니다. 죽을 때까지 배우기를 다짐하며.

진로교육기관 멘토링연구소장 **윤 성 화**
취업컨설팅기업 빌드업대표 **최 대 열**

목 차

추천사   007
프롤로그   010

첫 번째 힘. 체력   021
  미션 1. ABCM루틴 설계해보기   044

두 번째 힘. 자기통제력   047
  미션 2. Not To do List 작성해보기   075

세 번째 힘. 사색력   079
  미션 3. 산책 후 사색한 내용 기록하기   106

네 번째 힘. 망각력   109
  미션 4. 14일 연속해서 비우기   136

다섯 번째 힘. 회사매칭력   139

    미션 5. 직업 결정의 요인 중요도 파악하기   154

여섯 번째 힘. 통섭력   157

    미션 6. 제너럴 리스트 & 스페셜 리스트   185

일곱 번째 힘. 커리어매핑력   189

    미션 7. 커리어맵   230

여덟 번째 힘. 정보분별력   233

    미션 8. 정보의 자동화   259

아홉 번째 힘. 글력   263

    미션 9. '메모-감정-해석'의 글쓰기   290

열 번째 힘. 시장조사력 293

    미션 10. 직무 SWOT 분석하기 332

열한 번째 힘. 대화력 325

    미션 11. 핵심 키워드 추출하기 362

열두 번째 힘. 반복력 365

    미션 12. 나에게 있는 힘 알아보기 403

    에필로그 405
    참고문헌 408

첫 번째 힘

체력

첫 번째 힘

체력

멘토링연구소장 **윤 성 화**

"매번 예전보다 열심히 살아보겠다고 다짐하지만 얼마 가지 않아 제자리로 돌아와 버리는 저를 발견합니다. 그럴 때마다 '나는 이것 하나 제대로 못 하는 사람인가….'와 같은 자괴감이 밀려들어 너무 괴롭습니다. 제가 무엇부터 해야 삶이 진짜로 달라질까요?"

 적어 온 질문을 그대로 읽는 것일 텐데 가늘게 떨리는 목소리의 그는 그것조차 무척이나 힘들어 보였습니다. 정리되어 있지 않은 머리, 아직 떨어진 줄 모르는 것 같은 셔츠의 3번째 단추, 여러 색의 볼펜이 묻어 있는 검지를 통해 그가 얼마나 힘든 상황인지를 가늠할 수 있었습니다.

 "제가 ㅇㅇ 씨의 상황을 모두 알 수는 없습니다. 어떤 상황에서 얼마나 힘든 시간을 보내고 있는지 감히 추측할 수도 없습니다. 삶의 무게는 모든 사람에게 다르게 느껴지니까요. 하지만 반복되는 결심에도 같은 실수를 반복하고 있다면 그 악순환을 빠져나올 수 있는 계단 정도는 알려드릴 수 있을 것 같네요."

저는 행여나 저의 진심 어린 걱정이 어른들이 흔히 하는 뻔한 조언으로 남을까 조심스럽게 말을 꺼냈습니다. 그 역시 몸을 조금 더 제 쪽으로 앞당겨 들을 준비가 되었다는 것을 알려왔습니다.

"혹시 지금 손가락에 여러 색의 펜이 묻어있다는 걸 알고 있나요? 세 번째 단추가 떨어진 건요?" 그제야 그는 자기 손가락과 셔츠에서 떨어진 단추 부분을 확인했습니다.

"볼펜이 묻어있다는 것은 알고 있었는데, 단추는 예전에 알았지만 잊어버리고 지내는 중이었네요. 부끄럽네요…."

"실망하지 않아도 됩니다. 대부분의 사람이 ㅇㅇ 씨의 볼펜이 묻어진 손가락과 단추 떨어진 셔츠와 같은 것을 가지고 살아가니까요. 문제는 그것을 '잠시 미루는 마음'이 어디서부터 오는지를 스스로 알아차리느냐 그렇지 못하느냐에 달려있습니다."

"그렇네요. 저도 '조금 있다가 해야지….'와 같은 잠시 미루는 마음이 쌓이다 보니 여러 문제가 생기는 것 같습니다. 이 마음은… 어디서 오는 걸까요?"

그의 눈빛에서 이 대화를 통해 생각의 초점이 자신에 대한 실망감에서 지적 호기심으로 바뀌어 가고 있음을 알려오고 있었습니다.

"바로 '귀찮음'입니다. 손을 씻고 단추를 찾아 달고 머리를 정갈하게 빗는 행동들은 어렵거나 힘든 일들이 아닙니다. 언제든 내가 마음만 먹으면 할 수 있는 작은 행위들이죠. 기억해야 할 점은 이 '귀찮음'의 특성에 '연속성'이 있다는 점입니다."

"하나의 귀찮음이 다른 귀찮음을 가져온다는 말씀인가요?"

"바로 그겁니다. 그래서 시작은 양말을 바로 옆 빨래통에 넣지 않는 정도의 작은 귀찮음이지만, 시간이 지나면 '내가 왜 열심히 살아야 하나?' 같은 삶 전반에 대한 무기력이나 '나는 왜 이것도 못 하나…'와 같은 자신에 대한 자괴감으로 이어지는 거죠."

그는 가져온 노트에 '무기력'과 '자괴감'이라는 단어를 꾹꾹 눌러가며 적어 내려갔습니다. 아주 잠깐이지만 저 역시 그 두 단어가 그의 노트에 온전히 기록될 때까지 잠시 숨을 고르며 기다려 주었습니다.

"○○ 씨처럼 저를 찾아와 부정적인 삶을 긍정적인 삶으로 바꿔 나가기 위해서 무엇을 해야 하는지 물어보는 분들이 참 많습니다. 그러면 저는 어김없이 지금처럼 내가 미루고 싶어 하는 가장 작은 일들이 무엇인지를 10가지 적어보게 합니다. 이것도 미루지 말고 지금 바로 적어볼까요?"

"지금이요?"

"네, 미루지 말고 바로 해 봅시다."

그는 적잖이 당황하는 듯했지만, 이내 마음을 고쳐먹고 흰 종이에

'내가 미루고 싶어 하는 일들 10가지'를 적어 내려가기 시작했습니다. 얼마 안 되는 시간이지만 그에게 오로지 집중해서 써볼 수 있는 시간이 되길 바라며 저는 테이블 위에 올려두었던 책을 펼쳐 잠시 독서에 빠져 있기로 했습니다.

"소장님, 다 적어봤습니다. 이렇게 글로 적어 보니 너무 창피하네요…."

"물론 그럴 겁니다. 하지만 모든 분이 이런 상담을 통해서 목표를 이루기 위해 반드시 겪어야 하는 과정이니 너무 부끄럽다 여기지 않아도 됩니다. 이렇게 객관적인 자료로 만들어 놓고 하나씩 고쳐나가는 작업을 해야만 가장 근원적인 문제가 어디에 있는지 알 수 있을 테니까요. 이 중에서도 가장 자주 미루게 되는 일이 어떤 건지 여쭤봐도 될까요?"

"가장 자주 미루게 되는 건… 아무래도 집안일이라고 할 수 있는 것들인 것 같아요. 설거지나 빨래 또는 청소 같은 것들요."

"네, 대부분 사람들이 흔히 미루는 것도 마찬가지입니다. 하지만 이런 종류의 일들은 크게 두 가지 특성이 있습니다. 바로 '미룸의 과정과 결과를 오로지 나만 알 수 있다는 것'과 '일종의 해방감을 느끼는 부분'이라는 것입니다."

저는 옆에 있던 화이트보드의 다리를 잡아 드르륵 끌어당겨 놓고 그의 집중력이 흐트러지기 전에 재빨리 보드마카의 뚜껑을 열었습니다. 그리고 이 두 가지 문장을 보드에 적어 내려갔습니다.

■ 미루는 것의 특성

- 과정과 결과를 오로지 나만 알 수 있다.
- 일종의 해방감을 누리는 역할을 한다.

"하나씩 살펴보죠. 내가 집안일을 미루는 것을 누군가에게 들킬 수밖에 없는 상황이라면 어떤 일이 벌어질까요?"

"잠깐 생각만 해봐도 지금보다는 덜 미룰 것 같아요. 자기관리를 못 하는 저의 모습을 들키기 싫을 테니까요."

"바로 그 지점입니다. 사람은 누구나 나의 치부를 들키기 싫어하는 본능을 가지고 있습니다. 다르게 말하면 방금 말했던 그 관찰자의 역할을 하는 사람이 없을 때 우리는 끝없이 게을러질 수 있다고 봐야 합니다. 또한 이 미루는 것이 '일종의 해방감'을 느끼게 해준다고 했습니다. 이건 어떤 부분일지 감이 잡히시나요?"

"음, 말씀하신 '해방감'이라는 단어를 들으니 저는 하루 종일 회사에서 원하는 규칙이나 규율에 따라서 시간을 보내다가 집에 들어오는 저의 모습이 떠오르네요. 역할에서 벗어나서 오로지 저만의 시간을 가질 수 있으니 뭔가 자유로울 수 있다는 마음이 생기는 것 같습니다."

"네. 맞습니다. 누구나 하루 종일 경제활동이나 사회적 역할을 위해 많은 시간을 할애하다 보면 꾹꾹 참아왔던 자유를 보상받고 싶은 마음이 꿈틀거릴 겁니다. 인간은 본능적으로 자유를 갈망하기 때문에 이성에 의해 통제되어왔던 마음이 보상을 원하는 것이죠."

"그럼 말씀하셨던 해방감을 '규칙이 없는 나만의 공간에서 누리는 자유' 정도로 정의하는 게 맞을까요? 여기까지 들으면 너무 필요하고 좋아 보이는 것 같아서요…."

"정확합니다. 많은 사람이 혼란스러워 하는 부분이 바로 그 지점이에요. 여기까지 들어보면 적당히 게으른 것이 나에게 자유를 주고 또한 보상되는 삶이기 때문에 지양하는 것이 아니라 오히려 지향해야 하는 삶처럼 보입니다. 결론부터 말씀드리자면 목표는 필요하지만 과정이 달라야 하는 겁니다."

"필요한 목표, 다른 과정이라…. 조금 더 부연 설명을 해주실 수 있을까요?"

"우리에게 매일 자유를 만끽하는 삶과 적절한 보상이라는 목표는 필요한 부분입니다. 이것이 곧 긍정적인 삶으로 나아가는 필수요소이기도 하니까요. 대신 그 과정으로 발생하는 '미룸'을 다른 것으로 바꿔야 합니다. 미루는 것으로 보상을 얻으려는 마음은 '소탐대실'과 같습니다. 작은 것을 얻으려다 더 큰 것을 잃어버리기 쉽다는 말이죠. 얻을 수 있는 것은 자유함과 보상이라 말씀드렸으니 미루는 것이 왜 우리 삶에 해악이 되는 지를 한 번 살펴보죠."

저는 생각보다 길어지는 대화에 눈앞에 놓고 보기만 했던 녹차를 그제야 한 모금 마시며 목을 축였습니다. 반짝이는 눈으로 삶을 바꿔보겠다는 분을 만나는 것이 그렇게 자주 있는 일이 아니었기 때문입니다.

체력과 미루는 습관의 상관관계

"일단 무언가를 미루는 습관이 우리 삶 전반에 어떤 영향을 가져오는지부터 살펴보죠. 제일 먼저 본인도 느꼈겠지만 무언가를 미루는 일은 '짧은 해방감, 긴 죄책감'의 원리[1]를 가지고 있습니다. 쌓여있는 빨래와 설거지를 보면서 느끼는 죄책감과 삶에 대한 불안감이 우리가 누리는 자유의 순간보다 더 길고 깊습니다. 이런 부정적 감정은 영원한 적이라 할 수 있는 '스트레스 상황'으로 우리를 끌고 들어갑니다. 스트레스가 지속해서 쌓이게 되면 곧 일의 모든 순간에 필요한 '집중력'과 '생산성'을 감소시킵니다. 이런 시간이 길어지면 당신은 결과는 없지만 오래 일하는 사람으로 바꿔놓을 겁니다. 사회적평가에서 가장 저평가받는 사람들은 일을 못 하는 사람들이 아닙니다. 오히려 오래, 많이 일하지만 성과가 없는 사람들이죠. 커리어 측면에서 보면 이런 사람들은 자신의 전문성을 쌓아 나갈 기회를 놓치게 될 겁니다. 짧게 일하고 많은 성과를 내는 사람들에게 그 자리를 내어 줘야 할 테니까요. 기회는 잃었고, 스트레스는 쌓였습니다. 이 속상한 마음을 풀어내고 싶은 마음으로 집에 돌아왔을 때 ㅇㅇ 씨가 하게 될 첫 번째 행동은 무엇일까요? 아마도 어제 그랬던 것처럼 빨래와 설거지를 미루고 게임을 하거나 유튜브를 보는 선택을 할 겁니다. 일단 보상과 자유를 누려야 하니까요. 그렇게 늦은 새벽에 잠들고 피곤한 몸으로 회사에 나가면 이 악순환의 고리가 완성되는 것이죠."

"듣기만 해도 암울하네요. 하지만 최근의 제 모습과 너무 비슷한 모습인 걸 부정할 수가 없군요. 다시는 마주하고 싶지 않은 저의 모습입니다. 그럼, 방금 말씀하신 악순환의 고리를 끊어 내기 위해서는 무엇이 필요할까요?"

"좋은 질문입니다. '짧은 해방감, 긴 죄책감'의 악순환에 빠지지 않기 위해서 가장 먼저 해야 할 일은 우리의 체력을 기르는 일입니다."
"체력... 이요?"
"네. 조금만 깊이 생각해보면 볼펜이 묻은 손가락을 나중에 씻겠다고 결정하는 일, 떨어진 단추를 내일 달아 놓겠다고 결정하는 일은 귀찮음 혹은 미룸 때문에 벌어진 일이고 이 둘을 해결하기 위한 가장 좋은 방법이 바로 '체력의 그릇'을 키우는 것이니까요."
"체력의 그릇이라... 어떤 에너지 같은 걸 말씀하시는 걸까요?"

똑똑. 호흡을 가다듬어 답변하려는 찰나 상담실 문에 딱딱한 노크 소리가 들려 오고야 말았습니다.

"소장님~ 다음 상담하실 분 도착해서 기다리고 계십니다."
"아, 그래요. 시간이 벌써 그렇게 됐네요. 알겠어요."
저는 자세를 고쳐 앉아 소파에 등을 기대며 그를 응시했습니다.
"정말, 한 시간이 금방 가버리네요…."

그는 종이와 펜을 천천히 정리하는 3초의 시간으로 아쉬운 마음을 드러냈습니다. 그래도 최소한 그에게 꺼져가던 의욕의 불씨가 다시 살아난 것 같아 저는 흐뭇한 미소로 미션을 하나 내주기로 했습니다.

"오늘 했던 이야기를 잘 정리해보세요. 그리고 다음 상담까지 '체력의 그릇을 키운다'라는 개념이 ○○ 씨에게 어떤 것을 의미하는지 찾아

보고 오셨으면 합니다. 그걸 이해하는 과정이 저에게 했던 질문에 대한 답이 되어줄 겁니다."

❖

왜 '체력의 그릇'을 키워내는 일이 삶의 긍정성을 회복하는 데 가장 먼저 해야 하는 일이 될까요? 저는 15년 동안 많은 분에게 상담과 교육을 제공하고 이후 그들이 바뀌는 과정을 지켜봐 왔습니다. 그러면서 가장 힘들게 이겨냈던 것이 있다면 바로 '내 교육커리큘럼에 어떤 문제가 있는 걸까?'에 대한 고민이었습니다. 그렇게 생각할 수밖에 없었던 이유는 같은 교육을, 같은 시간과 내용으로 제공했는데도 불구하고 수강생들의 변화 과정과 속도가 모두 상이했기 때문입니다. 그래서 예상했던 좋은 결과가 나오지 않는 수강생이 있을 때마다 저는 마치 삶의 의미를 잃어버린 초원 위 가젤처럼 밤을 새우며 고통 속에 몸부림쳐야만 했습니다. '내가 제공해주지 못했던 부분이 도대체 뭘까?' 이것을 찾아내기 위해 잠을 줄여가며 더욱 책과 논문을 파고들었던 시절이 있었습니다. 그러다 '완전한 교육을 설계하는 것은 불가능하다'라는 것을 윌리엄 버틀러 예이츠의 말을 통해 깨달았습니다.

'교육은 양동이를 채우는 것이 아니라 불을 밝히는 것이다.'
- 윌리엄 버틀러 예이츠

사람들에게 비어있는 어떤 것을 채워주는 것을 교육의 목표로 두었기 때문에 벌어진 일이었습니다. 애초부터 '채움'은 '교육자'의 몫이 아니었습니다. 교육공학자로서 우리가 하는 일은 그저 '배우고자 하는 열망이 시작되게 하고 그것이 지속되게 하는 것'이 전부였습니다. 학습자에게 불씨를 일으켜 주는 것이죠. 그렇게 불씨를 일으켜 학습자가 스스로 양동이를 채워내게 하는 것이 교육의 본질이라는 것을 깨닫고 나서야 마음에 채워져 있던 족쇄가 풀리는 것을 느꼈습니다. 이제 남은 문제는 '불씨를 어떻게 일으킬 것인가?' 그리고 '그것을 학습자가 어떻게 지속하게 할 것인가?'였습니다. 처음에는 이 역시 학문적 시각으로만 접근하다 보니 길을 잃고 헤매는 경우가 많았습니다. 언제나 그렇듯 답은 지식이 아니라 '사람'에게 있었죠. 도달한 결론은 '평범한 사람들을 무언가를 배우려는 사람으로 이끌어가는 교육'이 선행되어야 한다는 것이었습니다.

'진정한 교육의 본질은 평범한 사람들을
무언가를 배우려는 사람으로 이끌어 가는 것'

그래서 교육 커리큘럼을 더 탄탄하게 구성하는 것보다 '사람이 무언가를 배우기 위해서 필요한 전제조건은 무엇인가?'를 더 연구하기 시작했고 수많은 조건 중에서도 그 출발점이 바로 '체력'이라는 결론을 내리게 되었습니다. 직업 건강 심리학 저널에 기재되었던 「The Relationship between Health and Work: A Review(건강과 일의 관계)」[2]에서 J. Moen은 "건강한 삶을 유지하는 것은 일의 성과를 비롯한 성장하는 삶의 출발점이다."라고 했습니다. 누구나 알고 있는 당연한 말을 찾아내기 위해 몇 년을 돌아왔다고 할 수 있겠지만, 저에게는 교육 과정의 질을 높이는 것에만 갇혀 있던 시선을 학습자의 상황으로 넓혀준 좋은 경험이었습니다.

삶의 모든 것은 연결되어 있습니다. 인류와 세상에 대해 공부를 하면 할수록 이 말은 진리에 가깝다는 것을 인정하게 됩니다. 단 하나의 사실도 연관성 없는 별개의 정보로 존재할 수 없습니다. 이런 논리를 우리의 실생활에 적용해 보면 내가 빨래를 쌓아두고 모르는 체 하는 것, 설거지를 습관적으로 미루는 것, 다음날 안 좋은 기분으로 출근하는 것, 평소라면 넘어갈 수 있을법한 말들이 귀에 거슬리는 것, 이내 다른 회사의 채용공고를 검색하게 되는 것은 모두 연결되어 있다고 봐야 합니다. 이러한 연결성을 인지할 수 있다면 우리가 해야 할 일은 분명합니다. 그 시발점을 찾아 제거하거나 또는 다른 행동으로 바꿔내는 것이죠. 그래서 저는 수많은 연구자료를 살펴보고 제가 가르치는 학생들에게 실제로 과제를 내주면서 그 반응과 결과를 추적했습니다. 그렇게 이 모든 것의 출발점을 '체력의 그릇을 키우는 일에 집중해야 한다'는 결론에 다다른 것이죠.

우리는 유전적인 요인으로 골격과 근육량을 다르게 가지고 태어납니다.[3] 또한 기질적인 원인과 환경적인 원인으로 인해 내가 가진 유전적 체력의 그릇을 키워내야 하는 분들도 있고 별도로 키워내지 않아도 자기 일을 잘 해낼 수 있는 분들도 있습니다. 일단 이 책을 읽고 있는 분들이라면 '무언가를 바꿔보고 싶다'라는 열망을 느낀 분들이라 생각해서 체력의 그릇을 키워내는 작업에 대해 몇 가지를 소개해 드리려 합니다.

저는 체력 관리를 '텀블러'에 자주 비유하곤 합니다. 텀블러는 그 모양과 용량이 천차만별이라 이제는 물이나 음료를 마시는 용도뿐 아니라, 자신의 라이프 스타일을 표현하는 수단으로도 쓰입니다. 중요한 것은 무언가를 미루고 싶거나 마음이 어려운 순간이 너무 자주 내 삶을 흔들어 놓는 사람에게는 조금 더 큰 텀블러가 필요하다는 사실입니다. 자잘한 일들이 내 삶을 송두리째 흔들어 놓게 놔두지 않으려면 체력을 가장 먼저 키워내야 하며 이것은 곧 유산소 운동으로 키워낼 수 있는 폐활량과 몸 전체를 구성하고 있는 근육량으로 세분화할 수 있습니다. 폐활량은 끈기 있는 체력을 대표하는 것이고 근육량은 한 번의 활동으로 어느 정도의 에너지를 소모하느냐에 대한 것입니다.

■ **키워야 할 체력의 그릇은 두 가지다.**
- 폐활량 : 끈기 있는 체력
- 근육량 : 에너지 소모량

폐활량을 키워내기 위해 가장 좋은 운동은 바로 '달리기(Running)'입니다. 무리하게 마라토너처럼 뛸 필요도 없습니다. 하루에 딱 5분. 이 시간을 연속해서 뛸 수 있는 체력만 키워내세요. 여러분이 한 번에 30분을 뛸 수 있는지를 묻는 게 아닙니다. 1년간 5분씩 매일 뛸 수 있느냐를 묻는 겁니다. 이왕이면 아침이 좋습니다. 하루의 시작점에 뛰기를 습관화 한 사람들은 하루를 계획하고 삶에 대한 의욕을 다잡습니다. 반대로 저녁에 뛰기를 습관화 한 사람들은 하루를 반성하고 생각을 비우는 활동으로 많이 활용합니다. 그러니 '삶의 실제적 변화'라는 출발점에 서 있다면 먼저 '5분 달리기'를 해보셨으면 좋겠습니다. 정말 이것만으로 얼마나 많은 사람이 자괴감, 무기력, 열등감에서 벗어났는지 모릅니다. 이 책에서는 자기 성장에 도움이 되는 12가지 힘에 대해서 다룰 겁니다. 하지만 그중에서도 제가 가장 먼저 자리 잡아야 한다고 생각하는 부분이 바로 이 '체력'이며 그중 가장 좋은 방식은 '달리기'입니다. 그 근거를 잠시 나열해 보면 다음과 같습니다.

■ **달리기의 효능**

1. 심혈관 건강의 향상 : 달리기는 심장을 강화하고 심장병의 위험을 줄여 줍니다. 이것은 내가 감당할 수 있는 일의 양보다 조금 더 할 수 있는 가능성을 열어주는 것과 같습니다.

2. 정신 건강의 향상 : 달리기는 우울, 불안, 스트레스를 줄여주고 쓸데없는 걱정으로부터 우리를 보호해 주는 방어망 같은 활동입니다. 생각이 많다면 무조건 달려야 합니다. 저는 무려 21년째 달리기를 이어가고 있습니다.

3. 에너지 수치의 증가 : 달리기는 전신의 근육을 활용하는 운동이기 때문에 몸 전체의 근육량을 늘려줍니다. 그래서 달리기는 앞서 말씀드린 '체력의 그릇'을 키워내는 활동이 됩니다.

4. 체중 관리 효과 : 달리는 것만으로도 체중은 늘 정상 범위에 있게 해주고, 이는 곧 비만으로 인해 발생하는 각종 성인병으로부터 우리를 보

호해 줍니다. 몸이 무거우면 마음도 쉽게 지칩니다. 체력의 그릇이 줄어드는 일이지요.

5. 수면의 양과 질 향상 : 습관적으로 달리는 것만으로도 수면의 양과 질을 높여 나갈 수 있습니다. 적절한 운동이 수면에 효과적이라는 것은 이제 강조하지 않아도 될만큼 많이 언급된 사실입니다. 현대인의 가장 큰 약점이 수면을 포기하고 즐거움을 선택하는 것입니다. 삶을 긍정적으로 바꿔나가고 싶다면 '질 높은 수면'은 반드시 쟁취해야 하는 것이며 이것을 가능하게 하는 가장 쉬운 방법이 달리기입니다.

제가 논문과 자료검색을 통해 정리한 내용들만 해도 이렇습니다. 사실 훨씬 더 많은 근거가 있지만 그것을 다 나열할 필요는 없을 듯합니다. 아는 것이 중요한 것이 아니라 아는 것을 나의 것으로 만드는 것이 훨씬 더 중요하기 때문입니다. 달리기의 중요성을 알았다면 이제 우리 몸 전체의 근육량을 키워내기 위해 하루 10분을 여기에 투자해야 합니다. 여기까지 해낸다면 여러분이 가지고 있던 귀찮음, 무기력, 우울의 절반은 이미 이겨낸 것이나 다름없습니다. 이어서 몸 전체의 근육량을 키워내기 위해 추천하는 2가지의 운동 방법은 플랭크(Plank)와 스쾃(Squat)입니다.

제가 다른 수많은 방법 중에서도 이 두 가지 운동을 추천하는 이유는 이 두 가지 운동이 핵심적이면서 가장 가성비 좋은 운동이기 때문입니다. 하루에 1시간 이상 시간과 비용을 들여서 운동할 수 있다면 너무 좋겠지만 실제로 1년 넘게 꾸준히 시간과 비용을 투자할 수 있는 현대인은 그렇게 많지 않은 듯합니다. 그래서 '짧고 쉬우면서 효과적인 방법을 찾아야겠다!'는 생각으로 여러 논문과 자료들을 찾아다닌 결과물이 바로 이 두 가지 운동법입니다.

먼저 플랭크(Plank)를 살펴보겠습니다. 이 운동의 핵심은 바로 '코어'를 강화한다는 데 있습니다. 플랭크는 주로 복근, 옆구리 그리고 허리 아래를 포함한 코어의 근육을 작동시킵니다. 이것은 기본적으로 우리가 걷고 앉고 누울 때 '바른 자세'를 유지하기 위해 필요한 근육을 튼튼하게 해주는 것을 말합니다. 또한 플랭크는 체중을 싣는 운동이기 때문에 지구력을 향상시키고 신진대사를 활발하게 하는 일석삼조의 효과를 가져다줍니다. 여기서 그치지 않고 플랭크는 체중 감량에서 가장 힘들다고 하는 복부 지방과 내장 지방을 줄이는 데 효과적입니다. 요약해 보면 플랭크는 코어, 바른 자세, 지구력, 신진대사와 관련 있는 운동이라는 것을 알 수 있습니다. 앞으로 우리가 배워 볼 나머지 11가지의 힘을 진정 나의 것으로 만들고 싶다면 가장 먼저 갖춰야 하는 역량이란 뜻입니다.

그다음 스쾃(Squat)을 한 번 살펴볼까요? 스쾃은 우리 몸에서 근육이 가장 많은 부위인 허벅지 근육을 키워내는 데 가장 효과적인 운동입니다. '체력의 그릇'을 키운다는 것은 결국 몸과 마음의 에너지 통을 키워내는 것이기 때문에 많은 근육량은 곧 우리의 역량을 높이는 재료가 됩니다. 특히 사두근, 허벅지 뒤 근육 그리고 허리 근육을 동시에 자극해 몸 전체의 균형을 잡는 데 도움을 줍니다. 또한 심장혈관을 튼튼하게

첫 번째 힘. 체력 **37**

할 뿐 아니라, 체중을 실을 수 있는 자세까지 섭렵했을 때 뼈의 골밀도까지 높여주기 때문에 골다공증 등의 위험으로부터 우리를 지켜줄 것입니다.

체력의 기초를 회복하게 돕는 시스템 만들기

갑자기 건강 서적이 되어 버린 것 같지만 모든 일이 그렇듯 기초가 가장 중요하고, 저는 '성장의 기초는 체력이다'라는 말을 신뢰하는 사람이라 몇 번이나 강조해도 지나치지 않다고 생각합니다. 하지만 기초의 중요성을 알고 있는 것과 실제로 '내가 어떤 상황에 부닥치더라도 기초를 회복해서 다시 좋은 삶의 태도로 돌아갈 수 있는 체계가 있는가?'는 또 다른 문제입니다. 이것을 제대로 시스템화해서 잡아 놓지 않으면 결국 아는 것을 내 것으로 만들지 못하고 괴로워하는 날들을 반복해야 할 겁니다. 그래서 저는 이 두 가지 운동을 평생 여러분의 것으로 만들 수 있도록 루틴 설계법을 함께 공유해 드리려고 합니다. 제 수업을 듣는 많은 멘티가 이 루틴 설계법으로 허겁지겁 일어나 출근하기 바빴던 아침을 운동과 독서가 있는 아침으로 바꿨습니다. 바로, ABCM 루틴 설계법입니다.

■ **ABCM 루틴 설계법**

: 루틴(Routine)을 결심이 아닌 '실행할 수 있는 행동양식'으로 정의하며 가장 높은 단계의 A등급, 2순위의 B등급, 3순위의 C등급, 최소한의 M(Minimum)등급으로 나눈 뒤 자기 실험을 통한 피드백 과정으로 내 수

준에 맞는 루틴을 스스로 설계할 수 있게 도와주는 습관 행동 설계법.

일단 정의를 읽어보셨으니 이해를 도울 수 있는 예시를 바로 보여 드리죠. 이것저것 설명하는 것보다 저희 학생들이 몇 달에 걸쳐 자기 실험을 해보며 완성해 낸 자신만의 ABCM 루틴을 살펴보시는 게 좋을 것 같습니다.

■ **ABCM(Ver.19) 루틴의 예시**
- M등급 루틴 : 이불 개기 - 물 한 잔 마시기 - 찬물로 세수하기(3일)
- C등급 루틴 : 이불 개기 - 영양제와 함께 물 한 잔 마시기 - 플랭크 1분 - 찬물로 세수하기 - 5분 독서(5일)
- B등급 루틴 : 이불 개기 - 영양제와 함께 물 한 잔 마시기 - 플랭크 1분 - 스쾃 50개 -찬물로 샤워하기 - 따듯한 차 한 잔 마시기 - 15분 독서(6일)
- A등급 루틴 : 이불 개기 - 영양제와 함께 물 한 잔 마시기 - 플랭크 1분 - 스쾃 50개 - 밖에 나가 5분 달리기 - 찬물로 샤워하기 - 따듯한 차 한 잔 마시기 - 15분 독서 - 5분 글쓰기(7일)

단계별로 그 순서와 차이가 보이시나요? 제목에 나와 있는 Ver.19는 이 ABCM루틴이 무려 19번째 결과물이라는 뜻입니다. 그리고 각 루틴의 마지막에 표기된 일수는 연속해서 성공해야 하는 기간을 말하며 그동안 해당 루틴을 성공해야만 상위 루틴으로 옮겨갈 수 있는 법칙이 있습니다. 이 루틴 설계의 법칙들을 잘 숙지하셔서 여러분의

ABCM루틴을 만들어 놓아야 합니다.

하지만 변화에 대한 열망이 너무 큰 나머지 첫 시도부터 A등급의 루틴을 목표로 설계하는 경우가 많습니다. 이것은 애초부터 목표 설정을 너무 높게 잡았기 때문에 결과가 뻔합니다. 분명 하루 이틀 정도 성공하다가 실패할 수밖에 없을 겁니다. 분명히 말씀드리지만, 그것은 여러분의 부족함 때문이 아닙니다. 그러니 '나는 이 정도밖에 안 되는구나….'와 같은 잘못된 생각에 빠지지 않아도 됩니다. 저를 포함한 많은 사람이 하는 실수죠. 이것은 나를 과대평가하고 습관 설계를 너무 쉽게 보기 때문입니다. 또한 모든 루틴에는 균열이 생기기 마련인데 그것을 어떻게 수정해서 잡아가야 하는지를 배워본 적이 없기 때문이기도 합니다.

그래서 제가 가르치는 모든 멘티에게 루틴의 출발지를 'M 루틴'으로 잡으라고 권합니다. M 루틴의 가장 큰 특징이라면 '실패할 수 없을 정도의 가장 낮은 난도'라는 것입니다. 그래서 '다른 건 다 실패해도 이건 매일 할 수 있다' 싶은 항목을 여러분의 M 루틴으로 설계해야 합니다. 혹 이렇게 설정했음에도 불구하고 3일 연속으로 지켜지지 않는다면 생각보다 여러분의 M 루틴이 더 쉬워야 한다는 말입니다. 이런 방법으로 3일 연속 성공이 가능한 M 루틴을 찾았다면 이제 그 루틴의 순서에 하나씩 항목을 추가해보며 C등급, B등급, A등급으로 올려 나가면 됩니다. 루틴마다 소요되는 시간을 합하면 21일이 나옵니다. 기자 출신 작가인 찰스 두히그가 그의 저서 『습관의 힘』을 통해 우리에게 알려 주었던 습관 형성의 최소기간이죠.

 지금까지 제가 말씀드린 부분을 요약해보면, 우리가 성장하는 삶을 살아가기 위해서는 12가지의 힘이 필요합니다. 그리고 나머지 11개의 힘을 갖추기 위한 전제조건 같은 역량이 바로 '체력'이며, 이것을 기르기 위해서는 플랭크와 스쾃을 매일 꾸준히 하는 사람으로 변해야 한다는 겁니다. 이것을 위해서 가장 빠르게 내 습관을 형성할 수 있는 툴이 바로 〈ABCM루틴 설계법〉이고, 그 루틴 안에 이 두 가지 운동을 포함해야 합니다. 앞의 예시로 언급된 루틴을 기준으로 볼 때 최소 B등급 루틴 이상을 지켜내면 우리는 거의 매일 플랭크와 스쾃을 하는 사람으로 바뀔 수 있다는 말이 되는 것입니다. (구체적인 루틴의 설계 양식과 루틴 설계 시, 참고해야 할 사항들은 첫 번째 미션지로 드릴 예정이니 이번 장의 마지막 페이지를 확인하시면 됩니다)

 저는 수능과 같이 학습 능력을 높이기 위한 교육도 물론 필요하지만, 이번 챕터에서 말씀드린 것처럼 '내 몸을 잘 사용하는 방법'에 대한 교육이 반드시 병행되어야 한다고 생각됩니다. 이것을 배우면 '공부'라는 것을 처음 접할 때부터 교실의 학습 시간이 왜 50분마다 10분씩 쉬어주는지를 이해할 수 있을 것이고, 체력이 부족하면 아무리 책상 앞에 앉아 있어도 우리의 뇌가 무언가를 배우기를 거부할 수밖에 없다는 사실도 알 수 있을 테니까요. 즉 나의 뇌, 신체, 근육의 사용법을 익혀 놓으면, 살아가며 겪게 되는 많은 문제 앞에서 '나의 잘못'이라 여기며 자책하는 사람이 되지 않을 수 있다는 말이 됩니다.

꽤 많은 청년이 지금 마주한 많은 삶의 문제들을 의지의 부족이나 집안 환경 혹은 과거의 특정 실수 때문이라 여기고 살아가는 것 같습니다. 이것은 그저 젊은 세대의 신세 한탄에서 끝나는 일이 아닙니다. 얼마 지나지 않아 그들의 마음과 정신이 병들어 갈 것이고 이것은 곧 여러 가지 형태의 사회적 문제로 드러날 겁니다. 이것은 무언가를 빨리 포기하는 사람들이 현명하다고 생각하는 문화로 자리 잡을 것이고, 포기하지 않고 열심히 살아가는 사람들을 오히려 '어리석다'고 평가하는 순간이 올 겁니다. 이는 곧 우리 사회에서 한 나라의 운영에 기여하는 사람보다 나라의 보살핌을 받아야 하는 사람들의 비율이 갈수록 늘어날 것이라는 뜻이기도 합니다. 이러한 사회적 비용은 그 나라에 속해 있는 모든 사람이 동일하게 부담하게 되며, 결국 GDP, GNP의 감소로 이어져 국가경쟁력의 저하, 국채의 증가로 이어지는 것이죠. 빚이 많은 나라는 허리띠를 졸라매어 더 가능성 있는 사람들에게만 기회를 줄 수밖에 없을 겁니다. 결국 돌고 돌아 젊은 세대가 포기하는 것이 많아질수록 그 나라의 모든 사람이 그 짐을 나눠서 짊어지게 되는 것입니다.

다시 한번 강조하지만, 우리의 삶은 이렇듯 긴밀하게 연결되어 있습니다. 이것을 너무나도 잘 알기에, 이런 악순환을 막아 내는데 아주 작은 힘이라도 보태고 싶은 마음으로 시간을 쪼개어 이 책을 쓰고 있습니다. 그러니 여러분 또한 앞으로 배워 나갈 많은 성장에 대한 이야기들, 오랜 연구의 요약 정보들을 읽어가면서 개인적인 성장뿐 아니라 이타적 기여도 연달아 생각할 줄 아는 사람으로 성장했으면 합니다. 그것이 이 책을 쓰는 저희의 목적이며, 또한 이 책을 통해 무언가를 바꿔내어 삶을 조금 더 나은 방향으로 살아가기를 바랍니다.

'교육의 목적은 우리에게 무엇을 생각해야 하는지보다
어떻게 생각해야 하는지를 가르치는 것이어야 한다.'
- 제임스 볼드윈

미국의 흑인 작가로 이름을 남긴 제임스 볼드윈의 격언입니다. 이 격언을 기준으로 오늘의 삶을 되돌아보면 지금의 시대는 생각해야 하는 것들이 넘쳐나는 시대인 것 같습니다. 기존에 우리가 가지고 있었던 삶의 문제들이 더욱 세분화되었고 여기에 그전에는 없었던 삶의 문제들이 겹겹이 쌓여 '이 모든 문제를 해결해야 한다'며 우리를 짓누르고 있는 것 같습니다. 그러니 이제 '무엇을 생각해야 하는지'는 우리가 굳이 찾아다니지 않아도 됩니다. 넘쳐나는 생각과 문제들 사이에서 '어떻게 나만의 것을 끌어내어 나답게 인생을 꾸려나가는가?'가 승부처가 될 겁니다. 이것을 경영학에서는 '경영'이라 부르고, 마케팅에서는 '브랜딩'이라 정의하며, 철학에서는 '자아정체성의 확립'이라 명명합니다. 결국 모든 학문의 분야에서도 '무엇을'보다 '어떻게'가 더 중요해졌다는 것을 알려오고 있는 것이죠.

그렇기 때문에 이번 장에서 알려드린 내용들처럼 저희는 흩어져 있는 많은 정보의 조각들, 유용한 생각의 퍼즐, 많은 사람이 했던 수많은 실수를 요리조리 모아 구조화시켜 여러분에게 정리된 글과 요약된 미션으로 제공해드릴 예정입니다. 책을 읽는 것만으로 삶은 절대로 바뀌지 않습니다. 제가 해봐서 압니다. 하지만 책을 읽고 그것을 나에게 적용해보려는 시도, 즉 개별화 작업을 하시는 순간 왜 그렇게 많은 사람이 '책을 읽어라'라고 했는지를 알 수 있을 겁니다. 그래서 저희는 '읽기'보다 '읽고 생각하고 해보고 피드백 하기'를 목표로 두고 책의 흐름을 잡았습니다.

이제 첫 번째 미션을 조금은 경건한 마음으로 드립니다. 부디 미션 내용들을 눈으로 훑어보기만 하고 바로 두 번째 장으로 넘어가지 마시길 바랍니다. 그런 식으로 읽으면 이 책은 수많은 자기계발서 중 한 권에 지나지 않을 겁니다. 하지만 실제로 주어진 기간 동안 미션을 실천해보고 그 결과를 저희에게 보내서 피드백까지 받아보신다면 '이렇게 하니 삶이 정말로 변하는구나….'를 느껴보실 수 있을 겁니다. 독서를 통해 삶이 바뀌어 본 저희의 진심이 왜곡 없이 잘 전달되기를, 책에 등장하는 많은 미션을 통해 삶의 작은 변화를 실제로 경험해보는 기적이 일어나길 바랍니다.

멘토링연구소 카페 게시판 바로가기

미션 1. '체력'의 내용과 다음의 예시를 참고해서 나만의 ABCM루틴을 설계해보세요.

예시

A	B - 아침 찬물 샤워
B	C - 5분 뛰기 - 스쾃 3세트
C	M - 아침 스트레칭 10분 - 5분 독서
M	물 1잔 마시기 - 이불 개기

성공할 경우, 상위 등급으로 목표를 높이기

실패할 경우, 아래 등급으로 목표를 낮추기

A	
B	
C	
M	

느낀점 :

루틴설계의 결과물을 멘토링연구소 카페에 올려주시면 간단한 피드백을 받아보실 수 있습니다

두 번째 힘

자기통제력

두 번째 힘

자기통제력

빌드업 대표 **최 대 열**

누구나 어린 시절의 기억 속에 재미있게 봤던 만화나 영화 등이 남아 있을 것입니다. 제가 어릴 때 우리나라 전래동화들을 애니메이션으로 제작해서 보여주던 〈옛날 옛적에〉라는 TV프로그램이 있었습니다. 저녁 식사 시간에 김치찌개의 맛을 더해주던 만화 프로그램이었습니다. 중년의 나이에 접어든 제 기억 속에 지금까지 인상 깊게 남아있는 이야기는 바로 '우렁각시'에 대한 동화입니다.

간단한 줄거리는 이렇습니다. 조선시대에 20대가 넘도록 결혼하지 못한 못생긴 농부가 있었습니다. 늘 농부는 혼잣말로 '농사를 지어봤자 누구랑 먹고사나….'라고 푸념하고는 했는데 어느 날 '나랑 먹고살지' 하는 소리가 들렸습니다. 주변에는 아무도 없었고 옆 논두렁에는 주먹만한 우렁이 한 마리만 있었습니다. 농부는 영문도 모른 채 그 우렁이를 주워다가 집의 물 항아리에 넣어두었습니다. 그런데 우렁이가 집으로 온 그때부터 희한한 일들이 벌어지기 시작합니다. 아무도 없는 집에 일을 마치고 돌아오면 누군가 푸짐하게 저녁상을 차려놓는 것입니다.

이런 일들이 계속 반복되자 농부는 두 눈으로 확인하려고 일을 나가는 척 몰래 집 밖에서 관찰했습니다. 잠시 후 우렁이가 들어있는 물 항아리에서 상상도 못 한 아리따운 여인이 나타나 부엌으로 들어가 먹을 음식을 준비하는 것이었습니다. 알고 보니 그 우렁이는 사실 용왕의 딸로, 몰래 인간 세상으로 구경을 나왔다가 우렁이가 되는 벌을 받아서 논두렁에 있었는데 못생긴 농부에게 발견되었던 것입니다. 농부는 당장 혼인을 올리고 함께 살고자 했으나 우렁각시는 3년만 기다리면 자신이 완전한 인간이 될 수 있고 그러면 평생을 함께 살 수 있으니 기다려달라고 했습니다.

그러나 농부는 그간의 혼자였던 외로움과 또 버려질지 모른다는 불안함에 기다릴 수 없었습니다. 결국 둘은 즉시 혼인을 올렸고 행복한 나날들을 보내게 됩니다. 그러나 3년이란 시간은 순식간에 흘러갔고 우렁각시는 다시 용왕의 딸로 신분이 회복되어 바다로 돌아가게 됩니다. 처음 우렁각시가 얘기한 대로 그에게 내려진 벌이 끝나고 다시 용궁으로 돌아간 것입니다. 농부는 슬픔을 이기지 못하고 바다가 보이는 바위에서 뛰어내려 생을 마감했다는 아이들을 위한 이야기에서 보기 힘든 슬픈 결말의 이야기입니다.

어린 시절, 이 이야기는 제게 꽤 충격적이었습니다. 일단 첫 번째는 주인공이 죽는다는 사실에 놀랐고 두 번째로 더 충격적이었던 것은 '기다리지 못하면 결국 모든 것을 잃을 수 있다'는 교훈이 크게 다가왔기 때문이었습니다. 저는 가끔 자녀들에게 〈우렁각시〉 이야기를 들려주며 이런 교훈을 알려주곤 합니다. 이야기를 듣고 난 아이들이 잠시 충격에 말을 잇지 못하는 모습을 저는 기억하고 있습니다. 그 이후로 무엇인가 참기 힘든 순간이 오면 우렁각시 이야기를 언급하며 스스로 참아야 한다는 것을 이해하고는 합니다. 처한 상황에서 자신을 다스리지 못하면 원하지 않는 결과를 맞이할 수 있다는 것이 교훈으로 남았던 이야기였습니다.

〈우렁각시〉라는 전래동화가 이야기하고자 하는 메시지를 지금의 우리가 가져야 할 역량 키워드로 해석하자면 '자기 통제력'이라고 말할 수 있습니다. 그 농부가 자신의 감정을 조금만 통제하고 냉정하게 생각했다면 아마도 완전한 인간이 된 우렁각시와 평생을 행복하게 살 수 있었을 것입니다. 오늘날 성공과 성장에 대한 욕망과 욕구가 그 어느 때보다도 치열한 시대를 살아가고 있습니다. 코로나 이후로 자신의 삶을 완전하게 보장할 수 없다는 사실을 깨닫게 되면서 적지 않은 이들이 노력을 통한 성장과 변화를 추구하기 시작했습니다. 무엇보다도 경제적인 안정감을 추구하려는 움직임과 함께 자산을 증식하는 '재테크'에 대한 관심이 나날이 증가했습니다. 물론 이전에도 재테크에 대한 관심은 있었지만, 최근의 그 몰입 현상은 예전에는 찾아볼 수 없던 매우 강한 흐름입니다. 코로나 이후 경제 분야에서 등장하는 대표적인 키워드는 '영끌족', '파이어족', '주식 부자' 등입니다. SNS에 '부자'라고 하는 키워드로 검색해보면 '우리나라에 이렇게 부자들이 많았던가?'라는 생각이 들 정도로 지금 대한민국은 부자 열풍에 휩싸여 있습니다. 그만큼 재테크에 대한 2030세대의 관심은 어느 때보다도 높고 강렬합니다.

우리에게 통제성이 필요한 이유

 2030세대에서 재테크에 대한 관심이 높아질 수밖에 없는 이유는 현실의 벽이 너무 높기 때문입니다. 평균적으로 직장인들의 월급이 '200만 원' 오르는 동안 서울의 아파트값은 '5억 원'이 올랐습니다. 평생 돈을 모아도 집 한 채 마련할 수 없는 상황 앞에 젊은 세대는 직장 급여만으로는 내 안전을 보장할 수 없다는 결론을 내린 것입니다. 사실 재테크 교육은 자본주의 체제 안에서 살아가는 모든 이들에게 필요합니다. 어린 시절부터 재테크를 접하고 학습해야 합니다. 하지만 우리의 현실은 제대로 된 재테크를 배워본 경험이 부재합니다. 유년기에 용돈을 받기 시작하면서부터 '수입과 지출'을 통제하는 연습을 시작해야 하지만 성인이 될 때까지 이런 훈련을 해본 적이 없습니다. 그렇기 때문에 늦게나마 재테크에 대한 관심이 증대되는 것은 옳은 현상이라고 할 수 있습니다. 하지만 재테크를 대하는 자세에서는 다소 아쉬운 점들이 보입니다. 재테크는 '아끼는 습관'에서부터 출발해야 하는데 인생 역전을 노리는 '한 방'을 원한다는 점입니다. 그러니 자연스럽게 투자할 돈을 모으고 절약해서 재테크를 시작하는 것이 아니라 없는 종잣돈을 만들기 위해 무리하게 대출받거나 즉흥적이고 단기간 투자로 수익을 올리려고 하는 모습들을 자주 볼 수 있습니다. 부를 축적하는 과정에서의 첫 시작인 '소비 절제', 그것을 하기 위해서 가장 필요한 요소인 '자기 통제력(Self-control)' 없이 시작된다는 것이죠. 대다수 부자의 행동 패턴을 보면 공통적인 부분이 바로 '철저한 소비통제'입니다. 부자들은 돈이 많기 때문에 소비에서 자유로울 것으로 생각하지만 실제 부자들은 철저하게 아끼고 소비를 제한했기 때문에 부자가 될 수 있었습니다.

평균적인 직장인들의 급여와 소비생활을 살펴보면 조금 더 이해할 수 있습니다. 직장생활을 하면서 첫 급여를 받습니다. 그리고 급여에 맞는 소비계획을 세우게 됩니다. 그렇게 연차가 점점 높아지면서 연봉이 오릅니다. 시간이 지날수록 직장생활 첫해보다 훨씬 더 많은 급여를 받는데, 여전히 생활이 나아지지 않거나 저축액이 늘어나지 않는 경우가 많습니다. 왜일까요? 오른 급여만큼 소비도 함께 늘어나기 때문입니다. 인상되는 급여와 상관없이 직장생활을 시작하면서 지출하던 소비 수준에 머물러있어야 하는데 급여와 함께 씀씀이도 커집니다. 월급이 200만 원일 때 지출이 80만 원이었다면 1,000만 원으로 월급이 인상되는 시기에도 지출을 80만 원으로 고정할 수 있어야 시간이 흐를수록 쓰는 돈보다 버는 돈이 많아지면서 자산을 축적할 힘이 생기게 됩니다. 하지만 많이 버는 만큼 많이 쓰기 때문에 돈을 저축하는 것이 힘들어지는 것이죠. 부자들의 경우 '정말 이렇게까지 아낄 필요가 있을까?' 싶을 정도로 아끼고 절약하는 모습들을 흔하게 찾아볼 수 있습니다. 철저한 '자기 통제력'이 부를 축적할 수 있는 기본기가 됩니다. 소기의 목적을 달성하기 위해 현재 상황에서 최대한 지출을 줄이고 아끼면서 투자하기 위한 종잣돈을 모아야 합니다. 유명한 경제 서적 '로버트 기요사키'의 『부자 아빠 가난한 아빠』에서는 부자가 되기 위한 10가지 힘 중에서 '자기통제의 힘'[4]을 이야기하고 있습니다. 소비에 대한 자기 통제력이 강한 사람일수록 부자가 될 수 있는 가능성이 커지고 반대일 경우 가난한 사람일 가능성이 높다고 말합니다.

자기 통제력은 오직 재테크를 위한 기본기에만 해당하지 않습니다. 어떤 본질적인 성장과 변화에 있어서 자기 통제력은 무엇보다 중요한 요소입니다. 성장하는 과정이란 마치 '습자지'를 겹치는 과정과 같습니다. 습자지는 붓글씨 연습을 할 때 쓰는 반투명의 매우 얇은 종이입니다. 습자지는 두께가 무척 얇기 때문에 한두 장 혹은 서너 장을 겹치더라도 두께감이나 질감을 느끼기 매우 어렵습니다. 하지만 지속적으로 누적하다 보면 결국 습자지도 두께감을 느낄 정도의 분량을 쌓을 수 있게 됩니다. 이처럼 성장이란 눈에 띄지 않는 과정의 연속이라고 할 수 있습니다. 가시적인 성과나 결과가 보이지 않더라도 지속적인 노력의 투입이 멈추지 않기 위한 자기 통제력이 중요합니다. 그렇다면 자기 통제력이란 무엇일까요?

'자기 통제력(Self-control)'이란 원하는 결과를 얻기 위해 외부의 지시나 통제가 없는 상황에서 자발적으로 인지, 정서, 행동 등을 조절하는 것을 의미합니다. 즉각적인 보상보다는 장기적인 목표를 위해 눈앞의 유혹이나 충동을 억제, 저항하여 긍정적 결과를 추구한다는 점에서 단기적인 만족지연 능력과도 연결됩니다. 다른 표현으로는 '자기 조절

(Self-regulation) 능력'이라고도 합니다. 보통 자기 통제력은 생후 2년이 지나면 자연스럽게 만들어진다고 합니다. 자기 통제는 삶의 영역에서 매우 중요한 능력 중 하나입니다. 삶의 크고 작은 목표를 달성하거나 조금 더 나은 성장과 성숙의 과정에서 실패와 성공을 가늠하는 척도가 되기 때문입니다.

자기 통제력에 대한 유명한 실험연구가 있습니다. 1960년대 미국 스탠퍼드 대학의 심리학자 '월터 미셸(Walter Mischel)'은 유치원에 다니는 아이들을 대상으로 한 가지 실험을 했습니다. 실험자는 아이들을 한 명씩 빈방으로 불러서 과자를 하나 주고, 잠깐 나갔다 올 테니 그동안 과자를 먹지 않고 기다리면 과자를 하나 더 주겠다고 이야기합니다. 실험자가 나가기 무섭게 과자를 먹어 치운 아이도 있고 힘들게 참다가 결국 유혹에 무릎을 꿇은 아이도 있었습니다. 반면, 실험자가 올 때까지 끈기 있게 버티는 아이도 있었습니다. 심지어 어떤 아이는 15분이나 과자를 먹지 않고 참았습니다. 세월이 흐르고 미셸은 그 아이들이 어떻게 자랐는지를 알아봤습니다. 어릴 때 실험에서 과자를 먹지 않고 오래 버틴 아이들은 그러지 못했던 아이들보다 공부도 잘하고 친구들과도 잘 지냈으며 스트레스도 적게 받았습니다. 당장의 이익을 눈앞에 두고도 스스로를 통제할 수 있는 자기 통제력이 시간이 흐르면서 삶의 질적 차이를 꾸준하게 만들어간 사례로 볼 수 있습니다.

참 흥미로운 실험 결과입니다. 이 실험이 바로 그 유명한 '마시멜로 실험[5]'입니다. 어린 시절에 형성되었던 자기 통제력이 성인이 되어서도 작용하게 되고 그 과정에서 더 많은 것들을 얻기 위한 인내와 참음을 견디는 힘으로 작용한다는 점은 우리에게 많은 것들을 시사합니다. 그리고 이 실험을 통해 참을성과 인내하는 힘을 길러주는 것이 어린 시절에 무엇보다도 중요하다는 결론을 얻을 수 있습니다. 세계적인 대중 연설가이자 자기 계발 전문가인 '호아킴 데 포사다(Joachim de Posada)'는 유년 시절, 이 실험에 참여했던 경험이 있던 억만장자 조너선과 그의 운전기사 아서를 등장시킨 우화 『마시멜로 이야기』[6]를 출판했습니다.

최근에는 이 마시멜로 실험이 틀렸다고 주장하는 전혀 다른 연구 결과들이 있습니다. 미국 뉴욕대학 및 캘리포니아 어바인 대학의 공동연구팀이 '심리과학'이라는 국제학술지 최신 호에 발표한 논문이 바로 그것입니다.[7] 이 논문에서는 본인의 '의지력'이 아니라 부모의 '학력'이나 '가정형편'이 미래의 학업성적이나 태도에 주된 영향을 미친다는 내용입니다. 이 두 가지 연구 결과와 논문을 통해 정리될 수 있는 명제는 이렇습니다. 일련의 과정에서 '자기 통제력'이 필요하지만, 이는 절대적인 역량이 아니라 '환경의 변수와 상황'에 영향을 많이 받는다는 것입니다.

정리해 보자면, 자기 통제력은 내 삶에서 필요한 '선택과 집중'을 스스로 조절하는 힘을 의미합니다. 우리에게 주어진 시간이나 체력 등의 물리적 환경이나 요소들은 무한자원이 아닌 '유한자원'입니다. 물리적 한계가 분명하다는 뜻입니다. 따라서 무한으로 사용할 수도 없을뿐더러 원하는 모든 것을 소유할 수도 없습니다. 공감할 수 있는 표현으로 설명해 보자면 '마음껏 놀고 열심히 공부해서 좋은 성적을 받는다'는 것은 현실에서 쉽지 않다는 뜻이며, 앞에서 잠시 언급했던 '마음껏 지출하면서 동시에 부자가 되고 싶다'는 사실상 불가능에 가깝다는 뜻입니다. 자신이 이루고자 하는 목표들을 성취하고, 해야 할 일들을 성실하게 수행하기 위해서는 노력에 방해가 되는 불필요한 일들을 하지 않도록 적절하게 통제하고 제한하는 노력이 필요합니다.

자기통제력과 환경설정의 상관관계

대학을 졸업한 지 4개월 정도 되어가는 준성(가명) 씨는 취업을 준비하는 사회초년생입니다. 그는 컨설팅을 위해 만날 때마다 깊은 한숨으로 사무실 공간의 공기를 무겁게 하고 있습니다. 졸업과 동시에 취업을 위해 노력하는 모습은 자신이 생각했던 것과는 너무도 달랐기 때문입니다. 준성 씨의 일과를 잠시 살펴볼까 합니다.

준성 씨의 아침은 모든 이들이 분주하게 출근과 등교를 하고도 한참이 지난 11시에 시작합니다. 이렇게 늦은 기상을 하는 이유는 잠자는 시간이 늘 새벽 3시가 넘기 때문입니다. 요즘 들어 잠이 잘 오지 않습니다. 취업이라는 묵직한 스트레스가 만만치 않습니다. 해야 할 일은 많은데 생각보다 몸이 따라주지 않아서 자꾸만 할 일을 미루게 됩니다. 그리고 잠자리에 들어 하루도 빠지지 않고 하는 것이 바로 '휴대전화로 미디어를 시청하는 일'입니다. 분명 자기 전에 기분전환 혹은 잠을 청하기 위해서 대략 한 시간 정도만 보다가 자려고 마음을 먹고 휴대전화를 집었습니다. 그렇게 미디어를 접하고 있으면 시간 가는 줄 모르게 재미있고 근심 없는 세상을 만나게 됩니다. 알고리즘이라는 신세계는 준성 씨의 관심을 한시도 놓아주지 않습니다. 미디어 세상은 나를 너무나 잘 아는 것 같습니다. 보지 않고는 견딜 수 없는 영상 썸네일이 끊임없이 나를 반깁니다. 그러다가 문득 정신을 차려 시간을 확인하면 시곗바늘은 새벽 3시를 이제 막 넘어가고 있습니다. 무슨 급한 일이 있다고 이렇게 허겁지겁 달려가는 것인지... 시간을 인식하고 이내 잠을 청합니다. 한껏 자고 일어나니 아침 11시입니다. 분명 많이 잔 것 같은데 몸은 개운하지 않습니다. 그렇게 무거운 머리를 이끌고 침대에 누워 1시까지 다시 휴대전화를 들여다봅니다. 어제 미처 확인하지 못했던 메시지들을 확인하고 SNS도 살펴봅니다. 그리고 정보채널에 들어가서 각종 문화, 경제, 사회 뉴스들을 검색하면 다시 한두 시간이 흘러갑니다. 그제서야 아침 겸 점심을 먹고 책상에 앉습니다. 시계는 이제 오후 3시를 가리킵니다. 무엇을 시작해야 할지 몰라 일단 취업사이트에 들어가 봅니다.

채용공고들을 보면서 자격요건들이 너무 높아 자신이 지원할만한 기업들이 새삼 많지 않다는 사실에 한숨이 이어지고 막막함이 몰려옵니다. 불안하고 착잡한 마음을 다잡고 이력서 작성을 시작합니다. 그러다가 친구에게 모바일 메신저로 연락이 옵니다. 그렇게 메신저 대화를 1시간 넘게 이어갑니다. 생각보다 중요한 이야기는 아니지만 이런저런 넋두리를 하다 보니 어느새 이력서 작성은 뒷전이 됩니다. 그렇게 오후 늦은 시간이 되고 책상에 앉은 지 꽤 되다보니 엉덩이가 슬슬 저려옵니다. 자연스럽게 방 한편에 놓인 침대에 잠시 누워봅니다. 그리고 여지없이 휴대전화를 들여다봅니다.

시간은 흘러 저녁이 되고 식사 후에 잠시 책상에 앉아 다시 채용공고들을 들여다봅니다. 그리고 취업에 필요한 어학 공부를 조금 했다가 지난번 선배가 추천했던 컴퓨터 자격증이 생각나서 자격증 공부도 조금 해봅니다. 그리고 휴식을 위해서 다시 휴대전화를 들여다보다가 잠자리에 듭니다. 어쩌면 지금 이 책을 읽고 있는 분들 중에도 준성 씨와 비슷한 흐름으로 하루를 보내는 분들이 있을지도 모릅니다.

이번에는 2년 차 직장인으로 살아가는 예승 씨(가명)의 사례를 한 번 살펴볼까요? 예승 씨의 아침은 새벽 5시에 시작합니다. 미라클 모닝을 실천하는 것이라면 너무 좋겠지만 어쩔 수 없는 강제 기상입니다. 집에서 회사까지의 출퇴근 거리가 상당하기에 이른 아침부터 준비하지 않으면 지각하기 때문입니다. 새벽부터 일어나서 세면과 화장을 마치고 출근길에 오릅니다. 그러다 보니 늘 피곤함이 가시질 않습니다. 출근 시 이용하는 대중교통은 간절함의 공간입니다. 부족한 아침잠을 보충하기 위해서는 반드시 앉아서 이동할 수 있어야 하기 때문입니다. 정말 피곤한 날에는 서서 잠을 자는 경우도 가끔 있습니다. 앉아갈 자리가 없는 상황에는 휴대전화로 게임을 하거나 평소에 즐겨보던 드라마나 여행 관련 영상들을 시청합니다. 사람들 사이에 치이면서 지하철을 2번 갈아타고 이미 반쯤 지쳐버린 상태로 회사에 도착합니다. 그리고 아침부터 저녁 시간까지 정신없이 업무를 수행합니다.

저녁 6시, 어느덧 퇴근 시간입니다. 퇴근길 역시 출근길과 별반 다르지 않습니다. 다시 휴대전화를 하거나 아침부터 더욱 짙게 쌓인 피로 때문에 잠이 쏟아집니다. 집에 들어와서 허물 벗듯이 옷을 갈아입은 후 씻고 휴대전화를 보면서 저녁을 먹으니 대략 밤 9시입니다. 얼마 후 있을 자격증 필기 공부를 한 시간 정도 하다 보면 눈이 피곤합니다. 오늘은 여기까지 해야겠습니다. 자기 전에 잠깐 아까 퇴근길에 다 보지 못했던 영상을 시청합니다. 그렇게 자정이 넘어가고 새벽 1시 정도가 되서야 잠이 듭니다. 예승 씨의 모습 역시 직장인들에게 흔히 발견할 수 있는 모습들입니다. 직장생활을 하는 경우에는 업무를 하고 나서 쉬고 싶은 보상심리가 따르는 것이 당연합니다. 누구보다도 주어진 하루를 열심히 일하고 노력했으니 적절하게 쉬는 것은 필요합니다.

여기서 중점적으로 생각해봐야 할 것은 우리가 흔히 '적절한 휴식'이라고 생각하는 것들이 제대로 된 휴식이 아닌 게으름이거나 오히려 휴식을 방해하는 행동일 수 있다는 점입니다. 휴식이라는 명목하에 많이 하는 대표적인 행동이 바로 '스마트기기'를 사용하여 시간을 보내는 일입니다. 뉴스나 기사로 접해서 알고 있지만 잠들기 전에 하는 휴대전화 사용은 뇌를 쉬게 하는 행동이 아닌 지속해서 뇌를 각성시키는 작용[8]을 하게 됩니다. 몸은 피곤한데 졸음은 점점 멀어지게 됩니다. 따라서 휴대전화를 하다가 잠을 청하더라도 바로 숙면으로 이어지지 못하고 뒤척이다 새벽녘이 되어서야 잠자리에 들게 되는 것이죠. 당연히 아침에는 피곤할 수밖에 없는 루틴이 이어지게 됩니다. 함께 살펴본 두 사람의 일상은 많은 사람이 경험했고 또 지금도 경험하고 있는 모습입니다.

일상의 생활 습관 중에는 통제성을 잃은 채 행동하는 모습들이 존재하며 이는 결국 하루를 부정적으로 인식하게 만드는 요인이 됩니다.

자기 통제력은 노력하는 과정에서 원하는 결과들을 만들어 내기 위해 꼭 필요한 역량입니다. 자신의 현재 상황에서 '해야 할 일'과 '하지 말아야 할 일'에 대한 구분이 첫 번째이며, 그 경계선을 유지하기 위한 '절제'와 '규칙성'을 적절하게 갖는 통제성을 길러야만 합니다. 눈앞에 있는 달콤한 유혹에서 벗어나야 합니다. 불규칙한 생활 습관, 본능에 따른 행동의 노출 빈도가 높아질수록 점점 자신의 목표에 도달하기가 어려워질 수밖에 없습니다. 취업을 준비하는 입장에서 생각해보면 당장은 직장인이 아니기에 늦잠을 자거나 끼니를 거르는 등의 불규칙적이고 본능에 충실한 생활을 한다고 하더라도 큰 문제가 없는 것처럼 보일 수 있습니다. 그러나 통제되지 않은 시간 사용과 환경에 노출되는 시간이 누적될수록 '게으름'이 정량을 넘어서게 되고 결국 무기력한 삶을 살 수밖에 없습니다.

기회는 늘 준비된 자들의 것입니다. 조금 더 정확한 표현으로는 자기 통제력을 통해 기회를 붙잡을 수 있는 역량을 개발하는 것입니다. 정말 운 좋게 무분별한 삶을 살면서도 취업에 성공했다 한들, 취업 이후의 직장생활에서 더 나은 성장을 기대할 수 없습니다. 만성적으로 통제하지 못한 생활 습관은 취업 이후에도 계속될 것이고 성장을 위한 적절한 노력이 투입되지 않을 가능성이 높습니다. 그래서 취업보다 취업 이후에도 꾸준하게 이어가는 노력이 더 중요합니다.

우리에게 익숙한 속담에 빗대어 '우물 안 개구리'라고 이야기합니다. '하늘의 넓이나 바다의 깊이를 우물만큼의 넓이와 깊이로만 이해한다'는 뜻으로 자신의 환경에 갇혀 넓은 세상을 보지 못한다는 의미로 이해되는 속담입니다. 그러나 자기 성장이라는 관점에서 이 속담은 다르게 해석되어야 합니다. '우물'이 문제가 아니라 바로 '개구리'라는 존재가 문제입니다. 우물을 벗어난 개구리는 더 많은 것을 보고 경험할 수 있을 것 같지만 개구리는 자신의 '시야'를 벗어난 것은 볼 수 없습니다. 존재가 개구리이기 때문이죠. 다시 말하면, 개구리라고 하는 존재 자체가 변화되어야 다른 것들을 바라볼 수 있습니다. 존재가 바뀌면 같은 우물이라도 바라보는 '관점'이 달라지면서 배우고 성장할 수 있는 길이 열리기 때문입니다. 물론 시스템이 잘 갖춰져 있는 큰 기업에서의 개인적인 성장 속도나 변화의 범위가 달라질 수 있습니다. 하지만 작은 기업이라고 해서 성장에 필요한 것들을 배우지 못하는 것은 아니라는 점을 잊지 않기를 바랍니다. 반드시 좋은 환경만 나를 성장시키는 것은 아닙니다.

삶을 통제하고 관리한다는 뜻은 일상에서 '적절한 긴장 상태'를 유지한다는 것입니다. 그것은 마치 전쟁을 대비해서 경계 태세를 항상 유지하는 '군인'과 같습니다. 평상시에도 언제든 일어날 수 있는 전시 상황을 대비해 적절한 강도의 훈련과 경계 태세를 유지하고 있어야 실제 전쟁이 발생했을 때 능동적이고 빠르게 대처할 수 있습니다. 그래서 군대는 평시에도 훈련을 통해서 긴장 상태를 유지하려고 노력합니다. 첫 취업이나 이직해야 하는 상황도 전시 상황을 대비하는 것과 비슷하게 적절한 긴장감이 필요합니다. 단적인 예로 입사 면접을 준비하는 지원자들의 자세를 보면 늘 '적절한 긴장 상태'를 유지하던 사람이 실제 면접에서도 좋은 점수를 받는 경우가 많습니다. 그래서 늘 컨설팅에서 취업이나 이직을 준비하는 동안 적절한 일상의 긴장을 유지하라고 강조해서 이야기합니다. 취업이나 이직을 준비하는 시기라면 당연히 아침 기상 시간은 출근이나 등교 등을 할 때와는 다르게 강제성이 존재하지 않아서 늦잠을 자게 되는 경우들이 많습니다. 또한 지금까지 열심히 살아온 시간에 대한 보상심리로 늦잠을 자기도 합니다.

그러나 이런 상황에서도 아침 기상은 출근과 동일한 시간으로 유지할 수 있어야 합니다. 출근이나 등교하던 시간과 동일하게 일어나서 세면하고 아침을 먹고 외출할 때처럼 몸단장을 해야 합니다. 머리를 감지 않고 모자를 눌러 쓰고 다니거나 무릎 튀어나오고 목이 늘어난 편한 옷을 입지 않기를 권장합니다. 그리고 편안한 자기 방에서 공부하거나 시간을 보내지 말고 집 근처 적당한 거리에 위치한 카페나 도서관에 가서 불편함으로 인한 긴장을 유지하면서 채용공고를 찾거나 이력서나 자기소개서 등의 서류작업 또는 공부를 해야 합니다. 그렇다면 공간이나 복장에서 편안함이 아닌 적절한 긴장감을 유지하기 위한 환경을 갖춰야 하는 이유가 무엇일까요?

첫 번째, 정장을 입은 날과 무릎이 튀어나온 편한 옷을 입은 날을 한 번 생각해 보길 바랍니다. 정장을 입은 날에 아무 곳에나 털썩 앉을 수 있을까요? 정장이라는 옷 자체가 일정한 통제성과 긴장감을 느끼게 합니다. 함부로 행동할 수 없도록 만든다는 것입니다. 반면에 무릎 튀어나온 편한 옷을 입은 날에는 옷에 뭐가 묻더라도 크게 개의치 않습니다. 남자들이라면 한 번쯤 경험해 보는 적절한 예시 한 가지가 있습니다. 그것은 바로 '군복'을 입는 날의 태도 변화입니다. 예비군 훈련을 위해 제대 이후에 한 번도 입지 않았던 군복을 꺼내 입는 날은 무슨 법칙이라도 있듯이 평소에 흐트러지지 않던 사람들도 행동을 함부로 하게 됩니다. 그렇다고 매일 정장을 입으라는 이야기는 아닙니다. 다만 언제든 면접을 치를 '준비 자세'를 갖는 것이 중요합니다. 언제든 면접을 치를 준비가 되어있는 사람과 갑자기 정신없이 면접을 준비하는 사람의 결과는 예상하기가 너무 쉽습니다. 때가 닥쳐서 행하는 급한 노력이 아닌 꾸준하게 유지된 노력이 좋은 결과를 가져오게 됩니다.

두 번째, 자기 방에서 공부가 안되고 집중력이 흐트러지는 이유는 이러합니다. 편안하고 안락한 공간에서는 늘 쉬고 싶고 눕고 싶어집니다. 언제든 마음만 먹으면 침대로 가서 누울 수 있기 때문입니다. 책상 옆에 놓인 침대는 조금이라도 틈을 보이면 잠시 누워서 쉬어도 된다며 치명적인 유혹을 발산하는 듯합니다. 그러니 성장에 필요한 공부나 일련의 취업 과정을 준비해야 한다면 편안하고 안락한 자기 방을 벗어나 조금은 불편하고 긴장 상태가 유지되는 공간으로 옮겨가야 합니다.

직장생활을 하는 경우에도 다르지 않습니다. 자신의 부가가치를 꾸준하게 높이기 위한 노력을 이어가는 사람이 있는가 하면, 반대로 정체되거나 오히려 다른 사람들의 역량에 밀려서 퇴보하는 사람도 있습니다. 어떤 이유에서일까요? 가장 큰 차이가 나는 부분을 살펴보면 '퇴근 이후의 시간'을 어떻게 쓰느냐의 차이가 있습니다. 퇴근 이후의 휴식은 누구에게나 꿀같은 시간입니다. 하루 종일 회사에 매여서 정신없이 일과를 보낸 나를 위한 회복의 시간이자 나만을 위한 시간입니다. 저녁 시간을 휴식으로 보내는 것들을 잘못되었다고 지적할 수 없습니다. 오히려 적절한 휴식은 성장을 위해서 꼭 필요합니다. 다만 이 '적절한 수준'을 유지하지 못한다면 오히려 성장을 방해하는 요소가 됩니다. 직장인에게 퇴근 이후의 시간은 곧 자신이 원하는 성장을 위해 투자하는 시간입니다. 해야만 하는 일들을 하는 회사 업무시간은 성장을 위한 온전한 시간이라고 볼 수 없습니다. 물론 맡은 업무를 수행하면서 일하는 방법이나 사람들과의 관계를 맺는 방법 등을 배울 수는 있으나 그것만으로는 나의 부가가치를 높이는 성장의 노력이라고 볼 수 없습니다. 왜냐하면 업무는 나만 하는 노력이 아닌 '모두'가 해야 하는 노력의 범위에 있기 때문입니다.

기업의 입장에서 보자면 돈을 주고 직원을 고용하는 것입니다. 따라서 받는 월급에 상응하는 일을 할 것을 기대하는 것이 당연합니다. 개인적인 입장에서는 업무를 통해 일을 배우고 그것을 통해 성장하고 있다고 말할 수 있지만 기업의 입장에서는 급여를 받고 당연한 일들을 하고 있다고 말할 수 있습니다. 그러니 근무 시간 안에 수행하는 업무들은 자기 계발 과정에서는 한계가 존재하게 됩니다. 그렇다면 모두가 하는 평균의 노력을 넘어선 노력과 열심이 필요한데 그 일련의 과정들을 수행할 수 있는 시간이 바로 퇴근 이후의 시간, 즉 나에게 주어진 자율적 시간입니다. 이때 무엇을 할지 스스로 선택하고 결정할 수 있습니다. 만약 성장을 위한 노력과 열심을 선택하고 그 시간을 이어간다면 자신의 목표에 가까운 결과를 얻을 수 있을 것입니다. 이때의 노력은 '의식적 노력'이며 이는 누군가가 시켜서 하는 노력이나 해야만 하는 일들을 하는 노력이 아닌 스스로 행하는 노력의 범위입니다.

자기 통제력을 바탕으로 꾸준하게 체력 관리를 위한 운동을 하거나 자기 계발을 위해서 자격증 공부나 독서 그리고 업무 이외의 필요한 학습 등을 지속적으로 쌓아가야 합니다. 그렇게 했을 때 더 나은 선택을 위한 이직을 하거나 재직 중인 회사에서 실력을 인정받거나 또는 자기만의 일을 찾아 창업 등을 하려고 할 때 지금보다 더 나은 결과를 만들 힘을 축적할 수 있습니다. 이런 노력의 과정 없이 남들과 비슷한 평균적인 노력의 범위 안에 머물러 있으면서 남들과 다른 성장이나 성공을 바란다는 것은 있을 수 없는 일입니다. 직장인 중에 피곤하지 않아서 퇴근 후까지 공부하거나 운동을 하면서 자기 계발을 하는 사람은 없습니다. 모든 사람의 조건은 동일합니다. 쉬고 놀고 자고 싶은 욕망 역시 동일합니다. 그것은 인간의 자연스러운 본능이자 욕구입니다. 그런 욕구와 본능을 누가 더 통제하고 절제할 수 있느냐의 차이입니다. 쉽지 않은 과정은 분명합니다. 중간에 실패도 찾아올 것이고 포기하고 싶은 순간도 찾아올 것입니다. 하고 싶은 일을 하기 위해서는 하기 싫은 일을 해내거나 하지 말아야 할 일들을 '절제'해야 합니다.

그렇다면 이런 통제력과 절제력을 갖기 위해서 어떻게 해야 할까요?

흔히 새로운 나 자신을 만들거나 좋은 습관을 형성하기 위해서는 의지력을 길러야 한다고 생각합니다. 의지력이 약하거나 정신력이 부족하면 결국 자신이 목적하는 바를 이루지 못한다고 생각하게 됩니다. 그래서 잠자리에 들기 전에 머릿속으로 '내일 아침은 6시에 일어나서 시작하자!'라고 호기롭게 다짐해보지만, 역시나 해는 서쪽에서 뜨지 않습니다. 부지런한 하루를 위해 일찍 일어나는 습관을 만드는 과정에서 발휘하는 의지력에 대해서 우리가 염두에 두어야 할 사항이 있습니다. 그것은 바로 의지력만으로는 분명한 한계가 있다는 점입니다. 자기통제라는 것은 실제로 뇌의 활동에서도 대단히 에너지를 많이 소모하는 일입니다. 조금만 참을성을 발휘해도 몸 안에 에너지는 급격하게 소모가 됩니다.

2007년 플로리다 주립대학의 '매튜 게일리엇(Mattew Gailliot)'과 여러 심리학자가 실험자들에게 간단한 자기 통제를 시키고 그동안 몸속 혈당의 변화를 측정하는 실험[9]을 했습니다. 한 실험에서는 사람들에게 소리가 나지 않는 비디오를 보게 했습니다. 비디오를 시청하는 중에 화면 한쪽 구석에서 글자가 나타났다가 서서히 반대 방향으로 움직이면서 사라졌습니다. 실험은 두 그룹으로 나뉘어 진행되었습니다. A그룹의 참여자들은 화면에 나타나는 단어를 무시하고 우연히 눈길이 가더라도 바로 화면에 집중하라는 지시를 받았습니다. 그러자 비디오를 보는 동안 A그룹 사람들의 혈당이 급격하게 떨어졌습니다. B그룹의 참여자들은 A그룹과 반대로 화면의 글자를 무시하라는 지시를 받지 않고 자유롭게 화면을 응시했습니다. 그리고 B그룹에 속한 사람들의 혈당은 거의 떨어지지 않는 연구 결과가 나왔습니다.

2012년에는 네덜란드 위트레흐트대학의 '데니스 데 리더르'를 비롯한 심리학자들이 자기 통제에 대한 102건의 과학연구[10]를 분석한 결과를 발표했습니다. 이 분석에서 드러난 흥미로운 사실은 자기 통제가 '참는 것'이 아니라 '참지 않는 것'에서 가장 큰 차이가 있었다는 점입니다. 부연 설명을 하자면 술을 끊는 사람이 자기 통제성이 좋은 것이 아니라 처음부터 술을 먹지 않은 사람이 자기 통제성이 높은 사람이라는 뜻입니다. 앞에서 살펴봤던 월터 미셸의 실험에서도 과자를 먹고 싶은 유혹을 잘 이겨낸 아이들은 유혹과 싸우지 않았습니다. 아이들은 눈을 감거나 과자에서 등을 돌리고 앉거나 신발 끈을 만지고 놀거나 노래를 부르는 등 스스로 주의를 다른 곳에 돌려서 잠깐 과자를 잊은 것입니다. 무조건 과자를 자신의 의지만으로 참아보려고 했던 아이들은 결국 유혹에 무너지고 말았습니다.

이러한 실험 결과에서 알 수 있는 것은 자기 통제가 무조건 참는 것이 아니라 스스로 필요한 환경을 설정하고 물리적으로 애초에 하지 않아야 할 것을 '통제'해야 한다는 것입니다. 아침 6시에 기상하려는 것이 잠자리에 들기 전에 하는 다짐만으로 될 수 없다는 것입니다. 다시 말해, 유혹에 무너지기 쉬운 환경을 통제하면서 생산적이고 진취적인 환경에 노출되도록 자신의 환경을 설정하는 것이 중요합니다. 각자 처한 상황에 맞는 물리적인 환경을 설정함으로 자신만의 통제력을 기르는 것이 핵심입니다.

여기서 중요한 '통제변수'는 사람마다 달라질 수밖에 없습니다. 따라서 자신의 환경을 파악하고 필요한 통제변수가 무엇인지를 아는 것이 중요합니다. 우리가 성공한 사람들의 자기 계발서를 읽고 저자가 제시하는 방법을 써봤지만, 여전히 실패하는 지점들이 생기는 이유이기도 합니다. 저자의 통제변수와 우리의 통제변수는 다를 수밖에 없기 때문입니다. 시간, 공간, 가치관, 살아온 경험, 감정 등이 다르기 때문에 단순하게 누군가의 방법을 그대로 가져오는 것이 맞지 않습니다. 처한 상황에 맞게 '치환'하는 과정을 거쳐 자신만의 방법으로 재가공해야 합니다.

지속 가능한 자기 통제력을 기르기 위해서 해야 할 첫 번째는 바로 내 삶에서 하지 않아야 할 것들을 찾는 것, 소위 말해 'NOT TO DO LIST'인 절제와 통제를 위한 항목설정이 필요합니다. 나의 통제환경과 변수들을 찾기 위해서는 먼저 하지 않아야 할 항목들을 파악해야 합니다. 내가 빈번하게 실패하는 과정에서 하지 않았어야 했던 행동이 무엇인지 그리고 내가 해야 하지만 실행하지 못해서 실패하거나 실수하는 영역들이 무엇인지 파악해야 합니다. 그 실패하는 항목들을 수정하지 않는다면 결국 원하는 결과에 이를 수 없습니다. 먼저 하루의 일과를 관찰하고 세세하게 기록하기를 바랍니다. 잠에서 깨어 하루를 시작하는 아침 시간부터 하루를 마무리하고 잠자리에 드는 밤까지 시간대별로 하는 일들을 작성하도록 합니다. 그러기 위해서는 '기록'을 위한 환경을 만들어야 합니다. 요즘은 기록할 수 있는 다양한 여러 가지 디지털 기기나 도구들이 있습니다. 어떤 도구를 사용하든지 쉽게 접근할 수 있고 작성할 수 있는 것들을 선택해서 사용하길 바랍니다. 그리고 기록들 가운데 생산적인 활동이 아니거나 나쁜 습관들 때문에 해서는 안 되는 일들을 파악해서 'NOT TO DO LIST'에 추가해보시기를 바랍니다.

NOT TO DO LIST의 예시

NOT TO DO LIST 작성 시 키워드나 단어로 표현하기보다 하나의 정리된 '문장'으로 작성하는 것이 좋습니다. 구체적으로 어떤 행동을 하지 않아야 하는지를 파악하기 위함이며 시간이 지나서 읽었을 때도 어떤 이야기인지 기억할 수 있으려면 문장으로 기록하는 것이 좋습니다. 또한, 하지 않아야 하는 구체적인 이유 등도 함께 작성하면 가시화된 문장이 조금 더 성공적으로 통제와 절제를 할 수 있도록 도와줍니다. 왜 이 행동을 멈춰야 하는 것인지, 그 행동으로 인한 부정적인 영향력은 어떤 것들이 있는지를 파악해야 합니다. 이렇게 다 완성된 리스트는 책상이나 가장 잘 보이는 곳에 붙여두고 항상 의식적으로 행동하는 습관을 길러야 합니다. 익숙해지기까지 일정 기간 실패와 성공을 반복하면서 꾸준하게 유지하는 것이 무엇보다도 중요합니다. 이렇게 완벽하게 통제력을 발휘하면 반드시 그 결과가 좋아질 수 있을까요?

2014년에 개봉했던 〈플랜맨〉이라는 영화는 완벽한 자기 통제력에 대한 이해를 도울 수 있습니다. 〈플랜맨〉이라는 영화는 완벽한 통제력을 가진 주인공이 겪는 에피소드를 다루고 있습니다. 영화 속 주인공은

시, 분, 초 단위로 삶을 계획하고 정확하게 통제하는 삶을 살아갑니다. 그에게 있어 통제하지 못하는 변수란 존재해서는 안 되는 영역입니다. 그런 주인공에게 사랑하는 사람이 생기지만 강박에 가까운 삶을 사는 그에게 사랑은 통제할 수 없는 변수였습니다. 결국 사랑하는 사람의 마음을 거절하는 상황에 이릅니다. 중요한 것은, 우리의 삶이 늘 예상대로 되지 않고 완벽하게 통제할 수 없다는 것입니다. 살다 보면 생각지 못한 사건이나 일들이 종종 발생합니다. 이런 상황들을 간과한 채 통제력이 과도하게 발휘되면 삶에서 만나게 되는 예상치 못한 사건이나 문제에 대한 대응력이 떨어지게 됩니다. 그리고 필요 이상의 통제성이 발휘되는 사람에게는 익숙하지 않은 변수를 만드는 일들은 항상 예상되는 결과를 얻지 못하게 하는 위험한 선택이나 행동이 될 수밖에 없습니다. 자연스럽게 새로운 도전이나 기존과 다른 관점으로 바라보는 행위는 자신이 관리하지 못하는 영역이 생긴다고 판단하게 됩니다. 도전하는 삶보다는 현재의 삶에 안주하게 되거나 필요 이상으로 생활이 경직될 수 있습니다.

이와 같은 삶의 태도는 지금 시대에 맞지 않는 전략적 선택입니다. 현재 필요한 역량 중 하나는 변화에 빠르게 대응하는 능력이기 때문입니다. 4차 산업이라고 이야기하는 현대사회의 변화 속도는 예상하는 것보다 훨씬 더 크고 빠릅니다. 기술의 발전과 측정이 불가능할 정도로 생산되는 정보의 다양화 등 많은 복합적 요소가 사회변화의 속도를 빠르게 만들고 있기 때문입니다. 따라서 변화의 속도에 적절하게 대응하기 위해서는 '고정된 통제성'보다는 '상황에 맞는 유연한 통제성'을 발휘할 수 있어야 합니다.

　예를 들어, 아침 기상 시간을 오전 6시로 설정한 후 일어나서 해야 할 일 3가지를 선정했다고 가정해 봅시다. 내가 계획했던 대로 6시 기상에 성공했다면 하려고 했던 일들을 모두 할 수 있지만 늦잠으로 6시 5분이나 6시 10분에 일어났다면 어떨까요? 많은 경우, 기상에 실패했다는 생각으로 하려고 했던 3가지 일들 모두를 포기하게 됩니다. 그러나 완벽한 계획이었던 플랜A가 실패했을 경우에는 차선책으로 플랜B를 실행할 수 있어야 합니다. 계획대로 실행하지 못했다고 해서 그냥 포기하는 것이 아니라 원래 계획을 수정하거나 실패했다는 생각에 포기로 이어지지 않게끔 계획의 일부분이라도 실행하는 행동을 이어가야 합니다. 이 과정에서 실패와 실수의 원인과 대안을 성찰과 사색을 통해 점검하는 일도 반드시 잊지 말아야 합니다. 처음에는 당연히 실수도 할 수 있지만 같은 실수를 두 번 이상 반복한다는 것은 충분히 예상되는 실수를 막지 못한 결과로 볼 수 있습니다. 따라서 실수의 빈도를 낮추거나 반복하지 않을 수 있도록 실패 이후에 한탄이나 후회만 할 것이 아니라 지난 과정에 대한 피드백을 할 수 있어야 합니다.

　목적하는 바를 성취하는 삶을 산다는 것은 마냥 편안하고 즐겁기만 할 수 없습니다. 의식적 노력을 한다는 것은 때로는 귀찮고 부담스럽지만 꾸준하게 해야 할 일들을 하면서 하지 않아야 할 일들을 자제하는 노력이 필요합니다. 시간은 유한하기 때문에 하지 않아야 할 일들을 적절하게 통제하고 관리해야만 시간 사용이 원하는 대로 가능해집니다.

세상의 다양한 분야에서 성공한 사람들의 이야기들을 좇아가다 보면 공통적으로 발견되는 모습 중 하나가 바로 자신을 '방치'하지 않았다는 것입니다. 마음이 가는 대로, 생각이 흐르는 대로 본능적인 욕구나 욕망이 원하는 대로 움직이도록 놔두지 않았습니다. 철저한 자기 관리를 통해서 자신의 유한한 자원들을 최대한 활용하기 위해서 노력했던 사람들입니다. 그래서 성공한 사람들에게는 늘 'NOT TO DO LIST'를 적극적으로 활용하는 모습들이 보입니다.

순간의 게으름이나 방황은 누구에게나 달콤한 유혹입니다. 그 유혹에 한 번 길들여지기 시작하면 그 빈도가 높아질 뿐 아니라, 과도해지면 '중독'되는 행동들이 이어집니다. 중독에 빠지는 이유는 도파민의 분비를 통해서 고통을 잊는 경험을 하게 되기 때문입니다. 생각보다 우리는 많은 중독에 빠져 살아가게 됩니다. 스마트폰, 약물, 성적중독 등 오늘날 우리의 삶은 많은 중독의 위험에 노출되어 있습니다. 현실의 고민이 깊어질수록 더 중독적인 행동들에 집착하게 됩니다. 그러다 보니 많은 사람이 '나는 의지가 약하다'고 판단하거나 타고나기를 게으르다는 자기비판에 빠져 살아갑니다. 하지만 그것은 사실이 아닙니다. 자기 통제에 대한 훈련이 미숙한 것이지 타고난 통제력이 없다는 것은 맞지 않습니다. 누구나 본능적이고 즉흥적으로 행동하는 것이 사람입니다. 자기 통제력은 훈련으로 얼마든지 키울 수 있는 역량입니다.

'중독'과 '몰입'은 구분하기가 상당히 어려울 정도로 메커니즘이 동일합니다. 중독이냐 몰입이냐를 가르는 가장 중요한 기준이 바로 '자기 통제력'입니다. 자신의 의지와 생각대로 통제하는 환경이냐 아니면 방치되고 노출된 환경에 끌려가느냐의 차이입니다. 자신이 좋아하는 취미활동을 스스로 설정한 시간만큼만 할 수 있다면 몰입으로 나갈 수 있지만 반대로 시간 통제가 되지 않는 취미가 계속 이어진다면 중독으로 이어지게 됩니다. 지금 우리가 해야 하는 일은 오늘의 삶을 헛되이 보내지 않기 위해 하지 말아야 할 일들을 찾고 그것들을 멈추기 위한 '작은 실천'이 필요할 뿐입니다. 아쉽게도 새로운 나를 위한 성장과 변화를 위한 노력의 결과는 즉각적으로 보이지 않는 경우들이 많습니다. 그렇기 때문에 나의 노력에 비해 눈에 보이는 결과가 초라하다고 느껴질 수도 있습니다. 하지만 그것은 성장을 위한 도전의 첫걸음이라는 것을 잊지 마시기를 바랍니다. 수년간 바뀌지 않던 내가 단 며칠 혹은 몇 개월 만에 바뀐다면 그것이 오히려 더 이상한 일이 아닐까요?

　무심코 휴대전화의 잠금 패턴 위로 옮겨진 자기 손가락을 의식적으로 잠시 멈추고 생각해보세요. 지금 하려고 하는 일은 무엇인지 그리고 그것이 당장 해야만 하는 일인지 생각해보기를 바랍니다. 대부분은 지금이 아니어도 언제든 할 수 있는 일이며 심지어 그것은 성장에 써야 할 시간까지 빼앗아 버리는 일이라는 것을 알고 절제해야 합니다. 의식적 선택을 몇 달간 유지하거나 몇 년 동안 해내겠다는 생각을 내려놓고 단 하루, 단 한 번만 성공시켜 보겠다는 생각으로 실천해 보시기를 바랍니다. 그렇게 하루하루 쌓이다 보면 늘 '말하는 대로' 살아가고 있는 자신을 발견하게 되는 날을 맞이하게 될 것입니다.

미션 2. 현재 일, 공부, 관계, 휴식, 기타의 5가지 항목에서 불필요한 것들을 'NOT TO DO LIST'에 기록해보세요.

분류	항목	이유
일		
공부		
관계		
휴식		
기타 ( )		

세 번째 힘

사색력

세 번째 힘

사색력

빌드업대표 **최 대 열**

'코로나19'가 전 세계를 강타하기 전까지 우리나라에서 매년 재미있는 이벤트 하나를 진행한다는 소식이 신문 기사나 검색 포털에서 종종 보이고는 했습니다. 그것은 바로 '멍때리기 대회'[1]였습니다. 2014년부터 한강공원에서 시작한 이 대회는 매년 수많은 참가자가 가만히 앉아서 아무 생각도 하지 않고 누가 오래 버티는가를 겨루는 대회입니다. 어린이부터 노인에 이르기까지 남녀노소 누구나 참가할 수 있는 이 대회는 매년 많은 사람들의 관심을 받았습니다. 바쁜 일상에 쫓겨 살면서 스마트폰과 24시간 내내 일심동체로 살아가는 현대인들에게 잠시나마 현실의 시름에서 벗어나 쉬는 틈을 주고자 만든 대회가 아닐까 하는 생각이 듭니다. 이렇게 아무것도 하지 않고 시간을 보내는 일명 '멍때리기'가 과연 건강에 영향을 미칠 수 있을까요?

아무 생각도 하지 않는 시간은 뇌에 순기능으로 작용합니다. 즉, 뇌에 필요한 '휴식'을 공급할 수 있습니다. 뇌가 계속해서 정보를 받기만 하는 상황에서는 스트레스가 쌓여 여러 신체적인 문제들이 발생할 수 있기 때문입니다. 미국 코넬대 연구팀은 한 실험[12]에서 유명인과 비 유명인의 얼굴 사진을 차례대로 보여준 후, 전 단계에서 보았던 사진 속 인물과 동일한지 맞추게 했습니다. 실험 결과, 아무것도 하지 않았던, 즉 뇌가 쉴 수 있도록 했던 참가자들이 제시된 인물의 얼굴들을 보다 빠르고 정확하게 맞추는 것으로 확인되었습니다. 일본에서는 도호쿠대 연구팀이 아무런 생각을 하지 않고 휴식을 취하는 상태에서 뇌 혈류 흐름이 어떻게 달라지는지 실험을 진행했습니다. 그 결과 어떤 생각에 집중할 때보다 휴식을 취하는 상태에서 뇌 혈류의 흐름이 원활해지고 아이디어를 신속하게 제시할 수 있었습니다. 이 두 가지 실험 결과를 통해 뇌를 쉬게 해주는 활동들은 기억력, 학습력, 창의력 등에 도움을 줄 수 있다는 결론을 얻을 수 있습니다.

실제로 멍때린다고 해서 뇌가 완전히 생각하지 않는 상태로 있는 것은 아닙니다. 멍때리는 상태에서도 뇌의 특정 부위는 작동하는 것을 검증한 연구 결과들도 존재합니다. 전문가들은 기억력을 높이고 창의적인 생각을 하기 위해서 하루에 적어도 15분 정도의 뇌를 쉬게 하는 시간을 갖는 것이 좋다고 권장하기도 합니다. 이쯤에서 우리는 스스로 한 가지 질문을 던져볼 필요가 있습니다. "나는 삶에 여백 같은 시간이 얼마나 될까?"라는 질문입니다. 직장생활, 학교생활을 기본으로 우리는 각기 다른 수많은 역할을 감당하며 많은 일들을 해야 하는 시대를 살아가고 있습니다. 다시 말해, 24시간이라는 물리적인 시간의 제한 속에서 주어진 일들을 처리하기에도 빠듯한 삶을 살아간다는 것입니다. 이런 상황에서는 마음의 여유를 갖지 못하기 때문입니다. 끊임없이 무언가를 해야 하고 빠르게 결정해야만 하는 시대입니다. 우리의 바쁜 삶으로 인해 잠시 삶의 속도를 늦춰서 생각할 시간이나 여유가 없는 것도 맞지만 한편으로는 기술이 발전하고 다양한 정보에 노출될수록 생각하는 과정에 대한 피로도가 높아져 복잡하게 생각하거나 고민하는 것을 부담스러워하는 경향들이 생겨나고 있습니다.

그렇다면 우리는 얼마나 복잡다단한 시대를 살아가고 있는 것일까요? 디지털 시대가 만들어내는 하루의 정보량은 얼마나 될까요? 미국 기업 IBM에 따르면 약 25억 GB(기가바이트), 즉 20조 bit(비트)라는 어마어마한 양을 하루 동안 만들어내는 것입니다. 현재의 데이터 저장 밀도를 감안할 때 2025년의 전 세계 데이터양은 175 ZB(제타바이트)에 이를 것으로 예측[13]합니다. 1 ZB는 약 1조 GB에 해당하는 정보량입니다. 지금 이 순간에도 지구 어디에선가 숫자의 단위가 체감되지 않을 정도로 정말 많은 정보가 가공되어 우리에게 매일, 24시간 내내 제공되는 시대를 살고 있습니다. 물리적으로 이 모든 정보를 인지하는 것은 물론이고 접할 수도 없습니다. 또한 이렇게 많은 정보에 노출되다 보면 자연스럽게 스스로 고민하고 생각할 필요성을 느끼지 못하게 됩니다. 우리의 예상을 뛰어넘는 다양한 정보들이 제공되다 보니 답을 찾으려는 생각이나 고민 없이 그저 정보를 받아들이게 되는 현상들이 나타나기 때문입니다. 이런 상황이 이어지게 되면 결국 생각 자체를 하지 않으려고 하는 사람들이 늘어나게 되고 누군가가 자기 대신에 생각하고 결정해 주기를 원하게 됩니다.

온라인에는 그런 흐름을 보여주는 사례들이 자주 보입니다. 커뮤니티 채널들에 올라오는 질문들을 보면 '저는 a, b, c 중에서 어떤 회사에 가야 할까요?' '이 여자와 연애를 계속 해야 할까요?' '이런 부모님과 화해해야 할까요?' 등 누군가의 조언이나 경험이 있어야 하는 문제들도 분명 존재합니다. 그러나 질문을 가만히 들여다보면 자기 스스로 답을 알고 있거나 결정해야 할 사항들임에도 불구하고 다른 사람들의 결정에 자신의 운명을 맡기고 있다는 생각이 드는 경우들이 많습니다. 필요 이상의 정보들이 우리들을 지치게 한 결과가 아닐까 싶습니다. 문제는 이런 정보들 가운데 '왜곡'된 정보들도 존재한다는 사실입니다.

가장 단적인 예로 2000년대 중반에 '아침형 인간'이라는 키워드가 사회적 이슈로 떠올랐습니다. 이른 아침부터 하루를 시작하는 사람들의 생산성이 높고 성공할 확률이 높다는 주장이었습니다. 많은 이들이 좌절하기에 이르렀습니다. 대부분은 아침형 인간이 아니기도 할뿐더러 아침형 인간인 사람 중 대다수는 출근 때문에 반강제적으로 아침을 일찍 시작해야 했기 때문입니다. 그런데 재미있는 사실은 그 이후에 정반대의 '저녁형 인간'에 대한 이론들이 등장하기 시작했습니다. 저녁 시간이 사람을 조금 더 감성적으로 만들고 몰입할 수 있는 환경을 조성한다는 주장이었습니다.

여러분은 어떻게 생각하시나요? 아침형 인간과 저녁형 인간 중 어느 쪽이 옳다고 생각하나요? 정답은 '사람에 따라 다르다'입니다. 최소한 약 6개월 이상 자신이 아침형 인간으로 살아보고서 그 결과 아침에 생산성이 높다면 아침 시간을 활용하는 사람으로 살아가면 되는 것이고, 같은 기간 동안 저녁형 인간으로 살아본 후 저녁 시간을 활용하는 것이 자신에게 맞는다면 저녁형 인간으로 살아가면 되는 것이죠. 또한 효과적인 결과가 있었던 것들을 아침 또는 저녁에 적절하게 섞어서 활용하는 것도 방법이 될 것입니다. 이슈가 된 당시 상황을 보면, 아침형 인간에 대한 주장이 확산되는 시기에 서점과 온라인에 아침형 인간에 대한 정보들이 쉴 새 없이 등장했습니다. 그때 사람들은 모두 아침형 인간을 받아들이는 데 거부감이 없었습니다. 반대로 저녁형 인간이 등장했을 때도 동일한 반응이었습니다.

이처럼 우리는 어떤 정보를 '비판적 사고'로 검증하지 않은 채 '수용적 사고'로 정보를 받아들이는 데 익숙합니다. '진짜'와 '가짜'를 구분하기 어려운 시대를 살아가면서 자신에게 필요한 역량을 키우기 위해 정보를 탐색하고 훈련하는 과정에서 꼭 필요한 것이 바로 '사색하는 힘'입니다. 사색의 사전적인 의미는 이렇습니다. 사색이란 '어떤 것에 대하여 깊이 생각하고 이치를 따지는 것'입니다. 원리나 이치를 탐구하고 고민하는 과정이 바로 사색입니다. 표면적이고 얕게 생각하는 것이 아니라 내면적이고 깊은 생각을 해야 하는 과정이 사색입니다. 따라서 자연스럽게 생각의 무게감이 생길 수밖에 없고, 오랜 시간을 고민해야만 하는 과정입니다.

생각 자체를 하지 않는 세대와 그 문제점들

최근 10대를 비롯해 2030세대에 이르기까지 교육학적 관점에서 '과도한 스마트 기기의 사용으로 인한 사고력 및 집중력 저하'[14] 등의 문제가 부각되고 있습니다. 무엇보다도 코로나19가 확산이 되고 난 이후의 스마트 기기 사용량은 폭발적으로 증가할 수밖에 없었고 이로 인해 생기는 부작용에 대한 다양한 연구들이 진행되고 있습니다.

한 연구 결과에서는 스마트폰으로 인한 인식능력의 저하를 '두뇌 유출'[15]이라는 표현까지 할 정도로 심각한 문제로 지적한 바 있습니다. 두뇌 유출의 개념은 보통 국가적인 관점에서 고급 인적 자원이 빠져나가는 것을 설명하는 개념입니다. 과학자들은 이 개념을 스마트폰이 우리의 뇌 기능을 대체하면서 뇌 능력의 감퇴를 설명하는 단어로 사용하고 있습니다. 그만큼 스마트폰은 우리 뇌가 갖춰야 할 사고력을 대체하고 있습니다. 고민하거나 생각할 필요 없이 바로 '답'을 주기 때문입니다. 소설을 읽는다고 가정해 봅시다. 주인공이 비를 맞으며 눈물을 흘리는 장면을 읽게 되면 뇌는 자연스럽게 우리가 어딘가에서 한 번쯤 봤었던 드라마나 영화의 장면들을 편집하여 그 장면을 자연스럽게 상상하게 됩니다. 비의 양, 계절, 시간, 주인공의 표정, 그리고 그 눈물의 의미 등을 생각하며 읽게 되는 것입니다. 그와 반대로 영화나 드라마를 영상으로 시청할 때 우리의 뇌는 상상하거나 해석하지 않아도 됩니다. 모든 장면이 해석된 상황들을 보여주기 때문입니다. 이전부터 텔레비전을 '바보상자'라고 부르는 이유가 이런 맥락이기 때문입니다.

인터넷 사용이 인간 사고와 인지구조에 끼치는 영향에 대한 흥미로운 실험연구가 있었습니다. 다양한 미디어 기술이 인지능력에 미치는 영향에 대해 연구[16]했고 그에 대한 논문을 2009년 사이언스지에 발표했습니다. 연구 결과는 컴퓨터 조작이 시각적 인지능력을 높이지만 동시에 '반사적인 사고 습관'을 갖게 한다는 것이었습니다. 반사적 사고 습관이란 자극에 반응할 때 외부의 영향을 크게 받는 사고 습관을 의미합니다. 이런 실험 결과들은 화면을 통한 미디어 사용이 수많은 정보를 동시에 인지할 수 있는 '공간인지 능력'을 개선했지만, '추상적 어휘', '연역적 문제 해결', '비판적 사고', '상상력'과 같은 고도의 인지구조를 약하게 만들었다고 그린필드는 결론 내렸습니다. 미디어에 과도하게 노출되는 아이들일수록 시각적인 정보에 민감하게 반응하는 모습들을 볼 수 있습니다. 최근 10대들은 확실히 어린 시절부터 스마트 기기에 익숙하다 보니 '영상'을 통해서 정보를 받아들이는 속도가 빠릅니다. 그러니 언어 습득이나 문화적 코드에 대한 이해가 높을 수밖에 없습니다. 그에 반해 움직이는 정보가 아닌 '활자'를 중심으로 하는 책 등을 읽는 능력이나 글을 읽고 난 이후 상상력을 발휘하는 능력 등은 현저하게 떨어질 수밖에 없습니다.

코넬대에서는 노트북으로 인터넷 사용을 할 수 있게 한 그룹과 인터넷 사용을 금지한 그룹으로 나누어 수업을 진행했습니다. 그 결과, 인터넷을 사용한 그룹이 수업 내용과 관련된 시험에서 훨씬 낮은 점수를 기록했습니다. 저명한 IT 미래학자 '니콜라스 카(Nicholas G. Carr)'는 저서 『The Shallows(생각하지 않는 사람들)』[17]에서 다소 어두운 전망을 했습니다. 인터넷 검색은 책에서 얻은 지식이나 정보보다 파편적이어서 오래가지 않는다는 것이었습니다. 특히 독서할 때 요구되는 '고요한 선형적 집중'은 인터넷의 등장으로 '요란스러운 비선형적 산만함'으로 대체됐다고 그는 주장했습니다. 이는 계속되는 자극으로 인해 몰입과 집중이 되지 않고 산만해질 수밖에 없음을 의미합니다. 또한 신경과학자 '마이클 머츠니히'는 점차 발전해가는 인터넷과 정보기기의 사용이 우리의 두뇌 구조를 '개조'시킨다고 주장[18]합니다. 그는 수십 년간 영장류에 대한 실험을 통해 외적 자극이 뇌 구조에 끼치는 영향을 연구했습니다. 그 결과 과도한 인터넷 사용은 주의력 분산과 사고 단절에 치명적인 영향을 미친다고 결론 내렸습니다. 이와 같은 다양한 연구 결과들을 바탕으로 정리해보면, 인터넷 사용이 증가하고 미디어에 대한 노출이 많아질수록 사고력은 현저하게 저하되며 사고력의 발달과 활용에 부정적인 영향을 끼친다는 점입니다. 기술은 나날이 발전하는데 인간은 퇴화하여 간다고 표현해도 전혀 과언이 아닌 시대가 되었습니다.

최근 청소년 및 20대가 자주 사용하는 SNS들을 살펴보면 동영상의 길이가 30초, 심지어는 15초짜리 콘텐츠들이 인기입니다. 콘텐츠의 길이가 10분을 조금이라도 넘어가면 보지 않습니다. 생각 없이 빠르고 자극적으로 볼 수 있는 영상들을 선호하다 보니 점점 영상 콘텐츠들의 길이가 짧아지고 있습니다[19]. 이제는 15초도 길다고 느끼는 청소년들이 있다고 하니 문제가 더욱 심각해지고 있다는 생각을 지울 수가 없습니다.

가끔 중고등학교나 대학교에서 진로 교육 및 취업 관련 교육을 진행할 때가 있습니다. 가장 심각하게 느끼는 점은 청소년들이 아주 간단한 문장조차 읽고 해석하기 어려워한다는 것입니다. 그러다 보니 정작 설명해야 하는 개념들보다 기초적인 문법 개념들을 어떻게 이해시킬 수 있을까를 고민하게 됩니다. 대학생들의 경우에도 별반 다르지 않은 상황입니다. 취업을 위한 자기소개서를 작성하거나 면접 대비를 위한 면접 시트 등을 작성하는 과정들을 함께 하다 보면 가장 기본적인 어휘나 문법 등이 취약하고 논리적으로 생각하고 이해하는 능력들이 부족해서 어려움을 호소하는 경우들을 만나게 됩니다. 이러다 보니 현장에서 이들을 지도하는 선생님들의 주문은 쓴웃음을 짓게 합니다.

"대표님, 아이들이 졸지 않도록 쉽고 재미있게 부탁드립니다."

대부분의 현장에서 한 번 이상은 들었던 요청사항인 것 같습니다. 강의하고 나면 이들이 살아갈 미래에 대한 염려와 고민이 더욱 깊어지게 만드는 것 같습니다. 어떤 문제 혹은 상황에서 해결을 위한 여러 가지 정보들을 접할 때 논리적이고 분석적인 생각 과정을 통해 답을 찾는 노력을 기울여야 합니다. 무엇보다도 근본적이고 원리적인 답을 찾아내는 것이 필요합니다. '원리 이해'를 통한 상황 변화에 맞는 답을 도출해내는 능력은 중요합니다. 우리가 찾은 해결점이 언제나 바른 해답만을 제공하지 않고, 상황이 바뀌면서 이전의 해답이 더 이상 해답이 되지 않는 경우들이 존재하기 때문입니다. 그렇기 때문에 현재 상황에 제한적이지 않은 깊이 있는 생각들이 필요합니다. 우리가 성장하는 과정에서 만나는 삶의 문제들이 단순하고 직관적으로 결론에 이르지 않는 경우가 많습니다. 하나의 문제에 다양한 변수가 존재하며 '정해진 답'이 아닌 '나만의 답'을 갖는 방법을 알아야 하는 시대이기 때문입니다.

　7080세대가 한창 대한민국의 산업부흥을 이끌어가던 시기에는 '성공'이 대표적인 몇 가지의 단어로 정의될 수 있었습니다. 즉, '소유할 수 있는 집', '자동차', '높은 연봉' 이 세 가지가 충족되는 삶이라면 성공하는 삶이라고 할 수 있었습니다. 흔히 말하는 '행복의 기준'이 될 수 있었던 것이죠. 그러나 지금 우리의 시대는 성공에 대한 다양한 가치와 의미를 '주관적인 관점'에서 정의하고 해석하는 시대입니다. 때문에 '행복'이라는 개념이 절대적인 기준이 아닌 각자의 가치관과 상황에 따라 달라질 수 있습니다. 누구에게는 높은 연봉과 기업의 규모가 큰 것이 행복의 기준이 될 수 있지만, 또 다른 이에게는 그렇지 않을 수 있습니다. 이런 상황에서 자신이 추구하는 행복이나 성장, 성공을 위한 방법이나 과정들은 '하나'가 아니라 '다양성'을 가진 경우의 수들이 존재하게 됩니다. 그렇기 때문에 현재 당면한 상황에서 자신에게 필요한 선택을 이어가거나 문제를 나답게 해결하기 위해서는 생각하고 고민하는 과정들이 필요합니다. 이러한 이유로 '사색'은 더욱 필요할 수밖에 없습니다. 사색이란 '어떤 것에 대하여 깊이 생각하고 이치를 찾는 것'을 말합니다. 순간적인 생각이 아닌 오랜 시간 동안 누적되는 생각들을 의미합니다. 그렇다면 사색의 효과는 어떤 것들이 있을까요? 아들레이드 대학의 과학 커뮤니케이터인 '피오나 커'는 사색의 효과를 이렇게 설명했습니다.

'몽상(daydreaming)과 사색(reflection)은 정신을 정처 없이 돌아다니게 해줍니다. 이 때문에 복잡한 문제를 가지고 있을 때, 혹은 창조적인 해법과 아이디어가 필요할 때 놀라운 결과를 얻을 수 있습니다.'

- 피오나 커

사색의 효과를 알고 적극적으로 활용했던 인물이 바로 '아인슈타인'입니다. 아인슈타인이 처음 상대성 이론의 아이디어를 떠올린 나이가 16세라고 합니다. 아인슈타인은 평소 '몽상(夢想)'을 즐겨 하는 사람으로 유명합니다. 아인슈타인과 같이 몽상 중에 아이디어를 떠올리거나 생각하는 습관을 통해 문제를 해결하는 사례들은 많습니다. 우리가 잘 알고 있는 '찰스 다윈'이나 '프리드리히 니체' 같은 사상가는 아이디어의 비결로 몇 시간이고 생각에 잠기는 습관을 이야기합니다. 다윈은 생각을 깊이 하기 위해 필요한 자신만의 '생각의 산책로'를 가지고 있었고, 니체 역시 생각을 다듬기 위해 몇 시간이고 자연 속을 걸어 다녔다고 합니다. 러시아의 작곡가 '표도르 차이콥스키'는 날마다 두 시간씩 '산책'을 하면서 사색하기를 즐겼다고 합니다. '베토벤' 역시 산책을 하면서 에너지와 창의성을 키워갔는데, 특히 그는 매일 점심 식사 후 산책[20]을 했다고 합니다. 이처럼 하루에 고정적이고 지속적인 사색하는 시간은 우리의 문제를 해결하거나 상황에 따라 필요를 채워가기 위해 중요한 시간입니다.

이런 사례들을 접하다 보면 자연스럽게 자신과 거리가 있는 이야기처럼 들립니다. 당장의 나는 회사 업무가 가득하거나 구직활동에 전념해도 시간이 빠듯한데 산책이나 생각하는 시간을 갖는 여유는 모두에게 해당하는 것이 아니라 특별히 시간적 여유가 있는 사람들의 이야기처럼 느껴지기도 합니다. 생각하는 시간을 갖느니 차라리 무엇이라도 해야 한다는 압박이 더 강하게 채워지기도 합니다. 생각하는 시간, 사색에 몰입되는 시간을 쓸데없이 낭비하는 시간으로 여기거나 잡생각을 하는 시간으로 여기는 것은 사색의 효과나 방법을 제대로 알지 못한 상황에서 느끼는 부정적인 감정들입니다. 교육학 분야에서는 1980년대부터 사색에 관한 연구가 시작되었습니다. 사색은 심신의 안정과 내면의 성장에 긍정적인 영향들을 미치고 있습니다. 뿐만 아니라, 사색은 인간만이 갖는 고유한 힘이기도 합니다.

사색의 몇 가지 효능에 관해서 이야기해 보자면 첫째, 문제해결 능력을 향상시킵니다. 사색을 통해 직면한 문제를 다양한 관점에서 바라보고 분석할 수 있습니다. 이런 과정들을 통해 문제를 깊이 생각하고 해결책을 찾을 수 있습니다. 둘째, 스트레스를 해소하고 심신의 건강을 유지하는 데 도움이 됩니다. 사색은 숨 가쁘게 이어지는 시간의 흐름에서 잠시 벗어나 마음을 가다듬고 정신을 집중하게 해, 명상과 같은 효과를 가져올 수 있습니다. 자극적인 정보나 떠도는 많은 생각들을 떨쳐내고 마음에 집중하는 효과가 있기 때문입니다. 셋째, 창의력을 키울 수 있습니다. 사색은 새로운 아이디어나 새로운 시각을 도출해내는 과정에서 꼭 필요한 과정입니다.

이처럼 사색이란 생각을 의도적으로 느리게 함으로써 관점을 새롭게 하거나 주변 환경을 돌아보게 하는 역할들을 합니다. 무엇보다도 4차 산업이라는 정보화시대에 많은 정보를 담아내고 처리하는 것은 인간보다 기계가 월등한 능력을 갖추고 있습니다. 기계가 인간을 추월할 수 없는 유일한 영역이 바로 생각하는 힘, 사색력이라고 할 수 있습니다. 최근 들어 디자인 씽킹, 메타 러닝, 폴리매스 등 '통섭'이라는 키워드들이 인재상에 등장하고 있는데 이런 통합적 사고를 하기 위해서는 생각하는 힘을 기르는 것이 중요합니다.

성장을 위해 사색이 필요한 이유와 사색하는 방법

구직활동이나 재직 중 혹은 어떤 본질적인 성장을 위한 노력 과정을 살펴본다면, 성공적인 취업이나 자신의 목표를 달성하기 위해서 행동하는 것보다 더 중요한 것이 '생각하는 시간'입니다. 예를 들어 자기소개서나 이력서 등의 취업서류를 준비하는 과정을 살펴보면 대체로 생각을 정리하는 과정 없이 먼저 글 작성을 시작하게 됩니다. 그러다 보니 이내 막막함에 맞닥뜨리게 됩니다. 자신의 강점이나 지원 동기에 대한 생각 정리, 지원기업들에 대한 정보 정리 등은 서류접수나 자기소개서를 실제 작성하는 시간보다 훨씬 더 중요합니다. 자기소개서를 작성하는 시간에 비례해서 '나'에 대해 생각하는 시간이 많아져야 합니다. 구직자 대부분이 회사가 원하는 직무역량에 맞는 자기 경험을 찾아내는 작업을 어려워합니다. 이유는 자신에 대한 '사색'과 '성찰'이 충분하지 않은 채 급한 마음으로 글을 써 내려가기 때문입니다.

회사에서 업무를 할 때도 마찬가지입니다. 일을 잘하는 사람과 못하는 사람의 가장 분명한 차이는 '시키는 일'만 하는 것과 '시키지 않은 일'까지 찾아서 알아서 하는 것에서 나타납니다. '일을 못 하는 사람들'은 시키는 일을 하기에 바빠 다른 생각할 여유를 갖지 못하거나 혹은 편협한 생각으로 당장의 편안함이나 여유를 위해서 굳이 애써 일하려고 노력하지 않습니다. 하지만 '일을 잘하는 사람들'은 자신의 부가가치를 높이기 위해서 회사에서 인정할 만한 성과를 낼 수 있는 업무들을 스스로 찾아서 합니다. '지금 맡은 이 업무와 협업할 수 있는 부서는 어디일까?' '내가 맡은 역할은 이번 프로젝트에서 어떤 위치에 있나?' '현재 수행하는 업무 방식이 가장 효율적이고 생산적인가? 다른 방법들은 없는가?' '이 프로젝트를 통해서 회사는 어떤 이익과 손실이 있는가?' 이런 사색의 과정들을 통해 현재 하는 일들을 점검해야 합니다. 어떤 본질적인 성장을 위한 노력을 하는 경우에도 마찬가지입니다.

우리의 노력이 자신이 만족할 만한 성장으로 이어지기 위해서는 현재보다 더 효율적이고 생산적인 방법들을 찾기 위한 노력이 계속되어야 합니다. 자신이 알고 있는 방법 한두 가지를 끝까지 고수하면서 일하는 방식은 지금의 시대에는 맞지 않기 때문입니다. 이른바 'know-how(노하우)'를 가지고 일을 하는 시대는 끝이 났습니다. 이제는 'know-where(노웨어)'로 일을 하는 시대입니다. '노웨어'란 필요한 정보가 어디에 있는지를 아는 능력, 즉 '정보탐색 활용 능력'을 의미합니다. 투여하는 시간 대비 더 나은 방식이 무엇인지, 자신이 하는 노력의 방향성이 적절한지 등에 대해서 실행하는 과정의 중간마다 멈춰서 생각을 정리하고 돌아보는 과정들이 필수적으로 있어야 합니다.

하지만 많은 구직자가 취업이나 이직의 과정에서 '인터넷 검색'을 통해 나에게 맞는 답을 얻거나 자기 생각에 대한 결론을 찾으려고 합니다. 그만큼 인터넷이라는 디지털 도구는 우리에게는 없어서는 안 되는 필수 생존 도구가 되었습니다. 취업을 위해 준비했던 이력서나 자기소개서가 서류심사에서 탈락하거나 면접 과정에서 탈락이라는 통보를 받게 되면 처음에는 대수롭지 않게 생각하며 몇 번은 스스로를 격려하고 운이 좋지 않았을 뿐이라며 위로합니다. 하지만 계속되는 실패의 경험들은 결국 당혹감을 넘어 위축되고 실망감을 느끼게 하는데, 이런 현상들은 직장인들의 상황에서도 크게 다르지 않습니다. 어떤 업무를 자신 있게 수행하는 과정에서 실수가 반복되거나 회사로부터 부정적인 업무 피드백을 받게 되면 위축되고 자신에 대한 불안감이 증가하거나 무기력하게 됩니다. 그런데 바로 이 지점에서 결국 '성장'이라고 하는 결과를 얻을 수 있느냐 없느냐로 나뉘게 됩니다. 실패를 경험한 이후 '이 행동'이 뒷받침되느냐에 따라서 실패를 딛고 성공을 얻기도 하거나 결국 실패를 벗어나지 못하기도 합니다. 그것은 바로 생각하는 힘, '사색력'입니다.

민국(가명) 씨는 며칠째 구직 관련 인터넷 카페에서 하루에 몇 시간씩 접속해 있습니다. "휴... 대표님 정말 쉽지 않네요. 이렇게까지 기회가 생기지 않을 줄은 전혀 상상도 못 했어요." 민국 씨는 이번에 탈락한 것까지 총 30회의 서류 탈락을 경험하고 있는 상황입니다. 그의 얼굴에서 이미 여유라는 것은 찾아볼 수 없습니다. 민국 씨는 불안과 초조함을 넘어선 지 오래된 상황이기도 합니다. 민국 씨가 취업을 위해 쌓은 커리어는 우리나라 최고라고 할 수 없지만 수도권에 위치한 4년제 대학 졸업과 나쁘지 않은 학점, 어학연수 경험, 전공 관련 자격증도 3개나 있는 지원자였습니다. 그래서 그의 시작은 자신감과 함께 어떤 회사를 골라서 갈지를 고민하기도 했습니다. 그러나 시간이 흐르고 자신의 예상과는 달리 점차 지원 전형에서 탈락했다는 문자가 쌓여갈수록 그의 안색이 변하기 시작했습니다. 무엇이 문제인지를 고민하던 끝에 내린 결론이 인터넷 커뮤니티를 통해서 다른 사람들의 사례와 방법들을 보고 정답을 찾아야 한다는 것이었습니다. 자신이 무엇을 놓치고 있었는지, 그리고 무엇을 잘못한 것인지에 대한 답을 찾기 위해서 온라인 커뮤니티를 이용하기로 마음먹은 것이었습니다. 그러나 시간이 지날수록 점점 더 혼란스럽기만 했습니다. 왜냐하면 인터넷을 통해 찾은 내용들이 모두 각양각색이었기 때문입니다.

민국 씨가 올린 글에는 수많은 댓글이 달렸지만 모두가 자신이 아는 내용에서의 '추측'이었을 뿐, '이것이 문제구나!'라고 볼 수 있는 논리적인 근거가 부족했습니다. 그 이유는 간단합니다. 온라인 커뮤니티에서 답을 주는 사람들이 '인사담당자'가 아니라 나와 동일하게 '취업을 준비하는 사람들'이라는 것이 문제입니다. 같은 상황에 부닥친 사람들이 모여 있는 공간이기에 근거가 있는 답이라기보다는 추측이거나 어디선가 자신이 들었던 내용들을 토대로 지극히 개인적인 의견을 제시할 수밖에 없는 것입니다. 내가 원하는 정보를 정확하게 알려줄 수 있는 사람은 내가 지원한 회사의 '인사담당자'뿐입니다. 그만큼 인터넷 정보는 인사담당자가 아닌 이상은 정확한 정보에 접근하기가 어렵다는 의미이기도 합니다.

또 다른 멘티인 은수(가명) 씨의 경우를 살펴볼까요? 은수 씨는 올 상반기 취업은 실패했다고 해도 과언이 아닐 정도로 연초부터 하반기가 시작되는 지금까지 6개월 넘게 최종 면접에서 탈락하고 있습니다. 개인적인 집안 사정으로 인해서 본격적인 구직활동에 늦게 뛰어든 만큼 적지 않은 나이가 걱정이기도 합니다. 그간 회사가 인정할 만한 자격요건들도 많이 갖추지 못했습니다. 은수 씨의 주변 친구들이 모두 직장 생활을 하는 모습들을 보면 문득 내가 늦은 것은 아니냐는 불안함이 찾아오기도 합니다. 하지만 은수 씨에게서는 매번 만날 때마다 패배감이나 불안함보다는 안정적이고 평안한 모습들을 발견하게 됩니다. 오히려 여유로움까지 찾아볼 수 있습니다.

"은수 씨, 이번에도 결과가 좋지 못하네요. 많이 지치죠?"
"정말 아쉬워요, 대표님! 하지만 기회는 늘 있으니까 한 번 더 도전해보자는 생각으로 마음을 다스리고 있어요."

그의 얼굴에 잔잔한 미소가 흐르는 모습을 보면서 의외의 모습에 궁금증이 커져만 갔습니다. 그리고 은수 씨와의 대화에서 그 답을 얻을 수 있었습니다. 매일의 일과에서 항상 빠지지 않고 하는 것이 있었습니다. 매일 그는 늦은 오후 나절에 동네 카페에서 커피 한 잔을 마시면서 생각에 잠기거나, 집 근처 산책로를 한 시간 정도 걸으며 사색하는 시간을 반드시 갖는다는 점입니다. 이 시간을 통해서 취업을 준비하는 과정에 대한 의미를 다시 한번 점검하고 준비하는 과정을 복기하면서 '지원자의 관점'이 아닌 '면접관의 관점'으로 나를 본다면 무엇이 부족한지, 어떤 점이 궁금한지, 원하는 답변이 무엇인지를 점검하고 피드백하는 시간을 갖는 것이었습니다. 은수 씨의 사례를 살펴보자면 사색의 과정들을 통해서 스스로 예상되는 장단점에 대한 예상 질문들을 생각해보고 그것을 바탕으로 지원전략을 수정하고 있습니다. 이런 과정들을 반복하다 보면 자연스럽게 자신에 대한 이해가 높아지면서 탈락하는 과정에서 막연한 상실감을 느끼는 것이 아닌 지원자로서의 부족한 면들을 보완할 기회라고 생각하게 됩니다. 무엇보다도 사색이 더해질수록 기존 방식에서 벗어나 다양한 관점에서 지원전략이나 방법들이 달라질 수 있습니다.

사색하는 힘은 구직활동을 넘어서서 자신의 커리어를 성장시키고 확장하는 데 필수적인 요소이기도 합니다. 따라서 직장인이라고 다르지 않습니다. 매일 일정하게 생각하는 시간을 통해 일과를 정리하고 '복기'하는 것이 꼭 필요합니다. 많은 사람이 일을 하면서 업무에 대한 긍정적이거나 혹은 부정적인 피드백을 상사나 직장동료들로부터 받습니다. 당연히 긍정적인 상황에서의 칭찬은 기분을 좋게 만들지만 반대로 부정적인 피드백은 안 좋은 감정 상태가 오래 지속되거나 부정적인 느낌만 남게 되는 경우들을 종종 보게 됩니다. 따라서 사색을 통해서 '일과 감정의 분리'를 하는 것이 필요합니다. 일을 잘해서 칭찬받았다면 무엇 때문에 일을 잘할 수 있었는지를 반드시 알고 있어야 합니다. 그래야 자신의 '직무 강점'을 파악할 수 있고 또 다른 성과를 만들기가 수월하기 때문입니다. 반대의 경우, 지적받았다면 기분이 안 좋은 것과는 별개로 나에게 어떤 문제가 있었는지를 알고 수정할 수 있어야 합니다. 한 번은 실수이지만 같은 실수를 두 번 한다는 것은 결국 그 사람의 실력이 되기 때문입니다.

그리고 무엇보다도 직장 생활에서 호소하는 많은 어려움 중 하나는 다른 동료들과 나를 '비교'하면서 생기는 불안과 초조함입니다. 같은 팀 내에서 나보다 능력을 인정받는 직원이 있거나 업무처리를 빠르게 하거나 여러 가지 면에서 나보다 나은 사람이라는 인식은 언제나 나와 그 대상을 비교하게 만듭니다. 팀 동료와 비교하면 자신은 여전히 느리고 나아지지 않는 것 같다는 생각들이 들기 마련입니다. 이럴 때일수록 오히려 속도를 늦추고 사색과 성찰을 통해서 나아갈 목적과 방향성을 점검해야 합니다. 목적이나 방향성 없이 막연한 불안으로 시작하는 노력은 원하는 결과에 도달할 수 없기 때문입니다.

불안함으로 뭐라도 해야 한다는 생각에 시작하는 영어 공부, 자격증 공부들이 실패할 확률이 높은 이유는 명확한 '목적 없는 노력'인 경우가 많기 때문입니다. 프로 바둑 기사들은 바둑 경기가 끝난 이후에 판국을 비평하기 위해 두었던 대로 다시 처음부터 놓아 보는 과정을 갖습니다. 이것을 '복기'라고 합니다. 실수했던 과정을 돌이켜보는 것은 불편하고 결코 즐겁지 않은 과정일 것입니다. 그러나 실수를 인식하고 두 번 다시 되풀이하지 않아야 한다는 걸 잘 알고 있기 때문에 성장을 위해서 반드시 해야 하는 것이 '복기'입니다. 자신의 직무역량 중 강점과 약점이 무엇인지를 파악하고 강점을 개발하거나 약점을 보완하기 위해서는 생각하는 시간이 필요합니다. 단순하게 업무를 수행하는 과정을 떠나서 다양한 상황을 '해석하는 관점'을 갖는 것이 필요하기 때문입니다. 그래서 적극적이고 능동적으로 사색을 위한 시간을 확보하는 것이 필요합니다.

사색은 무엇보다도 '부정의 에너지'를 '긍정의 에너지'로 바꾸는 힘이 있습니다. 취업을 준비하는 과정에서 겪게 되는 실패와 실수에 매몰되거나 직장생활에서 발생하는 실수와 실패를 복기하고 생각할 때, '결국 실패구나. 역시 나는 안 되는 건가?'로 끝나는 것이 아니라 '비록 실패했지만 그럼에도 이만큼 할 수 있는 나 스스로가 대견하네! 내일의 나는 조금 더 잘 해낼 수 있을 거야'라고 자신을 인정하고 격려하는 결론이 사색이 주는 가장 큰 혜택이라고 할 수 있습니다. 그렇다면 이런 긍정의 성장을 위한 사색은 어떻게 해야 할까요?

사색의 방법이나 환경은 사람마다 각기 다를 수 있습니다. '메타인지(meta cognition)'적으로 자신만의 방법을 찾고 적용하는 것이 필요합니다. 메타인지란 자신의 인지적 활동에 대한 지식과 조절을 의미합니다. 쉽게 말해서 '자신이 무엇을 알고 무엇을 모르는지 아는 것'을 말합니다. 메타인지가 높아질수록 자신에 대한 이해의 폭이 넓어집니다. 즉 나의 성격, 환경, 강점과 약점 등을 알 수 있게 됩니다. 나만의 특성들을 파악해야 하는 이유는 나에게 맞는 방법들을 찾기 위한 기본적인 작업이기 때문입니다. 예를 들어, 성장을 위한 노력의 과정에서 도움을 얻기 위해 흔히 만나는 자기계발서들이 우리에게 효과적이지 못한 이유는 저자가 제시하는 방법이 저자의 특성에 한해 효과적인 방법일 경우가 많기 때문입니다. 그 방법들을 나의 특성에 따라 적절하게 바꿔 적용하지 않고 그대로 따라 해서는 원하는 결과를 얻어낼 수 없습니다. 나에게 맞게 변형하여 적용하는 과정들이 필요합니다. 이처럼 사색하는 과정에서도 나의 특성을 고려하여 자신에게 맞는 방법들을 적용할 수 있어야 합니다.

사색하는 다양한 방법들이 있습니다. 여기에서는 그중 하나인 '산책하기'를 권해드립니다. 물론 이 방법도 여러분이 스스로 직접 경험하면서 자신에게 맞는 형태를 갖추는 것이 필요합니다. 산책을 통한 사색을 권장하는 이유는 걷기가 '생각의 활성화'를 돕기 때문입니다. 실제로 책상에 앉아서 생각하는 것보다 걷기를 통해서 뇌를 자극할 때 더 다양한 생각들을 할 수 있게 됩니다. 걷는 행위가 뇌를 자극하기 때문입니다. 실제로 우리가 아이디어나 문제를 해결하기 위한 방법들을 고민할 때 책상 앞에서 몇 시간 동안 전전긍긍하게 됩니다. 이내 답답한 마음에 잠시 산책하거나 공원을 걷다가 문득 답에 대한 실마리를 발견하거나 원하는 방향의 생각들이 떠오르는 경험들이 있습니다. 이것이 바로 걷는 행위가 뇌를 자극하여 생각의 깊이나 범위를 확장하게 시키는 효과가 있기 때문입니다.

미국 스탠퍼드대 교육대학원 '마리 오페조(Marily Oppezzo)' 박사와 '다니엘 슈왈츠(Daniel L. Schwartz)' 교수의 「창의적 사고에 미치는 걷기의 긍정 효과」[21]라는 논문을 보면 실제로 창의력을 높이는데 걷기가 효과가 있다는 사실을 보여줍니다. 연구팀은 방안에 트레드밀을 설치해 놓고 실험 참가자들을 대상으로 운동하기 전과 후의 창의력 테스트를 받게 했습니다. 그 결과, 운동 후에 대부분 참가자의 '창의력'이 향상되었습니다. 오페조 박사와 슈왈츠 교수는 피실험자들을 대상으로 네 분류로 나눈 뒤 실내에 앉아 있는 행위, 러닝머신을 통해 실내에서 걷는 행위, 실외에서 앉아 있는 행위, 실외에서 걷는 행위 등을 각각 실행한 후 창의적이고 은유적 문장을 만들 것을 요구했습니다. 한 가지 특이점은 밖에서 걷는 행위를 한 피실험자 100%가 모두 한 개 이상의 창의적이고 은유적 문장을 만드는 것에 성공했습니다. 그리고 실내에서 앉아 있던 피실험자들은 50%만이 성공했습니다. 실내에서 걸었던 피실험자들은 그냥 앉아 있던 이들보다는 높은 성적을 거두었지만, 실외에서 걸었던 이들보다는 수행력이 떨어졌습니다. 운동의 효과는 걸을 때는 물론이고 걷고 난 이후에도 나타났습니다. 이는 운동 수준이 아닌 일반적인 걷기임에도 창의성에 영향을 미친다는 연구 결과를 발표했습니다.

사색이라는 단어가 주는 묵직함이 존재하는 것이 사실입니다. 우리는 진지하게 '나'를 관찰하고 생각해 보는 경험들이 많이 없다 보니 더욱 무겁게 다가오는 것도 사실입니다. 그러나 사색이라는 단어가 주는 무게감을 조금 떨쳐내고 가볍게 집 앞 공원으로 산책을 시작해 보시기 바랍니다. 생각하는 습관은 무언가 대단한 결심이나 결단이 필요한 것이 아닙니다. 간단하고 편한 차림으로 집 앞 공원이나 접근하기 가까운 산책로를 선정해서 시작하면 좋습니다.

 기억해야 할 사항은 매번 산책하는 코스를 바꾸지 않고 일정하게 '동일한 코스'를 활용하여 산책해야 한다는 것입니다. 처음에는 산책 자체가 새로워서 익숙한 집 주변 동네이지만 눈에 들어오는 정보들, 외부적인 풍경 들을 관찰하고 생각하게 됩니다. '여기에 이런 가게가 있었나?' '이 집은 대문의 문양이 특이하네?' '저 가게는 언제 한번 먹으러 가야겠다' 등의 외부 관찰이 이뤄지기에 내부적인 관찰을 위한 생각이 어렵습니다. 그렇게 같은 공간을 계속 반복적으로 산책하다 보면 서서히 풍경들이 익숙해지면서 눈은 밖을 보고 있지만 생각은 외부의 관찰이 아닌 내면의 관찰로 관점이 옮겨지고 '나에 대한 탐색'으로 바뀌게 되는 것입니다.

 우리의 생각은 '휘발성'이 강합니다. 이런 단기 기억들은 오래 저장되지 않고 이내 크고 작은 자극들에 의해서 순식간에 사라지기도 합니다. 그렇기 때문에 산책 후에는 사색의 내용들을 '기록'으로 남기는 작업을 반드시 해야 합니다. 산책 후에 자기 생각들을 기록하고 정리하는 습관을 갖기 위해서 다양한 방법들을 활용해 보길 바랍니다. 요즘은 스마트폰의 메모 기능이 워낙 좋은 편이라 메모장이나 음성메모 등을 활용하는 것도 좋은 방법입니다. 이때 단순히 내 감정이나 상황에 대한 '현상'만을 기록해서는 안 됩니다. 그런 현상들에 대한 '해석'까지 기록되어야 합니다. 왜 그런 감정들을 느끼고 있는지, 왜 그런 생각들을 하고 있는지를 해석하다 보면 조금 더 분명하게 나 자신을 발견할 수 있게 됩니다. 예시로 산책과 이후의 기록 과정에 대해서 살펴보도록 하겠습니다.

■ 산책하면서 남겼던 사진 기록

■ **산책 후 적었던 에세이 글**

날씨가 화창하다. 계절은 지체없이 바뀐다. 어느샌가 나무의 잎사귀들이 푸르름을 띄고 있음을 보게 된다. 봄이 더디오고 여름이 계속될 것 같지만 결국 정해진 시간에 따라 정해진 만물의 이치에 따라 환경은 변화하고 시간은 흘러간다. 우리가 만나는 노력의 이치도 같지 않을까? 변화가 더디고, 성장하지 않은 채 머물러 있을 듯하지만 결국 시간이 흐르고 노력이 쌓일수록 자신의 이상향에 가까워지게 된다. 결국 계절이 바뀌지 않는 것을 의심하지 않는 절대적인 믿음이 나 자신을 바라보는 관점에도 묻어나는 것이 필요하다. 그 절대적인 믿음은 무엇을 통해서 발견하고 정착할 수 있을까? (23.05.01)

그 '해석의 과정'이 바로 더 나은 내가 되기 위한 '사색의 과정'인 것입니다. 사색 활동은 꾸준하게 하는 것이 필요합니다. 우리의 뇌는 자극을 받을수록 신경 세포망이 더 촘촘해지고 넓어지는 특징을 가지고 있습니다. 지속적인 사색 활동을 통해서 매일 꾸준하게 뇌에 좋은 자극을 심어줄 필요가 있습니다. 어쩌다 가끔 생각날 때만 하는 것은 온전한 사색의 힘을 기를 수 없습니다. 맛집을 찾아낼 수 있는 유일한 방법은 여러 음식점을 자주 돌아다니며 음식을 '맛보는 것'입니다. '음식도 먹어본 사람이 안다'는 말로 설명할 수 있듯이 우리의 생각하는 힘 역시 이와 같습니다. 생각하지 않으면 '본능대로' 살아갈 뿐입니다. 본능대로 사는 삶에는 '회복과 성장'을 기대하기 어렵습니다.

답답하고 짜증 나는 마음으로 침대에 누워 여러 시간 아무 생각 없이 휴대전화 창을 통해 전달되는 콘텐츠의 알고리즘에 자신을 맡기다가 문득 현실에 대한 불안함으로 검색창에 여러분의 문제를 입력하는 일이 없기를 바랍니다. 그렇게 해서 원하는 답을 찾을 수 있는 것이 인생이라면 과연 누가 실패하고 좌절할까요? 인터넷은 만물 상자이고 어떤 문제든 해결해 줄 수 있는 것 같지만 문제의 답은 '자신 안에' 있습니다. 그러니 내 안에 있는 답을 꺼내기 위해 움직여야 합니다. 책상 앞에서, 모니터 앞에서는 찾기 힘든 해답의 실마리가 우리가 산책길에서 만나는 담벼락 옆에 핀 민들레 속에, 푸른 하늘에 떠다니는 한 조각 구름 속에 있을 수 있습니다. 무거워진 몸과 마음을 움직여 지금 바로 가볍게 걸어보세요. 여러분의 예상보다 훨씬 더 기분 좋은 긍정적인 생각들이 나를 찾아올 것입니다. 그리고 오늘 가졌던 그 짧은 산책의 시간으로 여러분은 지금 해답에 한 걸음 더 가까워졌다는 사실을 반드시 기억하시기를 바랍니다.

미션 3. 나만의 산책 경로를 정해보고, 산책하면서 사색한 내용을 바탕으로 짧은 글을 적어보세요.

산책경로	
사색한 내용	
관찰한 것	대표 키워드

네 번째 힘

망각력

네 번째 힘

망각력

빌드업대표 **최 대 열**

도시에서 살아간다는 것은 문명의 혜택이 극대화된 환경 속에서 살아간다는 의미입니다. 도심 속 삶이 깊어질수록 우리는 복잡한 문화에 적응해야만 하는 필연성 가운데 살아가야 합니다. 삶의 만족을 높이는 인프라가 잘 갖춰져 있고 편리성을 위한 환경들이 구축될수록 자연스럽게 많은 것을 소유하게 되고 다양한 문화를 경험하며 살아가게 됩니다. 이런 환경들은 우리가 챙겨야 할 것들이 자연스럽게 많아지게 만듭니다. 일과를 시작하기 위해 아침에 집을 나서는 여러분의 가방을 살펴보시길 바랍니다. 정말 많은 것들을 챙기며 살아갑니다. 지금 여러분의 가방을 잠시 떠올려 보시면 크고 작은 다양한 물건들이 담겨 있다는 것을 알 수 있습니다.

이런 삶은 '소유'에 대한 욕구나 욕망이 자연스럽게 자라나게 만듭니다. 소유욕은 더 많은 것, 더 좋은 것을 가질 기회와 능력이 많아질수록 자연스럽게 커지기 마련입니다. 이렇게 소유에 대한 욕망이나 욕구들이 커질수록 소유에 대한 '한계'에 부딪치기도 합니다. 우리에게 주어진 물리적 시공간이 제한되어 있기 때문에 그 안에 끊임없이 새로운 무언가를 채우는 것이 때로는 스트레스를 발생시키기도 합니다. 소유물을 축적하기 위한 공간의 크기가 부와 가난을 구분 짓는 기준으로 인식이 되면서 사람들은 더 크고 넓은 집을 선호하기도 합니다. 인간에게 자본주의라는 개념이 생겨나고 이런 물질적이고 소비 중심적인 생활 문화가 증가하면서 이와 반대로 '적은 소유'를 추구하는 생활방식이 생겨나기 시작했는데 그것이 바로 '미니멀라이프(minimal life)'입니다.

미니멀라이프의 사전적 개념은 '심플 라이프(simple life)'와 '단순한 삶(simple living)'의 동의어입니다. 자발적으로 불필요한 물건과 일을 줄여 본인이 가진 것에 만족하는 삶을 추구하는 것이 특징입니다. 물건을 적게 소유하면서 삶이 단순해지고 마음과 생각이 정리되면서 오히려 삶이 더 풍요로워질 수 있다는 것이 미니멀라이프의 핵심 개념입니다. 어떤 물리적인 소비나 사용 시간을 줄이면서 남은 시간이나 물질을 본인이 중요하게 여기는 본질적인 부분들에 집중하여 사용할 수 있도록 하는 것입니다. 최근 약 5년 전부터 미니멀리즘, 미니멀라이프라는 키워드가 SNS에 등장하기 시작했고 지금까지 꾸준하게 유행하고 있습니다. 특히 MZ 세대를 중심으로 미니멀 라이프를 추구하는 사람들이 점차 증가하고 있습니다. 처음에는 필요한 물건만 남기고 비우는 것에서부터 시작했지만 이제는 필요한 물건이 아니면 사지 않는 소비 형태로 바뀌고 있으며 이는 대인관계, 식생활 등으로 삶의 전반적인 부분으로 확장되어 가고 있습니다.

　가난하고 형편이 좋지 못한 환경이었던 시절에 최고의 가치는 '내 것'을 많이 소유하는 것이었습니다. 집, 차, 기타 여러 가지 물건 등 돈을 벌어 자산의 가치를 증명할 수 있는 소유물의 개수를 늘려가는 것이 그 당시 시대상의 보편적인 모습이었고 많은 사람의 희망 사항이기도 했습니다. 그러나 지금 세대는 과거에 비해 내가 가지고 있는 소유물로 자신의 가치를 증명한다고 생각하지 않는 사람들이 많이 증가하였습니다. 집 안을 가득 채우거나 주어진 24시간을 빈틈없이 채우는 일을 하며 살아가는 삶을 추구하지 않습니다. 삶의 시공간에 무언가를 채워 넣는 것이 아니라 최소한의 '생존'을 위해 필요한 물건들이나 일만 하고 그 이외의 부분들은 '가치'를 경험할 수 있는 소비나 시간 사용을 통해서 나 자신을 채우려고 하는 경향이 점차 증가하고 있습니다.

　이와 관련하여 최근에는 '공유경제'라는 이름으로 소유하는 개념이 아니라 서로 물건을 대여해 주기도 하는 생활방식들이 확대되고 있습니다. 크게는 자동차나 집으로부터 시작해서 작게는 개인이 사용하는 각종 IT 기기, 카메라, 책에 이르기까지 일상에서 사용되는 모든 제품이 그 대상 입니다. 바야흐로 이전 시대의 '소유'의 개념에서 '경험'의 개념으로 바뀌고 있다는 의미입니다.

　세계적으로 유명한 미니멀리스트인 '조슈아 필즈 밀번(Joshua Fields

Milburn)'과 '라이언 니고데모(Ryan Nicodemus)'가 운영하는 그들의 홈페이지(http://www.theminimalists.com)에서는 〈물건 비우기〉라는 재미있는 챌린지를 제안합니다. 규칙은 간단합니다. 30일 동안 첫날에는 1개, 둘째 날에는 2개의 물건을 버리면서 날수와 같이 숫자의 물건을 점점 늘려서 마지막 30일에는 30개의 물건을 비우는 것입니다. SNS에서 해시태그로 'minsgame'를 검색하면 보이는 10만 개가 넘는 사진들이 많은 사람이 이 챌린지에 참여하는 것을 알 수 있습니다. 겉으로는 쉬워 보이지만 실제로는 그리 쉬운 일이 아니라는 것을 알게 됩니다. 우리는 사서 모으는 일에 익숙하지, 버리고 비우는 일에는 익숙하지 않으니까요. 'What'에 대한 생각이 아닌 'Why'에 집중해야만 하는 과정입니다. 어떤 것을 소유하거나 버리기 위해서는 이것을 내가 '왜 가져야 하는지?' 반대로 '왜 버려야 하는지?'를 구분할 수 있어야 이 챌린지를 성공적으로 수행할 수 있습니다.

그렇다면 왜 사람들은 무언가를 채워가기보다 비워내기를 원하는 것일까요? 사람의 기본적인 욕구로 소유욕이 있음에도 어째서 이런 시대적 유행이 생기는 이유가 무엇일까요? 오늘날에는 한 나라의 지리적, 민족적 한계를 뛰어넘을 수 있는 인터넷 기술을 바탕으로 복잡다단한 정보와 문화들이 존재합니다. 옆집 사는 이웃의 소식은 알기 힘들지만, 지구 반대편의 소식은 쉽게 알 수 있는 시대입니다. 정보 접근의 편리성과 다양성을 누릴 수 있는 혜택도 있지만 그만큼 정보의 '과잉'이라는 단어는 우리의 삶을 지치게 하는 원인이 되기도 합니다. 우리가 접하는 정보의 양은 〈사색력〉 장에서도 언급한 대로 다양하고 복잡한 정보들을 만나게 됩니다. 필요 이상의 정보들을 만나게 되면 피로도가 높아지면서 오히려 정보를 차단하게 되는 부작용을 갖기도 합니다. 특정한 기사나 뉴스들이 언론에서 계속 이어지다 보면 처음에는 관심을 가지고 정보를 접하지만, 나중에는 너무 높은 빈도수로 오히려 관심이 없어지게 되는 현상들이 바로 그것입니다. 그래서 각자의 우선순위와 필요에 따라 '선택과 집중'을 적절하게 할 수 있어야 합니다. 모든 것들이 허용된다고는 하지만 그 모든 것을 소유하거나 경험할 수 없기 때문입니다. 그렇기 때문에 전부를 습득하거나 경험하려고 하는 어리석음으로 노력을 허비해서도 안 되며 그렇게 하지 못하는 나 자신을 비하하거나 괴로워할 이유는 없습니다.

멀티태스킹이 아닌 선택과 집중이 필요한 이유

이렇게 복잡하고 다양한 시대적인 흐름이 이어지다 보니 자연스럽게 커리어적인 영역에서 역량을 대표하는 단어로 등장하기 시작한 것이 바로 '멀티태스킹(multitasking)'입니다. 현대사회에서 멀티태스킹은 중요한 역량으로 평가하는 항목 중 하나이기도 합니다. 빠르고 동시적으로 변화하는 사회현상에 맞게 한 가지의 일을 하는 데 집중하기보다는 최소 두 가지 이상의 일을 동시적으로 수행해 내야 하는 환경을 자주 만나게 됩니다. 취업을 준비하면서 아르바이트하거나 자격증을 공부하면서 체력 관리를 하는 경우도 여기에 속합니다. 또한 회사에서 팀 프로젝트를 수행하면서 동시에 월말 보고서를 작성하거나 외부 미팅을 준비하는 등 다양한 업무들이나 역할들이 공존합니다. 하나의 일을 순차적으로 해결하고 나서 다음 일을 처리하고 싶은 내 마음과 달리 동시다발적으로 일을 처리해야 하다 보니 자연스럽게 여러 가지 일을 동시에 할 수 없는 사람들은 실력이 부족한 사람이라고 평가받는 경우들이 발생하기도 합니다.

그렇다면 멀티태스킹은 우리에게 정말 필요한 역량일까요? 미국 스탠퍼드대 상호작용성 미디어랩의 '클리포드 나스(Clifford Nass)' 교수는 101명을 대상으로 '멀티태스킹'의 효과를 실험[22]했습니다. 실험 결과 멀티태스킹을 많이 하는 집단은 그렇지 않은 집단에 비해 주의력이 산만하고 사소한 것들에서 중요한 정보를 식별해내는 능력이 크게 떨어지는 것으로 나타났습니다. 기본적으로 멀티태스킹이 훨씬 더 많은 장점이 있을 것이라는 통념을 깨는 실험 결과입니다. 멀티태스킹이 아닌 하나의 단일 구조 속에서 일이 진행될 때 더 많은 성과를 도출해 낼 수 있습니다. 따라서 다양한 일들을 동시에 하려고 하기보다는 하나의 단일 구조로 일을 하는 것이 훨씬 효율적입니다. 다양한 일을 동시에 진행하다 보면 생산성이나 효율성을 극대화할 수 없는 것은 분명합니다. 그러나 현실에서는 동시적인 일들을 수행해야만 합니다. 이런 경우, 여러 가지 일들을 처리하는 데 필요한 것은 '교집합의 영역'을 파악하는 것입니다. 하고자 하는 일과 일 사이에 어떤 원리를 파악하여 교집합을 만들어내기 시작하면 하나의 일을 하면서 동시에 다음 일들도 처리되는 방식으로 일을 할 수 있습니다.

예를 들어 설명해볼까 합니다. 현재 취업을 준비하는 과정에서 생계를 이유로 아르바이트를 해야 하고 자기소개서나 경력 기술서 등의 지원서류를 준비해야 하는 상황이라면 어떻게 하는 것이 좋을까요? 이왕이면 아르바이트로 하는 일이 취업 후 재직하게 될 직무와 연관성 있는 것이면 좋습니다. 영업 지원이나 관리직으로 직무를 설정했다면 해당 기업의 제품이 판매되는 매장이나 사람들을 상대하는 서비스 일을 할 때 아르바이트로 얻는 경험들이 취업 지원 시 필요한 경험과 경력들을 만들어 낼 수 있을 것입니다. 그리고 일을 하면서 업무 일지를 기록해 둔다면 조금 더 역량 있는 지원자로 보일 수 있도록 경력기술서를 작성할 수 있을 것입니다.

여러 갈래가 아닌 하나를 선택해서 집중해야 하는 이런 상황은 실제 업무를 수행하는 과정에서만 나타나는 것은 아닙니다. 함께 살펴보았던 사색이나 성찰의 과정, 즉 생각하는 과정에서도 동일합니다. 생각하고 고민해야 할 문제들이 많다 보면 하나의 생각에 집중하지 못하고 결국 걱정과 불안으로 결론이 이어지게 됩니다. 따라서 불규칙하게 떠오르는 생각들이나 고민에 자신의 사고(思考)가 흘러가도록 놔두지 말고 하나의 큰 줄기를 붙잡아 효과적으로 집중할 방법들을 찾아야 합니다. 생각하는 과정이나 일을 하는 과정에서 생산적으로 일을 처리할 수 있게 된다면 굳이 멀티태스킹 능력이 없어도 더 나은 결과에 도달할 수 있습니다.

그런데 이런 선택과 집중을 해야 하는 순간을 방해하는 많은 요소가 있습니다. 하나의 선택지를 결정하고 그것에 완전하게 몰입한다는 것이 현실적으로는 그리 간단한 문제가 아닙니다. 구직활동을 예로 생각해 보자면 채용을 준비하는 과정에서 만나게 되는 부정적인 뉴스들이 그렇습니다. 지금처럼 국가 경제가 좋지 않아 채용률이 저조하다는 소식, 기업들의 복지나 처우개선이 시급하다는 소식, 금리 인상의 여파로 물가가 가파르게 인상된다는 소식들을 접하다 보면 가뜩이나 심란한 마음에 더 큰 불안함과 초조함을 가져오게 됩니다. 그렇게 몇 시간 동안 채용사이트를 벗어나 인터넷 기사들을 보다가 정신 차리고 마침내 한 줄기 빛과 같이 자신의 현재 상황에서 지원할 수 있는 채용공고 하나를 발견하게 됩니다. 그때부터 머릿속에서는 영화 〈닥터 스트레인지〉의 주인공처럼 다양한 경우의 수들을 분주하게 예상하게 됩니다.

'이력서도 수정하고 자기소개서도 다시 작성해야겠지? 면접 준비는 어떻게 하지? 작년에 나왔던 면접 질문을 좀 봐둬야겠지? 그런데 여기 말고도 다른 곳들도 지원해야 하는데... 시간이 없네! 아, 면접 정장은 지난번에 입어보니 좀 불편하던데 새로 구입해야 하나?'

이렇게 우왕좌왕하는 동안 시간은 야속하게 흘러만 가고 결국에는 만족할 만한 수준의 결과물을 만들어내지 못한 채 찝찝한 마음으로 지원하게 되는 상황에 이르게 됩니다. 이는 취업을 준비하는 과정에서만 발생하는 문제들이 아닙니다. 어떤 목표를 가지고 성장하기 위한 노력을 하다 보면 자연스럽게 여러 가지 생각들이 뒤엉켜서 발생합니다. 지금보다 더 나은 내가 되기 위해 도전하는 과정에서 '목표'를 선정하는 시작 단계부터 난관에 부딪히게 됩니다. 현재보다 더 나은 나를 위한 목표를 구체적으로 선정해야 하는데 해내고 싶은 혹은 바꾸고 싶은 목표들이 너무 많기 때문입니다. 성장에 대한 욕구들이 정리되지 않은 채 많은 목표들을 계획하고 이뤄내기 위한 노력을 하다 보면 마음은 급하고 결과가 보이지 않는 순간들이 이어지면서 쉽게 지치고 맙니다.

컨설팅 상담을 할 때마다 고민을 한 아름 짊어지고 오는 3년 차 직장인 민선(가명) 씨는 오늘도 적지 않은 고민들을 꺼내놓기 시작합니다.

"대표님, 제가 면접에서 자신감을 느끼려면 앞으로 체중을 10kg 정도 감량을 해야 할 것 같아서 운동하려고요. 그리고 지난주 내내 채용공고들을 찾아봤는데 자격 요건에서 외국어 부분들이 좀 걸리더라고요. 앞으로 이직을 준비하기 위해서 미리 기본적으로 영어와 일어 자격시험을 준비할까 해요. 아! 그리고 이제 사회 초년생이니까 재테크 공부도 좀 할까 해요. 주식이나 부동산 같은 공부를요. 주말에는 취미활동으로 뭔가를 좀 배워볼까 하는데 바리스타 자격증을 취득하면 좋겠다는 생각도 들어요."

자신의 계획들을 하나씩 나열하는 민선 씨의 얼굴에는 이미 계획들을 다 이뤄낸 사람처럼 자신만만한 표정과 미소가 머물고 있습니다. 앞으로 이루고자 하는 목표들을 상기하며 도전과 열정의 의지를 표출하기 시작합니다. 하지만 대부분은 한 달을 넘기지 못하고 실패를 거듭하거나 하나의 일에 온전하게 노력하지 못하는 상황을 마주하게 됩니다. 이유는 너무나 간단합니다. 첫 번째는 '해야 할 일'과 '하고 싶은 일'을 구분하지 못하고 있다는 점입니다. 두 번째는 '자신의 역량'에 비해 이루고자 하는 목표들이 너무 많고 높기 때문입니다. 원하는 목표를 달성하기 위해서는 우리의 노력 반경을 전략적으로 좁히고 집중하는 과정들이 필요합니다.

또한 그 목표가 현재 나에게 필요한 목표인지를 파악하는 것이 중요합니다. '있으면 좋을 것 같은' 커리어는 실제로 자신에게 필요하지 않을 가능성이 더 큽니다. 커리어를 높여가는 과정에서 흔하게 도전하는 것 중 하나가 '어학 공부'를 통한 자격 취득입니다. 언어를 잘한다는 것을 증명하는 것은 분명 좋은 일입니다. 하지만 자신의 업무가 영어를 쓸 필요가 없고 심지어 자격요건을 묻지도 않는다면 굳이 취득을 위한 노력을 할 이유가 없습니다. 그러나 대부분 자기 계발의 1순위로 어학시험을 준비합니다. 지금까지 경험한 가장 익숙한 커리어 역량이기도 하고 자신의 주변 사람들이 많이 취득하기 때문에 자신도 아무 생각 없이 막연하게 취득하는 것입니다.

배우는 과정에서 유념해야 하는 것은 '배움의 과정'이 바로 '습득의 결과'로 이어지지 않는다는 점입니다. 학습의 과정에서 배우는 순간만큼 중요한 것은 배운 것을 '내 것'으로 만드는 '이해'의 과정입니다. 우리가 흔히 복습이라는 개념으로 알고 있는 부분들이기도 합니다. 배움과 습득에는 '자기화'라는 시간적 간극이 있음을 인지하고 노력을 이어가야 합니다. 따라서 자신이 원하는 결괏값을 갖기 위해서는 일정 기간 이상의 투입시간이 필요합니다. 이런 이유로 우리의 노력에는 분명한 목적과 이유가 설정되어야 합니다. 그렇지 않다면 노력의 과정에서 자신이 생각하는 시간과 실제 노력의 결과가 만들어지는 데 필요한 시간의 차이로 인해 자꾸 부정적인 생각들과 판단들이 생겨나고 결국에는 노력이 멈출 수 있기 때문입니다. 따라서 내가 현재 어떤 노력에 힘과 정성을 쏟고 있다면 수시로 부정적인 생각들을 정리하고 비워낼 수 있어야 합니다.

몰입형 인간으로 변화되기 위한 필요 과정

지금까지의 이야기들을 종합해 보자면, 결국 우리가 어떤 목적을 달성하기 위해서는 '몰입형 인간'이 되어야 한다는 것입니다. 몰입형 인간이 된다는 것은 한마디로 '더하기'가 아닌 '빼기'를 할 수 있어야 합니다. 우리의 머릿속을 적절하게 채우는 것도 필요하지만 비워내는 것도 중요한 과정입니다. 몰입이란 영어로 'flow', '흐르다, 흐름'이란 뜻이 있습니다. 투입되는 생각이나 노력의 흐름이 여러 갈래로 흐트러지지 않고 하나로 이어질 때 효과적인 문제 해결이나 결과로 이어질 수 있습니다.

칙센트 미하이의 저서 『달리기, 몰입의 즐거움』[23]에서 몰입은 가만히 쉴 때보다 어떤 활동에 완전히 몰두하여 해결하려고 할 때 경험할 확률이 더 높고, 몰입이란 '자기 목적적인(autotelic)' 경험이며 몰입 경험 자체가 보상된다고 말하고 있습니다. 자기 목적적 성격의 소유자일수록 몰입을 수시로 경험할 가능성이 높다고 합니다. 자기 목적적이란 자기 스스로를 의미하는 오토(auto)와 목적을 의미하는 텔로스(telos)라는 단어를 합친 말로, 미래의 이익에 대한 기대 없이 단순히 그 자체를 수행하는 것이 보상되는 행동들을 가리키는 뜻입니다. 노력의 결과에 목적을 두지 않고 노력의 과정에서 얻어지는 경험에 목적을 가질 때 최적화된 몰입 상태를 경험할 수 있다는 뜻입니다. 몰입하는 사람으로 거듭나기 위해서는 불필요한 생각들에 빠지지 않는 것이 필요합니다. 이런 일련의 과정들을 위해서 생각하는 것만큼 중요한 것은 '생각을 비워내는 일'입니다. 지금 나라는 사람을 기준으로 나에게 필요한 생각이나 계획 등을 우선순위에 따라서 '제한'하고 '깊이'를 더해가는 전략들이 필요합니다. 그렇다면 어떻게 생각을 비워내고 몰입할 수 있을까요?

"그렇다면 생각 자체를 안 하면 되는 거 아닌가요?"

컨설팅을 진행하던 중에 멘티가 근심 어린 얼굴로 물었던 질문이 생각납니다. 여러분도 같은 생각이신가요? 당연한 이야기지만 아무 생각도 하지 않는 상태라는 것은 존재할 수 없습니다. 사람은 반드시 '어떤 생각'이든 끊임없이 할 수밖에 없는 메커니즘을 가지고 있습니다. 한순간도 생각을 멈출 수 없기 때문에 떠오르는 생각을 막을 수는 없지만 두서없이 일어나는 생각들을 조절할 수 있습니다. 그렇다면 어떤 방법을 통해서 산발적으로 생겨나는 생각들을 정리할 수 있을까요? 생각을 비워내고 몰입할 수 있는 많은 방법 중에서 추천하고 싶은 것은 '달리기'입니다.

'아니? 생각하는 방법을 이야기하는데 달리기라니?'

뜬금없이 운동하는 이야기를 해서 조금 당황했을 겁니다. 생각을 정리하는 방법으로 달리기를 제시하는 이유는 운동과 뇌 기능이 매우 밀접한 연관이 있기 때문입니다. 뇌와 운동의 상관관계에 대해서는 지금까지 수많은 논문과 연구 자료들이 증명하고 있습니다. 지난 30년간의 뇌 과학 연구를 살펴보면 유산소 운동과 뇌의 인지 상태가 연관성이 높다는 사실들을 밝혀내고 있습니다. 지금까지 우리가 대부분의 과학지식으로부터 학습하게 된 명제 중 하나는 우리 뇌가 가진 신경세포의 수가 정해져 있으며 성인이 된 뒤로는 더 이상 새로운 신경세포가 생겨나지 않는다는 것입니다. 그런데 나이가 들수록 뇌의 활동이 점점 줄어든다는 기존의 연구를 뒤엎는 연구 결과가 나왔습니다.

미국 컬럼비아 대학교 연구팀에 따르면 70대의 노인도 젊은이 못지않게 매일 뇌에서 새로운 신경세포가 생성되며 이 때문에 많은 노인이 인지적으로나 감정적으로 이전의 상태보다 훨씬 더 온전한 상태를 유지한다는 것입니다. 연구팀은 갑작스럽게 사망한 28명의 뇌를 기증받아 연구를 진행[24]했습니다. 연구팀은 사망 직후 뇌에 있는 해마에 형성된 신경세포와 혈관을 관찰했습니다. 대뇌 측두엽에 있는 해마의 역할은 장기기억과 공간개념, 감정적인 행동을 조절합니다. 이를 통해 우리의 뇌세포는 죽을 때까지 계속 생겨난다는 사실을 발견하게 된 것입니다.

운동과 뇌의 상관관계에 대한 또 다른 연구 결과는 '유산소 운동'이 새로운 뇌세포를 만들 수 있는 유일한 방법이라는 것입니다. 영국 케임브리지대학교 연구팀은 쥐를 가지고 이와 관련한 실험[25]을 진행했습니다. 쥐를 두 그룹으로 나눠 한 그룹은 매일 달리게 했고, 나머지 한 그룹은 달리기를 시키지 않았습니다. 그리고 두 그룹으로 나뉜 쥐를 컴퓨터 화면을 이용해 기억력 테스트를 받게 했습니다. 똑같은 정사각형을 나란히 보여주고 쥐가 코를 이용해 왼쪽에 있는 정사각형을 밀면 포상으로 설탕 덩어리를 주고 오른쪽 정사각형을 밀면 아무것도 주지 않았습니다. 실험 결과, 달리게 한 쥐들은 달리기하지 않은 쥐들에 비해 거의 두 배 높은 성공률을 보였습니다. 테스트를 시작할 때는 두 정사각형을 30cm 정도 떨어뜨려 실험하다가 점점 가까이 배치해 나중에는 거의 닿을 정도로 배치했습니다. 달리기를 하지 않은 쥐들은 두 정사각형이 닿을 정도로 가까이 배치되면 정사각형을 움직여야 하는 방향을 전혀 기억하지 못했습니다. 이 실험을 통해 연구팀은 정기적으로 달리기를 하면 기억력을 관장하는 뇌 부분에서 새로운 세포가 생성하는 데 긍정적인 영향력을 끼친다는 결과를 발표했습니다. 이런 연구 결과들을 통해서 신체를 움직이는 활동이 생각하는 힘을 길러낼 수 있고 조절할 수 있음을 알 수 있습니다.

그럼, 사색하는 사람이 되기 위한 방법으로 우리가 함께 살펴봤던 '산책'과 비워내고 몰입하기 위한 방법으로의 '달리기'는 각각 어떤 효과를 가지고 있는 것일까요? 산책과 달리기를 비교해서 설명해 보겠습니다. 산책과 같이 걷는 것은 혈류 공급을 증가시켜 '생각의 활성화'를 돕게 됩니다. 그러면서 자연스럽게 많은 생각들을 하게 되고 사색과 성찰의 과정을 갖게 됩니다. 다양한 생각의 생산을 걷기라는 신체활동이 돕는 것입니다. 그리고 산책 이후 바로 달리기를 이어서 하게 되면 산책하는 동안 떠올랐던 많은 생각들이 한 가지의 단일 생각으로 '좁혀지는 것'을 경험할 수 있습니다. 이처럼 산책을 통해서 다양한 생각들을 하는 것을 '방사형 사고'라고 하고 단일 생각으로 좁혀지는 것을 '수렴형 사고'라고 부릅니다.

방사형 사고는 '확산적 사고'라고도 합니다. 기존의 것에서 이탈하여 전혀 새로운 생각을 도출해내거나 탐색적 성격의 사고하는 것을 말합니다. 우리가 흔히 말하는 '창의성'이 이에 속한다고 볼 수 있습니다. 기존과 다른 새로운 생각을 탐색하고 찾아내는 과정들을 의미합니다. 수렴형 사고는 일종의 '필터'와 같은 과정이라고 볼 수 있습니다. 방사형 사고를 통해서 많은 생각들을 가지치기 없이 확장했다면, 반대로 수렴형 사고는 뻗어나간 생각들의 상관관계나 논리구조 등을 판단하여 결론을 끌어내는 과정에 가깝다고 할 수 있습니다. 이런 사고 과정에서 집중하는 현상을 가리켜 '몰입'이 일어난다고 말합니다. 이는 뇌의 전두엽 영역이 활발해지는 것을 의미하는데, 전두엽은 우리의 이마 바로 뒤에 있는 영역이기도 합니다. 30분에서 40분 정도의 숨 가쁜 운동을 했을 때 전두엽이 활성화된다는 연구 결과가 있으며 이는 머리가 맑아지면서 집중되는 효과를 가져옵니다.

유명 작가인 무라카미 하루키의 저서 『달리기를 말할 때 내가 하고 싶은 이야기』[26]에서 그는 이렇게 말하기도 합니다. "나는 그냥 달립니다. 나는 아무 생각 없이 달립니다. 아니, 이렇게 말해야 할 것 같군요. 나는 아무런 생각을 하지 않기 위해 달립니다." 그만큼 생각을 정리하고 비워 내거나 몰입하기 위해 좋은 행동 중 하나가 달리기라고 할 수 있습니다. 생각하는 행위 자체가 성장이나 목표를 달성하기 위한 과정에서 무척 중요한 영역임은 분명 한 사실입니다. 그러나 필요한 생각이 아닌 불필요한 생각이 많아지게 된다면 오히려 생각하기를 멈추게 됩니다. 우리의 경험을 돌아보면 쉽게 알 수 있습니다.

원하는 결과를 얻기 위해 노력하는 과정에서 우리에게는 긍정적인 생각들과 부정적인 생각들이 함께 공존하게 됩니다. 아침 6시 기상을 통해 '미라클 모닝'을 실천한다고 예를 들어보겠습니다. 다짐하는 순간부터 희망 회로가 돌아가기 시작합니다. 아침을 일찍부터 시작하는 자기 모습, 그로 인해서 얻게 되는 성장의 결과들, 성숙해지고 성공한 자기 모습들을 생각만 해도 기분이 좋아집니다. 열심히 시간 계획을 짜고 필요한 것들을 생각하게 됩니다. 하지만 이런 긍정적인 생각 뒤에는 곧바로 부정적인 생각들이 따라옵니다. 아침 일찍 일어났을 때의 피곤함, 단 한 번도 성공한 적 없는 지난 시간에 대한 회상, 과연 자신이 해낼 수 있을지에 대한 불안감 등 이런저런 생각들이 혼재되기 시작합니다.

당연한 이야기지만 긍정적인 생각들은 더욱 노력에 몰입할 수 있도록 도와주는 반면, 부정적인 생각들은 지치게 하거나 불안함으로 결국 노력하기를 포기하게 만드는 경우가 많습니다. 그렇게 되면 자연스럽게 생각하는 것 자체가 '골치 아픈' 행동이 됩니다. 생각을 멈추고 생각하기 싫어지게 되는 것입니다. 그렇기 때문에 인생을 살아가는 모든 과정에서 마주하게 되는 복잡다단한 문제들 안에서 생각을 채우는 것만큼 중요한 것이 생각을 '비워내는' 작업이라고 할 수 있습니다. 취업을 위한 구직활동이나 개인의 성장을 위한 다양한 노력의 과정에서 주의해야 할 모습은 '자신을 신뢰하지 못하는 것'입니다. 자신의 선택에 확신이나 믿음이 없거나 그런 생각들이 부정적인 감정으로 이어지게 된다면 과감하게 비워내는 것들이 필요합니다. 지금까지 수많은 컨설팅과 진로상담을 진행하면서 듣게 되는 많은 질문 중에 공통으로 빠지지 않고 등장하는 대표적인 질문들 몇 가지가 있습니다.

"이 기업을 지원하는 게 맞는 걸까요?"
"연봉은 이 정도 수준으로 생각하는 게 맞는 걸까요?"
"이렇게 자기소개서를 작성하는 게 맞는 것일까요?"
"내 성향과 맞는 직무 선택을 어떻게 해야 할까요?"
"이번 업무를 내가 제대로 감당할 수 있을까요?"
"직장 상사에게 이번 일을 어떻게 보고해야 할까요?"

이 책을 읽는 여러분들도 한 번쯤은 진지하게 고민해 보는 질문이라고 생각이 됩니다. 여러분의 답은 어떻게 정의될 수 있을까요? 취업을 포함한 커리어를 만들어가는 일련의 과정들은 누군가와 함께 할 수 없는, 스스로 데이터를 수집하고 판단하고 결정해야 하는 과정입니다. 누구도 나를 대신해서 역량이나 커리어를 만들어 줄 수 없기 때문입니다. 그러다 보면 순간마다 내 의지와 상관없이 나에 대한 불신과 불안으로 하루에도 몇 번씩 '할 수 있다!'와 '할 수 없다!' 사이를 오고 가게 됩니다. 취업이나 이직 시 채용 면접 자리에서 받게 되는 부정적인 피드백으로 나에 대한 '불신'이 일어나기도 합니다.

"정말 대표님이 보기에도 제가 그렇게 자격 미달로 보이시나요?"
며칠 전 면접을 보고 온 상윤 씨(가명)는 의기소침한 표정으로 사무실 문을 열고 앉자마자 묻습니다. 상윤 씨는 여러 가지 아르바이트나 인턴 경험들은 많았지만 상대적으로 어학 점수나 학점 등은 좋지 않은 편이었습니다. 대학생 시절 가정 형편이 좋지 않아 어쩔 수 없이 생계를 위한 사회생활을 많이 했습니다. 그런데 면접 자리에서 면접관에게서 사회생활이 많은 것은 좋으나 기본이라고 할 수 있는 학점이나 자격증, 어학 점수 등이 다른 지원자들에 비해서 너무 낮은 편이라 성실하다고 판단하기에는 근거가 좀 부족한 것이 아니냐는 질문을 받았다고 합니다.

직장인 미진(가명) 씨의 경우도 한 번 살펴볼까요? 얼마 전 거래처와의 중요한 계약을 앞두고 제안서를 만드는 업무를 진행했습니다. 결과물을 보고하는 자리에서 상사로부터 기본기에 대한 지적을 받았다고 합니다.

"미진 씨, 다 좋은데… 문서들이 좀 보기 어려운 것 같다는 생각 안 들어요? 이런 건 신입 시절에 다 떼야 하는 건데… 미진 씨는 기본기가 좀 없는 것 같아."

상사는 이런 피드백과 함께 컴퓨터 관련 자격증을 취득하라고 이야기했다고 합니다. 그래서 직장인 3년 차인 미진 씨는 자격시험을 접수해야 하는지 고민하며 오늘 컨설팅을 받으러 왔습니다. 이 외에도 노력의 과정에는 늘 우리의 의지와 상관없이 '비교 대상'이 등장하게 됩니다. 비교 대상이 등장하는 타이밍은 정말 기가 막히게 드라마틱합니다. 우리의 열정이 떨어지거나 생각한 것만큼 노력이 따라주지 않는 때에 등장하기 때문입니다.

어느덧 생각하지 않고 보고 싶지 않아도 자연스럽게 누군가와 비교하고 있는 자신을 발견하게 됩니다. 친구, 직장동료, 형제 등 당면한 상황에 따라 그 비교 대상은 달라지기 마련입니다. 흔히 '자신감'이 결여되는 상황이라고 볼 수 있습니다. 자신감이란 늘 비교 대상이 존재하며 그 비교 대상과의 우위에서 생깁니다. 친구보다 공부를 잘할 때, 직장동료보다 연봉이 높을 때, 옆집보다 우리 집에 돈이 많을 때 등 자신감은 늘 비교 대상으로부터 시작됩니다. 그러나 자신감은 '양면성'이 존재합니다. 자신감을 뒤집으면 '열등감'이 됩니다. 내가 자신감을 얻었던 비교 대상보다 더 나은 대상이 나타나게 되면 자신감은 이내 열등감으로 바뀝니다. 서울의 명문 대학 출신인 내 앞에 해외 유학파가 나타나면 순간 나는 세상에서 제일 공부 못 하는 사람이 되고, 동네에서 미모로 칭찬을 받는 내 앞에 미녀 선발 대회에서 우승한 사람이 나타나는 순간에 스스로를 오징어 취급하게 됩니다.

❖

 그래서 우리는 자신감이 아닌 '자존감'을 가져야 합니다. 자존감이란 자신감과 같이 비교 대상으로부터 상대적으로 전해지는 우월감이 느껴지는 부분은 같습니다. 하지만 그 우월감이 '자기 비하'로 연결되지 않습니다. 쉬운 말로 '너는 너, 나는 나'라는 자아 인식이 명확합니다. 자존감이 강한 사람일수록 자신의 강점과 약점을 분명하게 알고 있기에 자신에게 없는 역량을 부러워하거나 자책하지 않습니다. 타고난 재능 안에는 노력으로 극복할 수 있는 것이 있고 그렇지 않은 것이 있기 때문입니다. 노력의 과정에서 비교는 너무나 당연하고도 자연스러운 현상입니다. 내 주변 사람들의 성공하는 모습을 보거나 자신 있게 시작했던 도전들이 실패가 되면 더욱 위축될 수밖에 없습니다. 자신은 제자리걸음을 반복하고 있는 것만 같다는 생각이 들 수 있습니다.

 그러나 우리가 비교해야 할 대상은 '남'이 아닌 '나'임을 기억해야 합니다. 성장의 근거는 '과거의 나'와 '현재의 나'를 비교하는 것입니다. 과거에는 하지 않았던 운동을 시작한 나를 발견하거나 독서를 하루에 단 1분도 하지 않던 내가 10분을 하고 있다면 분명히 성장한 것입니다. 즉 내 노력이 헛되지 않게 결실을 향해 이어지고 있다는 사실입니다. 물론 내가 생각하는 속도와 실제 성장의 속도는 매우 다를 수 있습니다. 조바심이 빠른 성장을 가져오지 않습니다. 조바심이 날수록 과거의 기록을 성찰하면서 오늘의 내가 얼마나 성장했는지를 볼 수 있는 것이 중요합니다. 그렇기 때문에 도전하는 과정에서 실패나 부정적인 상황으로 인해 모든 노력이나 수고가 헛되다고 생각해서는 안 됩니다. 취업이나 직장 생활을 비롯하여 삶에서 만나는 크고 작은 모든 도전은 '하나의 과정'일 뿐 '최종 목표'가 될 수 없기 때문입니다.

　대한민국에서 태어났다면 '대학수학능력시험'이라는 관문을 통과하기 위한 청소년기를 보내고, 대학생활 이후부터는 '취업'이라는 관문을 통과하기 위한 과정을 준비해야 합니다. 그리고 취업이라는 관문을 통과하고 나면 '이직'이라는 관문이 기다리고 있습니다. '커리어 관리', '경력관리'라는 이름하에 회사에서 은퇴하고 세상에서의 삶을 마무리하는 그날까지 다양한 형태의 수많은 관문들을 통과해야 합니다. 얼마나 많은 관문이 존재하는지 알 수 없으나 '반드시' 거쳐 가야만 하는 과정들입니다. 따라서 지금의 '실패'는 미래를 위한 중요한 밑거름이 되며 같은 실수를 반복하지 않을 수 있도록 하는 중요한 경험 포인트가 됩니다.

　또한 직장생활에서 사수나 회사 대표로부터 받은 평가나 취업 및 이직하며 지원한 회사로부터 받은 평가들은 '절대적'일 수 없습니다. 그것은 재직하고 있는 회사 내에서의 평가, 정확하게는 나를 평가하는 특징한 '개인의 관점'이지 내 직무 분야 전체의 평가라고 할 수 없습니다. A라는 회사에서 인정받는 역량이던 것들이 B라는 회사에 가서는 역량으로 평가받지 못할 수도 있습니다. 왜냐하면 회사마다 역량을 평가하는 기준이 다를 수 있기 때문입니다. 그런데 이것을 잘못 해석하게 되면 상사나 회사로부터 역량이 없다는 평가를 받게 될 때 그 업계 전체의 평가라고 착각하게 된다는 것입니다. 같은 업계 안에 있는 회사라 하더라도 역량을 판단하는 기준은 다를 수 있습니다. 같은 이유로 채용 면접 자리에서 받은 피드백은 그 회사 면접관의 관점일 뿐 모든 회사의 관점을 대변하는 것은 아닙니다. 상대방이 가지고 있는 가치관이나 경험, 연차에 따라서 '보는 관점'이 만들어지기 때문입니다. 사람은 누구나 경험한 '범위' 안에서의 해석만 가능합니다. 경험하지 않은 부분을 판단할 수 없습니다. 이런 사실을 알지 못한 채 자기 노력의 부재로 역량이 없다고 판단하는 경우나 다른 회사도 모두 동일할 것이라는 생각하고 아예 다른 회사들은 찾아보려 하지 않는 사람들이 많이 있습니다.

지금 부정적인 상황이나 환경에 있다면 잊지 말고 기억하길 바랍니다. 채용 과정에서 받게 되는 평가나 직장 생활에서 받게 되는 평가들은 하나의 '의견'일 뿐 그것이 나의 역량을 판단하는 절대적인 데이터는 될 수 없습니다. 우리가 생각해야 할 것은 이런 상황이나 환경이 늘 자신이 기대하거나 원하는 대로 바뀌거나 긍정적이지 않을 수 있다는 것입니다. 유일하게 내가 가진 힘과 의지로 바꿀 수 있는 것은 '내 생각, 관점, 마음가짐'입니다. 좋은 결실을 얻기 위해서는 밭에 좋은 씨를 뿌리는 작업도 필요하지만, 잡초 등을 뽑는 작업도 중요한 일들입니다. 아무리 좋은 씨앗이라고 하더라도 잡초가 무성한 곳에 뿌려져서는 좋은 열매를 맺을 수 없기 때문입니다. 그래서 뽑는 작업과 심는 작업이 이뤄져야 하는데 첫 출발점은 필요 없는 생각들을 제거하는 것입니다.

그래서 사색하는 힘만큼 중요한 것이 '망각력'입니다. 망각이라는 단어 자체가 부정적으로 들리겠지만 '생각을 비워내는 힘'이라고 정의를 하는 것이 맞습니다. 사는 모습대로 생각하는 것이 아닌 생각하는 대로 살아가기 위해서는 불필요한 생각을 멈추는 것이 먼저 이뤄져야 합니다. 부정적이고 고정적이며 산발적인 생각들을 버리는 작업을 매일 '꾸준하게' 해야 합니다. '생각하는 힘' 혹은 '생각을 비우는 힘'은 하루아침에 길러지지 않습니다. 우리에게 무의식적으로 떠오르는 생각들은 쉽게 바뀌지 않기에 생각의 흐름을 바꾸기 위해서는 많은 연습이 필요합니다.

　우리의 일상은 이런 생각들을 할 여유를 갖지 못할 만큼 바쁘고 힘든 하루를 살아가고 있습니다. 하루 종일 업무와 공부에 최선을 다하고 지치고 힘든 몸을 이끌고 집으로 오면 아무 생각도 하고 싶지 않은 상황이 됩니다. 그럼에도 10분이든 15분이든 하루 동안의 생각들을 정리하고 성찰하는 시간을 갖도록 연습해야 합니다. 힘든 하루가 마무리되고 지친 상태에서 성찰과 사색하는 과정 없이 잠을 자게 되면 해결되지 않은 부정적인 생각들과 감정들이 다음날에도 이어질 가능성이 높습니다. '어제와 다른 오늘'을 살아가고 싶은 마음과는 달리 '어제와 같은 하루'를 살아가게 됩니다. 감정의 전이도 있겠지만, 중요한 것은 부정을 긍정으로 바꿀 수 있는 '행동 설정'이나 '관점 전환'을 수행하지 않았기에 어제의 생각들이 이어지게 되는 것입니다. 그렇기 때문에 하루를 마치기 전에 하루를 불안하게 하거나 부정적으로 만드는 모든 생각들을 버리고 잠자리에 가볍게 들 수 있어야 합니다. 이런 일련의 과정들을 수행하기 위해서 '적절한 환경'을 만드는 것이 중요합니다. 적절한 환경이란 부정적인 감정이 발생하지 않는 '물리적인 환경'을 구성하는 것입니다.

예를 들자면, 밖으로 외출하고 귀가했을 때 방 안의 컨디션은 곧 나의 컨디션과 연결됩니다. 여러분도 한 번쯤은 경험이 있을 겁니다. 어지럽혀져 있는 방 안으로 지친 몸을 이끌고 들어왔을 때와 깔끔하게 정리된 방 안으로 들어왔을 때의 다른 느낌을 말입니다. 실제로 우리의 뇌는 어지럽혀진 방안과 정리된 방안에서 '반응'이 다릅니다. 정리된 방 안에서 공부하게 되면 몰입까지 이르는 속도가 빠르지만, 어지럽혀진 방 안에서는 몰입까지 이르는 속도가 더디고 몰입 유지 시간이 짧아집니다. 환경 상태에 따라 무의식적으로 뇌가 반응하는 정도가 달라집니다. 결론적으로 생각을 비워내는 일은 단순하게 정신적인 메커니즘의 문제가 아닌 물리적인 부분과 함께 고민해야 하는 문제라는 뜻입니다.

생각을 비워낸다는 것은 마치 무더운 여름날 마실 수 있는 한 잔의 시원한 음료와 같습니다. 무더운 여름날, 비 오듯 쏟아지는 땀을 닦으며 더위를 식히기 위해서 눈에 띄는 카페를 찾았습니다. 카페 안으로 들어가 음료를 주문하려고 메뉴를 살펴본다고 상상해 봅시다. 메뉴판에는 많은 종류의 음료들이 눈에 들어오고 모두 현재 나를 시원하게 해줄 수 있는 것처럼 보입니다. 심지어 아이스커피도 마시고 싶고 시원한 아이스티도 마시고 싶다는 생각도 듭니다. 청량감을 느끼게 하는 레모네이드도 좋을 것 같습니다. 하지만 원하는 모든 음료를 마시다 보면 갈증을 해결하는 데 큰 도움이 되지 않을 수 있습니다. 당장에는 시원한 음료를 모두 먹어야만 갈증이 풀어질 것 같은 생각이 들지만, 한 개의 잔에 단일 음료를 담아 마실 때 비로소 갈증을 해결하고 시원함을 느낄 수 있습니다. 여러 가지 음료가 섞인다면 상상할 수 없는 신세계를 맛보는 상황이 될 것입니다.

사색의 영역도 마찬가지입니다. 많은 생각을 한 번에 효율적으로 하면 좋겠지만 여러 생각을 동시에 하기는 어렵습니다. 오히려 하나의 문제도 제대로 해결할 수 없는 상황이 됩니다. 그렇기 때문에 적절하게 생각들을 채우고 사색하기 위해 머릿속을 정기적으로 비워내길 바랍니다. 지금 여러분을 그림자처럼 따라다니는 온갖 걱정거리들은 머리를 받치고 있는 베개를 무겁게만 할뿐, 내일의 내 삶에 아무런 도움도 되지 않습니다. 잠이 오지 않게 하는 걱정거리와 생각들이 있다면 스탠드를 켜고 책상에 앉아 무엇이 고민인지 종이에 적어보시기를 바랍니다. 두서없는 고민이나 불안함으로 생각의 정리가 필요할 때는 생각들을 '가시화'하는 것이 필요합니다. A4용지를 꺼내들고 따뜻한 차 한 잔을 마시면서 지금 내가 고민하는 생각들을 작성하고 나면 내 예상과는 다르게 단순한 고민이거나 현재 그것을 걱정하고 고민한다고 해서 해결되는 수준의 문제가 아닌 경우도 많습니다.

그리고 나서 뛰기 편안한 복장으로, 살짝 땀이 날 정도로 집 근처를 달려보세요. 평소에 안 뛰던 습관 때문인지 처음에는 숨이 차서 죽을 것 같다는 느낌이 들겠지만, 이내 머리가 맑아지고 잡념이 없어지는 것을 느낄 수 있을 겁니다. 그렇게 하나씩 생각의 크기와 무게를 덜어내길 바랍니다. 많은 생각들이 나를 복잡하게 할 때는 땀을 흘리며 몸을 가볍게 해보시길 바랍니다. 때로는 몸을 움직이며 머리를 쉬게 하는 것이 나를 사로잡고 있는 생각들을 떨쳐버릴 수 있음을 기억하시기를 바랍니다.

미션 4. 연속된 14일 동안 내 방에 있는 물건 중에서 14개를 선정해 하루 한 개씩 비워보세요.

버릴 것	선택 이유	비운 순서

느낀 점

- 비우는 기준: 해당 물건으로 인해 부정적인 행동이나 습관으로 이어지게 하는 것

다섯 번째 힘

회사매칭력

다섯 번째 힘

회사매칭력

멘토링연구소장 **윤 성 화**

최근 트렌드 키워드 중 하나가 바로 '개취존중'입니다. 개취존중은 개인의 취향 존중이라는 의미로 MZ세대 사이에 유행하는 신조어입니다. 단어의 뜻처럼 같은 물건이라도 자신의 개성을 나타내기 원하는 청년들에게 커스터마이징(Customizing), 일명 '커스텀'이 유행하고 있습니다. 커스터마이징은 '무엇을 주문받아서 만들다'라는 의미이며, 고객의 요구사항에 맞게 제품을 만들어 주는 '맞춤 제작 서비스'를 의미합니다. 넓은 의미에서 보면 DIY(Do it yourself), 즉 스스로 물건을 제작하고 꾸미는 방법과도 유사합니다. 커스텀과 DIY의 차이는 본인이 직접 물건을 만들거나 꾸밀 수 있느냐 없느냐 정도로 볼 수 있습니다. 커스텀을 통해 내가 원하는 스타일로 내가 원하는 요구조건에 맞게 물건을 제작한다는 점이 청년들 사이에서 자신들의 표현 욕구를 발휘할 좋은 채널로 인식되고 있나 봅니다. 이런 트렌드는 물건을 사는 행위가 그저 '소비'라는 화폐와 재화의 교환이라는 의미를 넘어서서 '소비하는 과정 자체까지도 즐거웠으면 좋겠다'는 심리가 반영되었다고 볼 수 있습니다.

그래서 같은 운동화를 사더라도 하나밖에 없는 자신만의 그림을 그려 하나뿐인 운동화로 재창조하거나, 게임이나 SNS 아바타의 도구나 의상, 외모 등을 자신의 의지로 꾸미고 표현하는 문화들을 만들어 가고 있습니다. 그 밖에도 핸드폰 케이스, 블루투스 이어폰 케이스, 노트북 스티커, 레터링 등을 부착해 '일반적이고 대중화된 것'에서 '세상에 하나밖에 없는 것'으로 만들어 가는 문화가 한국에 자리 잡아 가고 있는 듯합니다. 직업과 직무를 연구하고 가르치는 입장에서 보면 이런 문화적 트렌드는 꽤 반길 만한 일입니다. 드디어 '내가 뭘 좋아하지?', '어떻게 하면 나만의 것을 만들까?'라고 생각하는 젊음이 일찍이 나타나기 시작했기 때문입니다. 10년이 넘도록 '자신만의 것을 찾아야 나의 일도 찾을 수 있습니다'라고 외쳐왔는데 교육가가 하지 못한 것을 나이키 운동화가 해내고 있네요.

커스터마이징(Customizing)의 과정은 자신만의 일을 찾아가는 '취업 과정'에서도 필수적으로 겪어야 하는 흐름이라 할 수 있습니다. 이제 더 이상 '일=경제활동'을 의미하는 시절이 아니기 때문입니다. 지금의 MZ세대는 일을 하는 과정과 결과가 재미있어야 하며 궁극적으로 자기 자신이 '성장한다'고 느끼게 해주는 것이 곧 일의 의미라고 인식합니다. 그래서 아무리 돈을 많이 주고 복지가 좋은 회사라고 할지라도 자신이 생각했던 일의 방식과 다르면 고민 없이 퇴사를 결정하는 것입니다.[27] 무엇보다 워라밸이라고 불리는 '일과 삶의 균형점'이 무너졌다고 느낄 때가 퇴사를 결심하는 순간이라고 합니다.

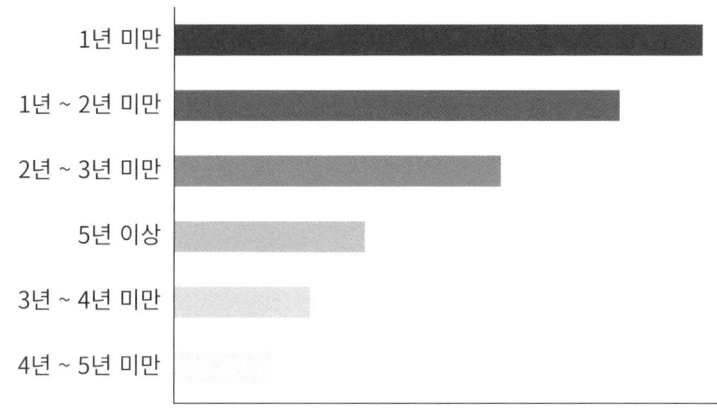

출처: 잡코리아 (20~30대 남녀 직장인 343명 대상 조사), 2021

하지만 이것 또한 양극화 현상이 벌어지는 지점입니다. 전혀 가보지 않았던 새로운 길을 호기심 어린 눈빛으로 달려가는 사람이 있는 반면에 모험보다는 안정을 추구하는 인생도 있는 법이니까요. 문제는 모험을 좋아하는 사람들에게는 지금의 취업 시장과 이직 시장이 놀이터가 되지만, 안정을 추구하는 사람들에게는 비극이 될 수 있다는 데 있습니다. 직업 시장이 변하는 속도가 고용 안정성을 갖추는 속도보다 항상 빠르기 때문입니다. 그래서 문제가 터지면 상처를 응급처치하듯 허겁지겁 정책을 만들고 수습합니다. 하지만 근본적인 문제는 여전히 해결되지 않았기 때문에 총 없이 전쟁터에 내몰리듯 하는 청년들이 계속 생겨나는 것이죠.

저는 이 문제를 절반은 구조적 문제, 절반은 개인적 문제라 여깁니다. 학벌, 인맥 등으로 인한 고용 시장의 불합리성과 청년 세대의 희생으로 먹고사는 기성세대의 모습은 하루 이틀의 일이 아닙니다. 조금은 자조적으로 들릴지 모르겠지만 한 명의 옳은 목소리로 지금의 문제들이 모두 풀리는 것이 아니기 때문입니다. 그래서 저는 이런 처지에 속한 청년들에게 '혁명가가 되려 하지 말고 트로이 목마가 돼라'는 말을 많이 합니다.

약 10년 간의 트로이 전쟁 동안 그리스인들은 트로이를 포위했지만, 그 성벽을 뚫지 못했습니다. 전쟁을 끝내기 위해 그리스 영웅 오디세우스는 하나의 아이디어를 제안합니다. 그리스인들은 큰 목마를 만들어 승리에 대한 신들에게 바치는 공물이라 하며 트로이인들에게 대형 목마를 건넸고, 트로이인들은 의심 없이 그것을 성 안으로 들여왔습니다. 사실 그 목마 안에 그리스 병사들이 숨어 있었죠. 결국 밤늦게까지 곧 있을 승리를 자축하던 트로이인들이 술에 취해 쓰러져 있을 때 목마 밖으로 나온 그리스인 병사들이 성문을 열고 그리스 군대가 성 안으로 들어올 수 있게 해서 전쟁에서 승리합니다. 그래서 트로이 목마는 많은 신화 중 속임수와 배신의 상징이 되어 있습니다. 물론 취업과 이직을 준비하는 사람들에게 속임수를 쓰고 회사를 배신하라고 하는 것은 아닙니다. 성벽처럼 무너질 것 같지 않은 '취업시장'에서 트로이 목마와 같은 '영리함'을 갖추라는 말입니다. 이제는 막무가내의 열심이 아니라 '영리함'이 필요한 시대이기 때문입니다.

제가 늘 강조하는 부분으로, 취업과 이직의 과정에서 '나의 기준'보다 '회사의 기준'이 앞서기 시작하는 순간 우리는 삶에 대한 주체성을 잃을 수밖에 없습니다. 그러니 사회의 통념적 기준에 자신을 꿰맞추는 선택보다 나의 기준에 부합하는 회사를 선별할 수 있는 눈을 기르는 것이 우선되어야 합니다. 이 부분만큼은 절대로 양보하지 않으셨으면 합니다. 우리는 돈을 많이 벌어 생존하기 위해 살아가는 존재가 아니기 때문입니다. 분명히 여러분은 무언가를 해내고 싶어 합니다. 그것은 모든 인간의 잠재적 본능이기 때문입니다. 그러면 아래의 기본적인 '회사를 고르는 기준'에 '나의 것'을 덧붙이는 작업을 함께 해보도록 하겠습니다. 이런 일련의 과정을 통해 여러분이 자기 삶에 대한 기준을 잡고 자신감 있는 인생을 살아가길 바랍니다. 구체적인 해결책을 알아보기 전에 먼저 일반적으로 많은 사람이 직업을 선택할 때 고려하는 요인들은 다음과 같습니다.

1. 보상 및 혜택

사실 가장 많은 사람이 첫 번째 기준 때문에 직업을 선택하는 것 같습니다. 급여나 보너스, 건강 보험, 퇴직 제도, 유급 휴가, 직원 할인, 교통 수당, 보육 혜택 등이 여기에 해당합니다. 물론 현실적으로 중요한 요인인 것은 맞습니다. 누구나 인정하는 부분입니다. 하지만 이것이 '직업을 고르는 기준의 전부'가 되지 않아야 한다는 것을 기억할 필요가 있습니다. 우리 삶의 질은 이런 보상과 혜택으로만 결정되는 것이 아니기 때문입니다. 만약 보상과 혜택만이 최고의 기준이라면 연봉이 가장 높고 복지혜택이 가장 많은 기업에서는 퇴사하는 사람이 없어야 합니다. 하지만 그런 굴지의 회사에서도 매년 9~10%의 퇴사율이 있다는 것이 이것을 방증합니다.

그러니 어떤 회사가 '우리 회사는 이런 엄청난 복지를 준다'를 기준으로 삼지 말고, 그 보상과 혜택이 나의 기준이 되었을 때 얼마나 필요한 것인지를 살펴보는 것이 좋습니다. 어린이집을 주요 보상과 혜택으로 잡고 있는 회사에 입사한 사람이 비혼주의라면 결이 맞지 않는 보상을 제공한다는 말이 될 테니까요. 결국 '내가 원하는 보상은 무엇인가?'라는 자기성찰적 질문을 만나셔야 합니다. 이 작업을 반드시 먼저 해보고 나의 기준에 부합하는 보상과 혜택을 제공하는 회사들을 매칭하는 것이 순서에 맞는 직업발견이라 할 수 있습니다.

2. 고용의 안정성과 시장성

고용의 안정성이란 직원이 지속해서 직업을 갖고 안정적인 소득을 받을 가능성을 의미합니다. 회사의 성과가 얼마나 꾸준히 성장하고 있는지, 그 회사의 주요 매출 요인으로 얼마나 많은 시장의 수요를 가졌는지를 보는 겁니다. 최근 이슈가 되고 있는 AI 산업, 전기차 산업과 관련된 직업들은 이제 그 산업이 도입기에 있는 산업이기 때문에 앞으로 성장세를 가져올 수 있다는 것이 기정사실로 되어 있습니다. 모든 산업은 도입기-성장기-정체기-소멸기의 과정을 따라 변화합니다. 저는 우리가 목표로 해야 하는 곳이 '성장기에 진입할 수 있는 도입기 회사'가 되어야 한다고 생각합니다. 이미 안정화 단계에 이르러 가격 경쟁 말고는 시장을 장악할 무기가 없는 정체기와 소멸기에 속한 회사들이 고용의 안정성은 보장해 줄 수 있을지 모르겠지만, 그 속에서 개인의 성장까지 제공해 주는 일에는 관심이 없는 경우가 더 많기 때문입니다. 그래서 이것을 분석해 내는 일이 저는 무엇보다 중요하다고 생각합니다.

그래서 저는 기업의 공시정보를 볼 수 있는 금융 감독원 전자 공시 시스템(dart.fss.or.kr)에 들어가서 꼭 그 회사의 사업보고서를 꼼꼼하게 읽어보라고 추천하는 편입니다. 한 시간 정도만 투자하면 그 회사가 지금 무슨 사업을 하고 있는지 작년 기준 매출이 가장 많이 일어났던 핵심 부서는 어디인지 등을 구체적으로 알 수 있기 때문입니다. 그리고 그중에서 '성장기에 진입할 수 있는 도입기 부서'를 찾아내는 겁니다. 예전보다 투자가 더 많이 일어나고 있고, 인력을 더 충원해서 화력을 집중하고 있는 핵심 부서를 찾아 '시장성 있는 안정적 고용'이라는 기준을 스스로 잡아낼 필요가 있습니다. 그리고 무엇보다 이런 산업은 정부의 정책 방향과 세계 경제의 흐름과도 맥락을 같이할 확률이 높습니다.

만약 그런 부서에서 일을 할 수 있다면, 여러분은 안정적인 고용뿐 아니라 시대의 흐름에 맞는 역량을 매일 공짜로 채워나갈 수 있는 궤도에 오르게 되는 겁니다. 제가 늘 강조하던 '돈 받고 배우는 대학'의 구조가 완성되는 것이죠. 그러면 회사의 일이 곧 나의 역량을 키워내는 일이 되어갈 겁니다. 그때부터 진짜 일이 시작됩니다. '결국 이 일은 나에게 도움이 되는 일이다' 라는 생각을 인지할 수 있고 그것이 현실로 검증되기 시작하면 이제는 몸과 마음이 알아서 작동하게 됩니다. '열심의 이유'를 찾아냈기 때문이죠. 여기까지만 가도 관계, 연봉, 기 싸움 등의 자잘한 문제들이 더 이상 나를 괴롭히지 못하는 내면의 단단함을 가질 수 있습니다.

3. 회사의 조직 문화

그다음 남은 문제가 회사의 조직 문화입니다. 생각보다 우리나라는 조직 문화에 보수적으로 접근하는 회사가 매우 많습니다. 조직문화를 바꿔 나가려면 큰 비용이 들기 때문입니다. 그래서 익숙하고, 고정된 조직 문화를 계속 유지하려는 경향이 강합니다. 제가 가르쳤던 많은 멘티가 패기 있게 '제가 들어가서 그런 문화를 바꿔보겠습니다!'라며 회사에 뛰어들지만 1년을 버티지 못하고 퇴사를 결심하는 것을 수없이 많이 봐왔습니다. 말 그대로 이것은 개인의 생각이 아니라 '조직'이라는 거대한 카르텔을 상대하는 일이기 때문입니다. 저 역시 많은 교육의 기회와 제안서 및 조직 문화 컨설팅을 통해 유연한 조직 문화를 생성하기 위해 노력을 해봤지만 쉽지 않은 일임을 한탄하고 돌아서는 경우가 많았습니다.

왜냐하면 조직 문화를 바꾸려면 문화를 바꿔낼 수 있는 결정권자와 그 문화에 속해있는 구성원 모두의 동의가 필요한데 이 두 집단의 이해관계가 태생적으로 서로 충돌하기 때문입니다. 임원이나 관리자들은 '적은 비용으로 많은 성과'를 내는 것을 제1의 목표로 삼아야 하는 역할을 가지고 있습니다. 하지만 직원들은 '적은 투입 많은 보상'을 얻어내는 것이 그들의 역할이기 때문에 여기서 좁혀질 수 없는 간극이 존재하는 것이죠.

이런 상황에서 저는 앞서 언급한 트로이 목마처럼 '회사를 찾을 때 필요한 영리함 3가지'를 말씀드리려고 합니다. 이 회사의 3가지 속성만 잘 이해해도 여러분이 어떤 회사를 어떤 시기에 찾아야 하는지를 알아낼 수 있을 겁니다. 제가 이 부분을 강조해서 말씀드리는 이유는 대부분 이 3가지 조건이 맞지 않음 때문에 일어나는 '취업 실패' 혹은 '공백기'를 자신의 탓으로 돌리는 청춘들을 많이 만났기 때문입니다. 노력이 부족해서도 아니고 여러분이 열심히 살지 않아서도 아닙니다. 그저 지금 우리가 살고 있는 21세기의 대한민국 사회가 어떻게 돌아가고 있고 어떤 방식으로 나의 역량을 드러내야 사회에서 환영받을 수 있는지를 아무도 알려주지 않았기 때문에 벌어진 상황인 거죠.

그래서 요즘은 학문을 익히고 자격요건을 갖추는 것도 중요하지만 저는 오히려 자신이 가진 역량을 내가 출근하는 회사에 맞게 드러내는 작업이 훨씬 더 중요하다고 가르치고 있습니다. 이 부분을 제대로 이해하지 못한 학생들은 옳고 바른말을 입에 달고 살다가 결국 그 회사를 자의든 타의든 누구보다 먼저 나오게 됩니다. 저는 역량 있는 인력이 그렇게 조금씩 반사회적 성향을 보이게 되는 모습을 자주 목격합니다. 회사나 사회의 입장에서 보면 기껏 20년 넘게 키워온 인재의 역량을 사회를 비판하는 데나 쓰게 만드는 일이며, 개인의 입장에서 보면 아무도 보상해 주지 않는 절망의 세월을 보내야 하는 것이죠. 저는 이런 관점에서 지금 알려 드리는 이 3가지 관점이 더 중요하다고 강조하고 싶습니다. 부디 여러분의 것으로 만들어 가진 역량을 마음껏 펼쳐낼 수 있는 회사를 찾아내시길 바랍니다.

1. 회사의 성장 속도를 먼저 파악해야 한다

회사의 성장 속도는 모두 다릅니다. 인력과 자본 그리고 시장의 요구가 모두 상이하기 때문입니다. 이것을 이해하는 것이 출발점입니다. 언뜻 보기에는 모든 회사가 비슷한 속도로 흘러가는 것 같지만 조금만 자세히 살펴보면 그 속도와 결이 천차만별이라는 것을 알게 됩니다. 회사를 찾는 우리의 입장에서 '회사의 성장 속도'가 왜 중요할까요? 여기 성장 속도가 다른 두 아르바이트 자리가 있다고 가정해 봅시다. 여러분은 어떤 카페에서 아르바이트 하고 싶으신가요?

1. 오픈 런이 있을 정도로 유명한 200평대 대형 카페
2. 이제 막 시작한 골목상권의 20평대 작은 개인 카페

둘 중 어느 것을 선택해도 괜찮습니다. 다르게 말하면 '정답이 없다'가 정답입니다. 왜냐하면 같은 사람이라도 1번과 2번을 선택하는 시기가 다르기 때문이죠. 우선 회사의 입장을 정리해 봅시다. 1번과 같이

200평대의 대형 카페가 된 사업주의 입장에서 가장 신경 쓰고 있는 것이 무엇일까요? 아마도 비용과 수익구조에서 가장 효율적인 자동화를 이루는 지점을 찾아내는 것일 겁니다. 그래서 일 잘하는 매니저가 필요할 것이고, 세부적인 매뉴얼이 정립되어 있어 새로운 사람이 와도 금방 적응할 수 있을 정도의 체계성을 갖추려고 할 겁니다. 또한 이것을 어떻게 브랜딩해서 프랜차이즈화할 것인지를 고민하는 시즌일 수도 있겠죠. 여기서 일하는 직원의 입장에서 보면 느긋하게 앉아서 손님을 기다리는 일은 거의 없을 겁니다. 분 단위로 손님이 밀려올 것이고, 쏟아지는 주문 중에서 우선순위를 잡아내며 재고가 줄어드는 것을 보며 어떤 재료가 더 필요할 것 같은지를 재빠르게 판단해서 오전에 주문을 해놓는 노련함이 필요합니다. 곧 회사의 성장 속도가 빠른 것이죠.

성장 속도가 빠르다는 것은 곧 그 조직에서 일하는 직원들에게 요구되는 학습 속도 또한 빠르다는 것을 의미합니다. 느긋하게 심사숙고하며 고객 한 사람 한 사람의 표정과 대화에 교감하는 따듯한 직원은 아마도 여기서는 '일 못 하는 사람'이라고 낙인찍히기 십상일 겁니다. 분명히 구분할 것은 회사가 원하는 성장 속도는 계속 달라지며 그 속도에 맞는 시기가 있다는 겁니다. 그러니 직관적인 아이디어를 내는 것을 즐기며 빠른 회전속도를 감당하는 일 처리에 쾌감을 느끼고 날이 갈수록 효율적인 일 처리 방식이 발견되는 것에 재미를 느끼는 사람이 1번 카페로 가는 것이 맞습니다.

한 번쯤은 느껴본 적 있을 겁니다. 박스 접기 같은 단순 반복 업무를 할 때 순서를 바꾸고 위치를 바꾸고 동작을 바꿔가며 가장 빠르게 처리할 수 있는 길을 찾아내는 경험 말입니다. 그러나 반대로 심사숙고하는 사색을 즐기며 삶의 여유를 추구하고, 고객 한 사람 한 사람에게 마음을 다하고자 하는 직원이 1번 카페로 간다면 엄청나게 힘들어 할 겁니다. 회사 입장에서는 5분 동안 5명의 고객을 상대해야 하는데, 사람에 진심인 이 직원은 1명의 고객에게 5분 이상을 할애하게 될 테니까요. 다시 말씀드리지만, 이런 현상은 누구의 잘못도 아닙니다. 그저 회사와 개인이 추구하는 성장 속도가 다르기 때문에 벌어지는 일입니다.

우리가 조심해야 할 것은 의미 지향적 사고를 하는 사람이라고 하면서 1번 카페만을 고집하려는 것입니다. '나와 성장 속도가 맞지 않는 카페'라고 생각하고, 보기에 나와 있는 2번 카페를 찾아 환경을 바꾸는 것이 옳은 선택일 겁니다. 하지만 이것을 '카페 산업은 나와 맞지 않구나….'라고 생각하는 경우가 많습니다. 이런 판단의 근거에는 '모든 카페가 똑같을 것이다'라는 가정이 기저에 깔려 있습니다. 하나를 경험하고 모두를 안다고 착각하는 '일반화의 오류'에 빠지는 것이죠. 하지만 그것은 결단코 사실이 아닙니다. 모든 직업과 회사는 산업의 분야 하나로 정의할 수 없을 만큼 수많은 변수가 존재합니다. 나에게 맞는 분야를 찾았다면 그다음은 그 분야에서 나에게 맞는 회사를 찾아다니는 '탐색 과정'을 거쳐야 합니다.

그 후, '여기처럼 큰 카페 시스템은 나와 안 맞는구나. 조금 작은 카페에 가서 일해보자!'라고 결정하시면 됩니다. 환경적 변수는 달라졌지만, 커피를 내리고 만들어 고객에게 전달하는 과정은 동일하니까요. 그렇게 1번 카페에서 2번 카페로 분야는 동일하되 성장 속도가 조금 더 느린 곳을 찾아 이직해 볼 필요가 있습니다. 그러면 신기하게도 내가 생각했던 가치관과 거의 동일하게 카페를 운영하는 사장님을 만나는 일이 벌어집니다. 오히려 '너무 많은 손님이 오는 것을 지양한다'라는 생각을 가졌다는 것을 직원의 강점이라 인정하는 분을 만나게 되는 것이죠.

이처럼 우리는 회사의 성장 속도와 나의 성장 속도를 맞춰가며 일할 필요가 있습니다. 단순하게 생각하세요. 회사의 속도에 나를 맞추지 말고, 역으로 나의 속도에 맞는 회사를 찾아야 합니다. 중요한 것은, 지금 내가 인생의 속도를 천천히 가려고 하는 기질을 가진 사람일지라도 언제든 '이번 한 해는 열정을 쏟아부어 봐야지!'라고 결정하는 순간이 올 수도 있다는 겁니다. 그럴 때는 성장 속도가 느리고 규모가 작은 회사를 나와서 시스템이 잘 되어 있고 성장 속도가 빠른 회사에 들어가서 열정을 쏟아부으며 그 시절을 보내면 됩니다. 이런 의미에서 저는 '인생에 정답이 없다'는 말에 전적으로 동의합니다.

또한 하나의 인생이 꼭 한 가지의 색깔을 가질 필요도 없다고 생각합니다. 시간이 갈수록 사회의 형태와 규모가 변하듯 사람도 경험이 쌓이고 시간이 흐르면서 선택의 기준이 달라지기 때문입니다. 그저 그 시절의 가장 나다운 선택을 계속 이어 나가면 됩니다. 그러니 '왜 그렇게 변덕이 심하냐?', '줏대가 없다'와 같이 나를 잘 알지도 못하는 사람들의 말에 휘둘리지 마세요. 원래 사람들은 자신이 알고 있는 관념에서 다른 모든 사람을 재단하며 살아가는 존재입니다. 모험적인 사람의 눈에 공무원을 고집하는 사람은 도전 의식이 없는 사람으로 보이고, 삶의 안정성을 추구하는 사람의 눈에는 여행 유튜버가 철없는 사람으로 보이기 마련입니다. 그러니 '다른 사람들이 나를 어떻게 생각할까?'라는 생각에서 최대한 빨리 벗어나야 합니다. 그래야 지속해서 나다운 선택을 할 수 있으며, 이 '나다운 선택'이 쌓여야만 '나의 길'을 갈 수 있답니다.

그러니 내가 가고 싶은 분야를 알게 되었다면 '내가 가장 빛나는 성장 속도'를 먼저 알아내셔야 합니다. 내가 느리게 성장할 때 빛나는 사람인지 아니면 빠르게 성장할 때 빛나는 사람인지를 나 스스로 이해하고 있어야 합니다. 이러한 인지과정은 특별한 재능이 필요하지 않습니다. 그저 여러분이 살아온 날들을 천천히 되짚어 보면서 순간순간의 선택과 결정들을 복기하며 성찰하면 됩니다. 그 선택의 순간들 속에 결정적인 힌트가 숨어 있을 겁니다.

저를 예로 들어보면 이렇습니다. 많은 스타트업이 그렇듯 저는 '회사를 만들 때'는 빠르고 신속한 의사결정을 하는 편입니다. 그래서 저는 반나절 만에 사업 아이디어를 구체화하고 그날 오후에 사업자 등록을 한 적도 있습니다. 하지만 반대로 '사람을 뽑을 때'는 긴 심사숙고의 시간을 가집니다. 1인 기업으로 운영해 나가야 하는 시간이 길어져서 생기는 여러 리스크를 잘 알고 있지만 회사에 사람을 들일 때는 가능한 많은 시간을 할애합니다. 사업 아이템이 너무 좋은 대표님도 직원을 잘못 뽑아 회사가 무너지는 것을 자주 목격하기 때문입니다. 그래서 그 사람의 성장 속도와 내가 만들어 가려는 회사의 성장 속도가 맞는지 그리고 만약 같이 일하게 되었을 때 서로가 감당해야 하는 리스크는 무엇인지를 꼼꼼하게 체크를 해봅니다. 그리고 그 사람의 성장 속도와 결이 비슷한 업무만을 정리해서 분장합니다. 또한 혹시나 조금 더 느리게 가고 싶거나 조금 더 빠르게 해보고 싶은 것이 생기면 말해 달라고 부탁해 놓습니다. 모든 인간은 일을 통해 자신의 삶을 성장시키려는 욕구가 있기 때문입니다. 그래서 회사에 다닌다는 것이 그저 '월급을 받는다'라는 개념에서 머물러서는 안 됩니다. 일이 곧 성장이 되어야 하며 그 성장으로 가는 길이 행복해야 합니다. 그 길과 환경을 제공하는 것이 회사가 되어야 하고요. 이런 서로의 니즈가 맞아떨어지는 순간에 알맞은 사람이 회사에 와야만 회사도 성장할 수 있습니다. 그래서 많은 리스크를 안고도 사람을 뽑는 일에는 많은 시간과 더 많은 에너지를 쓰는 것 같습니다. 다르게 말하면 회사에 맞는 사람을, 시간을 들여 잘 뽑는 것이 회사 경영상 가장 큰 리스크를 관리하는 과정이라 할 수 있습니다.

2. 회사의 방향과 나의 가치관이 비슷해야 한다

회사를 찾을 때 고려해야 하는 두 번째 조건은 바로 회사의 '가치관'입니다. 앞서 살펴본 '성장 속도'가 '얼마나 빨리 회사가 성장하느냐?'의 문제였다면 이 가치관은 '어느 방향으로 회사가 성장하느냐?'의 문제를 말합니다. 저는 회사를 운영한다는 것이 곧 '작은 나라를 만드는 일'이라 생각합니다. 나라마다 그 나라의 문화와 역사가 존재하듯 모든 회사에는 그 회사만의 조직 문화가 존재합니다. 그래서 흔히 회사의 조직 문화를 '사람의 성격'에 비유하곤 합니다. 인간이라는 종(種)에 속해 있는 것은 맞지만, 모든 사람이 서로 상이한 기질이나 성격을 가진 것처럼 회사도 마찬가지입니다. 대신 이 회사의 성격인 조직 문화에 가장 많은 영향을 미치는 사람이 그 회사의 창업자라는 것 정도가 다른 점이라 할 수 있겠네요. 그러니 '어디가 가장 많은 연봉을 주느냐?' 와 같은 일차원적인 기준만으로 회사를 선택하면 십중팔구는 후회하는 일이 생길 수밖에 없습니다. 이런 맥락을 잘 이해하는 분들은 면접에서 떨어져도 크게 상처받지 않습니다. 그저 '아, 여기는 나랑 맞지 않는 회사구나….'라고 여기며 다음 회사를 찾으려 합니다. 하지만 이런 회사매칭력에 대한 이해도가 없는 분들은 탈락이 곧 나의 부족함이나 인생의 실패로 여기는 경우가 많은 것 같습니다. 아닙니다. 절대로 아닙니다. 그저 결이 다른 회사의 초인종을 잘못 눌렀을 뿐입니다. 그러니 '제가 잘못 찾아 왔네요. 죄송합니다~'라는 인사와 함께 뒤돌아 나오면 됩니다. 그리고는 내가 찾는 곳과 결을 같이하는 곳이 나타날 때까지 끊임없이 문을 두드려야 합니다.

　실제 제 멘티의 이야기를 한 번 들려 드리겠습니다. 이 멘티는 재능이 아주 많은 친구입니다. 분명 처음 배우는 일인데도 자신에게 주어진 일은 끝까지 해내고야 마는 근성 있는 멘티였고 늘 '어제보다 나은 오늘'을 자신의 좌우명으로 삼고 살아가는 사람이었습니다. 그래서 새로운 직무 키워드인 '마케팅' 키워드가 나왔을 때도 여느 멘티들처럼 '과연 제가 할 수 있을까요?' 와 같은 소극적 태도가 아닌 '재미있겠는데요?'라는 자신감을 내비치는 그런 멘티였습니다. 이 멘티에게 아주 좋은 기회가 찾아왔습니다. 마케팅 분야에서 대기업과도 제휴를 맺기 시작해서 젊은 세대들에게 가고 싶은 회사로 손꼽히는 곳이 있었는데, '도전해 보자!'라는 생각으로 넣었던 취업 제안서가 최종 합격을 했고 일할 기회가 생긴 것이죠. 그렇게 갑작스럽게 입사하고 기대에 부푼 회사 생활이 시작되었습니다.

그런데 입사한 지 세 달 만에 문제가 생겼습니다. 당시 회사는 굵직한 광고 계약을 따낸 상태였기 때문에 더 이상의 광고제안 수급을 유치하거나 새로운 작업에 인력을 투입하지 않기를 원했습니다. 큰 계약 건을 잘 마무리해서 내년에도 그 광고 계약이 유지되는 것이 회사의 생존에 더 유리했기 때문입니다. 회사에 슬쩍 문의를 해보니 앞으로도 계속 이렇게 대기업 계약 건을 유지하는 게 당분간의 회사 목표가 될 것이라고 합니다. 하지만 마케팅 키워드 중에서도 '새로운 아이디어'와 '지속적 성장'을 주요 키워드로 취업했던 제 멘티로서는 당혹스러운 일이었습니다. 그의 입장에서 보면 익숙한 일을 계속 반복하면서 비용을 아끼는 일에 매달려야 하는 하루에 더 이상 의미를 찾을 수 없었기 때문입니다.

실제로도 그 멘티는 '매일 성장하고 있다'라는 것을 느끼는 것에 큰 의미를 두는 사람이었습니다. 그래서 도전적인 일을 할 수 있고, 새로운 프로젝트가 넘쳐날 것만 같은 지금의 회사에 들어간 것이었죠. 긴 고민 끝에 그는 아쉬움을 뒤로 하고 퇴사를 결심했습니다. 누구의 잘못도 아니었지만 그렇다고 자신에게 맞지 않는 회사의 상황을 알고도 억지로 회사에 다니는 것이 회사와 본인 모두에게 좋은 선택이 아니었기 때문입니다. 얼마 후 그는 스스로 연봉을 조금 더 낮춰 매달 새로운 프로젝트를 해내야만 생존할 수 있는 작은 규모의 광고 회사에 들어갔습니다. 다행스럽게도 그 회사는 회사의 안정적인 수익만큼이나 '재밌는 일을 하자!'가 그 회사의 목표인 회사였습니다. 그래서 아침저녁으로 아이디어 회의를 해야 했고, 종종 야근도 해야 했습니다. 심지어 연봉은 지난번 회사보다 더 적어졌습니다. 하지만 신기하게도 그의 얼굴에는 예전에 보지 못한 미소가 떠나질 않습니다. '내가 하는 일이 재미있다'라는 말을 입에 달고 사는 멘티가 되어 있는 걸 지켜보며 흐뭇한 나날을 보내고 있습니다.

그래서 저는 연봉만큼 중요한 회사 선택의 기준이 '회사의 가치관'이 아닐까 싶습니다. 제가 하는 일이 세계 각국의 좋은 기업의 사례들을 모으는 일이다 보니 여러 회사의 좋은 가치관을 배울 수 있어 참 좋습니다. 그중에서 소개해 드리고 싶은 회사 중 하나는 바로 '파타고니아(Patagonia)'라는 기업입니다. 이 회사는 1973년에 설립된 미국의 액티브 웨어 브랜드입니다. 이 브랜드가 많은 사람에게 환영받을 수밖에 없었던 이유는 회사 설립 목적이 '환경보호와 지속 가능한 생산시스템을 만드는 것'이기 때문입니다. 그래서 파타고니아는 환경 보호, 사회적 책임, 공정 무역에 앞장서는 캠페인을 많이 진행합니다. 마침 전 세계에 ESG 경영 열풍이 불면서 더욱 각광받는 기업으로 자리매김했습니다.[28]

"우리는 우리의 터전, 지구를 되살리기 위해 사업을 합니다. (We're in Business to save our home planet)" 파타고니아의 사명입니다. 또한 파타고니아의 제품을 사는 모든 고객에게 '필요한 것만 사고, 품질로 선택하고, 낡으면 고쳐 입으라'는 메시지를 전합니다. 사업의 목적이 지구를 살리기 위함이며 지구를 생각한다면 패스트패션에서 멀어져야 한다고 설파하는 패션 회사라니. 너무 멋지지 않나요? 그래서 저는 직무 키워드에 '공정', '환경 문제', '시민의식' 등이 나오는 멘티들에게 파타고니아에 입사하는 것을 적극적으로 권유하는 편입니다. 가치관이 맞는 회사를 찾아낸다면 부족한 역량을 키워내는 일은 오히려 차순위 문제가 되기 때문입니다.

가치관은 돈보다 수명이 깁니다. 삶의 방식을 결정하는 것이 돈이 아니라 우리의 생각이기 때문입니다. 이런 관점에서 저는 이 책을 읽는 모든 분이 앞서 언급했던 연봉이나 복지와 같은 직업 선택의 조건만으로 직업을 선택하지 않았으면 합니다. 나의 가치관과 회사의 가치관 결을 맞춰보는 시간이 있었으면 좋겠습니다. 우리가 회사를 선택할 때 먼저 해야 할 일은 다음 두 질문에 대한 답을 써보는 일입니다.

- 나는 무엇을 가장 중요하게 생각하는 사람인가?
- 나의 가치관과 결을 같이 하는 회사는 어디인가?

이 굵직한 질문 두 개에 답을 해보는데 저는 무려 3년이라는 시간이 걸렸습니다. 평소에 하지 않는 생각이기 때문에 어렵게 느끼는 점도 있었지만, 무엇보다 저는 '그 회사의 가치관을 어떻게 알 수 있는가?'라는 벽 앞에서 많은 시간을 방황해야 했습니다. 누군가 친절하게 알려주지도 않았고, 많은 뉴스 기사 또한 어떤 회사의 사업적 성과에 대해서는 이야기하지만 그 회사의 가치관에 초점을 맞추고 쓰는 경우는 드물었기 때문입니다. 안타까운 것은 제가 겪었던 방황의 시절을 지금도 똑같이 겪는 청년들을 목격하고 있다는 사실입니다. 여전히 알려주는 사람이 없고, 여전히 이것보다 다른 제반 조건들이 더 중요한 직업 선택의 기준이 되어 있기 때문입니다. 그래서 저는 비슷한 고민을 하는 멘티들에게 늘 이렇게 이야기 해줍니다. '가치관은 어려운 순간의 선택을 보면 드러난다.'

규모 있는 회사를 법인이라 합니다. 법적으로 한 인간으로 인정해 준다는 뜻이지요. 그래서인지 회사는 사람과 그 속성이 제법 유사합니다. 그래서 사람이 그렇듯 어려운 순간이 닥치면 본성적 선택의 결, 즉 가치관이 드러나게 되어 있습니다. 평소에는 한없이 부드럽고 친절한 사람이 돈 100만 원에 날카로운 이빨을 드러내는 경우를 봅니다. 평생 함께 하자는 말을 버릇처럼 하던 사람도 자신이 불리해지는 상황이 생기면 헛기침과 함께 고개를 돌리며 외면하는 것이 사람의 본성입니다. 회사도 비슷합니다. 투자를 많이 받고 뉴스에 좋은 소식으로 회사 이름이 걸릴 때는 모든 회사가 직원들에게 한없이 너그럽고 관대합니다. 하지만 회사가 어려워지면 가족이라 부르던 사람들을 가장 먼저 내보냅니다. 회사의 인건비를 아끼는 게 가장 쉬운 수익구조 안정화 방법이거든요. 그래서 저는 투자자의 관점이 아닌 근로자의 관점에서 회사를 볼 때 그 회사의 가장 어려운 시절을 찾아서 공부해 보라고 권유합니다. 회사에 돈이 막혔을 때, 업계의 오해를 받게 되었을 때, 소비자에게 외면당하게 되었을 때 그 회사가 어떤 결정을 내렸는지를 잘 살펴보면 그 회사의 가치관이 드러나기 때문입니다.

제가 회사의 가치관에 대해 교육할 때 국내 기업 중에서 '유한양행'을 자주 언급하는 편입니다. 유한양행은 제가 롤모델로 삼고 있는 기업 중 하나입니다. 그 이유를 잠깐 살펴볼까요? 2023년의 한국은 코로나19 위기를 빠져나오면서 심각한 물가 상승의 위기를 지나고 있습니다. 이런 상황에서 공공요금에 속하는 상수도 요금과 가스 요금도 물가 상승을 피해 갈 수 없었죠. 그래서 상수도 요금은 2023년 기준으로 17년 만에 최대 폭으로 상승하기에 이르렀습니다.[29] 이런 상황에서 '락스'와 같이 청결과 소독에 쓰이는 제품의 가격들도 덩달아 상승하기 시작했습니다. 그래서 자연스럽게 많은 청소제품 회사들이 가격을 올리기 시작했습니다. 하지만 유한양행만큼은 다른 선택을 합니다. '위생에 비용이 드는 순간 청결이 공공의 것이 되지 못한다'라며 유한양행에서 생산하는 유한락스의 가격을 동결하기로 한 것입니다.

유한양행은 여기서 멈추지 않고 본업이라 할 수 있는 제약 분야에서도 사회적 가치를 실현하는 결정을 내립니다. '23년 7월에는 자체 개발한 폐암 신약인 '렉라자'를 폐암 환자들에게 무상으로 공급하기로 했습니다.[30] 이 약은 건강보험 없이 환자가 1년간 부담해야 하는 비용이 약 7,000만 원에 이르는 고가의 약이라고 합니다. 폐암 환자들에게 꼭 필요한 약이기 때문에 개발에는 성공했지만, 건강보험에 등재되기까지 시간이 걸리는 상황이었습니다. 유한양행은 그 기간에 폐암으로 고통스러워할 환자들을 돕자는 취지로 과감하게 회사의 수익을 포기했습니다. 그래서 유한양행은 신약의 조기 공급 프로그램(EAP)을 통해 투병만으로 힘들 환자들에게 경제적 부담을 줄여주는 역할을 자처하기로 했습니다. '회사의 존재 목적은 사회를 이롭게 하는 것'이라는 유한양행의 설립자인 유일한 박사님의 기업가 정신을 이어받는 결정이었습니다. 저는 그가 단순한 기업가가 아니라 역사가 기억하는 인물이라 말하고 싶습니다. 그래서 저는 회사를 운영하면서 유일한 박사님의 말을 늘 기억하며 하루하루 회사를 이어 나갑니다.

> 국가, 교육, 기업, 가정 이 모든 것은 순위를 정하기가 매우 어려운 명제들이다. 그러나 나로 말하면 바로 국가, 교육, 기업, 가정의 순위가 된다.
> - 유한양행 창업자 유일한 박사

저는 우리나라에 이런 기업가와 회사가 더 많아졌으면 좋겠습니다. 그래서 내가 출근해서 하는 일이 그저 '돈을 번다'의 개념을 넘어서서 '누군가를 돕는다', '생명을 살린다', '환경을 보호한다', '부당한 것을 없앤다'와 같은 가치지향적 일이 될 수 있었으면 좋겠습니다. 또한 이런 기업에서 일하는 사람들에 대한 존경심이 사회 전반으로 더 확대되어 문화로 자리 잡았으면 합니다. 그래서 일이라는 개념이 그저 먹고 살기 위해 하는 것에서 '더 나은 가치를 추구하기 위해 하는 것'으로 확장할 수 있어야 합니다. 그러면 내가 종이 한 장을 복사하든, 문서를 만들든, 사람을 만나 어떤 계약을 체결하든 '지금 내가 하는 일이 누군가의 고통을 줄이고 누군가의 행복을 늘리는 일이다'라는 관념을 가지고 일할 수 있습니다.

일이라는 것이 그 자체만으로 '노동'을 포함한 개념이다 보니, 힘들고 하기 싫은 것을 해야 하는 과정이 포함된다는 것은 부정할 수 없습니다. 그렇다고 그것을 평생 피해 다니며 살 수도 없는 노릇입니다. 그러니 우리는 즐겁고 행복하게 일하는 법을 익혀야 합니다. 저는 단연코 세상에서 가장 큰 즐거움이 '타인을 돕는 것'이라 말합니다. 개인의 행복을 넘어 타인의 행복, 더 나아가 인류의 행복에 기여한다는 생각으로 일을 하는 하루를 살 수 있어야 합니다. 그런 관점에서 보면 일을 그저 생계 수단으로 생각하지 않고 이런 이타적인 관념을 가지고 일을 한다는 것이 얼마나 멋진 일인지 모릅니다. 이런 시각을 가지고 살아갈 수 있다는 것만으로 삶에서 누리는 행복의 범위와 깊이가 훨씬 더 넓어집니다. 제가 누리는 이런 행복한 수고로움의 시간을 여러분들도 누릴 수 있었으면 좋겠습니다.

3. 함께 일하는 사람

다음으로 우리가 고민해 볼 것이 바로 '사람'에 대한 부분입니다. 2010년에 발표된 한 논문에 따르면 고객, 상사, 동료, 종사원 간의 관계의 질이 각 사람의 동기부여뿐 아니라 직무만족도 그리고 내가 만나는 다른 고객에게 대하는 태도에까지 영향을 미친다고 합니다.[31] 다시 말해, 우리가 속한 회사에서 만나는 동료와 상사 또한 점심을 먹을 때는 외식업계의 고객이 되고, 식후에 커피를 마실 때는 스타벅스의 고객이 되고, 집으로 돌아가기 위해 차에 오를 때는 자동차 회사의 고객이 된다는 말입니다. 이렇게 조금씩 확장해 보면 우리는 거의 모든 삶의 반경에서 고객 경험을 주고받으며 살아가고 있다고 해도 과언이 아닐 겁니다. 문제는 내가 고객일 때 받게 되는 좋은 서비스 경험과 친절이 내가 공급자의 입장일 때 일하는 태도에도 영향을 미친다는 겁니다. 즉, 나의 고객을 친절하게 대하는 태도를 가진 사람들의 근원을 따라가 보면 누군가에게 친절한 태도로 서비스를 받아본 경험이 많다는 것을 말합니다.

위에서 언급했던 긍정의 순환 과정을 역으로 말해보면 '누군가에게 불친절한 사람들은 불만족의 경험이 많은 사람이다'라고 말할 수 있습니다. '어디를 가더라도 함께 일하기 싫은 사람 한 명 정도는 있다'라는 말을 들어보셨을 겁니다. 흔히 우리는 그 사람들을 영화 속에 나오는 악당인 '빌런'에 빗대어 칭합니다. 그래서 대부분 이런 사람들을 피하고 싶어 하고 함께 일할 수 없으니, 회사를 나가달라고 합니다. 그러면 이 사람에게는 씻을 수 없는 '불만족의 경험'이 생기는 것이겠죠. 이는 곧 그 사람의 일상에서 부정의 순환 과정이 일어날 확률이 높아짐을 의미합니다. 그것이 긍정이든 부정이든 사람들과 함께 살아가는 인간이라는 종족은 그 감정과 선택을 공유하고 퍼트리는 존재들이기 때문입니다. 그래서 저는 사회 속에서 빌런이라 불리는 사람들을 보면 그 억지스러움과 황당한 태도에 분노하지 않고 '이런 반응을 보일 수밖에 없었던 그 사람의 상처는 무엇일까?'라는 생각을 먼저 하게 됩니다.

그리고 이 부분에 대해 생각할 때 저는 늘 '냉장고'라는 단어를 떠올립니다. 15년 동안 진로 교육을 해오다 보니 학생이었던 멘티들이 이제는 가정을 꾸리고 아이를 낳아 학부모가 된 경우도 많습니다. 그중에 한 멘티의 자녀가 자기 집에 친구를 데려온 적이 있었습니다. 그런데 그 아이는 집에 들어서자마자 허락도 없이 침실 방과 옷장을 열어보기도 하고 심지어 냉장고를 열어 맛있어 보이는 간식들을 집어서 바로 먹어버렸습니다. 이런 예의 없는 행동에 멘티의 자녀는 당연히 화를 내며 친구에게 집에 가라며 고함을 질렀다고 합니다. 아직 분노를 삭이지 못한 자녀에게 그 멘티는 이렇게 말했습니다.

"ㅇㅇ아. 친구가 예의 없이 행동한 것은 분명해. 그래서 ㅇㅇ가 화내는 것도 이해가 돼. 그런데 엄마가 어릴 때 딱 저 친구 같았어. 왜냐면 아무도 엄마한테 다른 사람 집에 가서 해서는 안 되는 행동들을 알려주지 않았거든. 할머니, 할아버지는 일이 너무 바빠서 엄마는 늘 혼자 집에 있었어. 그렇다고 할머니 할아버지가 엄마를 사랑하지 않은 것도 아니었어. 그냥 그럴 수밖에 없는 상황이었던 거야. 엄마도 늘 아쉬웠던 게 아무도 엄마에게 그게 잘못된 행동이라는 걸 알려주지 않고 그냥 피하거나 뒤에서 예의 없다고 욕하기만 했다는 거야. 그러니까 예의 없는 행동을 하는 친구가 있으면 먼저 화내지 말고, 차분하게 어떻게 해야 하는지를 알려주자. 분명 그 친구도 누군가가 이런 걸 알려주면 이해하고 다음부턴 그렇게 안 할 테니까…."

여유롭게 삶을 돌아볼 기회가 있었던 사람들은 자신이 하는 말과 행동이 타인에게 어떤 영향을 주는지 알기 때문에 늘 언행을 조심합니다. 하지만 자신의 선택이 아니라 여러 상황 때문에 그런 기회조차 없었던 사람들도 많습니다. 그렇기 때문에 저는 보통의 많은 책에서 말하는 '긍정적인 사람들과 삶을 함께하라', '의욕적이고 진취적인 사람들과 어울려라'와 같은 조언과 다른 결의 말을 해드리고 싶습니다. 물론 그런 사람들만으로 삶을 채울 때 분명 효율적이고 긍정적인 삶으로 변한다는 것에는 저 또한 이견이 없습니다. 그렇지만 우리가 당연하다 느끼는 것들도 누리지 못한 채 살아온 사람들이 생각보다 너무 많습니다. 그러니 함께 일하는 사람 중에서 도저히 이해 안 되는 행동을 하는 사람들을 만나면 피하거나 욕하지 말고 그저 '나보다 더 어려운 삶을 살아온 분이구나…' 생각하고 스스로 그 부족한 부분을 채워나갈 수 있게 기다려 주는 선택을 하셨으면 좋겠습니다. 저는 다른 건 몰라도 부족하고 모난 사람도 시간을 주어 차분히 기다려 주기만 하면 그 누구보다 열정적인 사람으로 내 옆을 지켜주는 동료가 된다는 사실을 믿습니다. 남은 건 그런 비상식적인 사람의 말과 행동에 과하게 반응하고 지나치게 분노하는 내 마음을 다스리는 일입니다.

그래서 저는 '어떤 사람과 함께 일해야 하는가?'라는 명제에서 '함께 일하고 싶은 사람이 되려면 나는 무엇을 해야 하는가?'로 초점을 옮겨 왔으면 합니다. 간단합니다. 회사에 출근하는 모든 사람이 이런 생각을 갖기만 한다면 굳이 나서서 다른 사람들을 고쳐내야 하는 수고로움이 없을 테니까요. 오로지 자기 자신만이 자기를 변화시킬 수 있습니다.

인간이라는 존재가 원래 그렇습니다. 본인이 이해하고 수긍해야만 진짜로 변합니다. 억지로라도 해낼 수밖에 없는 상황이 생기면 한두 번은 그 장단에 맞춰 지낼 수 있겠지만 결국 자신의 방법으로 돌아와 본성적 삶을 살게 되기 때문입니다. 그래서 우리는 '함께 일하고 싶은 사람이 내가 되려면 나는 무엇을 공부하고 무엇을 갖춰야 하는가?'에 더 집중해 보도록 하겠습니다.

함께 일하고 싶은 사람들의 공통점

첫 번째 공통점은 바로 '일 자체를 즐기는 태도'입니다. 살다 보면 누구나 한번은 겪는 경험이 있다고 합니다. 바로 '척하는 경험'입니다. 공부하기 싫은데 해야 하니 공부하는 척을 해봤거나, 일하기 싫은데 해야 하니 일하는 척을 해 본 경험 말입니다. 아마도 자신에게 너무 잘 맞는 천직을 찾지 못한 거의 모든 사람이 경험을 해봤거나 오늘 아침에도 이런 마음으로 하루를 보냈을 겁니다. 이렇게 척하는 태도를 직무교육에서는 '근무 도덕성(workplace ethics)' 혹은 '조직적 도덕성(organizational ethics)'의 주제로 교육하는 편입니다. 직업을 가진 사람이 그 책임과 행동을 가장하는 태도를 가지는 것이 조직의 생산성에 얼마나 큰 악영향을 미치는지를 깨달았기 때문입니다. 실제로 다국적 기업을 대상으로 근무 도덕성과 직원들의 사기 간의 관계를 연구해 봤더니, 근무 도덕성이 높은 조직에서 일하는 직원들의 사기 및 일에 대한 의욕이 그렇지 않은 조직의 직원들보다 약 68%나 더 높은 것으로 나타났습니다.[32]

즉, 일할 때 진짜로 열심히 일하려는 사람들 속에 속해 있는 사람은 그렇지 않은 사람보다 직업에 대한 만족도가 훨씬 더 높은 것이죠. 하지만 앞서 언급했던 것처럼 일 자체가 마냥 즐거울 수는 없습니다. 즐거움이 100%를 차지하는 것은 아마도 일이라기보다는 취미에 가까운 활동일 겁니다. 남들이 보기에는 마냥 즐거워 보이는 연예인이나 유튜버 등도 그 내면을 들여다보면 여러 가지 보이지 않는 노동들이 그들을 괴롭히고 있음을 알 수 있죠. 그러니 우리에게 남은 선택지는 '하루 종일 즐거운 일을 찾자!'가 아니라 '나의 즐거움과 가장 근접한 일을 찾고 그 속에 공존하는 하기 싫은 일을 즐거운 방식으로 해낸다'가 되어야 합니다.

누구나 일을 하다 보면 크고 작은 미션들을 만나게 됩니다. 해봤던 일이나 익숙한 일이면 다행이겠지만, 대부분은 생소하거나 협업해야만 완성에 이를 수 있는 일입니다. 그러니 스트레스를 받을 수밖에 없죠. 그렇다고 이런 일들을 하나씩 거절하다 보면 어느 순간 사회에서 고립되어 버린 자신을 발견하게 될 겁니다. 결국, 우리에게 남은 가장 현명한 선택지는 '하고 싶은 일'의 비율이 '하기 싫은 일'의 비율보다 높은 일이 무엇인가를 찾아내는 것이 됩니다. 단 1%라도 하고 싶은 일의 비율이 높으면 일이 재미있어집니다. 간혹 하기 싫은 일을 할 수밖에 없는 순간을 만나더라도 조금 있으면 만나게 될, 하고 싶은 일의 영역 덕분에 그 순간을 견뎌낼 수 있게 되는 것이죠. 다행인 것은 모든 사람에게 '일에서 느끼는 재미'가 반드시 존재한다는 것입니다. 저는 일찍부터 이렇게 일에서 느끼는 재미에 대해서 많이 탐색했습니다. 그래서 어느 직장에 있더라도 '오늘 일하면서 느꼈던 즐거운 순간'을 체크리스트에 적어가며 일을 했었죠. 매일 찾아지지는 않더라도 꾸준히 이 작업을 했더니 약 2년간의 기록을 통해서 저만의 즐거움 포인트들을 끄집어낼 수 있었습니다. 그 포인트들과 저만의 직업 키워드를 추출하는 과정을 간략하게 소개해 드려 봅니다.

- 예시 1. 단순 반복하는 포장 아르바이트가 재미있었다.
  → why? 머리를 비우는 시간인 것, 그리고 하면 할수록 더 시간을 단축할 수 있는 동작과 순서를 익혀 나가는 것
  → 직업 키워드 : 생산적인 개선 활동

- 예시 2. 수기로 작성하던 출퇴근 일지를 프로그램화하는데 자발적으로 주말 시간을 투자했다.
  → why? 모든 사람이 불편함을 당연하게 느끼고 있을 때 새로운 방법을 제안하는 것에 즐거움을 느낌
  → 직업 키워드 : 수요 시장 분석

- 예시 3. 서로 다른 영역의 학문을 조합해 공통의 원리를 찾아낸다.
  → why? 다양성 안에 숨어져 있는 공통 분모를 찾아내는 데 흥미를 느낌
  → 직업 키워드 : 인문학 공부와 철학적 사유

이런 방식으로 일을 하면서 느끼게 되는 재미있는 순간들에 대해 사

색과 사유를 곁들이는 작업을 멈추지 않아야 합니다. 왜냐하면 앞서 언급했듯이 우리가 하는 일에는 반드시 '하기 싫은 영역'이 존재할 수밖에 없기 때문입니다. 그러니 일하는 방식을 '나의 즐거운 방식'으로 바꾸는 데 익숙해질 필요가 있습니다. 여기까지 도달할 수 있다면 분명 일에서 느끼는 즐거움이 50%를 넘어서는 순간을 마주할 날이 올 겁니다.

문제는 '아직 그 회사에 들어가지 않은 상태에서 이렇게 일의 즐거움을 아는 사람들이 많고 적음을 어떻게 알 수 있느냐?'로 귀결될 겁니다. 정답부터 말하면 완벽하게 알 수는 없습니다. 사람은 겪어보지 않고서 그 내면을 다 들여다볼 수 있는 존재가 아니기 때문이죠. 하지만 근접하게 그 방향성을 알아낼 수 있는 팁들은 제법 있습니다. 그래서 저는 제일 먼저 입사하고 싶은 회사가 정해졌을 때, 최소한 일주일 정도 출근 시간에 맞춰 그 회사 입구 앞에 서 있어 보라고 합니다. 출근하는 사람들의 표정을 보기 위함입니다. 100명을 지켜봤는데 거의 전부가 울상이거나 미소를 띠는 사람이 단 한 명도 없다면 다시 한번 생각해 볼 일입니다. 다행히도 출근하는 시간에 일터로 나오는 사람들의 표정이 밝거나 유쾌한 담소를 나누며 지나가고 있다면 자소서와 이력서를 더 열심히 써보는 것을 추천하는 편입니다.

그다음으로는 '블라인드(Blind)'라는 앱을 이용하는 방법입니다. 생각보다 꽤 솔직한 이야기들이 오가는 직장인들의 커뮤니티인데요, 직장과 직급을 넘어 연봉까지 서로 공개하면서 '당신 직장은 괜찮은 곳이야?'를 서로 묻는 곳입니다. 가입조건 자체가 자신의 커리어를 솔직하게 인증해야만 하기 때문에 인터넷에 나오는 기사보다는 조금 더 정확한 내용이 많다고 볼 수 있습니다. 마지막으로는 해당 업계에 종사하는 사람들을 직접 만나 인터뷰를 해보는 방법입니다. 다른 방법들에 비해 더 수고스럽고 여러 가지 용기들이 필요하지만, 저는 개인적으로 인터뷰를 통해 그 업계의 현황을 파악해 보고 어떤 사람들이 어떤 방식으로 일하고 있는 곳인지를 가장 정확하게 알 수 있는 방법이라고 생각합니다. 그래서 어느 정도 훈련이 된 멘티들은 반드시 진출하고자 하는 분야의 멘토들을 3명 이상은 꼭 인터뷰하고 업계에 진출하도록 합니다. 비슷한 질문들을 가지고 유사한 분야의 사람들에게 물어봤을 때도 일정한 대답이 나오는지 아니면 사견이 포함된 응답인지를 판가름해 보고 그다음 입사를 결정하는 것이 좋습니다. 시간이 걸리겠지만 할 수만 있다면 저는 유사업계 종사자를 10명 이상을 인터뷰할 것을 추천해 드립니다.

다음으로 함께 일하고 싶은 사람들의 공통점은 '서로를 존중하는 태도'가 있다는 점입니다. 예전에는 직급이 다르면 반말을 넘어 막말해도 '원래 이런 게 직장이지….'라는 인식이 있었지만, 이제는 완전히 다른 세상이 되었습니다. 제아무리 회사의 사장이라고 해도 말단 직원에게 함부로 해서는 안 되는 시대가 되었다는 말입니다. 하지만 안타깝게도 시대가 변했다고 해서 그 시대에 속해 있는 조직 모두가 한꺼번에 변하지는 않습니다. 아직도 관습과 관례가 남아 있는 조직들이 많다는 뜻이죠. 그러다 보니 기업에 출강해서 '건강한 조직 문화', '공동의 성장'과 같은 리더십 교육을 할 때 간혹 당혹스러운 순간을 마주합니다. 모두가 함께 성장하기 위해서는 말단 직원부터 사장까지 모두가 존중받는 문화가 필요하다고 강의했더니 이렇게 날 선 질문들이 들어 옵니다.

"소장님, 한두 번 말로 해도 고쳐지지 않는 부하 직원의 안일한 태도는 따끔하게 지적해서 고치는 게 조직에 도움 되는 길이 아닐까요? 여기는 실전이니 말씀하신 것처럼 직원들이 서서히 변할 때까지 기다려 줄 수가 없는 상황인데요…."

순간 저는 직감적으로 이 질문에 대한 대답을 어떻게 하느냐에 따라 강의평가가 달라질 것을 알아차렸습니다. 그래서 숨겨 두었던 예상 질문지 원고를 슬쩍 보고서 그에게 지긋한 시선을 두고 말했습니다.

"맞습니다. 과장님. 회사가 이뤄내야 할 목표가 있는데 아직도 소소한 실수들에 발목 잡혀 있는 직원들을 보면 답답할 때가 많죠. 이럴 때 중요한 것은 한쪽만 노력해서는 이 상황이 바뀌지 않는다는 점입니다. 직원들은 당연히 빠르게 회사에 적응하고 실수 없이 기한 내에 일을 처리하는 사람으로 바뀌기 위해서 노력을 해줘야 하고, 회사는 그 적응 기간을 단축하는 환경을 제공해 주는 것이 합리적인 방식이죠. 그럼 이렇게 물어보겠습니다. 따끔한 지적이 방금 제가 말씀드렸던 직원들의 적응 기간을 단축했던 적이 있던가요? 오히려 공개적인 장소에서 일을 못한다고 지적받은 그 직원의 사기도 떨어트리고 분노를 참지 못하고 내뱉어 버린 상사와의 관계도 소원해져 버리지 않던가요?"

저는 어조를 조금 낮추기 위해 물을 한 모금 천천히 마시고 나서 말을 이어갔습니다.

"직원과 회사의 원하는 방향이 분명하다면 남은 건 '방법의 조율'이 아닐까 싶습니다. 결국 회사에서는 일 잘하는 직원이 필요하고, 직원에게는 열심히 일할 수 있는 환경과 결과에 대한 보상을 주는 회사가 필요하니까요. 그러니 말씀하신 '따끔한 지적' 말고도 단기간에 이뤄낼 수 있는 더 좋은 방법들을 제가 몇 가지 가져왔는데 같이 생각해 보는 게 어떨까요?"

그러자 그는 동의한다는 듯 작은 헛기침과 함께 시선을 강의 화면으로 돌렸습니다. 그렇게 교육과정을 무사히 마치고 돌아서는데 질문을 했던 과장님이 저를 불러 세웠습니다.

"소장님. 오늘 답답한 마음에 강의 중에 제가 실례를 범했습니다. 너그럽게 용서해 주세요. 혹시 가능하시다면 저희 팀 단위의 컨설팅을 의뢰해 드려도 될까요? 오늘 교육받은 내용들을 제 팀원들에게도 소개해 주고 싶네요."

"괜찮습니다. 오히려 좋은 질문을 해주셔서 강의가 더 필요한 방향으로 진행된 것 같습니다. 질문하신다는 건 변해보고자 하는 마음이 있으시다는 것이니 저는 더욱 환영할 일입니다. 팀원들 교육도 너무 좋은 의견입니다. 대신 좀 전에 교육해 드렸던 '존중'을 실천하는 의미에서 팀원들의 의견을 먼저 물어보고 진행하시는 게 어떨까요?"

"아, 그렇군요. 제가 오늘 같은 실수를 두 번 하네요. 많이 배웁니다.

소장님. 그럼 팀원들의 의견을 물어보고 필요하다면 설득하는 과정도 겪어보겠습니다. 아무튼 오늘 너무 감사했습니다."

그렇게 과장님은 회사 내 강의 뿐 아니라 지인들과의 컨퍼런스를 열어서 함께할 정도로 저의 오랜 고객이 되었습니다. 물론 이렇게 존중에 대한 의미와 사고방식을 조금 바꿔낸 덕분에 지금은 직원들에게 사랑받는 팀장이 되셨고요. 이렇듯 존중을 가르치고 공부할 수 있는 기회는 조직 구성원 모두에게 유익한 일이 됩니다.

마지막으로 함께 일하고 싶은 사람의 공통점은 바로 '성장 욕구가 있는 사람'입니다. 굳이 매슬로우의 욕구 이론을 들먹이지 않아도 이제는 거의 모든 사람이 '자아실현'을 삶의 목표로 삼아 달리고 있음을 잘 아실 겁니다. 결국 우리는 돈을 많이 벌거나 유명해지는 것을 넘어 '나 자신'의 존재론적 의미를 찾기 위해 살고 있습니다. 이 존재론적 의미를 찾아가는 과정이 바로 '성장'이며, 이것을 이해하는 사람들을 우리는 '배우고 싶은 사람', '존경하는 사람', '매력적인 사람'이라고 부르곤 합니다.

제 주변에서 성장 욕구의 대명사라고 하면 한 중소기업의 대표님을 예로 들 수 있습니다. 이분은 특이하게도 변리사 출신의 전문직이지만 자신의 특성을 살려 특허 전문 컨설팅 회사를 창업하셨습니다. 창업하는 과정에서 저와 함께 많은 아이디어를 주고받은 것을 제쳐두고도 이분은 정말 배울 점이 한둘이 아닌 분입니다. 그중에서도 가장 배울 점이라고 짚어두고 싶은 지점은 변리사로서 고객의 특허를 다룰 때 그저 특허권이 나오는 정도로만 공부하지 않고 '이번 기회에 이 분야를 내 것으로 만들겠다!'라는 결의를 하고 공부를 시작합니다. 그래서 그 하나의 공부가 끝나기 전까지는 다른 의뢰를 받지 않는 걸로 유명하신 분이죠. 그래서 하나의 특허권을 완성할 때까지 회사의 직원들과 대표님은 해당 특허권에 대한 거의 전 세계의 정보를 다 모읍니다. 그래서 어떤 배경에서 이런 특허가 나올 수밖에 없었는지, 유사한 특허권을 보유한 기업은 어디인지, 그래서 우리는 어떤 특허권으로 회사의 진입장벽을 갖춰야 하는지 등 마치 그 고객사의 대표자가 된 것처럼 깊고 넓게 공부합니다.

이런 방식으로 10년이 넘게 회사를 운영하시다 보니, 지금 보면 한국 산업에서 굵직한 역할을 하는 대기업이나 강소기업의 특허에 대해서는 거의 다 알고 있는 분이 되셨습니다. 그래서 '기술특허 전문 컨설턴트'라는 새로운 명함도 가지게 되셨고요. 그 분야도 어찌나 다양하고 깊은지 대학원 전공자들이나 접할 법한 용어들을 이제는 모국어를 구사하듯 자연스럽게 이야기하실 수 있는 분이 되셨습니다. 그의 열정에 감탄하면서 저는 사석에서 한 번 이렇게 물었습니다.

"대표님, 그렇게까지 깊게 공부하지 않아도 특허권은 충분히 취득할 수 있을 것 같은데 왜 그렇게까지 공부를 많이 해두시는 겁니까?"
"즐거워서요. 무언가를 새롭게 알아간다는 그 자체가 즐겁습니다. 그리고 이왕이면 일하면서 제대로 공부해 놓으면 언젠가는 그 공부가 저를 새로운 인생의 길로 이끌어 주더라고요….”

무릎을 '탁' 치게 만드는 대답이었습니다. 맞습니다. 생각해 보면 늘 '이렇게까지 공부할 필요가 있나?' 싶게 했던 영역까지 갔던 그 공부가 지금 제 강점의 근원이 되어준 경험이 많았습니다. 성장 욕구를 충족시키기 위해 했지만 불필요해 보였던 공부가 훗날 자신만의 탁월함의 근원이 되어주는 것이죠. 중요한 점은 그 경지에 이르지 못한 사람들의 눈에는 '불필요한 공부' 혹은 '시간 낭비'로 보이는 것들이 많다는 점입니다. 이렇게 보니 이 정도로 탁월함의 경지에 이른 분들은 귀를 기울여 조언을 들어야 할 때와 귀를 닫고 나만의 강점을 특화하는 데 집중해야 할 때를 잘 구분하시는 것 같습니다.

무엇보다 이렇게 성장 욕구가 강한 사람들을 옆에 두면 '정서적 전염 효과(Emotional Contagion)'를 누릴 수 있습니다. 이것은 사람들 사이에 감정이 전염되는 현상을 말합니다. 정서적 전염 효과는 일상적인 상황에서 주변 사람들의 감정에 민감하게 반응하면서 나타나는데, 이것은 대개 사회적 연결과 친밀도가 높을수록 강해집니다. 가족, 친구, 동료들과 함께 있는 경우, 그들의 감정이 서로에게 영향을 미치는 것이 자연스러운 일입니다. 다르게 말하면 내 주변에 성장 욕구가 강한 사람이 많을수록 나 역시 그렇게 변해갈 겁니다. 꿈을 꾸게 되고 미래를 생각하게 되고 지금보다 더 나은 내일을 위해 노력하게 될 겁니다. 그리고 이왕이면 나 자신이 이런 긍정의 정서적 전염 효과를 일으키는 첫 번째 사람이 되는 것이 가장 좋은 선택입니다. 누군가에게 영향을 받지 않아도 그 자체로서 긍정의 감정을 생산해 낼 수 있는 힘은 결코 아무나 가질 수 있는 역량이 아니기 때문입니다.

이런 연역효과를 잘 알고 있기 때문에 제가 가르치는 멘티들에게 평소에 쓰는 언어와 말투 그리고 행동에 '긍정성'을 입히는 훈련을 많이 하고 있습니다. 한 예로, 자격증 시험에 탈락한 멘티들에게는 결과는 탈락했지만 그 과정 중에서 예전보다 더 노력했던 점은 무엇인지를 나열해 보게 합니다. 그렇게 적어 보면 분명히 예전보다 더 노력한 점이 한 가지 이상 있습니다. 그리고 '내가 예전보다 더 나아지고 있구나…'를 상기시켜 줍니다. 대신 그 이후에는 같은 실패를 반복하지 않기 위해서 우리가 시간을 더 들여야 하는지, 공부 방법을 바꿔야 하는지 등 개별상담을 통해 성장 전략을 세워갑니다. 그렇게 조금씩 성장하기만 하면 됩니다. 작은 변화가 쌓여야 큰 변화를 경험할 수 있으니까요. 하지만 지금의 청년들을 포함한 많은 사람이 한 번에 인생이 확 바뀔 수 있는 필살기를 가르쳐달라고 오는 경우가 많은 것 같습니다. 단언컨대 그런 필살기는 존재하지 않습니다. 혹 그런 것이 실존한다고 이야기하는 사람들은 멀리하는 게 좋을 겁니다.

그러니 예전보다 여러분이 더 나은 사람이 될 수 있다는 사실을 믿으세요. 그리고 그 믿음이 실제가 되기 위해서 내가 해야 할 것이 무엇인지를 하나씩 적어보기를 바랍니다. 아주 작은 것부터 바꿔봐도 좋습니다. 대부분 머릿속으로 내가 알고 있으면 언제든 마음먹는 순간 바로 바뀔 수 있다고 믿는 경향이 있습니다. 그런데 잘 아시겠지만 인간은 그렇게 쉽게 바뀌지 않습니다. 행동의 근원은 습관이고, 습관의 근원은 생각인데, 이 생각의 결 하나를 바꾸는 것도 결코 쉬운 일이 아닙니다. 그러니 차근차근 나만의 속도를 찾아보고 그 속도에 맞는 변화의 방법을 찾아야 합니다. 그래야 늘 성장을 추구하는 사람이 되고 그것이 탁월한 사람이 되어 살아가는 유일한 길입니다.

그렇다면 위에서 언급했던 세 가지 역량을 갖춘 사람들이 일하는 곳은 어떤 조직일까요? 그리고 그 조직은 다른 평범한 조직과 무엇이 다를까요? 제가 기업 컨설팅을 하면서 알게 되었던 작은 식견을 함께 공유해 드립니다. 회사를 찾는 사람과 회사를 운영하는 사람 모두에게 필요한 내용이니 자신의 방식으로 잘 적용해 보시기 바랍니다.

1. 갈수록 일을 효율적으로 할 것.
2. 해내야 할 일을 했으면 언제든 퇴근할 수 있을 것.
3. 불필요한 관계적 감정 소모가 적거나 없을 것.
4. 정치질이 곧 실력이 되지 않을 것.
5. 회사에 예기치 못한 수익이 발생하면 직원들과 공유할 것.
6. 자율성을 보장하되 책임도 함께 물을 것.
7. 일하는 척만 하는 월급 루팡들은 발견 즉시 해고할 것.
8. 건설적인 갈등을 즐기되 서로 비난하지 않을 것.
9. 일을 잘 해내기 위한 자원을 충분히 제공해 줄 것.
10. 회사의 수익구조가 사회에 이로운 방향일 것.

생각보다 꽤 까다롭죠? 물론 이 모든 것을 만족하는 회사는 하나밖에 없습니다. 바로 내가 창업주가 된 내 회사 뿐이죠. 하지만 종종 협업하거나 다른 기업의 컨설턴트로 파견을 나가 일을 하게 되었을 때, 가장 먼저 위의 기준을 펼쳐 놓고 최소한 과반을 만족하는 기업인지 또 만족하지 못하는 요인들이 개선될 여지가 있는 기업인지를 가장 먼저 살펴봅니다. 그래서 제가 가진 조직 문화 기준의 과반수를 충족하지 못하거나 개선될 여지가 없어 보인다면 아무리 높은 연봉과 많은 혜택을 제시하더라도 과감하게 거절합니다. 물론 쉬운 결정은 아니었지만, 회사나 연봉보다 나를 조금 더 가치 있게 생각하게 해준 좋은 경험이었습니다.

이런 일련의 과정을 겪어보니 이렇게 '나만의 조직 문화 기준'을 리스트업 해보는 과정이 저뿐 아니라 모든 사람에게 필요해 보이더군요. 그래서 저는 취업을 준비하는 멘티들이나 이직을 고민하는 내담자들에게 2주간의 시간을 주고, 이런 기준들을 스스로 충분히 고민해 보라고 한 후에 스스로 정리한 기준을 가지고 와서 그 이유에 대해 깊게 대화해 보는 시간을 가집니다. 이런 번거로운 프로세스를 갖는 것은 기준의 완성도를 높이는 것보다 기준을 찾아가는 과정에서 내담자가 스스로 깨닫게 되는 '기준을 설정하는 기준'을 추출하기 위함입니다. 곧 자신만의 기준이 갖는 특성들을 알게 되고 그 특성의 조합을 긁어모아 '살아가고 싶은 방향성'이라는 점토에 붙여보면 어느새 형태를 갖춘 작품이 완성되기 때문이죠.

아래 4가지 사이트는 제가 각 기업의 특성들을 파악하기 위해 자주 활용하는 사이트들입니다. 사이트 주소와 활용 방법들을 간단히 알려 드리니 자신만의 기준을 잡아나가는 데 활용해 보시면 도움이 되실 겁니다.

잡플래닛 https://www.jobplanet.co.kr/job

현직자들의 연봉, 복지, 조직 문화 등을 전반적으로 살펴볼 수 있는 사이트로 취업이나 이직을 준비하는 사람들에게 많이 활용됩니다.

크레디트 잡 https://kreditjob.com

기업 규모, 업력, 입사율과 퇴사율의 정보, 1인당 매출액 등을 확인할 수 있는 사이트이며 회사 전반에 대한 리뷰 등도 볼 수 있습니다. 잡플래닛과 비슷한 정보들을 담고 있으며 플랫폼에 따라서 중소기업이나 소기업의 정보들은 특정 사이트에만 제공되기에 모든 사이트를 활용하는 것이 좋습니다.

오픈 샐러리 https://www.opensalary.com

오픈 샐러리는 평균 연봉, 총인원, 월별 입사자, 퇴사자, 총인원의 변화 등을 알 수 있습니다. 데이터를 그래프 형식의 도식화로 나타내고 있어 가독성이 높으며 회사에 대한 정보를 SNS나 이메일로 공유가 가능합니다.

고용노동통계청 http://laborstat.moel.go.kr/hmp/index.do

고용노동통계청은 취업률을 포함한 고용 현황에 대한 정보들을 직군별, 지역별 등 세분화하여 살펴볼 수 있습니다. 또한 이직률 등을 확인할 수 있는 기업 평판 사이트들을 활용하는 것도 도움이 됩니다.

"훌륭한 일을 하는 유일한 방법은 당신이 하는 일을 사랑하는 것이다." 지금은 고인이 된 스티브 잡스가 한 말입니다. 저는 일을 그저 '노동'으로 보지 않고 '사랑해야 할 대상'으로 정의한 그의 통찰력에 감탄을 자아냈습니다. 사랑에 빠지면 그 사람의 자잘한 문제들이 더 이상 문제가 되지 않는 것을 경험해본 적이 있을 겁니다. 그리고 주어진 시간에 나의 사랑에 최선을 다하기 위해 모든 것을 쏟아붓죠. 마치 그것이 내가 살아가는 이유인 것처럼. 여러분이 찾아야 하는 '나만의 일'은 이런 마음으로 찾으셔야 합니다. 그래야 이런저런 조건들이 진실한 사랑에 다다르지 못하게 하는 걸림돌이 되지 않을 수 있습니다.

사랑에 정답이 없듯이 직업을 고르는 일 또한 정답이 없다는 것을 인지할 필요가 있습니다. 남들이 뭐라 하든 자신만의 사랑을 쟁취하고 그 속에 행복할 수 있다면 그만입니다. 단, 그것이 사회 통념적인 '해악(害惡)'에 속하지만 않는다면. 그러니 다른 사람들의 기준에 너무 흔들리지 않아도 됩니다. 내가 생각하는 성과와 행복을 충족하는 일을 찾았다면 그것을 결국 나의 것으로 만드는 데 총력을 기울여 보세요. '그렇게 해서 먹고 살 수는 있겠냐?', '결혼은 하겠냐?' 등의 말은 흘려들어야 합니다. 특히 '내가 걱정돼서 하는 말인데….'로 시작하는 말은 본론을 시작하기 전에 자리를 박차고 나오세요. 당신의 선택을 전적으로 믿어 주고 응원해 주는 사람들과 인생을 함께해도 짧디짧은 인생입니다.

저는 이렇게 믿습니다. 여기까지 책을 꼼꼼하게 읽어보는 분들이라면 결코 '열심히 살지 않는 사람'은 아니라고. 그저 열심을 쏟아낼 그 어떤 것을 찾지 못해 잠시 방황하고 있을 뿐이라 믿습니다. 나의 열정을 쏟아 내고 누군가를 치열하게 사랑하듯 몰입할 여러분만의 일을 찾아낸다면 여러분의 진가를 발휘할 날이 반드시 올 겁니다. 단지 그곳을 찾을 때까지 멈추지만 않으시면 됩니다. 우리가 할 일은 단지 그것뿐입니다.

> 우리가 내일을 실현하는 유일한 한계는
> 오늘에 대한 우리의 의심일 것이다.
>
> - 프랭클린 D.루스벨트

제가 저의 롤 모델로 삼고 있는 프랭클린 D. 루스벨트의 말입니다. 우리의 선택이 어제보다 나은 선택이 되고, 조금 더 성장하는 삶을 살아가고 싶다면 우리는 가장 먼저 우리의 선택을 믿어줘야 합니다. 혹 그것이 나쁜 결과를 가져와도 괜찮습니다. 나쁜 결과 앞에 '경험'이라는 이름표를 붙여주고, 좋은 결과 앞에 '수고했다'라는 이름표를 붙여주면 그만입니다. 자신의 선택을 조금 더 믿어주세요. 그러면 시간이 갈수록 더 나은 선택을 할 수 있는 인생이 되어있을 겁니다.

이번 에서 살펴본 3가지의 기준을 토대로 다음 표를 한 번 완성해 보시기를 바랍니다. 직업의 매력도가 아니라 여러분의 직업에 대한 중요도를 파악하기 위함입니다. 각 요소를 얼마나 중요하게 생각하시는지를 1점부터 5점까지 점수로 표기해 보시고, 각각의 점수에 대해 이유를 적어보세요.

미션 5. 앞에서 살펴본 3가지의 기준을 토대로 다음 표를 완성해보세요. 각 요소별 중요도를 1~5점으로 표기하고, 각각의 점수에 대해 이유를 적어주세요.

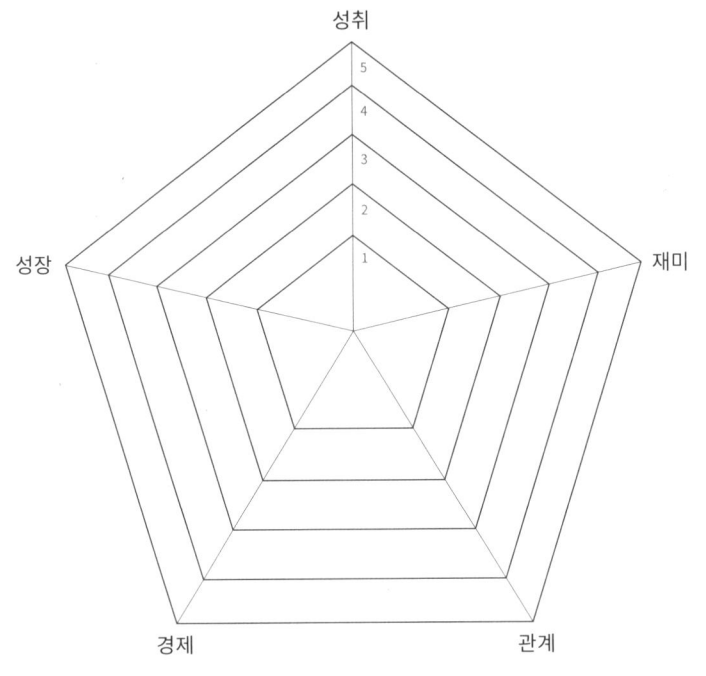

성취	점	이유
재미	점	이유
관계	점	이유
경제	점	이유
성장	점	이유

여섯 번째 힘

통섭력

여섯 번째 힘

통섭력

빌드업대표 **최 대 열**

　우리가 살아가는 시대에 따라 사회가 원하는 성공의 요건들이 조금씩 달라지기 마련입니다. 사회적인 요구나 필요를 채우지 못하면 결국 도태되거나 사라지는 것이 자연스러운 자본주의의 원리때문입니다. 수많은 기업 중 끊임없는 변화를 통해서 성장을 이루는 기업이 있는 반면, 역사 속으로 사라지는 기업도 있습니다. 인류의 역사 속 산업 발전상을 간단하게 살펴보면 이렇습니다. 유목생활을 하던 인류가 정착 생활을 하게 되면서 각종 작물을 재배하고 다른 부족들과의 물물 교환이 시작되던 것이 농경시대입니다. 증기 기관차의 등장과 함께 노동력의 중심이 인간에서 기계로 옮겨가며 기계화 문명이 시작되었던 것이 초기 산업 혁명 시대이고, 에디슨이 등장하면서 우리에게 없어서는 안 될 전기가 발명되고 전기 에너지를 활용하여 대량 생산의 산업혁명 시대를 거쳐 컴퓨터와 인터넷 기반의 지식 정보가 중심을 이루던 것까지가 3차 산업혁명 또는 디지털 혁명 시대입니다. 그리고 빅 데이터(big data)와 사물인터넷(IOT) 등 정보통신 기술의 융합으로 초연결 시대라 불리는 현재의 4차 산업 시대에 이르기까지 산업 및 기업의 성장과 쇠퇴 속에서 시대마다 다양한 성공과 실패의 요소들이 존재합니다. 그 속에는 전혀 다른 시대적 경제 상황과 지역 및 문화적 차이, 사람들의 생활방식 등에 따라 환경적이거나 상황적인 요소들은 다르지만, 성장에 대한 공통 분모들이 존재합니다. 그중 모든 시대를 막론하고 기업의 성장에 있어서 빠지지 않는 공통적인 요소는 바로 '혁신'과 '변화'라는 키워드로 정리할 수 있습니다.

기업의 측면에서 변화와 혁신에 대한 수많은 사례가 있습니다. 그중 대표적인 사례로 비교되는 기업이 우리에게 휴대전화 기업으로 친숙한 두 기업 '노키아'와 '애플'입니다. 노키아는 현재 2030세대에게는 익숙하지 않은 기업입니다. 지금은 거의 자취를 찾아볼 수 없는 기업이기도 하니까요. 노키아는 핀란드의 휴대전화 제조업체로 1998년 미국 모토로라를 제치고 전 세계 1위의 휴대전화 회사로 등극했습니다. 이 당시는 스마트폰이라는 개념보다는 '피처폰(feature phone)'이라는 개념으로 휴대전화 시장을 이해했습니다. 피처폰이란 스마트폰과의 구별을 목적으로 쓰이는 개념으로 직역하면 '기능형 전화기'라는 의미로 해석됩니다. 피처폰 시장에서 노키아는 최강자였습니다. 세계에서 팔리는 휴대전화 두 대 중 한 대는 노키아 브랜드였습니다. 스마트폰이라는 개념이 생기기 전까지 노키아는 전 세계적으로 사람들에게 인정받는 기업이었습니다. 2008년 금융위기에서도 살아남을 만큼 저력이 있는 기업이기도 했습니다.

 2007년 1월 9일, 우리의 삶을 송두리째 바꿔놓는 엄청난 사건 하나가 발생하게 됩니다. 그것은 바로 애플에서 이전과는 다른 스마트폰이 처음 세상이 공개한 것입니다. 그 첫 휴대전화는 여전히 우리의 손에 들려있는 '아이폰'이었습니다. 애플의 창업주 스티브 잡스의 아이폰 프레젠테이션은 지금도 많은 사람이 회자하는 유명한 장면이기도 합니다. 지금까지 들어본 적 없는 낯선 개념들을 아이폰은 선보였습니다. 사람들은 처음 보는 아이폰에 대한 엄청난 관심을 갖고 기대를 하기 시작했습니다.

 하지만 이런 현상들을 냉소적으로 바라보던 기업이 바로 노키아였습니다. 애플에서 아이폰이 출시될 때까지만 해도 그들은 스마트폰 시장에 대한 적극적인 대응을 준비하고 있지 않았습니다. 여러 이유가 있겠지만, 노키아가 본 가장 큰 원인은 바로 '걸어 다니면서 안정적으로 인터넷을 하고 음악을 듣고 이메일을 보내는 것은 불가능하다!'는 확신이었습니다. 또한 당시 피처폰의 보급률이나 사용 빈도가 높은 상황이라 스마트폰에 대한 수요가 크지 않을 것으로 판단했습니다. 그렇게 확신할 수 있었던 가장 큰 이유는 이때까지 '개인용 디지털 단말기'라 불리는 'PDA'를 쓰는 사용자들이 있었기 때문입니다. PDA는 터치스크린을 주 입력장치로 활용하여 한 손으로 들고 다닐 수 있는 작고 가벼운 컴퓨터였습니다. 당연히 간단한 웹서핑, 이메일 업무처리, 카메라 기능 등을 쓸 수 있는 개인용 전자수첩이었습니다. 하지만 크고 작은 소프트웨어 문제가 있어 사람들의 관심에 비해 시장 확장에는 실패했습니다. 이런 이유로 노키아는 더욱 확신할 수 있었습니다. 시대의 흐름에 따라 노키아 역시 스마트 기기에 대한 개발이나 제품 생산을 아예 시도하지 않았던 것은 아니었습니다. 하지만 관심 있는 정도의 수준이었고 적극적으로 시장 점유를 위한 목적은 그리 크지 않았습니다. 이런 판단으로 노키아는 시장의 변화에 능동적으로 대응하지 못하고 결국 스마트폰 시장에서 경쟁력을 잃고 사라지고 만 것입니다.

반면 '애플'은 혁신과 변화, 그 자체로 인식되는 기업입니다. 매년 새로운 기술 개발과 심플한 디자인으로 전 세계에 두터운 고객층을 확보한 세계 1위의 스마트폰 기업입니다. '앱등이'라는 신조어를 탄생시킬 만큼 고객들의 브랜드 충성도는 거의 절대적이라고 말할 수 있을 정도입니다. 애플에서 새로운 제품들이 출시될 때마다 인상된 가격으로 소비자들에게 판매합니다. 소비자들은 애플의 이런 가격 정책에 비난을 일삼지만, 이내 애플 매장에 줄을 서서 제품을 구매하는 자신을 발견하게 된다는 뉴스들은 하루 이틀의 이야기가 아닙니다. 심지어 지금의 애플은 전기 자동차, TV, 스마트 워치 그 외 다양한 플랫폼 및 스마트 기기 개발 등으로 이제는 휴대전화만이 아닌 거대한 라이프스타일로 자리를 잡아가고 있습니다. 이른바 '애플 생태계'를 창조하였고 확장하고 있습니다. 단순히 휴대전화 기업이라는 이미지를 넘어 인간의 삶에 필수적인 요소들로 자리 잡아가려는 전략적 노력이 매년 출시되는 제품들에 반영되고 있습니다. 이런 노력으로 애플의 제품들은 늘 '혁신의 아이콘'으로 자리매김할 수 있었고 비싼 가격에도 불구하고 소유 욕구를 강하게 일으키고 있습니다. 지금은 물론이고 미래에도 지속적으로 성장할 힘을 가지고 있는 기업이라고 할 수 있습니다.

기업은 기회를 포착하는 역량도 중요하지만, 위기의 순간을 넘어갈 수 있는 능력도 필요합니다. 한국에도 위기의 순간에 능동적인 변화를 수용하여 기회를 만들어낸 대표적인 기업 사례가 있습니다. 바로 누구나 익숙한 브랜드인 '락앤락'이라는 국내 밀폐용기 제조업체가 그 주인공입니다. 1978년에 창립한 락앤락은 사업 초기 600여 종에 달하는 제품을 개발하고 판매하는 운영방식을 선택했습니다. 많은 제품이 특허와 상표, 의장을 획득하며 기업 인지도를 높여가고 있었습니다. 하지만 너무 많은 제품을 제조 및 판매하다 보니 제품 관리에도 상당한 비용이 들어가는 상황이었고 매출도 기업의 기대만큼 오르지 않는 상황이었습니다. 그러던 중 1998년, 우리나라가 IMF 경제 위기를 맞았고 락앤락 역시 다른 기업들과 마찬가지로 경영 위기를 맞이하게 됩니다. 락앤락은 내부 분석을 통해 여러 가지 제품 중 전 세계에 판매하기 가장 좋은 제품이 '밀폐용기'라는 결론을 내리게 됩니다. 600여 종에 이르는 제품들 중에서 밀폐용기 하나로 제품 구성을 혁신적으로 줄이게 됩니다. 당시 600여 종의 제품들을 생산 및 판매하지 않겠다는 선택은 쉬운 결정이 아닙니다. 기존의 제품들은 그냥 생산된 것들이 아니라 기업 내부에서 수많은 회의와 제품 연구 개발을 통해서 탄생한 제품들이기에 생산을 중단한다는 것은 지금까지의 모든 노력을 실패로 인정하고 되돌린다는 것을 의미합니다. 실패한 기업이라는 이미지는 경제 위기 상황에서는 더욱 큰 타격을 입는 것이기 때문에 가볍게 선택할 수 있는 문제가 아니었습니다. 하지만 락앤락은 과감하게 기업에 필요한 '선택'과 '집중'을 실천하였고 그 결과 락앤락은 2013년에 연 매출 1조 원을 달성하는 중소기업 신화를 이뤄냈습니다. 위기를 넘어선 락앤락은 전 세계 120개국에 수출하는 글로벌 기업으로 한국의 기술력을 널리 알리고 있습니다. 락앤락은 과감하게 제품군을 축소하여 운영비용을 줄이고 기술 강점을 가지고 있는 제품에 몰입한 결과로 대한민국의 가장 큰 경제 위기 가운데 생존을 넘어 성장에 이르게 된 것입니다.

기업마다 이런 전략적인 경영 방식을 통해서 성장을 추구하고 이윤을 극대화하기 위해 노력합니다. 기업들은 현재의 기업 상황과 앞으로의 성장 계획에 맞는 인재들을 채용하는 것이 당연합니다. 그렇기 때문에 기업의 '인재상'은 홈페이지에 나와 있는 대로 고정되는 것이 아니라 달라지고 변화될 수 있습니다. 기업이 놓인 상황에서 최고의 성과를 도출해 내거나 문제를 해결하기 위한 인재들을 적절하게 고용해야 기업이 원하는 목표들을 달성할 수 있습니다. 이런 이유로 구직활동에서 기업이 속한 시장의 흐름이나 기업 상황을 읽어내지 못한 채 홈페이지 속 인재상만 보고 기업을 지원하게 되면 현실을 읽어내지 못하는 사람임을 스스로 증명하는 꼴이 되는 것입니다. 뿐만 아니라, 입사 후에도 자신이 재직하는 기업의 흐름을 읽지 못한 채 시키는 일만 해서는 기업이 자신의 월급을 지급해 줄 수 없는 상황이 다가오더라도 대비를 할 수 없게 됩니다. 시대적 흐름과 그에 대한 기업의 대응에 따라 회사 내에서 인재상을 평가하고 인식하는 방식도 달라졌습니다. 동일한 역량 키워드라 하더라도 시대와 상황에 따라 전혀 다른 해석의 관점을 갖게 됩니다. 그렇기 때문에 인재상은 기업의 홈페이지 안에서 '고정'되는 것이 아니라 상황에 따라 가변적으로 달라진다고 봐야 합니다.

인재상의 변화와 통섭형 인재

중국 고전에는 다양한 개성과 실력을 갖춘 인재들이 존재감을 드러내는 모습들을 살펴볼 수 있습니다. 그들이 활동하던 시대의 인재상과 오늘날의 인재상은 본질적으로 크게 다르지 않습니다. 그 옛날 능력 있는 무장들을 자신의 휘하에 두고 성을 빼앗아 왕권을 얻으려는 인간의 욕망은 오늘날 기업에 필요한 인재를 채용하여 기업의 매출을 극대화하거나 기업 브랜드를 널리 알리려는 욕망으로 치환되었다고 볼 수 있습니다. 고전 중에서도 다양한 인물들이 등장하는 삼국지에서 대표적인 인재상을 찾아볼 수 있습니다. 인재상으로 많이 언급되는 그 중심인물로는 우리가 잘 알고 있는 '조조'와 '유비'가 있습니다. 불과 몇 년 전까지만 해도 조조라는 인물을 사람들이 해석할 때 '야비하고 비열한 사람, 기회주의자'라는 이미지로 많이 묘사되었고 저런 인물이 되어서는 안 된다는 식으로 회자되던 인물이었습니다. 대부분 영화에서 묘사되는 조조의 이미지도 선한 영향력의 이미지보다는 부정적이고 절대 악의 세력처럼 묘사되는 부분들이 있습니다. 이와 반대로 유비는 선하고 덕이 많은 인물로 자리 잡으며 휘하의 장수들을 잘 다스리는 리더의 덕목을 갖춘 정의로운 인물로 자주 언급됩니다.

그러나 시대가 바뀌고 기업들이 당면한 환경이 달라지면서 이들에 대한 가치가 재평가되고 있습니다. 원래대로라면 닮아서는 안 되는 인물로 묘사되던 조조가 처세술에 탁월하고 상황 판단 능력이 빠른 사람으로 긍정적인 평가를 받고 있으며, 이에 반해 유비는 우유부단하고 결단력이 약한 사람으로 해석되면서 기업 경영에서 피해야 할 리더십 유형으로 평가받기도 합니다. 자연스럽게 조조의 리더십이 긍정적으로 해석되면서 오늘날 기업 경영이나 처세술에서 배워야 할 점들이 많다는 분위기들이 점차 증가하고 있습니다. 그만큼 현대사회의 변화 속도가 급격하게 다변화되면서 정확한 의사결정, 상황 판단에 따른 적극적이고 능동적인 경영 대응이 요구되기 때문입니다.

커리어 영역에서 자주 등장하는 인재상은 크게 두 가지로 나눠집니다. 커리어 영역에서 '넓이'의 확장을 의미하는 '제너럴리스트(generalist)'와 '깊이'의 확장을 의미하는 '스페셜리스트(specialist)'라는 개념입니다. 먼저 제너럴리스트는 자신의 전문 분야뿐 아니라 다방면에 걸쳐 유능한 인재를 의미합니다. 반면에 스페셜리스트는 특정한 분야, 자신의 전문 분야에서 뛰어난 능력을 발휘하는 인재라고 말합니다. 두 가지 개념 중에 어떤 인재가 더 탁월하다고 할 수 있는지 비교 분석하는 연구 사례들이 많이 있습니다. 그리고 어떤 관점에서 해석하느냐에 따라 조금씩 다른 평가를 합니다.

삼국지의 양대 리더 조조와 유비가 했던 '인재 운용 방식'의 예시를 통해 조금 더 구체적으로 살펴보도록 하겠습니다. 유비가 형주 남부의 네 개 군을 점령한 후에 그의 아우였던 관우를 양양군을 다스리는 행정

책임자 그리고 군사를 이끄는 장군을 겸한 직책을 하사합니다. 또 다른 장수였던 장비와 조운 역시도 관우와 같은 '겸직'의 역할들을 맡기게 됩니다. 이유는 이렇습니다. 유비에게는 믿을 수 있는 부하들이 부족했고 생각보다 정치에 운용할 수 있는 인재들이 적었습니다. 싸움에 능한 맹장들은 많았으나 나라를 운영하고 행정을 수행할 수 있는 능력들은 부족한 편이었습니다. 따라서 효율적이고 생산적인 방식을 운용하기 위해서 믿을 만한 장수에게 여러 가지 역할들을 맡기는 이른바 '제너럴리스트'들을 활용하는 방식이 유비에게 맞는 인사 운용 방식이었습니다. 즉, 제한적인 인재들을 효과적으로 활용하기 위한 방법이었습니다.

하지만 조조의 경우는 그럴 필요가 없었습니다. 유비에 비해 조조는 상당히 폭넓은 인재들을 보유하고 있었습니다. 그를 따르는 장수들이 많다 보니 조조의 입장에서는 누가 언제든 반란을 일으킬 수 있다고 생각했습니다. 그래서 조조는 자신의 세력을 구축하고 안정기에 접어들자마자 군사를 이끄는 '장수'와 행정을 담당하는 '태수'를 분리하여 인사를 운용하였습니다. 유비와는 다르게 '스페셜리스트'들을 중심으로 활용하는 방식을 선택한 것입니다. 한 사람에게 권력이 쏠리는 것을 방지하고 각 사람이 가진 고유한 능력에 따라 적절하게 업무를 배치하는 방식이었습니다.

동식물 생태계에서도 스페셜리스트와 제너럴리스트의 특징들이 분명하게 다르게 나타납니다. '전문 종(specialist species)'이라고 불리는 코알라, 판다 등은 스페셜리스트의 특성이 있습니다. 이들은 서식 범위가 좁습니다. 특정 환경이나 생활 방식에서 전문화가 되어있고 자신의 환경이 아닌 곳에서는 생존할 수가 없습니다. 다만 자신이 전문화한 환경에서는 제너럴리스트와의 경쟁에서 우위를 차지하게 됩니다. 반대로 '일반 종(generalist species)'이라고 불리는 너구리, 멧돼지 등은 제너럴리스트의 특성이 있습니다. 전문종과 달리 일반종은 서식 범위가 넓습니다. 다양한 환경이나 생활 방식에 맞춰 살 수 있습니다. 그리고 스페셜리스트가 자리 잡기 힘든 곳에서 득세합니다. 새로운 환경이 생기면 제너럴리스트가 우위를 점하며 지배합니다. 그리고 시간이 흘러 점차 환경이 안정화되면 스페셜리스트가 제너럴리스트를 밀어내는 식으로 생존하게 됩니다.

그렇다면, 오늘날 우리사회에서는 제너럴리스트와 스페셜리스트가 어떻게 적용됐을까요? 대표적인 스페셜리스트의 예로는 일본의 '장인문화'가 있습니다. 2014년 미국의 오바마 대통령이 일본을 방문했을 때 일본의 아베 총리는 오바마 대통령을 긴자의 낡은 작은 건물 지하에 위치한 스시집 '스키야 바시 지로'로 초대했습니다. 자리라고는 의자 열 개, 화장실도 건물 공용 화장실을 이용해야 하는 작은 곳이었습니다. 이런 곳에서 미국과 일본 정상들의 만남이 이뤄진다는 것을 어떻게 상상할 수 있을까요? 우리가 아는 선진국 정상들의 저녁 식사 자리는 가장 화려하고 성대한 만찬이 이뤄져야 한다는 관념이 철저하게 깨지는 순간이기도 합니다. 사실 일본의 긴자에는 고급스러운 스시집들이 많습니다. 그렇다면 왜 아베 총리는 이런 초라해 보이는 스시집을 만찬장으로 선정하고 오바마 대통령을 맞이한 것일까요?

답은 바로 스키야 바시 지로의 창업자인 오노 지로의 〈장인 정신 스토리〉에 있습니다. 스키야 바시 지로는 일본 스시의 국보라고 불리며 그의 이야기는 〈Jiro Dreams of Sushi〉라는 미국의 다큐멘터리 영화로도 제작[33]되기도 했습니다. 유명한 음식 평가 단체인 미슐랭에서 2007년부터 매년 별 세 개를 획득했습니다. 이렇게 대단한 실력과 인지도에도 불구하고 오노 지로는 한 인터뷰에서 '나의 눈길이 갈 수 없는 곳에 손님이 있으면 제대로 손님을 접대할 수 없다'고 말하며 허름한 가게를 고수하고 있습니다. 오노 지로의 경영철학을 조금 더 살펴보면 그의 장인 정신은 누구나 쉽게 흉내 낼 수 없는 것이라는 것을 알 수 있습니다. 여자 손님에게는 먹는 속도를 맞추기 위해 남자 손님의 스시보다 작게 만들고, 또 손님이 왼손잡이면 초밥을 놓는 방향도 다르게 하는 세심함으로도 유명합니다. 또한 창업 때부터 외출할 때는 항상 '장갑'을 끼는데, 손은 곧 요리사의 생명이라는 장인 정신 때문입니다. 생선이나 밥 상태를 살필 때 손가락 안쪽의 감각이 중요해서 트거나 상처가 난 손으로 손님 앞에서 스시를 쥐어서는 안 된다는 신념을 갖고 있으며 미각을 유지하기 위해 자극이 강한 커피를 마시지 않는다고 합니다. 오노 지로를 통해 엿볼 수 있는 장인 정신은 한 분야의 최고 정점에 다다르는 스페셜리스트의 가장 좋은 예로 볼 수 있습니다.

그렇다면 제너럴리스트라고 불리는 사람들의 대표적인 인물은 누구일까요? 제너럴리스트를 상징하는 대표적인 단어는 'N 잡러'라고 할 수 있습니다. 다양한 분야에서 활동하는 연예인 중에는 N 잡러로 살아가는 사람들이 많습니다. 〈공부왕 찐 천재〉라는 유튜브 예능 프로그램으로 제2의 전성기를 맞이하고 있는 모델이자 코미디언 '홍진경' 씨도 대표적인 N 잡러 중 한 사람입니다. 1993년에 슈퍼모델로 데뷔한 그녀는 모델 활동 이후에 코미디언으로 다양한 예능에 출현했습니다. 그러다 2003년부터 연예계와는 전혀 관계없는 '김치 사업'을 자본금 300만 원으로 시작해 현재 연 매출액 300억의 기업으로 성장시키며 사업을 확장하고 있습니다. 최근에는 구독자 123만 명의 유튜버로도 활동하며 하나의 영역에 만족하지 않고 다양한 분야에서 활동을 하고 있습니다. 홍진경 씨처럼 연예인 중에서는 개인 사업이나 예술 활동 등 본업 이외에 전혀 다른 활동들을 병행하는 사례들을 많이 찾아볼 수 있습니다.

또 다른 인물로는 인류 역사상 가장 위대한 예술가이자 과학자이며 N 잡러의 대명사로 우리에게 널리 알려진 '레오나르도 다빈치'입니다. 레오나르도 다빈치가 직접 기록한 창조적 발상들과 발명, 다양한 작업을 담은 노트의 분량이 무려 13,000여 장에 이른다[34]고 합니다. 그는 공학, 역학, 군사 공학, 음향학, 해부학, 물리학 등의 다양한 학문 분야를 넘나들면서 자유로운 실험과 발상들을 이어갔습니다. 그는 예술과 과학을 넘나들면서 학문을 융합하여 다양한 창조물들을 만들어냈습니다. 이렇듯 홍진경, 레오나르도 다빈치 등은 제너럴리스트의 대표적인 인물이라고 할 수 있습니다. 최근에는 일반인들도 '부캐'를 만들어 자기 본업 이외에 다양한 활동들을 하는 사람들이 많아졌습니다. 커리어를 성장시키는 영역에서 다양한 분야를 섭렵하는 제너럴리스트냐, 하나의 전문 분야를 통달하는 스페셜리스트냐의 고민이 다양한 형태로 존재합니다. 그 고민은 첫 취업에서부터 시작됩니다.

윤정(가명) 씨는 지방대 출신으로, 현재 중소기업에서 3년 차 된 경력 영업 직원입니다. 그녀는 현재 진지하게 이직을 고민하고 있습니다. 퇴근 후 상담실에서 만난 그녀의 얼굴은 그리 밝지 않습니다. 따뜻한 커피를 두 손으로 마주 잡고 이내 그녀는 나지막한 목소리로 현재 상황에서의 고민을 이야기합니다.

"대표님, 지금 제가 영업 관리 업무로 3년 차예요. 지금 직장이 사회생활에서 만나는 첫 직장인데 정신없이 여기까지 왔네요. 시간이 참 빠르다는 생각을 하게 돼요. 그동안 회사도 매출이 증가하면서 점차 안정기에 접어들어 가는 것이 보이고요. 입사 초반에는 팀 내 구성원들이 자주 바뀌기도 했지만, 현재 함께 하는 팀원들도 괜찮은 사람들이 많습니다."

"잘 되었네요. 그럼, 조금 더 지금 재직 중인 회사에서 경력을 쌓길 원하는 걸까요?"

"그런데 그게... 고민이 한 가지 있어요. 영업팀에서 하는 일들은 만족하거든요. 영업 팀에서 오랜 거래처들을 관리하는 업무들을 하며 기본적인 영업 과정에 대한 이해도가 저 스스로 평가하기에 상당히 높다고 생각하고 있어요. 실제로 이번 달에도 회사 매출을 전년 동기보다 20% 정도 높게 성과들을 만들어 내기도 했습니다. 그런데 미래를 생각했을 때 뭔가 다양한 영역들에서 제가 가지고 있는 역량들을 키워내고 확장해야 한다는 생각을 자주 하거든요? 그런 관점에서 보자면 지금

하는 일들은 너무 한 가지에만 집중되지 않나 싶어요. 마치 우물 안 개구리 같다는 생각을 지울 수가 없어요. 매일 같은 업무들만 반복한다는 느낌도 들고… 그래서 영업 직무를 넘어서 조금 더 커리어를 확장하기 위해 더 늦기 전에 이직해야 하는 게 아닐까 하는 생각이 들어요."

또 다른 상담자인 나영(가명) 씨는 명문대 출신으로, 현재 스타트업 회사에서 4년 차 마케터로 근무하고 있습니다. 늘 밝은 표정과 에너지로 주변 사람들에게 긍정적인 영향력을 미치는 모습은 나영 씨가 가진 큰 강점 중 하나입니다. 그런데 상담실 문을 열고 들어오는 그녀의 모습은 평소의 모습과는 다르게 피곤하고 지친 기색이 역력합니다.

"나영 씨, 잘 지내죠? 요즘 일이 많아요? 너무 피곤해 보여요."
"아, 대표님, 요즘 일이 너무 많아서 야근을 밥 먹듯이 하고 있어요. 너무 힘드네요."
"이럴 때일수록 체력 관리 잘해야 합니다. 지금 마케팅 업무가 메인인 거죠?"
"네 맞아요. 일하는 부서는 마케팅 팀이 맞는데 회사가 스타트업이다 보니 사실상 영업 지원 업무, 마케팅, MD 등 사실상 거의 멀티플레이어예요."
"그래서 요즘 야근이 많아지는군요."
"네 맞아요. 그래서 지금 살짝 불안한 게 뭐냐면, 제가 지금 공식적인 직무로는 마케터인데 일을 하다보니 업무들이 너무 산발적인 것 같아요. 그러다 보니 4년 동안 마케팅 직무에 재직했다고는 하지만 명확하게 하나의 분야에 대한 전문성은 좀 떨어지는 게 아닌가 싶어요. 내가 여기서 이렇게 분야를 넓혀서 일을 하는 것이 맞나 싶기도 하고요. 그래서 일을 하면서도 항상 이 부분이 고민이 돼요."

여러분도 이와 비슷한 상황의 경험을 해보셨거나 앞으로 회사에서 일을 하면서 부딪칠 수 있는 문제 상황이라 생각됩니다. 여러분이 만약 같은 상황에 당면해 있다면 어떤 선택을 하는 게 적절하다고 생각하나요? 하나의 우물을 깊게 파는 '전문성'을 갖추는 게 맞을까요? 여러 개의 우물을 넓게 파는 '다양성'을 갖추는 것이 맞을까요? 현재 시대에 필요한 역량을 중심으로 정리해보자면 스페셜리스트냐 제너럴리스트냐를 구분하기 보다 '모두 갖춰야 하는 시대'입니다. 커리어를 '수평적 역량'과 '수직적 역량'으로 나눠서 생각해 본다면 수평적 역량은 '범위의 확장'이라고 볼 수 있으며 수직적 역량은 '깊이의 확장'으로 볼 수 있습니다. 깊이와 넓이의 확장은 '선택의 문제'라기보다는 '순서의 문제'입니다. '어떤 역량을 먼저 갖출 것인가?' '어떤 자격요건이 자신에게 우선순위가 되어야 하는가?'와 같은 것이지요.

업종이나 산업 그리고 직무에 따라서 일하는 영역이 넓고 다양한 역할들을 수행해야 하는 경우도 있고 반대로 일하는 영역이 좁고 전문성을 가지고 업무를 해야 하는 상황도 있습니다. 어떤 역량을 먼저 가지고 일을 하든지 결국 깊이와 넓이의 확장은 모두 갖출 수 있어야 소위 '일잘러', 일을 잘하는 사람으로 인정을 받을 수 있습니다. 이런 제너럴리스트와 스페셜리스트의 교집합을 'T자형 인재'라고 하고 이를 '통섭형 인재'라고도 말합니다. 통섭(consilience)은 국내에서 '융합'이라는 단어로 더 많이 쓰이기도 합니다. '서로 다른 것을 한데 묶어 새로운 것을 잡는다'라는 의미로 학문적으로 보자면 인문, 사회과학, 자연과학을 통합해 새로운 것을 만들어내는 범 학문적인 영역들을 의미합니다. 통섭이란 독립적이고 단일화된 기존의 것들을 서로 섞어 이질적인 것을 넘어 새로운 방법이나 지식으로 확장하는 능동적이고 역동적인 과정을 의미합니다. 이는 자신의 분야에서 한계를 넘어 탁월함을 갖추기 위한 역량이기도 합니다.

통섭형 인재가 되기 위해 우리가 해야 할 일

통섭형 인재가 되기 위한 순서를 구분해 보자면 먼저는 자신만의 '강점'을 파악하고 이를 성장시킬 수 있는 스페셜리스트 영역을 발견하는 것이 필요합니다. 자신의 영역이나 분야에서 전문성을 강화하기 위해 자신이 가진 강점을 최대치로 끌어올리기 위한 노력이 첫 번째로 해야 할 일들입니다. 이때 주의해야 할 점은 일정한 수준의 전문성을 갖기 전까지 '한눈팔지 않는 것'이 중요합니다. 전문가의 역량을 갖추는 과정은 생각보다 어렵고 힘든 과정입니다. 그 과정들이 때로는 지루함의 연속일 수도 있습니다. 그렇게 지루함의 시간이 이어지면 자연스럽게 또 다른 흥미나 호기심의 영역들이 생겨나기도 합니다. 노력의 과정이 진행되는 상황에서 관심이 다른 영역으로 확장되거나 노력의 방향이 옮겨지게 되면 결국 처음부터 다시 시작하는 상황이 반복되면서 전문성을 갖추지 못하게 됩니다.

따라서 일정 수준에 이르기까지 하나에 집중하는 시기를 견뎌내야 합니다. 자신의 분야에서 더 이상의 새로운 이론이나 지식을 찾을 수 없을 만큼 기본기를 다지고, 깊게 파고드는 시간과 노력을 투자해야 합니다. 노력의 정점에 다다르게 되면 가장 기본이 되는 원리나 이치는 동일하다는 것을 깨닫게 되는 순간이 이르게 됩니다. 상황이나 시대에 따른 실제적인 방법들은 달라지겠지만 그 운용원리가 같다는 것을 깨닫게 되는 것입니다. 그때부터 원리를 바탕으로 다른 분야와의 '응용'이 가능해지기 시작합니다. 전문성을 갖추고 나면 자연스럽게 자신의 분야와 연관된 다른 분야 혹은 필요 영역들이 눈에 들어오기 시작할 것입니다. 그때 이른바 제너럴리스트의 영역으로 확장하는 것이 필요합니다.

진로 교육이나 취업 교육을 가르치다 보면 처음에는 자기 자신을 파악하는 '자아 성찰'을 중심으로 교육이 이뤄집니다. 하지만 나 자신을 분명하게 알고 자신감을 갖는 것이 사회에서 통용되는 자기만의 장점과 강점을 갖추는 것은 아닙니다. 그러니 자연스럽게 사회 문화에 대한 영역이 필요해집니다. 그리고 경제 상황에 따라 새로 생기거나 사라지는 직무들이 있으니 경제 영역도 알아야 하는 것입니다. 이런 식으로 나의 분야인 '진로 교육'에서 시작해서 경제학, 사회학, 심리학, 철학 등으로 확장되어 가는 것입니다. 그렇게 서로 다른 영역들은 편집, 융합하면서 기존에 없던 새로운 길들을 만들어 낼 수 있게 되는 것입니다. 이른바 스페셜리스트에서 제너럴리스트로, 더 나아가 통섭형 인재로 거듭나는 과정입니다.

여기서 중요한 것은 '자신의 영역'을 버리고 다른 영역으로의 '전환' 이 아니라 자신의 분야를 놓치지 않고 '확장'해야 한다는 점입니다. 여러 분야에 관심을 두는 것은 좋지만 자신의 분야가 정해져 있지 않은 상황에서 모든 분야에 대한 관심을 두는 것은 맞지 않습니다. 그것은 오히려 '역량'이라기보다는 '방황'에 가깝기 때문입니다. 영역이나 범위의 확장에 있어 중요한 키워드는 '연관성'입니다. 예를 들어 마케팅을 메인 직무로 가지고 있는데 인사나 회계 직무까지 섭렵하는 것은 사실상 어렵다고 할 수 있습니다. 마케팅이라면 영업, MD, 상품기획, PR 홍보 등과 같이 자신의 직무와 연관성 있는 영역들로 확장하는 것이 중요합니다. 자신의 직무 영역에서 전문가의 영역까지 이르다 보면 추가로 필요한 영역들이 보이기 시작합니다. 마케팅을 공부하면서 자연스럽게 소비자의 심리를 알아야 한다는 것을 깨닫게 되고 더 넓게는 경제를 알아야 소비자의 흐름을 읽을 수 있다는 것도 알게 됩니다. 이처럼 자신의 직무 분야와 연관성 있는 '확장 영역'이 보이게 되는 것이죠. 그렇게 자신의 분야를 확장하는 요소들을 찾아야 합니다. 단순히 다른 영역들의 지식이나 이론을 하나로 합치는 것이 아닌 '자기 이해'를 바탕으로 '확장'하고 '융합'할 수 있어야 하는 것입니다.

통섭형 인재로 거듭나기 위해서 자기 분야의 업무 경험을 통해 역량을 개발해야 하며, 그 과정에서 '자신의 강점과 기질'을 파악하는 것이 필요합니다. 무분별하게 이어지는 목적 없는 노력이 아니라 다른 사람들에 비해 자신이 가진 '장점'이나 '강점' 그리고 '기질'을 알아야 하는 것입니다. 지금 시대는 변화가 빠르고 다양한 변수들이 존재합니다. 제조업 기반의 시대에는 완벽한 '예측'과 '오류'를 줄여가는 것이 핵심 역량이었다면, 정보 기반의 시대에서는 다변화하는 상황에 얼마나 빠르게 '적응'할 수 있는지가 핵심 역량이라고 할 수 있습니다. 많은 사람이 겪는 오류 중 하나가 바로 '잘못된 직무 선택'입니다. 대부분 직무를 선택하는 기준이 대학교 전공과목의 '학점'인 경우가 많습니다. 그러다 보니 학점이 높을수록 자신이 선택한 학과가 적성에 맞는 것이라고 해석하게 됩니다. 특히 우리나라에서는 학점 이외에 자신에 대한 데이터를 찾거나 근거를 찾는 경험을 거의 가지고 있지 않기 때문입니다. 그러다 보니 자신에게 맞지 않은 직무지만 그것조차 인지하지 못한 채 취업 후 일을 하게 됩니다.

예를 들어 누가 봐도 정확한 규정과 원칙 안에서 일을 하는 공무원과 같은 성향의 사람이 마케팅 회사에서 매번 자신만의 의견과 아이디어를 내야 한다면 어떨까요? 매번 회사에서 일하는 시간이 너무 고통스러울 것입니다. 회사 내 동기나 직장 동료들은 맡은 업무들을 큰 어려움 없이 진행하는 데 상대적으로 자신은 어렵고 힘들다고 느끼면서 점차 '나의 열심'이 부족하다는 생각으로 이어지게 됩니다. 그렇게 되면 자기에게 존재하지 않는 역량을 갖추려고 노력하다가 결국에는 '자존감 하락'으로까지 맞닿게 되는 것이죠. 왜냐하면 타고난 '강점'이나 '약점'에는 노력으로 바꿀 수 있는 영역과 바꿀 수 없는 영역들이 동시에 존재하기 때문입니다. 강점 영역에 있는 능력들은 노력해서 더 개발하거나 확장할 수 있지만 반대로 약점 영역들은 노력을 통해 극복하거나 강점으로 만들 수 없습니다. 결론적으로 말하자면 내가 극복하기 어려운 것을 위해 노력하기보다 나의 강점을 드러낼 수 있는 직무를 찾아야 하는 것입니다.

하지만 우리에게 이런 깨달음을 위한 탐색과 경험의 과정들이 부재된 경우가 많습니다. 초등학교 시절을 거쳐 청소년기까지의 교육을 살펴보면 '대학입시'를 목표로 한 준비 과정으로 12년을 보내면서 학업성적을 높이기 위한 경험들이 대부분입니다. 다양한 취미나 해보지 않았던 경험을 통해서 자신의 성향을 파악하는 과정들이 존재하지 않습니다. 대학교를 가도 상황은 별반 다르지 않습니다. 대부분은 학과 구분이나 성적 등을 통해 자신의 역량이나 관심사, 적성 등을 파악하려고 생각하게 됩니다. '수학 점수가 잘 나오는지' 혹은 '국어 점수가 잘 나오는지'를 가지고 양자택일의 문제처럼 접근하던 것이 직무를 선택하는 기준이었습니다. 이런 판단으로 결정한 직무가 자기 적성에 맞지 않는 경우가 많이 있습니다.

더욱이 지금은 시대가 바뀌었습니다. 어느 한 분야만을 전공하여 커리어를 개발하는 시대가 아닙니다. 다양한 직업과 직무 분야가 존재합니다. 문제는 우리가 파악할 수 있는 직업정보의 '양'이 절대적으로 부족하다는 것입니다. 단적인 예로 한국고용정보원에 등재된 대한민국의 직업의 개수는 11,655개입니다. 이웃 나라 일본은 16,433개이고 미국은 30,654개입니다. 아주 극단적으로 우리가 지구상에서 선택할 수 있는 직업의 개수가 최소 3만 개가 넘는다는 사실입니다. 그러나 전공과 부전공, 혹은 아르바이트 경험을 벗어난 직군을 생각하기란 쉽지 않습니다. 그만큼 직무에 대한 경험치가 낮다는 뜻입니다. 컨설팅이나 상담을 하면서 제가 멘티들이나 상담자들에게 한 번씩 해보는 실험이 있습니다. 여러분도 이 글을 읽고 한 번 해보시길 바랍니다.

　실험의 내용은 간단합니다. A4용지를 한 장 올려놓고 펜을 준비합니다. 그리고 1시간 동안 쓸 수 있는 직업의 이름을 최대한 작성해 보는 것입니다. 여러분 생각에는 몇 개나 작성할 수 있을 것 같나요? 놀랍게도 평균 20~40개를 넘어가지 못하죠. 알고 있는 직업들이 많다고 생각하지만, 막상 직업군을 실제로 나열해 보면 생각보다 정보의 양이 부족하다는 사실을 실감할 수 있습니다. 제가 여러분에게 제시하고 싶은 결론은 이렇습니다. 여러분이 지금 고민하는 직무나 적성은 지구상에서 선택할 수 있는 3만여 개의 직업 중 고작 1, 2개에 불과하다는 것입니다. 여러분의 생각과 시야를 넓혀야 하는 이유입니다. 나무보다는 숲을 보는 시야를 갖는 것이 필요합니다. 무엇보다도 지금까지 우리가 교육 과정에서 배웠던 직무만이 답이 되지 않는 시대가 되었습니다. 산업이 발전하고 시대가 변화하면서 직업이 생기고 사라지는 속도가 가속화되고 있습니다. 코로나19라는 질병의 출현과 4차 산업이라는 시대적 흐름이 만나면서 직무적으로 새롭게 생기거나 사라지는 직군들이 나타나고 있습니다. 이제는 자신의 관심이나 흥미 그리고 즐겁게 할 수 있는 취미들도 평생의 업으로 삼아 커리어를 개발하는 시대가 도래했습니다.

　실제 사례 중에서는 한국식 교육 과정과 학습이 아닌 자신만의 방법을 통해서 즐거움과 커리어라는 두 마리의 토끼를 잡은 사례도 있습니다. 전 세계에서 가장 사랑받는 브랜드이자 누구나 한 번쯤은 꿈이라도 꿔보는 기업인 애플이 러브콜을 보낸다면? 상상만으로도 가슴 설레는 일이며 그 누구도 입사를 고민하거나 망설일 이유가 없을 겁니다. 한국에서 취업하기도 어려운데 글로벌 기업인 애플을 꿈꾸는 것은 말도 안 되는 일이라는 생각이 듭니다. 그 불가능해 보이는 일을 자신만의 노력으로 꿈을 이뤄낸 사람이 있습니다. 바로 블로거 '김윤재' 씨의 이야기입니다.

윤재 씨는 대학에서 디지털 미디어과를 졸업한 후 대기업의 인턴 생활을 했었지만 정규 채용에는 실패한 경험이 있었습니다. 그 뒤로 2013년에는 전 세계 디자이너들이 자신의 포트폴리오를 올리는 'Behance'라는 플랫폼을 이용하여 자신이 만든 이모티콘들을 올리기 시작했습니다.[35] 세계의 랜드마크, 교통수단 등을 가장 직관적이고 간결하게 상징성을 부각하는 디자인을 작업하여 꾸준하게 자신의 계정에 올렸습니다. 처음에는 몇몇 사람들만이 댓글을 다는 수준이었던 윤재 씨의 블로그는 14년 1월, 유명 디자이너였던 '존 마에다'의 트위터에 소개되었고 애플과 에어비앤비 그리고 엘프의 면접 기회를 잡을 수 있었습니다. 심지어 왕복 티켓까지 보내주며 면접 요청을 한 곳도 있다고 합니다. 최종적으로 애플에 입사하게 되었고 애플의 맵 팀에서 일하고 있다고 합니다.

위 사례는 전통적인 한국 교육에서는 결코 볼 수 없는 특이한 사례라고 볼 수 있습니다. 만약 우리나라에서 디자이너로 취업하려면 어떻게 할까요? 아마 먼저는 미대 진학을 위해 예술고등학교에 진학하거나 미술 학원에 다니면서 대학 입시를 준비해야 합니다. 대학 진학은 국내에서 유명한 미대를 진학해야 합니다. 미술 전공을 통해서 이론 및 실기에 대한 지식을 쌓고 일단은 한국의 유수 기업에 취업해야 할 것입니다. 그다음으로 국내 기업에서 외국계 기업으로 이직해야 합니다. 틈틈이 공모전과 같은 대회 수상 이력도 자기 경력을 어필하는 좋은 조건이 될 수 있을 것입니다. 아, 가장 중요한 한 가지가 빠졌네요. 애플은 글로벌 기업이니 의사소통을 위한 어학연수도 2, 3년 정도 다녀와야 할 것 같습니다. 애플이라는 기업에 지원하기 위해 대부분의 구직자라면 누구나 당연하게 생각하는 루트입니다.

그러나 윤재 씨는 이런 정석적인 루트를 철저하게 무시한 사례입니다. 윤재 씨는 실제로 유학이나 어학연수의 경험이 아예 없다고 합니다. 우리에게 익숙한 방법으로 취업을 준비했다면 최소한 수년이 걸렸을 것이고 원하는 방향으로 입사가 될지 장담할 수 없습니다. 취업을 준비하는 수년 동안에 기업이 원하는 역량은 취업 준비 초기의 상황과 계속 달라질 것이기에 정보력을 최신으로 유지하지 않았다면 수차례 떨어지는 서류나 면접 전형의 이유를 알지 못할 것입니다. 이 엄청난 일을 자신이 평소에 즐겨 운영하는 블로그와 취미활동으로 뚫어낸 것입니다. 이런 과정들이 우리에게 필요합니다. 자신의 강점을 국내에서 발휘해야 한다는 고정관념을 깨고 글로벌 채널을 선택한 점, 취미를 통해 알게 된 자신의 기질을 꾸준하게 계발하여 취미를 넘어 강점으로 만들어 낸 점 등은 오늘날 우리가 해야 할 노력의 방향성을 제시해 줍니다.

또 다른 사례 하나를 살펴보겠습니다. 어린 시절부터 집 안을 정리하는 습관이 있는 소녀가 있었습니다. 늘 깨끗한 것을 추구하고 아주 어릴 때부터 항상 모든 것을 올바른 위치에 정리하는 것을 좋아했던 그녀였습니다. 전 세계적인 정리 컨설턴트로 유명한 이 사람의 이름은 바로 '곤도 마리에'입니다. 그녀는 유치원과 교실 비품 정리를 담당하는 자원봉사자이기도 했습니다. 대학에서 사회학 공부를 마친 후 그녀는 평소에 자신이 가지고 있던 아이디어를 직접 실행하기로 마음먹습니다. 그것은 바로 '정리'에 대한 사업이었습니다. 그동안 그녀가 만나고 관찰했던 많은 사람의 공통점으로 발견했던 것이 한 가지 있었습니다. 사람들은 제한된 공간 안에서 필요 없는 물건들을 정리하고 관리하는 일들을 어려워한다는 점이었습니다. 그래서 그녀는 『인생을 가꾸는 정리의 마법』이라는 책을 출판하게 되고 전 세계적으로 유명한 베스트셀러 작가가 됩니다. 그 이후에 다양한 프로그램에도 출연하면서 인지도를 쌓고 전 세계 사람들을 대상으로 강연도 하고 정리 컨설턴트로 자신만의 사업 아이템을 확장하고 있습니다. '정리 컨설턴트'라는 직무 개념은 그녀가 만들어낸 새로운 것입니다. 이전에는 찾아볼 수 없는 직무 개념이었습니다. 자신을 대신해서 청소해주고 정리를 해주는 사람이 존재한다는 개념은 부유한 집에서 거주하며 집안일을 돌봐주는 집사나 가정부의 역할이라고 생각했었습니다. 그러나 이제는 청소, 정리라는 개념이 완전하게 달라졌고 시대 변화에 따라 기존의 형태와는 다른 새로운 직업이 탄생하게 된 것입니다.

인재상이라는 개념을 인지하고 이해할 때 '시대상'을 놓쳐서는 안 됩니다. 서두에서도 언급했듯이 시대마다 기업의 생존방식이 다르고 경제 상황과 문화적 상황에 따라서 인재상이 바뀔 수밖에 없습니다. 기업 성장을 추구하는 방법과 전략들 역시 시대에 따라서 달라질 수밖에 없습니다. 이런 이유로 채용 과정을 살펴보면 같은 회사임에도 시기에 따라, 회사의 상황에 따라 뽑는 인재상이 달라질 수밖에 없습니다. 그래서 작년에 떨어졌던 기업에 올해 다시 지원했을 때 합격하는 경우들이 있는 것은, 이런 흐름 때문이지만 지원자들은 잘 알지 못하는 경우가 많습니다. 회사 내에서 일을 하는 상황도 동일한 맥락에서 이해해야 합니다. 신입사원으로 입사해서 일을 배웠던 방식은 연차가 높아질수록 이전보다 더 나은 방식으로 개발되고 개선되어야 합니다. 그러나 입사한 지 수년이 지났음에도 여전히 신입사원 시절에 배웠던 방식으로만 일을 한다면 그는 시대가 원하는 인재에서 점점 멀어지고 있으며 결국에는 사회와 기업에서 도태되고 말 것입니다.

통섭형 인재란 시대상에 맞는 전문성을 갖추고 자신만의 방식이나 방법을 지속적으로 확장해 이전과는 다른 새로운 방식으로 끊임없이 개발해가는 사람을 의미합니다. 그렇게 우리가 소속되어 있는 사회와 기업 안에서 역량으로 인정받을 수 있는 사람들이 되어야 합니다. 완벽한 사람이 되고자 하는 소망은 누구에게나 존재합니다. 그러나 지금은 완벽한 사람을 추구하기보다는 시대 흐름을 정확하게 읽고 그에 대해서 민첩하게 대응하고 적응하는 능력을 원하는 시대입니다. 당장의 눈앞에 있는 '목표'라는 문을 열 수 있는 열쇠 하나를 발견했다고 해서 안주할 일이 아닙니다. 그 문을 열고 나면 수많은 형태의 각기 다른 목표의 문들이 존재하기 때문입니다.

그러니 앞으로 얼마나 많은 해결의 열쇠들을 가지고 있어야 할지 모릅니다. 삶의 여정이 계속되는 동안 내가 만나게 될 문이 몇 개인지, 가지고 있는 열쇠 꾸러미 중에서 어떤 열쇠가 맞는 것인지 알 수 없기 때문입니다. 그래서 우리는 '키 메이커(key maker)'가 되어야 합니다. 자신 앞에 잠겨있는 문을 열 수 있는 열쇠를 만들어 낼 수 있는 사람이 되어야 합니다. 완벽함보다는 적재적소에 빠르게 적응하여 답을 찾아내는 능력들이 필요한 이유입니다. 내 허리에 차고 있는 열쇠 꾸러미에 열쇠가 많이 없다고 좌절하지 않기를 바랍니다. 또한 무조건 많은 열쇠 꾸러미를 챙기려고 노력하지 않아야 하고, 이미 녹이 슬어 열쇠 구멍에 들어갈지 확신조차 없는 열쇠 때문에 전전긍긍하지 않기를 바랍니다. 맞는 열쇠가 없다면 맞는 열쇠를 스스로 만들 수 있는 역량을 갖추는 일들에 관심을 가지고 집중해야 합니다. 사회가 제시하는 기준 속에 갇혀 자신을 낮게 평가하는 것이 아니라 자신만의 강점을 바탕으로 성장하는 커리어를 만들어내는 통섭형 인재가 되기 위한 노력을 지금 바로 시작하길 바랍니다.

미션 6. 나의 '제너럴리스트 & 스페셜리스트'를 찾아 적어보세요.
(제너럴리스트 7개, 스페셜리스트 3개)

- 제너럴리스트: 내가 흥미있거나 관심 있는 것
- 스페셜리스트: 그중에서 상대적으로 장점 또는 강점이라고 생각하는 것

일곱 번째 힘

커리어매핑력

일곱 번째 힘

커리어매핑력

멘토링연구소장 **윤 성 화**

멀리 보는 사람이 멀리 갈 수 있다

누구나 개인적으로 존경하는 인물 또는 롤모델이 있을 겁니다. 롤모델은 우리에게 영감을 주기도 하고 내가 가진 시야에서는 보이지 않았던 새로운 지름길을 알려주기도 합니다. 그런 의미에서 배우고 따라갈 수 있는 지침을 가진 사람이 주변에 있다는 것은 크나큰 축복이라 할 수 있습니다. 지금의 제가 있게 한 롤모델 중 많은 영향을 준 사람은 조선시대 지도학자이자 측량학자였던 '고산자 김정호' 선생입니다.

전국 팔도를 직접 걸어다니며 지도를 제작했고 우리나라의 유명한 위인 중 한 명으로 기록되고 있죠. 높이 7미터, 가로 3미터의 거대한 대동여지도를 따라가다 보면 그의 열정과 수고가 굳은살 박힌 발과 함께 눈 앞에 펼쳐지는 듯합니다. 무엇보다 당시의 기술로는 지도를 측량할 수 없는 것이 당연한 일이었는데도 그는 포기하지 않았습니다. 분명한 목적을 가졌으니 결국에는 방법을 찾는 사람으로 살겠다는 선언이 지도로 완성된 것이죠. 서유럽에서 발로 걸어 측량 지도를 확립한 대명사로 'Cassini'가 있다면 우리나라에서는 '김정호'가 대표적이라 할 수 있습니다.

사실 역사적 위인이라고 하기에는 '김정호'에 대한 기록이 그리 많지 않습니다. 또한 발로 걸어서 전국을 측량하고 지도를 만들었다는 내용에 대해서 많은 전문가 사이에서 의견 대립이 있고 일각에서는 부정적 견해도 존재합니다. 하지만 저는 그가 실제로 발로 뛰었든 아니든 제가 보는 관점은 우리 시대의 인공위성이나 사진 촬영 같은 최첨단 기술이 없는 상황에서 직접 데이터를 읽어냈다는 것, 그의 전체적인 조감도를 그려낼 수 있는 능력은 아무나 할 수 없는 것입니다. 심지어 대동여지도는 기존의 지도보다 한 단계 더 나아갔습니다. 10리마다 장소에 대한 정보를 표기해서 실용성을 더했고, 여러 지방에 대한 다양한 기록까지 지도에 삽입했습니다.[36] 그래서 대동여지도는 그저 단순한 지도가 아닌 조선 시대 당시의 생활상을 꼼꼼하게 알 수 있는 '정보지'의 역할을 해주고 있습니다. 지금 우리가 아는 네이버 같은 역할을 시작한 거죠.

그런 의미에서 저는 김정호 선생 덕분에 평범했던 지도의 역할이 다양해졌다고 생각합니다. 위치나 길을 알려주는 단순한 정보를 제공하는 수단이 2D의 평면적 사고였다면 전체와 부분, 평면과 입체, 형상과 내포된 정보를 동시에 이해할 수 있도록 해서 지도를 3D로 진화시켜 준 것이죠. 이러한 삶에 대한 통찰적 시각은 시점을 장기화해주고 필요와 개선점을 알게 해서 더 나은 삶으로 우리를 이끌어줍니다. 모든 사람은 살아가는 그 시점에 풀어야 할 문제들을 안고 있습니다. 무지하거나 현실을 외면해서 당장 눈앞에 없게 만들 수는 있어도 인생에서 만나는 모든 문제를 제로화할 수 있는 것은 죽음밖에 없기 때문입니다.

우리가 이제 막 사회생활을 시작하려는 사회초년생이라 가정해 봅시다. 행복하고 안정적인 삶을 위해 '좋은 회사'에 들어가고 싶지 않은 사람은 아무도 없을 겁니다. 하지만 '좋다'라는 의미는 상대적이라는 것을 기억할 필요가 있습니다. 여러분이 생각하는 '좋은 기업'이란 어떤 것인가요? 직무적 성장을 돕는 회사일까요? 많은 연봉을 보장하는 회사일까요? 아니면 누구나 들으면 인정할만한 유명한 회사일까요? 의사소통이 원활해서 관계가 원만한 수평적 조직 문화를 가진 회사일까요? 이미 눈치채셨겠지만, 이 질문에 대한 답은 정해져 있지 않습니다. 심지어 같은 사람에게 같은 질문을 하더라도 경력 사항과 지금 하는 일 혹은 결혼의 여부에 따라 그 답변이 달라지기도 합니다. 결국 우리는 '지금 나에게 가장 좋은 회사는 어떤 회사이며, 앞으로도 계속 좋은 회사는 어떤 회사인가?'를 생각해 둘 필요가 있는 겁니다. 사람마다 이 기준은 모두 다를 수 있겠지만 저는 무엇보다 '나를 성장시키는 회사인가?'를 가장 많이 보려고 노력했던 것 같습니다. 일의 능률이야 시간에 맡기기만 해도 올라갈 테지만 능동적으로 일을 하고 싶게 만드는 것은 결국 조직에 속해있는 사람들의 근원적인 욕구를 채워주는 '무엇'이니까요. 그래서 저는 취업하고자 하는 회사를 고를 때나 함께 일하고 싶은 파트너를 구할 때 금전적 보상 이외에 나를 성장시키는 요소를 가지고 있는가를 가장 많이 고민했던 것 같습니다. 다시 말해, 커리어를 관리한다는 것은 '내가 이뤄내고 싶은 것'과 '회사가 줄 수 있는 것'의 교집합을 얼마나 자연스럽게 그리고 많이 만들어 내는가가 핵심이 되는 것이죠.

저 말고 다른 분들의 이야기도 한 번 볼까요? 코로나로 미국에서 조기 유학을 마치고 한국에서 취업을 준비하는 민국(가명) 씨와 함께 커리어 컨설팅을 한 적이 있습니다. 어학 능력은 기본이고 학점이나 프로젝트 경험, 심지어 외국 기업에서 인턴을 6개월 정도 경험한 이력까지, 어떤 인사담당자가 봐도 매력도가 높은 그런 케이스였습니다. 취업 컨설팅의 결과로 우리는 한국에서 갈 수 있는 기업들을 추려내었습니다. 하지만 그는 그중에서 누구나 알 수 있을 법한 대기업 몇 곳만을 희망한다고 말했고, 그 외의 기업들은 지원하지 않겠다는 강한 의지를 내비쳤습니다. 여기서 직무 중심의 커리어를 쌓아갔으면 하는 제 생각과 네임 밸류 중심의 커리어를 쌓아가고 싶은 그의 의견이 엇갈렸습니다. 그의 입장에서 보면 당연히 이름 있고 연봉이 조금이라도 더 높은 곳으로 취업을 하는 것이 맞을 겁니다. 하지만 취업 및 이직 컨설팅을 하는 사람의 시각으로 말씀드리자면 '자신에게 더 잘 맞는 직무'를 가져가는 것이 장기적으로 이롭습니다. 높은 연봉과 남들의 부러움을 사는 기간은 1년이면 그 효용성이 끝납니다. 그렇게 1년마다 우리가 메뚜기처럼 다른 직장을 돌아다닐 수는 없는 노릇이니 자신만의 정착 기준이 필요하다고 계속 설득했던 기억이 있습니다. 저의 일이 아님에도 불구하고 네임 밸류로만 직업을 구하려는 그를 말린 이유는 이미 그런 방식으로 대기업에 취업했던 청년들이 저를 찾아와 '길을 잃은 것 같습니다' '출근이 죽을 맛이에요'라며 상담을 요청해오고 있었기 때문입니다. 힘들게 들어간 직장인데 아침에 눈을 뜰 때마다 한숨부터 나온다면 그것만큼 불행한 일도 없을 겁니다.

그런 의미에서 우리는 시선의 시점을 분산시킬 필요가 있습니다. 무언가를 해낼 때는 당장 눈앞에 해결해야 할 문제들에 집중해야 하므로 고개를 숙여 가까이에서 들여다봐야 합니다. 하지만 삶의 방향을 고민하는 것과 같이 본질적인 질문을 스스로 던질 때는 고개를 들어 시선을 멀리 내던져야 합니다. 앞으로 3년 뒤, 5년 뒤, 10년 뒤, 30년 뒤의 삶을 어떤 방식으로 이끌어 나갈 것인지를 스스로 생각하며 살아야 합니다. 그래야 상황에 이끌려 사는 삶이 아닌 나만의 기준으로, 내가 내린 결정으로 삶을 살아갈 수 있기 때문입니다. 선택과 결정에 '내 생각'이 들어가면 후회하는 일이 적습니다. 대부분의 후회는 잘 알아보지 않고 한 결정이거나 다른 사람들의 말만 믿고 했던 결정들일 겁니다. 어렵고 불편한 시간을 모르는 체하고 싶은 마음 때문입니다. 자신의 인생에서 중요한 결정임을 스스로 알고 있지만 편해지고 싶은 마음 때문에 그 결정의 권한까지 타인에게 넘겨버리고 싶은 겁니다. 그래서 우리는 삶의 중요한 결정을 내려야 할 때일수록 이런 '투사의 심리'를 유의해야 합니다. 그런 의미에서 저는 앞서 말한 청년들과의 진로 및 이직 컨설팅을 마무리하며 묻는 말이 있습니다. "그래서 ㅇㅇ 씨의 10년 후 계획은 무엇인가요?"

눈앞에 풀어내야 할 생계의 문제 혹은 취업의 문제에 관해 도움을 받으러 왔다가 갑자기 10년 후의 삶에 대해 질문을 받으면 대부분 청년들은 당황합니다. 그러면 하나 같이 '그런 건 생각해보지 않았다', '그건 일단 취업이 된 이후에 생각해 보겠다' 등의 답변으로 일관합니다. 하지만 그런 20대를 이미 겪어본 분들은 아실 겁니다. 취업이 끝나면 적응이 기다리고 적응이 끝나면 관계와 승진이 오며, 결혼과 집과 차 그리고 여러 질병까지 합세해서 여러분이 생각하지 않고 사는 것이 마땅한 환경을 만들어 줄 겁니다. 그러니 결국 앞서 말한 '고민해보는 시간'은 평생 오지 않습니다. 이런 시간은 주어지는 것이 아니라 '만들어내는' 시간이기 때문입니다. 그래서 우리는 이『12가지 자기성장의 법칙』이라는 책을 통해 생각하는 시간을 함께 만들어 보려 하는 것이죠. 다시 한번 말하지만, 생각하는 시간은 주어지는 것이 아니라 여러분이 지금의 삶에서 무언가를 바꿔서라도 창조해내야 하는 시간입니다. 다른 관점으로 보면 자신의 철학이 있고 자신만의 의사결정을 굳건히 지켜내는 사람들 또한 다양한 삶의 굴곡 속에서 생각하는 시간을 만들어내고 있다는 말이 됩니다. 누구에게나 시간은 평등하니까요. 그렇지만 이 대목에서 어떤 분들은 이런 이야기들을 합니다.

"대표님, 지금 같은 시대에 어떻게 내일을 계획해요? 팬데믹 같은 상황이 발생하면 아무것도 할 수 없는데요."
"당장 취업이 급하니 일단 취업 후에 생각해볼래요."

"글쎄요? 그냥 하루하루 살아가다 보면 그냥 10년 후가 오는 거 아닐까요?"

지금의 삶이 너무 힘들다 보면 미래에 대한 계획이 쓸모없다는 생각이 드는 것은 당연합니다. 하지만 현재가 쌓여 미래가 된다는 사실을 기억해야 합니다. 우리가 오늘 하는 말과 행동 그리고 선택에 의해 미래를 결정한다는 이야기죠. 이것을 그저 정해진 것으로 생각하고 아무것도 하지 않는다면 정말로 아무 일도 일어나지 않을 겁니다. 그렇기 때문에 지금부터라도 유의미한 변화를 위한 새로운 인풋을 여러분의 삶으로 가져오겠다는 '결정'을 할 필요가 있습니다. 하지만 이런 선택이 '마음가짐' 혹은 '의지'의 형태로 남아 있을 때는 수명이 짧습니다. 곧 우리는 그 의지를 망각하게 될 것이고 다시 익숙한 보통의 삶으로 회귀하게 되겠죠. 그러다가 이것을 결정할만한 큰 시련이나 고난을 만났을 때 또다시 결심합니다. 하지만 이 역시 '마음가짐'의 형태로만 남아있다면 이 악순환은 반복될 겁니다. 그래서 많은 심리학자가 무언가를 원하면 눈에 보이게 만들어야 한다는 의미의 '시각화'를 그렇게 강조하는 겁니다.[37]

저는 교육회사의 대표이다 보니 평상시에도 늘 '어떻게 가르칠 것인가?'를 생각하며 살아갑니다. 이런 제 생각들이 형태를 갖추고 색깔을 입는 시점이 있습니다. 바로 시각화 작업을 통해 질문과 답이 하나의 그림으로 융합되는 날이죠. 그런 날은 다른 모든 일정을 내팽개치고 그 그림을 완성하는데 몰두합니다. 한 번의 시각화 작업이 앞으로 몇 년 동안 제 멘티들에게 도움이 된다는 것을 이제 알기 때문이죠. 그리고 저 또한 가르치면서 시각화 하는 것을 반복하다 보면 어느새 알고 있는 것들이 점점 더 고도화 되어 간다는 것을 느낍니다. 그러면 어느새 삶의 힘든 순간들과 어려운 상황들이 잊히고 내가 해야할 것, 하고 싶은 것들이 눈앞에 아른거리게 되죠. 생각을 시각화한다는 것은 생각의 결뿐만 아니라 행동의 시작점을 빠르게 잡아나가는데도 도움이 됩니다. 이렇게 시각화 작업의 효용성은 개인적인 측면에서 그치지 않습니다. 심리학과 인지과학에서 말하는 데이터 시각화는 빅데이터처럼 많은 양의 정보를 단순화해서 직관적으로 알아차릴 수 있는 요소로 전환하는 작업을 말합니다. 실제로 인포그래픽 분야는 데이터 시각화를 통해 수십 테라의 데이터를 하나의 그래픽으로 정리해서 공익정보를 많은 사람에게 직관적으로 알려줍니다. 그 뿐아니라 데이터 자체가 전달되는 시간과 노력을 줄여주기도 합니다.

우리가 알아야 할 것은 이것이 공공데이터에서만 쓰이는 것이 아니라 개인적인 측면에도 유효하다는 사실입니다. 그래서 내가 지금 가지고 있는 고민, 하고 싶은 것들, 이뤄내야 할 목표들 그리고 궁극적으로 내 인생의 도착점을 의미하는 것 등을 시각화해보면 종전에 말했던 망각의 굴레에서 벗어날 수 있다는 말입니다. 그래서 우리는 이러한 '나'라는 사람에게 집중된 데이터 시각화 작업을 통해 내가 이뤄내고 싶은 것, 그것을 해내기 위해 필요한 역량, 그중에서 지금 나에게 부족한 역량 등을 산출해낼 수 있습니다. 이렇게 장기적 계획을 기반해 잘게 쪼개어진 하루의 계획을 내 손에 쥐고 있어야만 끊임없이 열심히 살아갈 힘이 생기는 법입니다. 우리는 이러한 개인 목표 산출을 위한 데이터 시각화를 '커리어맵'이라 부르기로 했습니다.

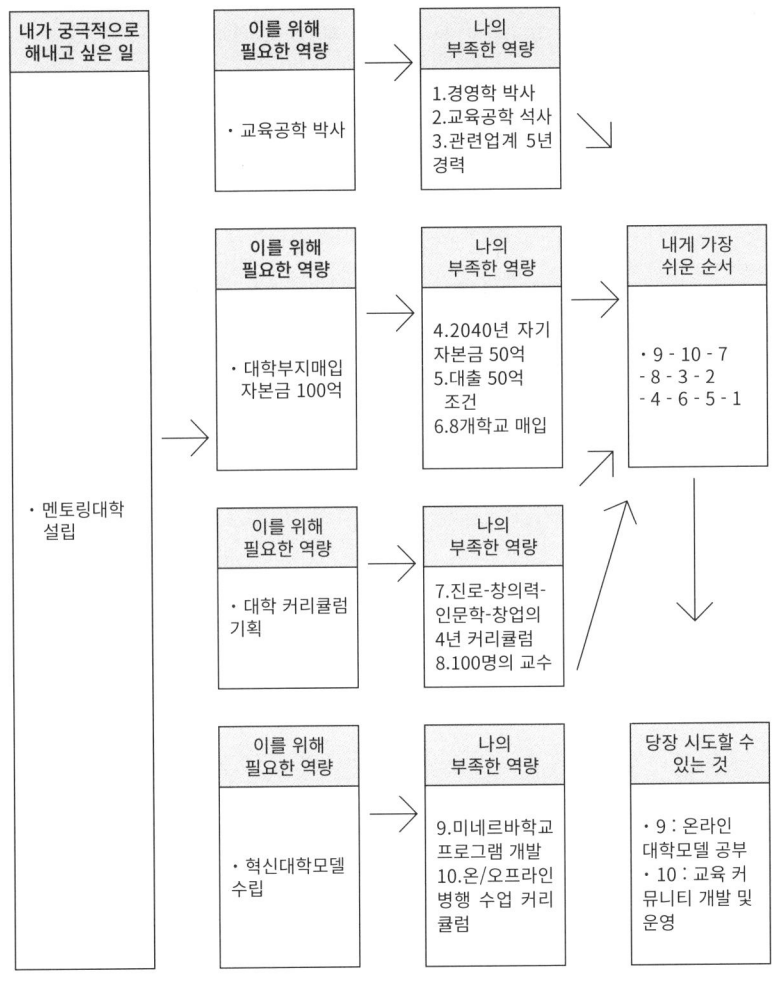

[커리어맵 예시]

자신만의 커리어맵을 갖는 것은 성공적인 취업뿐 아니라 성장하는 삶을 위해서도 아주 중요합니다. 우리가 쉽게 삶의 허망함과 우울을 느끼는 이유는 지속적인 목표를 산출하는 일이 쉽지 않기 때문입니다. 그래서 취업하고 나면 뭘 해야 할지 모르겠고, 승진하고 나면 더 불안하고, 꿈을 이뤄내고 나면 오히려 더 큰 우울증을 마주하게 되는 것이죠. 그래서 우리는 이 커리어맵 작업을 통해 '지속적으로 생성되는 목표'를 찾는 것을 궁극적인 목적으로 삼을 필요가 있습니다. 이 커리어맵이 내 손에 쥐어지면 내가 이뤄내고자 하는 삶의 방향이 정해지기 때문에 선택의 기로에서 결정이 쉬워집니다. 목표에 부합할 때 그것을 하면 되고 그렇지 않을 땐 하지 않으면 됩니다. 그래서 누가 봐도 좋은 선택이라 할 수 있을 것에도 '거절할 수 있는 용기'가 생기고, 누구도 가보지 않았거나 주변 사람 모두가 말리는 길도 선뜻 가보겠다 할 수 있는 '개척자의 용기'가 생기는 것이죠. 그렇기 때문에 이 커리어맵을 구체적이고 단단하게 구성해 놓을수록 여러분에게 맞는 회사를 선택하거나 혹은 다른 회사로 이직할까 말까 결정할 때도 기준 있는 선택을 할 수 있게 됩니다.

삶을 살아갈 때 '명확한 기준'이 있다는 것은 매우 큰 영향을 줍니다. 가타부타 할 것 없이 그 기준에 부합하는 선택과 행동을 반복하기만 하면 되니까요. 물론 이 기준이 정말 명확한 기준인지 검증하는 것은 필요합니다. 세부적 기준을 잡아 나가는 것은 책의 뒷부분에서 조금 더 다루기로 하고 지금은 필요성과 그 구조를 이해하는 데 초점을 맞춰 봅시다. 커리어맵은 마치 황무지 땅에 집을 짓기 위한 설계도면 같은 역할입니다. 자신과 가족이 함께 살 아름다운 보금자리에 무엇이 필요한지, 화장실은 어디에 배치하고 현관문은 어디에 둘 것인지, 방은 몇 개이고 크기는 어떻게 만들지 아는 것은 중요하죠. 왜냐하면 '내가 살 집'이니까요. 누군가에게 보여주기 위한 집을 설계하는 것이 아니라 나 혹은 내 가족이 함께 살아갈 집을 짓는다면 그들의 라이프스타일, 동선, 성격, 건강 상태 등을 꼼꼼하게 반영해서 집을 짓게 됩니다. 그래서 다리가 불편한 가족이 있는 사람의 집에는 계단이 적으며 밤하늘을 보는 것이 유일한 낙이라는 딸을 위해 복층 지붕을 통유리로 설계하는 것이죠.

또한 이 설계도는 필요뿐 아니라 '순서'도 잡아줍니다. 집을 짓는 데는 순서가 있습니다. 기초바닥을 튼튼하게 시멘트로 채우고 그다음 기둥을 세우고 집의 형태를 만든 다음 거주하는 사람의 동선에 가장 자연스러운 배치를 이룹니다. 그리고 전기공사와 배관공사를 거쳐 창문과 문을 달고 마지막으로 벽지를 발라 마무리를 하는 식이죠. 하지만 내가 잘 아는 것이 벽지를 바르는 일이라고 해서 그것부터 다짜고짜 발라 놓으면 다른 시공 과정 중 분명 그 벽지는 훼손될 겁니다. 최악의 경우 다 만들고 나니 현관문이 없는 집이 되는 경우도 본 적이 있습니다. 그래서 커리어맵을 통해 일의 순서를 잡고 그 일의 순서에 맞는 나의 계획을 산출해내며 무엇을 더 알아야 하는지 어떤 부분에서 시간과 노력을 더 투입할 것인지를 결정할 수 있어야 합니다.

무엇보다 저희가 진로 컨설팅과 이직 컨설팅 과정을 통해 설파하고 있는 이 '커리어맵'에 힘이 더 실리는 이유는 '평생직장'의 개념이 사라졌기 때문입니다. 2030세대 직장인들을 대상으로 '지금 직장에서의 정년을 바라시나요?'를 묻는 설문에서 절반 이상(54.7%)이 '정년을 바라지 않는다'고 답했습니다. 그 이유로 '실제로 정년까지 일하는 회사가 거의 없어서'를 가장 많이 뽑았습니다. 다시 말해, 내가 원하는 어떤 일을 만났다고 하더라도 그 일을 30~40년 넘게 계속할 수 있는 시대가 아니라는 말입니다. 커리어맵을 가지고 있는 사람은 직장을 잃고 잠깐의 백수 생활을 하게 되도 크게 불안해하지 않습니다. 무엇을 해야 할지 어떤 길로 가야 할지를 알고 있기 때문에 직장을 잃었어도 그 시간을 '휴식'으로 인식할 수 있는 여유가 생기는 것이죠. 하지만 커리어맵을 설계해 놓지 않은 사람들은 한 달 뒤에 내가 굶어 죽게 되는 것은 아닌지 죽을 때까지 걱정해야 합니다. 그리고 직장을 잃을 때마다 그 시점에서 가장 쟁점이 되고 유망하다고 하는 직업군에 눈길이 가게 되어 있습니다. 그래서 비전공자가 어려운 코딩을 무턱대고 하기도 하고, 돈을 많이 벌 수 있다는 말에 다짜고짜 정장부터 사 입고 영업사원으로 뛰어들기도 합니다. 삶에 기준이 없으면 상황에 휘둘려 살게 되어 있습니다. 이것은 마치 우리의 삶을 언제든 작은 바람에 흩날려 없어질 민들레 씨 취급하는 겁니다.

 억울해하거나 분노할 필요도, 또한 너무 걱정할 필요도 없습니다. 그저 시대의 흐름이 그렇습니다. 그저 '내가 살아가야 할 시대는 이렇구나….'라며 적응하기를 선택하면 됩니다. 지금 내가 아무리 성실한 노동자로 인정받고 싶다고 해도, 시대가 그저 성실한 노동자보다 시간 내에 할 일을 다 끝내고 퇴근하는 사람을 원하고 있다면 그런 사람이 되기 위한 준비를 하면 됩니다. 미래의 불확실성 때문에 불안한 사람들에게 코로나19가 '내년이 아니라 내일도 예측할 수 없다'라고 으름장을 놓습니다. 뜻하지 않은 러시아-우크라이나의 전쟁 소식까지 들려도 지금 내가 할 수 있는 것에 집중해서 계속 앞으로 나아갈 준비를 해야 합니다. 불안이라는 감정에 사로잡히면 우리는 행동을 멈춥니다. 그래서 '뭐부터 해야 하지?' 하는 순간을 종종 마주하게 되는 것이죠. 불안을 해소하고 앞으로 나아가기 위해 무기가 필요합니다. 저는 이 '커리어맵'이 바로 그 역할을 해준다고 믿습니다. 단기목표와 장기목표가 시각화 되어 있는 커리어맵을 통해 목표를 나열하는데서 그치지 않고 '어떻게 새로운 환경에 적응할 것인가?'를 고민하게 하기 때문입니다.

한 가지 분명한 건, 지금은 '하나를 연속적으로 오래 해서 생기는 능력'보다 '급변하는 상황에 빨리 적응하는 능력'이 더 중요해졌다는 사실입니다. 그러니 우리가 겪는 질병, 전쟁, 경기침체 등의 불확실성 자체를 삶의 일부분으로 인정해야 합니다. '나한테 왜 이런 일이 생겼지? 나는 열심히 살아왔는데?' 라고 생각하기 보다 '그래서 내가 뭘 하면 되지?' 라고 생각하려는 태도가 훨씬 더 필요합니다. 다르게 말하면 앞으로 우리는 수많은 새로운 상황이 들이닥칠 때마다 가장 나다운 방식으로 그 어려움을 풀어내는 사람이 되셔야 한다는 말입니다.

취업은 중요합니다. 하지만 그것은 우리 인생에 있어 극히 작은 일부분이며 찰나의 과정일 뿐입니다. 종종 취업이 곧 삶의 목적이 되어버린 젊음을 마주합니다. 과정이 목적이 되어버리면 우리는 행위 자체에 시선을 뺏기게 됩니다. 그러면 생각하지 않게 되고 생각의 결정권을 타인 혹은 힘 있는 사람들에게 내어주게 됩니다. 이것은 곧 개인과 개인 사이에 의식 수준의 불균형을 불러오며 누군가는 이 기회를 틈타 권력과 자본을 가지려고 시도하게 됩니다. 그래서 우리 인류의 역사에 히틀러와 푸틴이 존재하는 것이죠. 저는 취업을 단순히 경제활동의 수단으로만 여기는 것을 지양해야 한다고 생각합니다. 일을 한다는 것이 내게 어떤 의미이며 무슨 일을 해야 성취를 느끼는지, 어떤 사람들과 삶을 채워나가야 내가 행복해하는지를 스스로 알아둬야 합니다. 이것을 이해하고 사는 것이 진정한 의미의 삶입니다. 그렇기 때문에 우리에게는 커리어맵이 더욱 필요합니다. 그것이 곧 우리 삶의 기준 또는 방향에 대한 나침반의 역할을 해줄 좋은 수단이기 때문입니다.

이렇게 커리어맵에 대한 가이드라인을 잡고 그것을 실증할 수 있는 정보들을 하나씩 모으다 보면 '해야 할 것'이 보이기 시작합니다. 어떤 직무 스킬을 언제 어떻게 배워야 하는지 혹은 이직할 시점이 언제쯤인지, 앞으로 지원해 볼 수 있는 회사들은 어떤 곳들이 있으며 지금 회사의 상황은 어떤지 등 이 모든 것들을 한눈에 볼 수 있는 지도를 그려내는 작업이 바로 커리어맵 과정입니다. 저는 이 작업은 아무리 강조해도 지나치지 않은 것 같습니다. 한 가지 유의할 점은, 커리어맵을 그럴듯해 보이는 완성형에 가까운 것으로 만들기보다, 오로지 '나'라는 사람에 초점을 맞춰서 설계해야 한다는 점입니다. 말로는 어렵지 않은 것 같지만 실제로 많은 내담자와 커리어맵 작성을 진행해보면 이 부분을 수정해내는 데 꽤 긴 시간이 걸립니다. 부모님의 기대에 혹은 사회적으로 비치는 자기 모습이 '이 정도는 되어야 한다' 등 고정관념이 여러분의 목표설정에 꽤 많은 영향을 미치고 있기 때문입니다. 거의 모든 한국 사람이 미디어나 SNS에서 자유로울 수 없는 현실이니 어느 정도 예상되는 결과이긴 합니다. 하지만 그렇다고 할지라도 여러분의 인생을 다른 사람들에게 잘 보이기 위한 시간으로만 채운다면 분명 마지막 순간에 '내 삶을 살았다' 할 수는 없을 겁니다. 그러니 멋있어 보이거나 다른 사람들이 많이 하고 있는 어떤 것을 커리어맵에 넣지 마십시오. 오로지 여러분의 것으로만 커리어맵을 만드셔야 합니다.

왜냐하면 '나만의 것'을 만들어내는 작업은 결국 '나만의 역량'을 키워내는 일로 연결되기 때문입니다. 젊은 나이에 구글이라는 글로벌 기업에 입사해서 많은 미디어에서 칭송받았던 한 청년이 있었습니다. 그는 무려 27번의 공모전 입상 경력을 가지고 있었는데 문제는 그 27번의 경험 분야가 모두 달랐다는 점입니다. 그래서 어느 기업에서는 '필요 없는 경력을 쌓는데 왜 이렇게 많은 시간을 투자했느냐'며 핀잔을 주고 면접에서 떨어뜨리기도 했지요. 하지만 그는 그만의 기준이 있었습니다. 그리고 그 기준을 인정해준 기업이 바로 구글이었죠. 그는 구글 최종 면접에서 같은 논지를 두고 이렇게 달리 이야기했습니다.

"저는 27번의 다양한 분야를 기준 없이 도전한 것이 아닙니다. 저는 단지 제가 알지 못하는 '새로운 영역'을 내 것으로 만드는데 얼마의 시간과 어느 정도의 노력이 필요한지를 알아보고 싶었을 뿐입니다. 세상은 예측하지 못할 정도로 빠르게 변하니까요. 이미 전문화된 어떤 것을 깊게 공부하는 것보다 저는 이런 적응력을 키워내는 것이 더 합리적이라고 생각했기 때문에 다양한 분야의 공모전에 입상하게 된 겁니다. 구체적인 저만의 이유를 물어보는 회사는 여기뿐이군요."

물론 그는 최연소 합격자로 이름을 남겼습니다. 면접 상황에 대한 대처 능력도 작용했겠지만, 저는 그저 '다양한 경험'을 '적응력'으로 바꿔서 학습하려는 '기준'을 만들어냈다는 사실에 더 큰 박수를 쳐주고 싶습니다. 또한 그의 궁극적인 목적이 '불확실성을 낮춰주는 데 도움이 되는 고급 데이터를 인류에게 제공하는 것'이라 하니 그가 걸어왔던 모든 일들이 그 기준에 부합하는 행동이라 할 수 있습니다. 이렇듯 자신만의 기준이 명확하게 반영된 커리어맵을 가진 사람에게는 '타인의 시선'은 그리 중요하지 않습니다. 커리어맵 덕분에 '조언으로는 듣되 내가 가진 기준을 흔들 수는 없다'라고 생각할 수 있는 내적 단단함이 생기는 것이죠.

그럼 이쯤에서 커리어맵을 작성하는 방법들을 조금 자세하게 살펴보도록 하겠습니다. 제일 먼저 우리가 해야 할 일은 커리어맵을 구성하기 위한 '자격 요건'을 이해하고 갖추는 것입니다. 우리가 흔히 말하는 '스펙'과 그 형태가 비슷하기 때문에 '에이~ 결국 스펙을 많이 쌓으라는 말이네?'라고 생각하실 수도 있겠습니다. 하지만 여기서 우리가 생각해봐야 할 것은 '자격요건'이라는 단어입니다. 자격(資格)은 '일정한 일을 하는 데 필요한 조건이나 능력'을 말합니다. 그러니 스펙을 자격증이라고 생각할 것이 아니라 '능력치'라고 생각하는 것이 맞습니다. 하지만 문제는 이 능력치를 그저 '잘할 수 있습니다!'와 같은 패기 넘치는 열정과 동의어라고 하기에는 무리가 있다는 것입니다. 열정이 넘치는 사람이 실제로 일도 잘한다는 보장은 없으니까요. 그래서 우리는 사회에서 통용되는 어떤 기준을 만들기로 했습니다. '이 정도의 테스트를 통과한 사람이면 어느 정도의 능력치는 있다고 판단해도 되겠군!'과 같은 생각이 합리적일 수 있게하는 장치를 만들어 둔 것이죠. 그런 의미에서 효용성이 인정되는 스펙은 당연히 갖춰야 합니다.

문제는 스펙 인플레이션입니다. 정작 실무에서는 쓰이지도 않는 불필요한 스펙을 갖추는 데 시간과 비용을 들이며 인생을 낭비하게 될 테니까요. 그러니 우리가 해야 할 일은 내가 원하는 커리어에 진짜 필요한 역량이 무엇인지 분별해 보고 그 역량을 갖추기 위한 최소한의 자격요건을 획득하는 일입니다. 다시 말해, 필요한 역량은 밤을 새우는 일이 있더라도 치열하게 갖춰야 하지만 '남들이 다 가지고 있으니 나도 있어야 하지 않을까?'라는 마음으로 너무 많은 스펙을 쌓으려 하지는 말아야 한다는 말입니다. 또한 해당 직무에서 필요 없어 보이는 역량을 스펙으로 요구하는 기업은 연봉을 아무리 많이 준다고 해도 일단 걸러두는 것이 현명합니다. 커리어맵을 만드는 목적은 '나'라는 사람이 일을 통해 성장하기 위한 길을 만드는 것이기 때문에 이 기본적인 원칙과 어긋나는 환경으로부터 거리를 둬야 합니다.

하지만 커리어맵을 통해 '나'를 성장시켜 나가는 일은 결코 쉬운 일이 아닙니다. 왜냐하면 그 일이 직무적으로 회사에 도움이 되는 일이어야 하기도 하지만, 그 일 자체가 내가 열심히 살아갈 '동력'이 되어야 하기 때문입니다. 여러분은 무엇이 '삶의 동력'이 되시나요? 이 짧은 문장에 구체적이고 명확하게 답을 할 수 있다면 커리어맵을 굳이 만들어 볼 필요가 없습니다. 그런 분들은 이미 내 삶을 통해 무엇을 해야 할지 그리고 그것을 이뤄내기 위해 내가 어떤 삶을 살아야 할지를 알고 있다는 뜻이니까요. 하지만 아직 명확하게 답을 내놓지 못하겠다면 여기서 알려 드리는 커리어매핑을 차근차근 따라 해보면서 이번 기회에 자신만의 인생 설계를 구체화해 보시길 추천해 드립니다.

다시 처음으로 돌아가 커리어맵을 조금 더 살펴보겠습니다. 커리어맵은 '궁극적으로 내가 가고자 하는 방향을 직무의 성장 과정으로 치환해서 나열해 본 지도'라고 정의할 수 있습니다. 그러니 이 커리어맵에 들어가는 것이 꼭 스펙만은 아니겠지요. 성격의 성숙, 이루고자 하는 삶을 위해 필요한 돈, 해내야 하는 공부 등 커리어의 다양한 측면을 모두 포괄하는 개념이라고 생각하는 것이 바람직합니다. 그래서 우리는 우리가 살아내고 싶어 하는 이상적인 커리어의 모습(Want)을 정의할 필요가 있고, 그 바라는 모습과 현재 나의 역량(Ability)을 비교해서 우리가 해내야 할 것(Gap)을 알아내야 합니다.

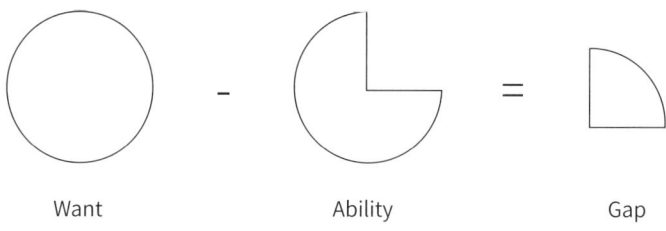

Want   Ability   Gap

여기서 말하는 '해내야 할 것(Gap)'은 기업의 요구조건이라고 할 수도 있습니다. 기억해야 할 것은, 같은 업종의 기업이라도 해당 기업이 처해 있는 상황에 따라 이 요구조건이 미세하게 달라진다는 사실입니다. 같은 듯 달라지는 기업의 요구조건을 우리가 미리 알고 대처하려면 무엇을 해야 할까요? 네, 맞습니다. 가장 먼저 해당 기업의 현재 상황을 알 수 있는 정보들을 모아 학습하는 시간이 필요합니다. 그래야 이 회사가 현재를 기준으로 어떤 사람을 왜 뽑으려 하는지를 이해할 수 있습니다.

약간의 번거로움이 있기는 하지만 해당 기업의 홈페이지 내 인재 양성 게시판을 확인하거나 혹 상장된 기업이라면 금융감독원 전자 금융시스템(https://dart.fss.or.kr)을 이용해 해당 기업의 사업보고서를 반드시 읽어봐야 합니다. 그래서 그 기업의 굵직한 근황은 물론이고 직전 연도의 재무제표를 확인해서 어떤 사업부에 더 집중해서 사업을 하려고 하는 곳인지를 파악할 수 있다면 '회사가 새로운 채용으로 하고자 하는 것'이 무엇인지 감을 익혀갈 수 있습니다. 또한 요즘은 〈블라인드〉라는 어플을 통해 실시간으로 기업 내부의 정보들을 공유하는 것이 일반화되어 있습니다. 현직에 있는 목소리를 가감 없이 들을 수 있어

기업에 대한 막연한 기대감이나 과도한 불안감을 없애는 데 유용하다는 생각이 듭니다. 단, 현직자라 하더라도 그 말이 그 업계를 대표하는 것은 아니니 조언으로만 듣는 것이 좋을 겁니다.

이렇게 기업의 채용 중심으로 커리어맵을 찾아내는 방법도 있지만, '내가 관심 있는 직무의 분야'로 찾아가는 방법도 있습니다. 여기서 중요한 개념은 '내가 하고자 하는 일을 대표하는 키워드를 아는 것'입니다. 쉽게 예를 들어 보면, 예전에 디자인 직무에서 가장 중요한 키워드는 바로 '디자인' 그 자체였습니다. 그래서 그림을 잘 그리거나 프로그램을 잘 다룰 줄 아는 사람을 가장 높은 역량을 가진 사람이라고 평가했습니다. 그러나 요즘은 그 정도의 역량을 가진 디자이너는 넘쳐납니다. 그래서 기업은 디자인 역량 외에 '부가가치'를 요구하기 시작했습니다. 기업의 부가가치에 대한 수요가 '마케팅을 할 줄 아는 시각 디자이너'라는 새로운 직무역량을 만들어낸 것이죠. 그래서 요즘은 예쁜 디자인보다 사람들이 많이 클릭하는 디자인이 무엇인지를 알고 그것을 기업의 바이럴 마케팅에 활용할 줄 아는 사람을 가장 역량이 뛰어난 디자이너라고 명명하고 있습니다. 직업의 세계도 마치 인류사처럼 진화하고 번영하고 있는 것이죠.

이런 상황이라면 각종 채용 사이트에 접속해서 검색창에 '마케터', '마케팅 디자이너', '디자인 마케팅', '퍼포먼스 마케터' 등을 검색해봐야 합니다. 그리고 그렇게 검색해서 나온 기업명을 하나씩 나열해보고 해당 기업들이 공통으로 요구하는 조건은 무엇인지, 특별히 추가로 요구하는 역량은 무엇인지를 정리해두시는 게 좋습니다. 저는 다른 건 몰라도 이런 작업은 현직자분들도 한 달에 한 번 정도는 필요한 작업이라 생각합니다. 업계의 트렌드에 민감하게 반응하는 것이 곧 직무능력과 연결되는 시대이기 때문입니다. 그래서 이런 일련의 과정을 통해 커리어맵을 만들어 보는 작업은 특별히 이직이나 퇴사계획이 없다고 하더라도 해당 업계의 시장에 가장 민감하게 반응하는 힘을 기르는데 필요한 과정이라 할 수 있습니다. 지금까지 알려드렸던 내용들을 간략하게 요약해보면 다음과 같습니다.

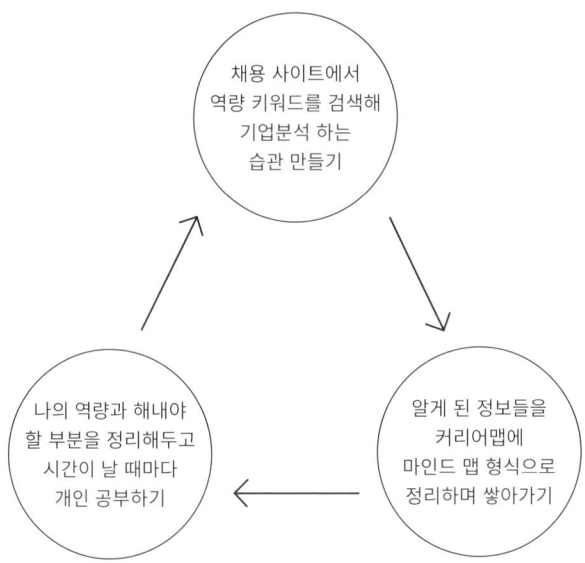

두 번째로 우리가 할 일은 커리어맵을 통해 알게 된 우리가 해내야 할 일(Gap)을 시간 기준으로 분류하는 것입니다. 그래서 짧은 기간에

해낼 수 있는 단기 목표와 오랜 시간을 투입해서 달성할 수 있는 장기 목표로 분류해두는 것이 좋습니다. 여기까지는 인생에 대한 성찰을 한 번이라도 해 보신 분들이라면 경험할 수 있는 수준입니다. 하지만 장기 목표를 역순해서 단기 목표로 당겨오는 작업을 가시화해 놓고 그것을 지키는 분들은 아주 적습니다.

'목표의 역설계'라고 하면 말이 어렵게 느껴지니 조금 쉽게 접근해보겠습니다. 만약 제가 이뤄내고 싶은 꿈이 있는데 그것을 해내기 위해 지금 수입에서 1년에 1,000만 원을 더 벌어야 한다고 가정해 봅시다. 여러분이라면 1년에 1,000만 원을 더 벌기 위해 무엇을 가장 먼저 할 것 같은가요? 연봉을 1년에 1,000만 원이나 올리는 것은 쉽지 않은 일이므로 대부분 아르바이트나 사이드 잡(Side-Job)을 찾으려고 하실 겁니다. 열의는 좋으나 순서를 달리해야 합니다. 우리가 제일 먼저 할 일은 1,000만 원을 365일로 나누어 하루 27,397원이라는 '오늘의 분량'을 뽑아내는 작업입니다. 이렇게 보면 1년에 1,000만 원 모으기는 하루에 3만 원을 벌 수 있는 배달 아르바이트로도 달성할 수 있지만 3만 원 상당의 족발을 시키는 대신 정수기 물 한 잔으로 대체하는 것으로도 달성할 수 있죠. 우리의 목표를 이루는 방법이 한 가지가 아니라는 겁니다.

다시 말해, '목표에 맞는 생각하기'를 끊임없이 반복하는 것이 핵심입니다. 생각을 반복하면 '더 좋은 방법은 없을까?'를 고민하게 되고, 그 고민은 곧 공부와 경험으로 연결되어 나를 완전히 다른 사람으로 이끌어갑니다. 그러니 우리가 배워야 할 부분은 목표를 역설계해서 수치화하고 그것을 시각화해서 내가 관리하는 것이 전부입니다. 이렇게 관리하다 보면 시간의 격차는 있겠지만 여러분의 목표는 여러분의 속도대로 현실이 되기 시작할 겁니다. 역설적이게도 많은 사람이 어려워하는 부분이 바로 이 지점입니다. 물론 평생의 목표와 하루 목표의 연결성을 이해하는 것이 익숙한 일은 아닙니다. 누군가가 그 목표 간의 연결점을 친절히 나서서 알려주지 않기 때문입니다. 다르게 말하면, 주체적인 목표를 설계하면서 살아가는 것, 그 자체가 우리에게 익숙하지 않고 어려운 일인 거죠. 예를 들어 보겠습니다. 지금 여러분이 속해 있는 직장에서 내가 맡은 일 외에도 너무 많은 일을 감당하고 있다고 가정해봅시다. 대부분 이 문제로 저같은 이직 컨설팅 전문가를 찾습니다. 누가 봐도 혼자서 해낼 수 없는 업무의 양인데 그것을 해내지 못하는 것이 내게 불이익까지 가져다주는 상황이라면 여러분은 어떤 선택을 할 것 같나요? 옆의 질문에 3분 정도 생각을 정리한 후 다음 빈칸에 여러분의 생각을 간단히 적어보세요. (원래 책은 줄 긋고 접어가며 읽는 게 좋습니다^^)

Q. 현재 직장에서 내가 해야 할 일 외에도 맡은 일이 너무 많아 지쳐가고 있다면, 여러분은 '퇴사한다 vs 그래도 열심히 한다' 중 어떤 선택을 하겠나요? 그렇게 생각한느 이유는 무엇인가요?

이 질문을 제가 가르치는 멘티들에게 해보면 대부분 부당한 처우에 불만을 드러내기 바쁩니다. 맞는 말입니다. 정당한 대우를 받아야지요. 하지만 관점을 조금 다르게 가지면 본인에게도 더 이로운 선택이 될 수 있답니다. 여기서 필요한 것이 바로 '장기 목표'입니다. '내가 궁극적으로 하려고 하는 게 무엇인가?'라는 질문에 대한 답을 할 수 있을 만큼 구체적인 장기 목표가 있다면 이 질문에 대한 답은 명확해집니다. 장기 목표에 도움이 되는 일이라면 궂은 일, 어려운 일, 귀찮은 일을 막론하고 내가 하는 것이 내게 이롭습니다. 직무 경험은 돈 주고도 못 사는 귀한 자산이니까요. 하지만 장단기 목표에 어떤 도움이 되지도 않으며 허드렛일만 하고 있다면 그것은 '거절하는 연습'을 배워야 한다는 신호입니다.

아이러니하게도 일을 잘한다는 것의 절반은 '거절을 지혜롭게 잘한다'라는 의미와 일맥상통합니다. 그만큼 일을 잘하는 사람들은 자기 일에 집중할 수 있는 환경을 만들어내는 데도 능숙하다는 말입니다. 다시 말해, 재미있어 보이는 일에 곁눈질하거나 에너지를 분산시키지 않고 자신이 하고 싶어 하는 일에 집중해서 일을 하므로, 남들보다 결과가 좋은 겁니다. 그러니 선택과 집중을 잘한다는 것은 '내 것에만 집중한다'라는 의미가 절반이며, 나머지 절반은 '내 것 말고 다른 일에는 관심을 두지 않는다'의 의미를 내포합니다. 잘 생각해 보면 '투입이 많으면 결과도 많다'라는 것만큼 깔끔하고 정확한 문장이 없습니다. 하지만 애석하게도 많은 한국 직장인이 정반대의 선택을 하는 경우가 많은 것 같습니다. 상사나 동료에게 잘 보이기 위해 하지 않아도 되는 일을 시간과 노력을 쏟아 붓습니다. 그러다 보니 업무 능력은 그대로인데, 정치력은 날로 높아집니다. 시간과 노력의 투입을 많이 했으니까요. 반대로, 어렵고 시간이 걸리는 일을 나 몰라라 하는 시간이 쌓여 언제든 대체될 수 있는 직장인이 되어갑니다. 이렇게 일을 하며 하루를 보내면 정작 자신이 해야 할 일에 투입할 에너지와 시간이 모자라기 때문에 당연히 업무의 결과가 좋지 않거나 거짓 결과를 낳습니다. 이렇게 직무에 대한 부정적 경험이 쌓이면 누구라도 의기소침해지고, 위축되며 무기력에 빠지게 됩니다. 당연한 수순입니다. 그래서 이와 같은 함정에 빠지지 않기 위해 우리 손에 시각화된 '커리어맵'이 들려 있어야 합니다.

다시 말하지만, 우리의 '커리어맵'에는 단기 목표와 장기 목표 둘 다 필요합니다. 커리어맵을 통해 명확하게 이 둘을 그려보고 그 연결점에 해당하는 다리를 하나씩 놓는 것이 일상이 되어야 합니다. 그래야 방향이 틀어지지 않고 무엇을 먼저 해야 하는지 알 수 있습니다. 그래서 저는 커리어맵을 '여섯 개의 톱니바퀴'를 연결하는 것으로 예를 들어 설명하곤 합니다. 이 여섯 개의 톱니바퀴는 '비전, 건강, 가족, 성장, 휴식, 관계'를 말합니다. 기억해야 할 것은, '하나의 톱니바퀴가 다른 다섯 톱니바퀴가 돌아갈 수 있도록 아주 작은 것이라도 도움을 주는가?'가 해야 할 것과 하지 말아야 할 것의 기준이 되어 주는 겁니다.

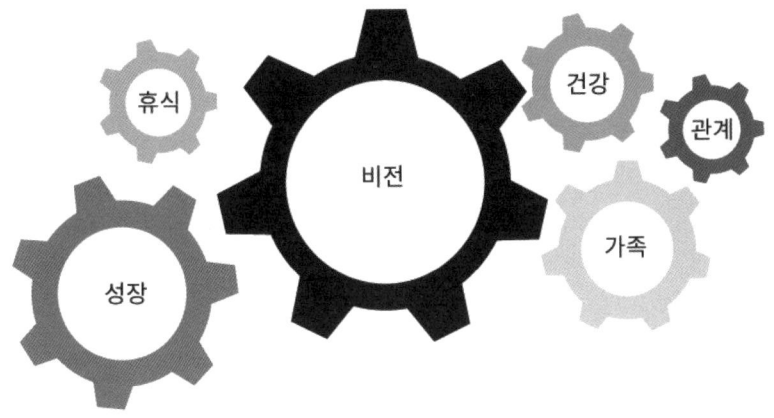

[커리어맵 여섯 가지 톱니바퀴 예시]

저는 어떤 것을 새롭게 시작할 때 가장 먼저 이 톱니바퀴 설계작업을 통해 커리어맵을 점검합니다. 새로운 책을 쓸 때나 새로운 회사를 세울 때, 새로운 사람을 만나거나 콘퍼런스에 참여할 때도 그렇습니다. '오늘 이 일정이 나의 커리어맵 톱니바퀴를 돌리는 것인가?'에 대한 질문에 답을 해보고 'Yes'가 나오면 바로 실행에 옮깁니다. 계획을 실행으로 즉시 옮기는 작업은 또 다른 문제니 추후에 다뤄보기로 하고, 지금은 나의 커리어맵을 만들어 내는 방법에 집중해 보겠습니다. 커리어맵에서 가장 중요한 것이 가장 큰 톱니바퀴에 해당하며, 가장 덜 중요한 것이 가장 작은 톱니바퀴에 해당합니다. 이렇게 개별적인 커리어맵 톱니바퀴들의 우선순위를 만들어 놓고 연간 계획, 월간 계획, 주간 계획, 하루 계획으로 역순하면서 할 일의 크기들을 다시 쪼개는 과정을 반복합니다. 그리고 이제는 그 각각의 톱니바퀴들을 어떻게 연결할 것인지에 대해 고민할 차례입니다.

1. 커리어맵 톱니바퀴의 우선순위 설정
2. 톱니바퀴마다 연-월-주-일 단위의 실행 목표로 세분화
3. 세분된 목표들을 톱니바퀴를 넘나들며 융합하기

이 세 가지 단계를 지속해서 반복하다 보면 결국 나만의 커리어맵을 위한 실행전략들이 나타나게 되는 것이죠. 저의 커리어맵 톱니바퀴를 예로 들어보겠습니다. 저는 우선순위를 비전, 성장, 가족, 건강, 휴식, 관계 순으로 놓습니다. (그렇다고 제가 가족이나 관계를 소홀히 한다는 뜻은 아닙니다. 모두 제 삶의 중요한 요소지만 우선순위를 굳이 나눠보면 이렇게 나온다는 뜻입니다) 그리고 제 비전인 '멘토링 대학 설립'을 가장 우선으로 하루를 먼저 채웁니다. 이를테면, 교육학 공부를 더 깊게 하고 책을 읽거나, 읽었던 내용들을 강의안으로 만듭니다. 만약 그 강의안 내용이 '독서의 중요성'이라는 키워드로 요약할 수 있는 것들이라면 저는 다음과 같이 전략을 세워 실천에 옮겨 봅니다.

1. 매일 2시간 책을 읽고 교안 제작 시간을 고정 시간으로 설정 (비전)
2. 분기마다 1권의 책을 출판할 수 있도록 글 쓰는 시간 고정 (성장)
3. 교안을 만드는 주제와 관련한 가족여행 경로를 업데이트 (가족)
4. 꾸준한 독서를 위한 환경설정(좋은 의자구입 등)에 투자 (건강)
5. 휴식에 속하는 쉬운 독서목록을 만들고 하루 30분씩 읽기 (휴식)
6. 지인들과 독서 모임을 만들어 주제 토론 시, 해당 교안을 활용 (관계)

하나를 만들어 여럿에 쓴다. 이것만큼 '적은 투입, 최대 효과'의 공식에 걸맞은 삶의 방식이 없습니다. 단, 이렇게 하나의 계획들이 나머지 영역의 톱니바퀴로 자연스럽게 연결되려면 여러 제반 조건이 필요하니 그것들을 하나씩 수정해 가면서 나에게 맞는 방식으로 도출하는 것은 각자의 몫입니다. 이런 방식으로 하루를 채우다 보면 어느 하나 버리는 시간이 없습니다. 오히려 하루가 부족하다고 느낄 정도입니다. 삶의 가장 큰 방향성을 잡고 그 방향에 필요한 행동들로 오늘 하루를 채워간다는 것을 스스로 잘 알기 때문에 잠을 줄이면서까지 일을 하거나, 관계에 매달리는 일도 없습니다.

방향을 잃고 이리저리 헤매는 경력자들을 '물 경력'이라 부릅니다. 그들은 좋게 말하면 유연하게 직장에 녹아드는 중이지만 다르게 보면 자기가 살아가고 싶은 인생의 지도를 스스로 그려보지 못했다는 방증입니다. 우리는 단 하루를 살아도 '명확한 목표'가 있어야 합니다. 생존이 삶의 목적 자체가 되어서는 안 됩니다. 생존을 넘어 생각하는 주체로서 살아가기를 선택하는 것이 인류가 생존을 넘어 진화하고 성장해 온 방식입니다. 저는 이 커리어맵을 통해 자기만의 여섯 가지 톱니바퀴를 만들어 보는 과정을 '본능적 삶'에서 '인간다운 삶'으로 변화시켜 가는 과정이라 정의하고 싶습니다. 따라서 커리어맵을 통해 삶을 설계하는 주체자로 살아가겠다는 것은 그저 '좋은 직업을 갖겠다' 혹은 '높은 연봉을 위해 열심히 살겠다'보다 조금 더 의미 있는 선택이라는 것을 말씀드리고 싶습니다.

그래서일까요. 커리어맵을 통해 인생을 설계하는 힘을 갖게 되면 일을 하는 태도가 가장 많이 달라집니다. '이 일을 잘하기 위해 노력하는 시간은 결국 내가 살고 싶은 인생에 도움이 된다!'는 것을 이해하기 때문일 겁니다. 그러다 보면 점점 '시키지 않은 부분이라도 필요하다면 해내자!'라는 생각으로 일을 하게 됩니다. 업무량의 많고 적음이라는 패러다임을 벗어나 '이 일이 정말로 내가 하고 싶은 일과 연관이 있는가?'라는 새로운 기준을 발견하게 되는 것이죠. 다시 말해, 일을 대하는 태도가 수동적 태도에서 능동적 태도로 바뀌는 겁니다. 또한 이 커리어맵을 통해 거절해야 하는 일과 시키지 않아도 해야 할 일을 구분할 줄 알게 되기 때문에 내 전문성을 키워나가는 데 집중할 수 있는 업무 환경이 자연스럽게 갖춰지게 되는 것이죠.

예를 들어, 나의 장기 목표가 'IT서비스 기업의 대표'가 되는 것인데 당장 지금 내가 하는 일은 마케팅이라고 가정해봅시다. 누군가는 '관련 없는 일'이라고 치부할 수 있는 일이겠지만 지금 맡은 마케팅 업무를 그저 홍보의 수단뿐 아니라 '고객 경험 설계(CX)'로 바라보며 추후에 나의 고객을 어떻게 대할 것인지 미리 공부하는 시간이라고 인식할 수 있게 되는 겁니다. 일을 보는 관점이 달라지는 것이죠. 나의 장기 목표가 'HR 분야의 관리자'로 되어 있다면 휴게실에서 사담처럼 나누었던 직장동료들의 넋두리를 잘 메모해두었다가 '내가 만약 HR담당자라면 이 불만들을 어떻게 해결해 볼 수 있을까?'라는 관점으로 언젠가 쓰일 제안서를 미리 만들어보는 겁니다. 이런 일 때문에 밤늦게 일한다고 억울해할 필요 없습니다. 결국 본인의 꿈과 성장을 위해 투자하는 것이니까요. 불금을 즐기는 친구들을 부러워할 필요도 없습니다. 그저 열심의 타이밍과 휴식의 타이밍이 사람마다 모두 다를 뿐입니다.

앞서 말한 장기 목표를 조금 거창하게 말하면 인생의 전반에 이루고자 하는 '비전(Vision)'이라 할 수 있습니다. 예를 들어 저에게는 '나는 진로 교육을 통해서 청년세대에 바른 직업적 가치관을 심어주는 멘토로 살겠다'라는 비전이 있습니다. 밤늦게까지 청년들과 직업을 연구하는 것도, 지금 이 책을 쓰기 위해 새벽 시간을 투자해 글을 쓰는 것도 비전을 현실화하기 위한 노력입니다. 억울하지도, 누군가의 늦잠이 부럽지도 않습니다. 오히려 무언가 평생을 두고 열심히 할 수 있는 원론적 목표가 생겼다는 것이 삶에 안정감을 주는 듯합니다. 그래서 돈을 버는 목적, 건강을 관리하는 목적, 경력을 쌓아가는 목적이 분명해졌습니다. 목적이 분명하니 열심의 근원인 동기가 끊이지 않습니다. 그러니 당장 눈앞에 보이는 돈이나 누군가에게 부러움의 대상이 되는 직업들이 부럽지 않습니다. 그런 것들은 그저 제 비전을 이뤄나가기 위한 '수단'일 뿐 궁극적인 목표가 아니니까요. 이제야 생존의 문제가 존재의 문제를 침범하지 못하게 된 겁니다.

아무것도 아닌 저 같은 사람이 커리어맵을 통해 이렇게 삶이 바뀌었다면 일련의 과정을 배워갈 누구라도 이 삶의 안정감을 누릴 수 있겠다는 것이 제 생각입니다. 그래서 저는 많은 분이 시간을 들여 이 커리어맵을 작성하는 시간을 가졌으면 합니다. 이러한 과정은 삶을 정비하는 작업입니다. 브레이크에 종종 기름칠해주고 주기적으로 엔진오일도 갈

아주며 자동차를 타야 하는 것은 누구나 다 알지만, 모두가 그렇게 자동차를 타고 있지 않은 것과 같은 이치입니다. 아는 것을 행동으로 옮기기는 대단히 어려운 일입니다. 그러니 중간에서 경험을 나눠주는 사람의 조언과 적절한 훈련과정을 통해 아무것도 하기 싫어하고 삶에 대해 냉소적이고 싶어 하는 나의 본성을 이겨내는 훈련을 하는 겁니다. 저는 감히 이 과정이 살아가는 모든 사람에게 필요한 것이라 자신합니다. 이러한 일련의 경험들이 저를 소심한 취준생에서 대학교수와 교육회사 대표로 만들어주었기 때문에 확언할 수 있습니다.

한 가지 유의할 것은 커리어맵에서 목표를 '명사형'이 아니라 '동사형'으로 설정해야 한다는 점입니다. 직업이 곧 여러분의 비전이 되어서는 안 됩니다. 직업은 수단으로 삼고 그 직업을 통해 '하고 싶은 것'이 곧 여러분의 비전이 되어야 합니다. 비전이 동사형이 되어야 하는 또 다른 이유는 우리의 미래는 특정할 수 없기 때문입니다. 그 누구도 코로나19가 우리의 3년을 빼앗아 갈 것이라 예상하지 못했습니다. 그래서 제 주변도 삶의 비전과 같은 장기 목표가 있는 분들과 없는 분들의 상황이 극명하게 갈렸습니다. 장기 목표가 없었던 분들은 갑작스러운 기업강의 전면 취소에 대응할 준비가 되어 있지 않았습니다. 1년 단위, 월 단위로 계약해서 출강하시던 분들도 기업의 교육 축소 혹은 교육 취소에 당혹감을 감출 수가 없었습니다. 1년 동안 강의가 0건인 분도 만나봤으니 얼마나 힘든 상황이었는지 가늠하실 수 있을 겁니다.

반면 장기 목표가 있었던 분들은 언젠가 계획하고 있었던 출간 작업과 '온라인 구독 서비스'를 앞당겨 실행에 옮겼습니다. '대학과 기업에 출강할 때 도로 위에서 버려야 했던 시간을 오히려 벌게 됐다!'라는 생각과 함께 3년 혹은 5년 뒤의 장기목표로 적어두었던 항목들을 앞당긴 것입니다. 그 강의안들은 이내 클래스 101, 패스트 캠퍼스, 숨고 등의 온라인 강의 서비스와 만나 새로운 모델을 구축했습니다. 따지고 보면 한 번의 강의 촬영으로 더 많은 수강생에게 자신의 전문성을 알릴 수 있는 장(場)이 열린 것이죠. 이런 연유로 저는 커리어맵을 아직도 수정하고 또 수정하고 있습니다. 신기한 것은 예전에는 거의 80%를 바꿔야 했지만, 지금은 수정할 때마다 20% 미만으로 수정해도 된다는 점입니다. 시간이 갈수록 정보가 모이고 하나의 결을 이루기 때문입니다. 제일 처음 장기 목표를 설정할 때는 보이지도 않고 인지하지도 못했던 것들이 비전에 필요한 새로운 공부들과 함께 수정하니 제 비전을 이뤄나가기 위한 새로운 길이 되어주고 있는 겁니다.

그래서 커리어맵을 구성하는 다음 방법은 커리어맵의 '최신성'을 유지하는 것입니다. 정기적으로 커리어맵을 확인하고 정보들을 업데이트하는 구조와 시스템을 구축하는 것이 핵심입니다. 저의 경우, 한 달에 한 번은 전체적인 커리어맵 구성에 대한 내용을 살펴보고 가능하면 2주에 한 번은 새롭게 업데이트된 정보에서 누락되거나 변형된 정보가 없는지를 파악합니다. 내가 가지고 있는 커리어맵이 10년 전의 데이터로 구성되어 있다면 열심히 맵을 구성했지만, 취업에는 아무 도움이 되지 않을 테니까요. 그래서 커리어맵을 잘 만들어가려면 자신의 직무와 관련된 정보채널을 최대한 많이 확보해두고 그 채널을 정기적으로 방문하는 것이 좋습니다. 처음에는 거의 모든 것을 다 알아야 할 것만 같은 부담감 때문에 시간이 오래 걸릴 겁니다. 하지만 시간이 갈수록 중요한 정보와 덜 중요한 정보를 구분할 줄 아는 눈이 생깁니다. 저는 이것을 '커리어맵 키워드'라고 부릅니다. 이 커리어맵 키워드에 가깝거나 유사한 정보들이 있는 곳만 저의 즐겨찾기 폴더에 들어올 수 있는 자격을 부여합니다. 그렇다 보니 처음에는 네이버와 같은 대표성을 띤 포털 사이트에서 출발했지만, 지금은 어느새 핀란드의 헬싱키 대학 논문들을 뒤지고 있네요. 이렇게 여러분의 커리어맵의 결에 맞는 정보들을 가장 빠르고 쉽게 찾을 수 있도록 최신성을 유지할 필요가 있습니다. 하지만 많은 분이 그렇듯 이렇게 체계성을 가지고 정보를 관리하며 공부한다는 것 자체가 그리 쉬운 일이 아닙니다. 그래서 저는 이 부분의 훈련에 도움이 되는 다이어리 형태의 플래너를 자주 활용합니다. 일에 대한 가치관을 잃지 않으면서 일에 집중할 수 있도록 도와주는 내용들로 구성되어 있어 저만의 정보 폴더링을 만들어가는 데 큰 도움이 되었습니다. 표준화 되어 있는 다이어리 형태의 툴을 적극적으로 활용하시되 불필요한 부분은 삭제하고 필요한 부분은 추가해서 결국 자신만의 관리법을 만드는 데 목적을 두시고 써보시길 추천드립니다.

사진: 오오앤미 자아발견 다이어리
<일과나 플러스>

    커리어맵을 구성하는 네 번째 방법은 실제 현업에서 유의미한 정보들을 얻기 위해 현직자 인터뷰를 적극 활용하는 것입니다. 재미있는 것은, 이 부분이 커리어맵을 잘 활용하기 위해 제가 강조하는 부분인 것과 동시에 함께 공부하는 수강생이 가장 어려워하는 것 또한 이 부분이라는 점입니다. 보통 한국에서는 인터뷰를 〈연예가 중계〉와 같은 TV 프로그램에서 리포터로 활동하는 사람이나 하는 것으로 인식하는 경우가 많습니다. 하지만 조금만 시야를 넓혀보면 유럽, 미국, 인도 등에서 자신의 커리어를 위해 사람들을 온·오프라인으로 만나 질문과 토론을 즐기는 문화가 일반화되어 있다는 것을 알 수 있을 겁니다.

    저는 유명 인사의 성공스토리를 그렇게 좋아하는 사람이 아닙니다. 이미 많은 것을 이뤄낸 사람은 무슨 말을 하더라도 진실인 것처럼 느껴질 테니까요. 하지만 스티브 잡스가 지금의 애플을 이뤄내기 전, 그러니까 누구도 '스티브 잡스'라는 사람을 모를 때 있던 일화를 저는 아주 소중하게 간직하는 편입니다. 그가 12살일 때 HP의 공동창업자인 휴렛에게 전화를 겁니다. 그저 전화번호부에 나와 있는 휴렛에게 전화를 걸어 주파수 계수기를 만들어보고 싶은데 부품이 없으니 부품을 좀 보내줄 수 있냐고 물었다고 합니다. 우리나라로 치면 일개 고등학생이 삼성의 이건희 회장님께 전화를 걸어 스마트폰 부품을 보내 달라고 한 것이나 다름없는 것이죠. 무언가를 만들어내고 싶다는 열망이 그를 당당하게 만들었고 그 태도는 HP의 공동창업자인 휴렛을 감동하게 하기에 충분했습니다.

물론 이것은 미국에 존재하는 'Pay it forward'라는 문화 덕분이기도 합니다. 의역을 해 보면 '누군가에게 도움을 받았다면 그 사람에게 갚지 마라. 미래에 갚아라'라는 뜻입니다. 그 결과, 성공한 스타트업 대표나 임원들이 이제 막 시작한 스타트업을 아무 조건 없이 도와주려는 문화가 정착된 것이죠. 그렇기 때문에 힘겹게 회사를 일으켜 세운 사람들은 후배들에게 꼭 금전적인 도움이 아니더라도 지식과 지혜를 후대에 흘려보내 주려고 합니다. 네, 맞습니다. 바로 미국에서 '인터뷰'가 자연스러운 이유가 여기에 있습니다. 저는 다른 건 부럽지 않은데 이 'Pay it forward' 문화가 뼈에 사무치도록 부럽습니다. 저 또한 누구의 도움을 바라기보다 혼자서 실수와 실패를 반복해가며 회사를 이끌어 왔기 때문에 더 그런가 봅니다. 이런 연유로 지금의 젊은 세대들은 '인터뷰'라는 지혜의 지름길을 꼭 걸어봤으면 하는 바람이 있습니다.

제가 왜 이렇게 인터뷰를 강조하는가 하면, 해당 직무의 현직자들만큼 그 직무나 업계에 대해 정확히 아는 사람이 없기 때문입니다. 검색을 통해 찾을 수 있는 기업의 대표정보나 뉴스 기사는 결국 '의도'가 섞인 정보일 수밖에 없습니다. 그렇기 때문에 취업이나 이직을 원하는 우리에게 필요한 정보와는 결이 다를 수밖에 없죠. 그래서 이왕이면 가장 비슷한 눈높이에서 회사와 직무를 바라보고 있는 사람들의 시각이 필요합니다. 주의해야 할 점은 인터뷰를 통해 알게 된 정보 모두를 '일반화'하지는 않아야 한다는 점입니다. 상사와 갈등을 겪고 있는 현직자는 인터뷰를 통해 회사에 대한 부정적인 시각을 남길 수밖에 없을 것이고, 얼마 전에 성과급을 받은 현직자는 회사를 칭찬할 수밖에 없기 때문입니다. 그렇기 때문에 정보의 객관성을 위해서라도 발품을 팔아야 합니다. 하나의 시선이 아니라 여러 사람의 시선을 겹쳐봐야 합니다. 그래서 그 업계에 대한 현직자들의 시선이 겹치는 부분, 즉 업계에 대한 공통 분모를 찾아내는 것이 필요합니다. 그리고 회사의 규모, 사업의 방향, 연봉이나 복지 등을 하나씩 비교해가며 나에게 가장 잘 맞는 회사를 찾아 나서는 여정을 떠나야 하는 겁니다.

결국 남은 것은 인터뷰를 통해 여러분 스스로가 성장하는 길을 찾아내는 것입니다. '어떤 질문이 나에게 필요한가?', '무슨 질문이 나를 움직이게 할까?' 와 같은 고민이 담긴 인터뷰를 해봐야 합니다. 현직자와의 티타임을 정말로 커피 한 잔만 마시는 시간으로 허비하지 말아야 합니다. 내가 얼마만큼 준비하는가 혹은 고민의 깊이를 더하는가에 따라 그 인터뷰가 나의 인생을 바꿔줄 기회가 될 수도 있고, 커피값도 아까운 낭비의 시간이 될 수도 있으니까요. 좋은 인터뷰를 위한 조건들은 책의 후반부에 조금 더 다루도록 하겠습니다.

　마지막으로 커리어맵 작성을 위해 우리에게 필요한 것은 '정보의 자동화 시스템'입니다. 생각보다 많은 청년이 이 부분을 간과하고 있는 듯합니다. 지금은 정보의 양보다는 질이 중요한 시대입니다. 그래서 메모장에 수백 개의 공유링크를 담아 놓은 사람보다 그중 하나라도 자신의 언어로 이야기할 줄 아는 사람이 인재라고 불리는 것이죠. 아는 것이 힘인 시대는 지났습니다. 이제는 아는 것을 '빠르게 소환'하는 사람의 시대입니다. '소환한다'라는 개념은 내가 원할 때 나만의 규칙으로 정보를 불러낼 수 있는 시스템을 말합니다. 우리가 일반적으로 알고 있는 해시태그(#)가 가장 유사한 개념이라고 할 수 있습니다. 마치 나만의 구글링을 만든다는 생각으로 나의 메모장이나 메모 어플을 활용할 수 있어야 합니다. 그래서 '정보 자동화 시스템'은 정보를 그저 담아 놓고 방치하는 것이 아니라, 정보가 들어오는 과정부터 다시 활용하는 과정까지의 모든 과정에 '정보의 최적화'를 이뤄내는 것을 말합니다.

　정보가 내게 들어오는 과정에서 저는 '구글알리미'라는 서비스를 가장 많이 활용하는 편입니다. 우리나라의 대표적인 포털사이트인 네이버와 전 세계에서 가장 대표성을 띤 구글의 차이점이 바로 이 부분이 아닐까 싶습니다. 네이버는 광고회사이기 때문에 그들이 보여주고 싶은 것을 보여줘야만 수익이 나는 생태계입니다. 그래서 내가 보고 싶다고 말한 것보다 그들이 보여주고 싶은 것이 먼저 상단에 비치됩니다.

광고료를 많이 낸 사업주의 제품과 이야기들을 먼저 알려줄 수밖에 없죠. 하지만 구글은 조금 다릅니다. 메인 화면에 들어가면 광고 하나 없이 그저 검색창 하나만 뜹니다. 되려 '무엇을 검색하려고 합니까?'라고 묻는 것 같습니다. 그러고는 내가 검색하겠다고 결심한 키워드와 연관된 것만 계속해서 보여 줍니다. 사용자가 자주 검색하는 키워드를 스스로 학습해서 관련된 정보와 앞으로 필요할 것 같은 정보만을 모아서 계속해서 제공하죠.

(위) 네이버 첫 화면 / (아래) 구글 첫 화면

이런 기본적인 구글 생태계의 특성을 조금 더 구체화한 것이 바로 '구글 알리미'라는 서비스입니다. 구글 알리미 서비스는 내가 알고 싶은 키워드를 미리 설정해두고 그 정보와 관련된 뉴스 기사, 블로그, PDF 파일 등이 구글 검색 엔진에 등재되는 시점에 나에게 자동으로 메일을 보내 줍니다. 앞서 말한 구글의 검색창에 내가 알고 싶어 하는 검색어를 입력하는 그 과정조차 '자동화'를 이뤄낸 것이죠. 처음에는 '교육', '창업'과 같은 대표 키워드로만 설정하다 보니 제게 필요 없는 정보까지 흘러 들어오더군요. 그러다 키워드를 세부 키워드로 나누어 '진로 교육', '하브루타', '플립러닝', '직무교육', '취업 컨설팅' 등으로 하나씩 세분화해보니 그때부터 정말 저에게 필요한 정보만 메일함에 차곡차곡 쌓입니다. 덕분에 매일 아침, 업계와 현업에 대한 정보를 찾느라 보냈던 1시간 30분의 시간을 20분으로 줄일 수 있었죠. 갑자기 선물처럼 주어진 아침 시간 50분을 통해 저는 밀려있던 독서를 시작할 수 있었고, 그 틈이 조금씩 저를 탁월한 사람으로 만들어갔습니다. 여러분도 이런 정보의 자동화 서비스를 구축해서 시간도 절약하고 사용하는 시간에 대한 생산성을 높여보는 시도를 해보시길 추천해 드립니다.

구글알리미 바로가기

또 하나 소개해드리고 싶은 것은 '이메일 뉴스레터'입니다. 너무 방대한 정보에 지친 사용자들에게 한 줄기 단비 같은 서비스라고 단언할 수 있을 정도로 좋은 서비스입니다. 일반적인 사회뉴스부터 경제, 철학, 취업, 직장생활에 이르기까지 다양한 뉴스레터가 업데이트되고 있으니 이 부분은 필요에 따라 꼭 찾아서 구독 신청을 해두시면 좋을 듯합니다. 참고로 저 또한 '진로 및 취업 정보'와 관련된 뉴스레터를 매주 1회 이메일로 발행하고 있으니 주기적으로 한국의 직업생태계, 이직 컨설팅 정보 등이 필요하신 분들은 구독해두시면 좋을 것 같습니다.

멘토링연구소 뉴스레터 구독하기

저는 많은 뉴스레터 중에서도 '뉴닉'이라는 뉴스레터를 추천하고 싶습니다. 뉴닉은 매일 각종 사회 이슈를 정리하여 읽기 좋게 문어체로 발행되는 뉴스레터 서비스입니다. 매일 아침 오늘의 뉴스에서부터 트렌드, 채용, 경제, 정치에 이르기까지 우리가 살아가면서 한 번쯤은 관심을 가지고 읽어야 할 정보들을 알기 쉽게 풀어서 설명해줍니다. 마치 '조금 더 친절해진 위키피디아'라고 하면 잘 맞을 듯합니다. 뉴스레터를 읽기 위해 마우스 휠을 내리다 보면 '어떻게 매일 아침 이런 고급스러운 정보들을 다 정리할까?'라는 생각이 들 정도로 정성이 가득한 뉴

스레터입니다. 저는 초창기 베타 서비스 시절부터 구독해오고 있어 조금씩 구성과 내용이 좋아지는 과정을 지켜봐 왔기 때문에 마음이 더 가는지도 모르겠습니다. 하지만 분명한 사실은 '바쁜 일정 때문에 놓치고 지나갈 법한 중요한 뉴스' 잘 정리해 둔 서비스라는 점입니다. 이 뉴스레터를 매일 읽는 것만으로도 상식이 넓어지는 듯한 기분 좋은 착각에 빠질 수 있습니다.

뉴닉 뉴스레터 바로가기

지금까지 우리는 커리어맵과 그것에 대한 활용법에 대해 알아봤습니다.

■ **커리어맵을 잘 활용하기 위한 5가지 조건**
   1. 자격요건 갖추기
   2. 목표의 역설계
   3. 최신성의 정보채널
   4. 현직자 인터뷰
   5. 정보의 자동화 시스템

이렇게 글로 나열하다 보면 뭔가 대단한 작업 같지만, 여러분의 이야기로 하나씩 정립해가다 보면 사실 그렇게 어려운 일도 아닙니다. 이것은 누구나 할 수 있는 일이며 자신의 삶을 주체적으로 살아가고자 하는 누구에게나 필요한 일입니다. 저는 이 책의 내용들이 그저 가십거리로 지나가길 원치 않습니다. 그래서 이 책은 여러분에게 술술 읽히는 책이 되기보다 읽다가 자꾸만 멈춰서 생각하게 만들고 무언가 쓰게 만들며 전에 없던 열심이 생기게 했으면 합니다. 그런 작은 자극들이 모여 새로운 시작점이 되는 진풍경을 자주 목격하기 때문입니다. 그렇기 때문에 책 한 권을 완독하는 것을 목표로 삼고 이 책을 읽지 않으셨으면 좋겠습니다. 작은 행동 하나, 작은 생각 하나가 바뀌어 이 책의 마지막을 만나게 되었을 때 여러분이 긍정적이고 열정적인 삶에 도움이 되는 어떤 것을 시작하셨으면 좋겠습니다. 그것이 이 책을 쓰는 본질적인 목적이니까요.

고대 그리스의 스토아학파를 대표하는 철학자 에픽테토스는 후학들에게 '확실한 인생'이라는 주제로 강의하면서 이런 말을 남겼습니다. "무엇이든 소중한 것은 어느 날 갑자기 생겨나지 않는다. 한 송이의 포도, 한 알의 사과도 마찬가지다. 당신이 지금 나에게 사과를 갖고 싶다고 말하면, 나는 당신에게 시간이 필요하다고 답할 것이다. 먼저 꽃을 피워야 하고, 다음엔 열매를 맺어야 하고, 그다음엔 무르익게 만들어야 한다. 열매 하나조차 단숨에 만들어지는 게 아닌데, 당신은 인간의 마음의 열매를 그토록 짧은 시간에 손쉽게 지니고 싶어 하는가?"

에픽테토스의 이야기가 우리에게 많은 시사점을 던져줍니다. 빨리 취업도 해야 하고 돈도 벌어야 하고 나만의 역량을 쌓아나가야 한다는 조바심에 자꾸만 스스로를 불안하게 합니다. 애석하게도 불안 때문에 겪어야 하는 과정을 모두 건너뛰고 결승점으로 바로 갈 수는 없습니다. 씨앗도 뿌리기 전에 거둔 꽃을 우리는 '조화(造花)'라고 부릅니다. 그러니 우리가 할 일은 '순서를 지켜 그것을 차근차근해 나가는 것'이라 할 수 있습니다. 씨앗을 뿌리고 때에 맞게 물을 주고 환기를 시키며 거름을 줘야 합니다. 그리고 시간이 흘러 싹이 트고 꽃을 피워야 열매가 맺힌다는 사실을 인정할 필요가 있습니다.

무엇보다 씨를 뿌리는 시기에 조심해야 할 것이 있습니다. 바로 나보다 일찍 열매를 맺은 사람들의 열매를 보고 비교하거나 스스로 낙담하는 것입니다. 사람은 모두 각자의 시간에 각자의 방법대로 살아가게 되어 있습니다. 하나의 길이 아니니 애초부터 인생을 서로 비교하는 것 자체가 어불성설입니다. 각자가 살아가는 방식이 다르기 때문에 그 재능과 역량이 꽃을 피우는 시기도 다를 뿐입니다. 저 역시 꽃이 핀다고 하면 봄에 피는 벚꽃만 기억하고 살았는데 찾아보니 여름에는 장미, 가을에는 코스모스, 겨울에는 수선화가 힘껏 그 자태를 뽐내고 있었습니다. 여러분은 여러분만의 시기에 가장 돋보이는 꽃으로 세상을 빛낼 겁니다. 스스로 '꽃'이기를 포기하지만 않는다면요.

미션 7. 나의 '커리어맵'을 구체화하도록 다음 A, B, C, D, E를 채워 목표를 역설계해 보세요.

A	내가 궁극적으로 하고 싶은 것	

⇩

B	그것을 해내기 위해 필요한 역량 리스트	

⇩

C	B항목 중에서 나에게 없는 것 리스트	

⇩

D	C항목 중에서 쉬운 순서대로 나열하기	

⇩

E	D항목 중 당장 시작할 수 있는 항목	

※ E항목 달성 후 'C-D-E' 과정을 반복하세요.

여덟 번째 힘

정보분별력

여덟 번째 힘

정보분별력

빌드업대표 **최 대 열**

"저는 할 줄 아는 게 없어요…."

축 늘어진 어깨에 자신감 없는 말투로 상담하던 미진(가명) 양을 기억합니다. 그녀의 살아온 이야기를 듣다 보니 저도 모르게 메모장에 '평범'이라는 단어를 적게 될 정도로 무난했습니다. 그만큼 그녀는 매번 '안전한 선택'만을 해왔고 그 선택지조차 주변의 누군가가 오지선다형으로 보기를 제시해준 것이었습니다. 그러다 보니 혼자서 인생의 중요한 무언가를 선택하는 것이 너무 두렵고 무서워서 진로상담을 신청했다고 합니다. 혼자서 무언가를 선택해보는 경험이 없으면 자신에 대한 신뢰를 쌓아갈 기회가 없는 것과 마찬가지입니다. 그래서 공자는 논어에서 '자획(自劃)을 조심하라'고 했습니다. 자획은 '스스로 금을 긋는다'라는 의미입니다. 스스로 자신의 한계를 그어 놓고 그 안에서 해결책을 찾으려 하는 소극적 삶의 태도를 꼬집은 것이죠. 공자가 그러했듯

저 역시 사람은 누구나 노력하면 성장하거나 변할 수 있다고 믿습니다. 그래서 이번 장에서는 '자신의 한계를 조금씩 넓혀가는 방식'에 대해 말해보고자 합니다. 한계를 넘어가는 방식을 논하기 위해서는 지금 우리가 살고 있는 시대성을 살펴볼 필요가 있습니다.

우리가 살아가는 21세기는 다양한 정보를 아주 쉽게 만날 수 있는 시대입니다. 『에디 톨로지』의 저자 김정운 교수의 말을 빌려서 인용하자면, 지금은 '마우스' 하나로 한 시간 동안 한국에서 미국을 거쳐 아프리카를 돌아볼 수 있는 시대입니다. 지구 반대편의 소식을 옆집 소식처럼 듣고 보고 알 수 있습니다. 하지만 정보의 존재가 반드시 한 개인의 성장을 보장하지는 않는 것 같습니다. 어떤 이는 이 정보의 홍수를 '중독의 통로'로 쓰기도 하고 나쁜 소식이나 가십거리를 퍼트리는 데만 활용하기도 하니까요. 그래서 저는 종종 '인터넷'을 그저 정보채널이 아니라 '가능성'이라 정의하곤 합니다. 그저 중립의 기능을 가진 엄청난 무기가 우리 손에 들려진 것이니 그것을 어떤 방식으로 쓰는지는 오로지 사용자의 몫이라는 말입니다.

이런 정보화 시대에 조심해야 할 것들을 먼저 살펴봐야 합니다. 제일 먼저 우리는 '인터넷의 정보는 대부분 옳다'라는 인지 오류를 경험할 때가 많습니다. 예를 들면 '많은 사람이 읽은 정보는 옳은 정보다'라는 문장을 그대로 믿는 경우가 그렇습니다. 그래서 SNS나 기사 등 100만 뷰를 넘어가는 어떤 정보가 나오면 그것이 사실인지 아닌지 따져보지 않고 그 '많은 사람의 판단'에 자신도 속해 있기를 원하게 됩니다. 심리학에서는 이러한 인지적 오류를 '밴드 웨건 효과'라고 합니다.

밴드 웨건 효과는 '다수의 소비자나 유행을 따라 상품을 구매하는 현상'을 의미하는 경제 용어인데, 역사적으로 미국의 서부 개척 당시 금을 찾아 나서는 행렬을 선도하는 악대차(bandwagon)를 무작정 뒤따르는 사람들을 보고 이를 비유하여 미국의 경제학자 하비 레이번 슈타인(Harvey Leibenstein)이 명명한 개념입니다. 옳은 일이라도 결국 다수의 많은 사람이 동의하지 않는다면 옳은 방향으로 바뀌지 않으며 반대로 잘못된 일임에도 다수가 동의한다면 결국 그것을 인정하게 되는 인지적 오류가 발생한다는 것입니다. 이것이 왜 우리의 한계에 대한 자획(自劃)과 연관이 있냐면 '많은 사람의 실패' 앞에 수많은 개인이 시도조차 하지 않는 일들이 벌어지기 때문입니다.

'창업은 위험하다.', '회사 밖은 지옥이다.', '투자는 집안을 망하게 한다.' 등의 말에 새로운 도전이나 가보지 않은 길은 쳐다보지도 않는 사람들이 늘어나는 것이죠. 이것은 사회학적으로 보면 굉장히 위험한 신호입니다. 모두가 안전한 선택만을 강조하게 되면 결과는 뻔합니다. 이미 가지고 있는 것을 더 많이 가져가기 위해 생존 경쟁을 해야 하는 상황이 올 수밖에 없기 때문입니다. 지금 우리에게는 잡은 물고기를 더 많이 분배해주는 '권력자'가 필요한 것이 아니라 새로운 물고기를 잡아 올 '사냥꾼'이 필요한 겁니다. 그래서 저는 진로, 이직, 커리어 컨설팅 등을 수년간 해오면서 많은 초식동물 같았던 개인들을 사냥꾼으로 둔갑시키는 일을 해오고 있습니다. 그들에게 '사실 당신은 사냥꾼이다!'

라는 기질적 특성을 알려주기도 하고 직접 사냥하는 방법을 보여주며 시장을 분석하는 일을 직관하게도 합니다. 하지만 애석하게도 사람은 단번에 변하지 않습니다. 그래서 그들에게 조금씩 사냥의 기술을 가르치며 그들에게 풀숲 안의 세상이 전부가 아니라는 것을 알려주는 역할을 해내고 있답니다.

이러한 사냥의 기술 중 하나가 바로 '정보력'이라 할 수 있습니다. 정보력의 기술은 지금 시대에 굉장히 중요한 창과 검입니다. 그런데 자칫 앞서 말한 밴드 웨건 효과처럼 인지 오류에 빠져 있으면 이 정보력은 오히려 독이 됩니다. 한 예로 코로나바이러스가 전 세계를 덮치기 시작했을 때의 일입니다. 해외에서는 헤어 드라이어의 뜨거운 바람이 바이러스를 소독할 수 있다는 기사들이 뜨기도 했고, 심지어 마시면 눈이 멀거나 사망에 이르게 하는 메탄올을 치료제라고 소개한 정보로 인해 실제로 많은 사람이 복용하고 사망에 이르는 안타까운 사건들도 있었습니다. 두려움과 잘못된 정보가 만나면 이렇게 귀한 생명을 앗아가기도 합니다. 이런 심각성 때문에 세계보건기구(WHO)는 이런 상황을 '정보 감염증(Infodemic)'이라고 규정[38]할 정도입니다. 우리에게 '정보에 대한 분별력'이 중요해지는 겁니다. 어떤 정보가 사실인지 아닌지를 구분하는 것도 중요하지만, 사실 더 중요한 지점은 '지금 나에게 필요한 정보는 무엇인가?'를 스스로 아는 것입니다. 이 부분을 잘 이해하고 살아가기는 참 어렵습니다. 마치 눈앞에 수만 가지의 음식들이 펼쳐져 있는데 그중에서 나에게 가장 필요한 한 가지를 고르는 것과 같습니다. 그렇다고 모두 먹어볼 수도 없는 노릇이지요. 그래서 우리에게는 '정보의 기준'이 필요하며 그 기준을 잡아 나가는 훈련이 굉장히 중요해지는 겁니다.

취업 및 이직을 상담할 때도 이와 비슷한 일이 벌어집니다. 많은 분이 회사에 대한 정보, 직무에 대한 정보를 제대로 알지 못해서 답답해하는 경우를 만나게 됩니다. 아이러니한 것은 인터넷에 정보가 없는 것이 아니라는 사실입니다. 앞서 말한 경우처럼 오히려 너무 많은 정보 앞에서 '정보 기준'이 없는 경우가 대부분입니다. 그래서 회사를 평가하는 커뮤니티에 가입하고, 하나도 빠지지 않고 그 회사들에 대한 평가를 읽는 데 많은 시간을 할애합니다. 하지만 결국 '후기들이 모두 좋은데 막상 지원하려니까 너무 불안해요⋯.'와 같이 아무것도 선택하지 못하는 상황에 놓이게 되는 것이죠. 제가 책을 쓰면서 쓰게 된 문장인데 저조차 아주 마음에 들어 책상 앞에 적어놓고 보는 문장이 있습니다.

'너무 많다는 것은 아무것도 없는 것과 같다.'

그래서 저는 이 '많음의 오류'에 빠지지 않기 위해 가장 먼저 '정보의 기준을 세우는 법'부터 코칭을 통해 알려 드리고 있습니다. 다음 세 가지 단계를 차근차근 밟아보며 여러분도 자신만의 정보의 기준을 가진 사람으로 살아갈 수 있기를 바랍니다.

1. 나의 필요로 정보를 분별하기
   2. 나의 실행력에 맞게 정보를 배열하기
   3. 과거 데이터를 미래 데이터로 활용하기

정보 분별력을 기르기 위해 제일 먼저 해야 하는 작업은 '정보의 주체성'을 외부에서 '나'로 가져오는 것입니다. 이게 무슨 말일까 싶겠지만, 이 첫 번째 단계만 해낼 수 있어도 정보의 홍수에서 서핑을 할 수 있는 사람으로 변할 수 있다고 자신합니다. 정보의 주체성은 '내가 알고 싶은 것만 알겠다'라고 선언하고 그것을 지켜내는 힘을 말합니다. 생각해보면 지금의 정보들은 내가 알고 싶어 하는 것보다는 기업과 같은 어떤 주체가 의도를 가지고 나에게 전달하고 있는 정보가 대부분입니다. 그래서 교묘하게 내가 알아야 할 정보와 그들이 알려주고 싶은 정보를 섞어 놓았죠. 저는 이 경계선을 명확히 하는 작업을 수업으로 가르치고 있습니다. 그래서 나의 필요를 기준으로 정보를 습득하는 방식 자체를 모두 바꿔내는 작업을 합니다. 이것은 광고성 정보에 내 시간을 뺏기지 않고 지켜내겠다는 저항입니다. 이 힘만 키워낼 수 있어도 저는 불필요한 정보를 절반은 날릴 수 있다고 봅니다.

그렇다고 모든 정보를 스스로 필터링할 필요는 없습니다. 이 필터링 작업을 하는 자체가 또 다른 시간 투자가 되어버릴 테니까요. 그래서 저는 '구글 알리미 서비스' 혹은 '키워드뉴스 어플리케이션' 등을 주로 이용합니다. 내가 관심이 있고, 알고 싶은 정보의 키워드를 설정해서 그 키워드와 연관된 소식들만 듣겠다고 결정하는 것입니다. 그렇다고 세상 소식에 너무 귀를 닫으면 안 되니, 일주일에 한두 번 정도만 메인 뉴스들을 살펴봅니다. 이 균형을 잡아내는 것이 그 무엇보다 중요합니다.

예를 들어 설명해보겠습니다. 직장을 다닌 지 1년이 채 되지 않은 사회 초년생이 있습니다. 열정을 품고 들어간 회사가 생각했던 회사의 모습이 아니라고 합니다. 회사 생활의 절반 이상이 불평과 불만이고 관계도 소원해져서 출근하기가 싫습니다. 마음이 삐뚤어지니 예전에는 하지 않을 법한 실수까지 하며 일에서도 구멍이 나기 시작합니다. 곧 그런 태도가 인사 고과에 반영될 것 같아 걱정도 됩니다. 이런 상황에서 여러분이라면 어떻게 하시겠나요? 안타깝게도 많은 사람이 필요에 대한 정보를 찾기보다 '속상한 마음'에 더 초점을 맞춰 술을 마시거나 이 복잡한 마음을 잊을 수 있는 유튜브 채널을 더 많이 찾는 것 같습니다. 그래서 우리에게는 '지금 나의 상황을 제대로 진단하고 이 상황에 필요한 정보를 찾아야겠다!'라고 결정할 줄 아는 메타인지가 필요한 겁니다. 이런 메타인지적 사고가 작동하는 사람들은 이 상황을 어떻게 풀어나가는지 한 번 살펴볼까요?

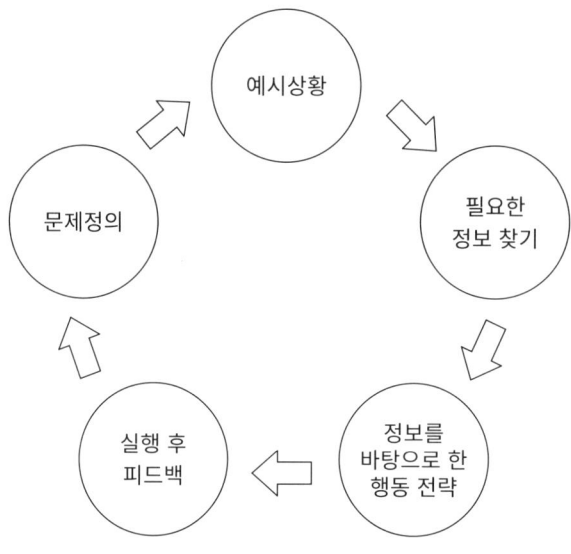

[메타인지를 활용한 문제 해결 과정]

　가장 먼저 이 문제를 풀어가기 위해서는 위 항목처럼 '내가 가지고 있는 문제'에 대한 정의를 질문지 형식으로 나열해보는 것이 좋습니다. 저는 코칭을 할 때 이 작업을 '문제 정의'라 부릅니다. 이렇게 간단히 몇 문장으로 정의를 내리는 작업만 해봐도 많은 것을 진단하거나 또한 다음 단계에 대한 힌트를 얻을 수 있습니다. 다음은 위 질문에 대해 실제 코칭을 받았던 분의 결과물입니다.

Q1. 내가 생각했던 회사와 다르다고 느끼는 점은 무엇인가?
· **문제상황 예시:** 분업이 명확하게 되어 있지 않아 자잘한 일이 계속 신입 사원인 내게 넘어온다. 그래서 남의 일을 해주느라 정작 나의 일은 근무 시간 내에 해내지 못한다. 결국 야근을 하게 되고 내 시간이 없어져 일에 대한 회의감으로 연결된다.
· **필요한 정보:** 직장 생활 내 '거절하는 지혜'에 대한 정보가 필요하다. 또한 일의 우선순위를 설정하는 법에 대한 정보가 필요하다. 그래서 자신에게 맡겨진 일을 먼저 처리하고 나머지 시간에 관계를 위한 보조업무를 할 수 있어야 한다.

Q2. 나의 태도를 부정적으로 바뀌게 하는 요소들은 무엇일까?
· **문제상황 예시:** 1번 상황 때문에 내가 맡은 일에 대한 마감 기한을 제대로 지키지 못하고 공개적인 자리에서 업무에 대한 지적을 받는다. 이것이 갈수록 나를 위축되게 만든다.
· **필요한 정보:** 나의 기준으로 완성에 이르지 못했다 하더라도 마감 기한에 제출할 수 있는 구조를 갖춰서 제출하기 위해 보고서와 기획서 등의 문서 구조를 찾아본다.

Q3. 삐뚤어진 나의 마음의 기울기를 어떻게 바로 잡을 것인가?
· **문제상황 예시:** 나름 친밀감의 표현으로 던진 농담 한마디가 내게 상처로 다가온다. 여유 있게 반응하지 못하니 불편해지고 사람들도 나를 대할 때 더욱 조심하게 된다.
· **필요한 정보:** 일과 감정을 분리하기 위해 내가 해야 할 것은 무엇인지 심

리학적 요인을 기반으로 찾아본다.

Q4. 그럼에도 불구하고 회사에서 하지 않아야 하는 실수는 무엇인가?

· **문제상황 예시:** 평소라면 하지 않을 지각, 메일 발송 오류, 보고 내용 누락 등의 기본적인 실수를 많이 하게 된다.

· **필요한 정보:** 일잘러들이 기본적인 업무들을 빠짐없이 잘 해내기 위해 자주 활용하는 업무 툴을 찾아보고 개인적인 시간을 투자해서 익힌다.

Q5. 내가 만족하는 회사생활이 되려면 무엇이 필요한가?

· **문제상황 예시:** 일할 때 실수할까봐 너무 긴장해서 일을 한다. 그래서 오히려 더 실수가 잦고 사람들과의 관계도 편하지 않다. 회사생활이 조금 더 즐거운 환경이 되었으면 좋겠다. 그러려면 일의 결과가 좋아야 하고 지금보다 회사 동료들과 더 친밀해질 필요가 있는 것 같다.

· **필요한 정보:** 회사에서 나에게 원하는 평가 기준이 무엇인지 파악하고 항상 그것보다 +1만큼 더하는 것을 목표로 설정한다. 그리고 일의 능률이 올라 시간적 여유가 생기면 다른 동료들의 일을 자발적으로 도와준다.

→ 회사의 평가 기준 산출에 대한 HR 분야의 정보, 거부감 없이 동료의 일을 도울 수 있는 직무 스킬에 대한 정보

어떠신가요? 우리가 흔히 하게 되는 넋두리나 푸념에 가까운 이야기일 수도 있으나 나에게 필요한 정보를 찾아내려는 관점을 가지고 문제를 제기하고 살펴본다면 조금 더 구체적으로 해야 할 일들을 정리할 수 있습니다. 지금 잠깐이나마 느끼셨던 일에 대한 의욕이나 두근거림

을 잘 기억하셔야 합니다. 그러고 보면 '잠깐의 시작만 있으면 그렇게 어렵지 않게 해낼 수 있는 일들을 우리는 애써 미루고 있지 않나?'라는 생각하게 됩니다. 앞서 말씀드린 것처럼 늘 '시작'이 어렵습니다. 정보가 중요한 이유도 여기에 있습니다. '나의 일'과 관련된 정보가 많으면 일의 시작점이 많은 것과 같습니다. 하지만 사람의 마음은 다 똑같나 봅니다. 정보가 정보일 수 있으려면 희소성을 가져야 하는데, 많은 사람이 원하는 정보는 그 시장의 니즈에 따라 많아질 수밖에 없는 딜레마가 존재하는 거죠. 한 예로 실제 취업 포털에서 구직자 568명을 대상으로 '취업 준비 시 정보 습득 현황'을 주제로 설문조사를 실시한 결과, 취업 전 알고 싶은 정보 1순위는 급여(31.8%)였고, 가장 얻기 어려운 정보로는 '조직 문화 및 근무 분위기(26.6%)'를 꼽았습니다. 이 밖에도 근무 만족도, 실제 급여 수준 등의 정보들도 얻기 어렵다고 답변했는데요. 중요한 것은 설문에 참여한 구직자 중 84.5%가 구직 정보 수집에 어려움을 느낀다고 응답[39]했다는 사실입니다.

■ 구직활동 시 얻기 어려운 정보

항목	비율
기업의 조직 문화 및 근무 분위기	38.4%
실제 급여 수준	29.9%
재직자 근무환경 평가	24.5%
구체적인 직무 정보	21.7%
평균 이직률 및 근속연수	17.8%

출처: 잡코리아 (연령대별 구직자 568명 대상 조사), 2021

그 이유를 살펴보니 '어떤 정보를 준비해야 하는지 잘 몰라서'가 가장 큰 비중을 차지했습니다. 즉, 취업이나 이직하는 과정에서 무엇을 알고 준비해야 하는지를 모른 채 무작정 정보를 찾고 있다는 뜻입니다. 목적 없는 정보 검색은 불필요한 정보를 찾는 데 시간과 노력을 쏟게 만들어 우리를 중요한 정보로부터 멀어지게 합니다. 결국 시간에 쫓겨 정보들을 수동적으로 주워 담는 행위를 '정보를 찾고 있다'라고 착각하게 만드는 지경까지 이르게 되는 것이죠. 그러니 우리가 주의해야 할 것은 '정보'라는 텍스트가 가지는 본원적 의미를 오해하지 않는 것입니다. 인터넷 검색이 곧 정보 찾기가 되어 버리면 많은 시간을 쏟아부었음에도 불구하고 우리에게 정말로 쓸 만한 정보가 남아있지 않을 수도 있기 때문입니다.

그렇다면 우리는 어디서 어떤 방법으로 '정보'를 얻어야 할까요? 다양한 정답이 있을 법한 질문이지만 저는 무엇보다도 기업 내 현직자들의 '과거 정보'를 통해서 현재를 유추해 업계를 예측하는 것이 가장 정확도가 높은 정보라고 생각합니다. 기업의 모든 의사 결정에는 목적과 과정 그리고 결과가 존재합니다. 수많은 문제를 풀어오던 기업의 의사 결정 기록을 볼 수 있고, 그것을 경험한 주체에게 좋은 질문을 던져볼 수 있다면 그것만큼 좋은 공부가 없을 겁니다. 그래서 우리가 해내야 할 일은 명확합니다. 과거에도 통했고 지금도 통하며 앞으로도 유효할 것을 구분해 내야 합니다. 그리고 과거에는 통했지만, 지금이나 미래에는 유효하지 않을 것에 대한 새로운 전략을 짜는 것이 전부입니다. 이 두 가지 전략을 구체적 데이터로 확보하고 편집하고 나열하는 과정을 저는 '정보의 편집'이라고 부릅니다.

이런 정보의 편집 과정을 배울 수 있는 가장 정확하고 분명한 방법이 있습니다. 바로 '인터뷰(interview)'입니다. 인터뷰는 대화를 통해서 정보를 얻는 고급 스킬입니다. 한 번쯤 여러분도 느껴봤을 겁니다. '그저 대화했을 뿐인데 정말 많은 것을 배운 것 같다.'라는 그런 기분 말입니다. 그런 대화를 조금 더 체계적이고 구조적으로 업그레이드한 것이 바로 인터뷰입니다. 하지만 한국의 학생들은 이것이 지름길인 것을 알고도 참 어려워하는 것 같습니다.

한국 학생들이 인터뷰를 어려워하는 이유

한국 학생들이 인터뷰를 어려워하는 이유는 생각보다 다양합니다. 하지만 그중에서도 가장 일반적인 대답은 '해본 적이 없다' 입니다. 인터뷰는 기본적으로 질문과 대답이 오가는 대화의 형태를 띤 학습법입니다. 말 그대로 대화를 통해 배울 수 있는 아주 좋은 방법이죠. 하지만 그동안 우리는 대화식이 아닌 강의식으로 교육을 받아왔습니다. 그 방식이 효율적이라 생각하고 최단 시간에 다양한 지식을 전달하기 위함이었죠. 그래서 거의 모든 한국 학생들은 쌍방향이 아닌 일방적 강의식 교육에 익숙합니다. 선생은 말하고 학생은 듣고 적는 것이죠. 이런 문화적 환경에서 자란 그들에게 갑자기 '궁금한 거 질문하세요~'라고 하면 적잖이 당황합니다. 어떤 학생들은 교수님의 'ㅇㅇ학생 질문하세요.'라는 말이 인생에서 가장 두려웠다고 말하기도 하니까요.

질문한다는 것은 내가 무엇을 모르는지 확인하는 과정입니다. 그것은 곧 배움에 대한 열의가 있다는 뜻이고 교수자는 그것을 채워줄 의무가 있습니다. 하지만 우리나라 수업 시간에 질문을 한다는 것은 모두의 눈총을 받아야 하는 행위로 전락했습니다. 수업의 진도를 방해하거나 수업 시간이 길어지게 한다는 의미로 해석되기 때문입니다. 그래서 질문하고 대화하며 배우는 '인터뷰'에 대한 막연한 두려움이 있을 수밖에 없습니다. 또한 '이 정도의 질문을 해도 되는 걸까?'라는 두려움에 발목 잡히는 경우도 많습니다. 질문에는 격과 수준이 존재하지 않습니다. '질문한다'라는 것, 그 자체만으로 이미 고귀한 행위이기 때문입니다. 질문은 학습자에게 내가 무엇을 아는지 혹은 내가 무엇을 모르는지를 확인할 기회가 되며, 교수자에게는 내가 아는 것을 가장 쉽게 설명하는 방식을 알아차릴 기회가 됩니다. 결론적으로 질문이 모든 사람을 이롭게 하는 과정이 되는 겁니다. 다음은 제가 '질문'에 대한 특강을 할 때 자주 강의 화면에 띄워 놓는 문구입니다.

'명문대학교 합격통지서 vs 전문가 100명과의 인터뷰 기회 중 당신은 무엇을 선택하겠나요?'

저라면 1초의 망설임도 없이 인터뷰 기회를 잡겠습니다. 실제로 저 또한 평생을 공부하는 일, 공부해서 남 가르치는 일을 하고 있지만 전문가와의 인터뷰는 1년에 5명도 해내기 힘들다는 것을 잘 알고 있으며, 그 인터뷰 시간은 학점이나 자격증 따위를 갖추는 것과는 완전히 다른 결의 배움의 시간이라는 것을 잘 알고 있기 때문입니다. 여러분의 주변을 조금만 둘러보면 여러분이 지원하고자 하는 회사 혹은 직무에 있는 현직자들은 반드시 있습니다. 이제는 있을 수밖에 없습니다. 제가 이렇게 단언할 수 있는 이유는 실제로 만나는 지인들로만 삶을 구성하는 시대가 아니라 SNS로 네트워킹하는 시대에 여러분이 살고 있기 때문입니다. 그저 샵(#)을 붙이고 검색을 몇 번만 해봐도 충분히 거리를 좁힐 수 있는 시대입니다. 인적 네트워크를 만들어가기 너무 좋은 환경을 가지고 있습니다. 메일을 보내고 전화를 걸어 어렵게 인터뷰했던 저의 경험에 비추어 보면 저는 지금의 시대가 너무 부럽습니다. 타이핑 몇 글자로 인터뷰를 덜컥 잡아 오는 제 멘티들을 보면서 '잘했다' 정도의 가벼운 칭찬을 하지만 속으로는 '이 녀석 2년은 벌었네…'라며 귀여운 질투를 하기도 하기 때문이죠.

잠시 여러분의 SNS를 열어 살펴보시기를 바랍니다. 친구로 등록되어 있거나 팔로우하고 있는 사람들이 여러분이 희망하는 직무나 직종과 관련 있는 사람들인가요? 아니면 그저 재미나 즐거움을 위한 것이 대부분인가요? 희망 직무와 관련한 사람들이 최소 30명도 존재하지 않는다면 여러분은 지금 취업에 필요한 정확한 정보들을 얻을 수 있는 중요한 정보 채널을 놓치고 있다고 할 수 있습니다. 거의 모든 기업이 이제는 SNS를 중요한 마케팅 채널로 인식하고 있습니다. 다르게 말하면 기업과 현직자, 구직자까지 모두 자기 분야의 SNS를 들여다보고 있다는 말이 됩니다. 그러니 내가 희망하는 직무와 관련된 소식이나 키워드 혹은 해시태그를 꾸준히 업데이트하며 자신만의 구글링을 구축하는 작업은 이제 선택이 아니라 필수라고 할 수 있습니다. 소셜미디어에서 관심 있는 희망 직무의 현직자들의 업데이트된 뉴스피드를 살펴보는 것만으로도 그 분야의 이슈가 무엇인지, 어떻게 일을 하는지, 현재 상황에 대한 정보들을 알 수 있습니다.

그러니 지금부터라도 SNS를 활용하는 목적과 범위를 다르게 써보길 추천해 드립니다. 이 좋은 기회를 그저 재미의 요소로만 남겨두기엔 너무 아깝지 않을까요? 해당 분야의 사람들과 적극적으로 교류하시고 그분들의 이야기에 귀를 기울여 읽고 글에 대해 답변하는 것이 일상이 되어야 합니다. 그것이 지금 시대를 살아가는 사람들의 '정보 구축'을 위한 현명한 방법입니다. 저 또한 SNS를 통해 제 직무와 관련한 분들과 교류한 것이 시작점이었습니다. 그들의 고민에 공감하고 '비슷한 고민을 저는 이렇게 해결했습니다'라는 식의 댓글을 꾸준히 달았더니 어느

새 메신저를 통해 오프라인으로도 만나고 싶다는 제의가 들어왔습니다. 편하게 커피 한잔하며 친구를 사귄다는 생각으로 나갔던 자리가 새로운 강의 자리로 연결될 줄은 저도 예상치 못한 일이었습니다. 그렇게 작은 채널을 열어둔 덕분에 좋은 기회들이 저를 찾아올 수 있는 길도 열린 것이죠. 그러다 저 역시 때가 되었다 싶을 때 그분에게 정중하게 정식 인터뷰 요청을 드렸습니다. 시간과 정성을 들여 대답해주시는 것에 대한 사례를 충분히 해드리면서 그동안 궁금했던 것들 그리고 현직자로서 보시는 기업 강의 시장의 전망 등을 진솔하게 들을 수 있었습니다. 이런 업계의 현황 그리고 전망에 대한 구체적인 인사이트(Insight)는 현직자의 입을 통해 여러 번 듣는 것 외엔 방도가 없습니다.

저는 가장 좋은 배움 역시 '사람에게 배우는 배움'이라 생각합니다. 정제된 글과 도표 혹은 이론 등으로 학습할 수도 있겠지만 눈을 마주하며 비언어적 행동과 함께 전달되는 생동감 있는 배움으로는 역시 '대화'가 가장 좋은 것 같습니다. 저 역시 산업디자인을 전공해서 커리어 컨설팅기업의 대표에 이르기까지 6번의 직무를 바꾼 경험이 있습니다. 새로운 직무를 선택하고 전환할 때마다 가장 중점적으로 전략을 세웠던 일도 바로 '사람을 만나는 일'이었습니다. 책이나 인터넷에 없는 정보들이 사람에게 많이 있음을 그제야 깨달았기 때문입니다. 분야에 따라 책이나 공개된 좋은 정보들이 많이 없다는 것은 아직 사람들의 머릿속에만 정보들이 존재한다는 뜻입니다. 따라서 사람들을 만나고 그들의 입에서 흘러나오는 정보들을 파악하는 것이 중요합니다.

이렇게 사람들을 만나고 인터뷰하는 과정을 준비하는 것은 무엇보다도 중요합니다. 여러분이 만약 선배된 입장에서 후배가 찾아왔다고 가정해봅시다. 약간은 긴장되기도 하고 설레기도 하는 상황에서 그가 이렇게 묻습니다. "선배님, 얼마 정도 버세요?" "어떤 자격증을 따야 하는 걸까요?" "제가 해야 할 일들을 구체적으로 좀 적어주세요!" 이런 질문을 해온다면 어떨까요? 아마도 인터뷰어의 입장에서 조금은 시간 낭비라는 생각이 들 겁니다. 한 번의 인터뷰라도 단순히 정보를 얻겠다는 자세보다 인터뷰 대상에 대한 진심 어린 존경과 앞으로의 방향성에 대한 조언을 구하는 자세를 갖는 것이 필요합니다. 그런 의미에서 '유의미한 인터뷰가 되기 위한 준비'를 살펴볼까 합니다.

유의미한 인터뷰가 되기 위해 준비해야 할 것

인터뷰하는 과정에서 필요한 사항을 다섯 가지 정도로 추려낼 수 있습니다. 첫 번째는 인터뷰하는 '대상에 대한 정보조사'입니다. 즉 나에게 어떤 필요한 정보를 전달해 줄 수 있는 사람인지, 내 질문에 대한 답변을 어느 정도까지 할 수 있는 사람인지를 파악해야 한다는 점입니다. 예를 들어, 이제 입사한 지 1년도 안 된 사람에게 조직의 운영방식이나 목적 등을 묻는다면 인터뷰어는 매우 당황스러워할 것입니다. 그리고 때에 따라서 자신의 추측에 기반하여 답을 할 경우, 왜곡된 정보를 가지고 정답이라고 생각하는 오류를 범할 수도 있기 때문입니다. 기억하세요. 우리는 도움을 구하러 가는 것이지 청문회를 하러 가는 것이 아닙니다. 그렇기 때문에 인터뷰어에 대한 정보를 할 수 있는 만큼 많이 모아야 합니다. 기본적인 인적 사항부터 근황 그리고 기사나 저서가 있다면 무조건 숙지하고 인터뷰를 진행할 필요가 있습니다. 사실 여기까지는 인터뷰어에 대한 최소한의 예의라고 해도 무방할 정도입니다.

두 번째는 인터뷰어가 '대답할 수 있는 범위에서 질문'하는 것이 필요합니다. 여기서 핵심은 인터뷰어가 대답할 수 있는 질문을 해야 한다는 사실입니다. 이제 2, 3년차인 사람에게 7, 8년차 정도 되어야 알 수 있는 질문들을 하게 되면 큰 실례가 되겠죠? 같은 분야 안에서도 세부 분야가 다르고, 하는 업무 포지션이 다르기 때문에 그 부분에 대해서 정확하게 알고 질문하는 것이 필요합니다. 따라서 해당 직무와 관련한 궁금한 점들을 모두 나열해보고 그중에서 인터뷰어가 대답할 수 있을 법한 수준과 범위를 설정해서 질문을 추려내는 선별 작업이 꼭 필요합니다. 좋은 인터뷰란 '가장 좋은 대답을 끌어내는 것'임을 기억하셔야 합니다.

세 번째는 인터뷰어의 '계획에 대한 질문'이 필요합니다. 한 마디로 인터뷰어가 앞으로 1년 후, 3년 후, 10년 후에 어떤 '계획'들이 있는지 묻는 것입니다. 앞으로 자신의 커리어를 확장하기 위해서 구체적으로 어떤 계획을 하고 있는지 그리고 그 계획을 설정한 이유는 무엇인지를 물어보는 과정이 필요합니다. 이것은 곧 인터뷰어가 시키는 일만 하는 사람인지 아니면 자신만의 업(業)을 통해서 자기의 커리어를 빌드업(Build-up)해가는 사람인지에 대한 좋은 인사이트를 얻을 수 있습니다. 또한 이러한 인터뷰어의 미래에 대한 질문은 여러분이 만든 커리어맵과 인터뷰어의 커리어맵을 서로 비교해 볼 수 있는 좋은 척도가 됩니다. 그 차이를 하나씩 비교해 보면서 어떤 차이가 있는지, 그리고 공통점은 무엇인지를 파악하며 커리어맵의 완성도를 높여갈 좋은 기회가 될 것입니다.

네 번째는 '가치관을 묻는 질문'입니다. 인터뷰를 진행하면서 그 사람의 '비전'과 '가치관'을 묻는 것은 매우 중요합니다. '무엇을 위해 이렇게 열심히 살아가십니까?'라는 조금은 근원적인 질문을 받았을 때 대부분의 사람은 쉽게 대답하지 못합니다. 기껏 억지로 하는 답은 '열심히 살아야 성공하죠~'와 같은 표면적 대답일 가능성이 농후합니다. 하지만 오랜 기간 자신의 비전을 고민하고 나만의 가치관을 설계해 온 사람은 이런 질문을 오히려 반깁니다. 혼자만의 시간에 오랜 기간 해왔던 고민과 그 결과를 드디어 다른 사람에게 전달할 기회라고 여기기 때문이죠. 그래서 이 질문에 대답할 때 눈빛이 반짝이는 분들을 곁에 오래 두셔야 합니다. 그들은 늘 긍정적이고 문제 앞에 핑계 대신 방법을 찾아가며 결국 해내는 사람들이기 때문입니다. 이런 사람들 사이에 여러분이 살아갈 수 있다면 그것만으로 천군만마를 얻었다 할 수 있습니다. 그리고 '이런 직무를 하는 사람들은 이런 가치관을 가지고 살아가는구나. 나의 가치관과 비슷한가?'라는 질문을 스스로 던져보는 시간을 가져야 합니다. 가치관 정립에 대한 부분은 나중에 더 다뤄보도록 하죠.

마지막으로 다섯 번째는 '인터뷰의 확장'입니다. 우리가 조심해야 할 부분은 한 번의 인터뷰를 통해 '업계 전체를 다 이해했다'라고 판단하는 일반화의 오류에 빠지는 것입니다. 제가 가르치고 있는 많은 멘티 또한 인터뷰를 통해 이전에 어디서도 알 수 없던 정보다운 정보를 만난 감격과 흥분을 목격합니다. 하지만 저는 그럴 때 '그러면 이제 그 말이 사실인지 더 알아보는 인터뷰를 잡아보자!'라고 다음 스텝으로 이끌며 그들을 진정시킵니다. 우리는 조직의 생태계를 이해할 필요가 있습니다. 무슨 말이냐면, 직무적으로 너무 좋은 조건이나 환경에서 일하고 있을지라도 함께 일하는 사람과의 마찰이 잦은 사람은 그 일에 대해 좋은 평가를 받기 어렵습니다. 즉 아무리 현직자라고 할지라도 '직무'와 '관계', '복지', '급여' 등을 종합적으로 판단하기는 어렵다는 말입니다. 그렇기 때문에 우리는 인터뷰 대상자의 모수를 늘려나갈 필요가 있습니다. 그러다 보면 같은 직종의 다른 회사인데도 비슷하게 나오는 답변을 만나게 되는 순간이 옵니다. 바로 그 지점이 우리가 공략해야 하는 '공통 직무의 역량'이라 할 수 있습니다. 그리고 회사마다 중요하게 생각하는 것이 모두 다른데 그 중에서 '나'라는 사람이 가장 잘 할 수 있는 것과 결이 비슷한 '개별 직무'는 무엇인지 분별하는 작업을 하는 거죠. 여기까지 전략이 세워지면 공통 분모는 '내가 채워야 할 것'이 되고, 개별 직무는 '내가 강조해야 할 것'이 됩니다. 모든 회사는 이 둘을 적절히 배합한 채로 일을 하게 되는데 그 배합의 정도가 '나와 얼마나 잘 맞느냐?' 만 따져보면 됩니다.

물론 잘 압니다. 말이 쉽지 이것은 결코 쉬운 작업이 아닙니다. 하지만 한 가지 희망적인 부분은 기업의 트렌드가 많은 스타트업과 신입 사원들에게 정보를 공유하는 방향으로 바뀌고 있다는 점입니다. 그래서 다양한 정보 채널에 기업의 정보를 공개하여 가치관이 비슷한 사람들을 영입하려는 노력이 많아지고 있죠. 또한 신생 기업이나 스타트업, 벤처 기업에 대한 투자 역시 예전에 비해 훨씬 활발하게 이뤄지고 있으니 꾸준히 자신의 역량을 쌓아가다 보면 분명 기회가 올 것이라 생각합니다. 하지만 그렇다고 마냥 기다릴 수는 없겠죠? 우리는 월세도 내야 하고 가끔은 보상처럼 맛있는 것도 사 먹어야 하니까요.

그래서 제가 추천하는 인터뷰 기술은 바로 '콜드 메일(Cold-mail)'이나 '콜드 콜(Cold call)'을 통한 인터뷰입니다. 콜드 메일이나 콜드 콜이란 사전에 연락 없이 원치 않는 수신인에게 이메일이나 전화 등의 연락을 보내는 행위를 의미합니다. 아마도 이 글을 읽자마자 여러분이 그런 전화나 메일을 거절했던 기억이 스치듯 지나갔을 겁니다. 거절하는 입장에서는 별것 아닌 일이었지만 만약 여러분이 모르는 사람에게 이런 부탁을 하는 입장이 된다면 어떨 것 같으신가요? 네, 생각만 해도 아찔합니다. 거절이 두렵고 무섭습니다. 네, 맞습니다. 바로 여기에 콜드 콜의 목적이 있습니다. 우리는 '거절에 대한 두려움' 때문에 시도조차 하지 않는 삶에 너무 익숙해져 있습니다. '시도하지 않으면 거절이 없으니 아무것도 하지 않겠다.'라고 선언해 버리고 그림자처럼 숨어들려 하죠. 당연한 일입니다. 우리는 이런 교육을 받아보지도 못했고 이런 경험을 할 수 있는 환경에서 자라지도 않았으니까요. 하지만 애석하게도 지금 시대는 이런 진취적이고 적극적인 인재들을 원하고 있습니다. 낙관적으로 생각해도 되는 것은 지금부터라도 우리가 적절한 훈련과 습관의 과정들을 나의 것으로 만들기만 한다면 충분히 바뀔 수 있다는 사실입니다. '콜드 메일'의 가장 좋은 예는 우리가 잘 알고 있는 시가 총액 3조 원의 기업 애플의 창업자, '스티브 잡스'의 이야기라고 할 수 있습니다.

스티브 잡스는 12살에 주파수 계수기를 만들고 싶었습니다. 그래서 당시 휴렛 패커드의 공동 창업자였던 빌 휴렛에게 무작정 전화를 걸어 "혹시 남는 부품을 내게 줄 수 있을까요?"라고 물었습니다. 너무나 당돌한 전화였죠. 빌 휴렛은 이 어린 학생의 적극성과 열정 덕분에 남는 부품을 주었을 뿐 아니라 자신의 회사에 인턴으로 일할 기회를 주기도 했습니다. 이후에 스티브 잡스는 우리가 알고 있는 세계적 기업 애플(Apple)사의 창업주가 될 수 있었고 잡스가 애플에서 쫓겨났다가 1997년 복귀할 때는 당시 라이벌이자 사업의 성공을 이뤄냈던 빌 게이츠에게 투자금 요청을 하기도 했습니다. 당시 빌 게이츠는 15억 달러를 투자했습니다. 스티브 잡스는 페이스북의 마크 저커버그가 사업으로 고민할 때 적극적으로 콜드메일을 활용하여 방법을 강구하라는 조언을 했다고 하는 유명한 일화도 있습니다.

> 도와달라고 청했을 때 도움을 주지 않는 사람을 만나본 적이 없다. 많은 사람이 이런 경험을 하지 못한 것은,
> 도움을 청하지 않았기 때문일 것이다.
> - 스티브 잡스

사진: 스티브잡스와 빌게이츠의 인터뷰 모습[40]

실제로 스티브 잡스가 했던 인터뷰의 내용[41]입니다. 지금 우리에게는 풍족하고 시스템이 잘 갖춰진 곳에서 일하고 싶다는 욕망이 아니라 '기회가 없다면 만들어 내겠다'라는 '각오'가 필요합니다. 저는 이런 진취적인 태도가 자신의 전문성을 기반으로 업(業)을 이어 나가고자 하는 사람들에게 가장 필요한 덕목이 아닐까 싶습니다. 하지만 저도 잘 압니다. 사람은 쉽게 변하지 않습니다. 하지만 경험은 사람을 변하게 만듭니다. 저는 다른 건 몰라도 크고 작은 경험들이 사람을 다른 곳으로 이끈다는 사실은 분명히 믿고 있습니다. 그래서 고대 철학자 헤라클레이토스도 이렇게 이야기했나 봅니다.

'우리는 같은 강물에 두 번 발을 담글 수 없다.'

 흐르는 강물에 발을 한 번 담가본 사람은 강물에 발을 담그기 전의 사람으로 돌아갈 수 없다는 뜻입니다. 즉 우리는 모든 경험을 나의 것으로 만들며 살아가기 때문에 시간적인 의미의 과거로 돌아갈 수 없을 뿐 아니라 경험적 의미로의 과거 역시 돌아갈 수 없다는 말이죠. 그래서 크고 작은 경험을 많이 쌓아나가려는 각오를 통해 행동으로 옮기는 사람은 예전에 소심하고 소극적이었던 사람으로 돌아갈 수 없다는 말이 됩니다. 우리에게는 이미 많은 정보와 환경이 주어져 있습니다. 그것을 바라볼 수 있는 눈과 그것을 활용할 수 있는 방법을 스스로 터득하지 못했을 뿐입니다. 저는 모든 사람이 적절한 훈련만 받는다면 자신의 삶을 지금보다 건설적으로 바꿔낼 수 있다고 믿습니다. 그저 '적절한 훈련의 기회'를 만나지 못했을 뿐이라고 생각합니다. 그리고 여러분에게 그 훈련의 시작점이 이 책이 되기를 소망해 봅니다. 습관적으로 남아버린 귀찮음을 이겨내셔야 합니다. 청소하고 청결을 유지하고 건강한 상태를 유지하셔야 합니다. 그리고 과거의 불행한 순간에 머물러 있는 생각들을 현재에 집중하게 만드셔야 합니다. 그제야 '하고 싶었던 일들'을 하나씩 해 볼 마음이 생기실 겁니다. 그리고 여기까지 해낸다면 오늘 함께 살펴봤던 '정보분별력'에 대한 부분을 복습해보세요. 무엇을 해야 내가 하고 싶었던 일들을 '나의 것'으로 만들어 갈 수 있을지 길이 보이실 겁니다.

미션 8. 내가 관심있는 직무와 관련한 정보를 자동화해서 받아볼 방법에는 어떤 것들이 있을까요? 여러분이라면, 그 정보를 어떤 방식으로 분류하고 정리해둘 건가요?

아홉 번째 힘

글력

아홉 번째 힘

글력

멘토링연구소장 **윤 성 화**

'한 글자의 활자로도 세상을 바꿀 수 있다'

일본의 소설가이자 시인인 사토 겐지(Sato Kenji)의 말입니다. 그는 1997년에 발행한 소설 『풀풀』을 시작으로 『영원』, 『새벽의 선물』 등 다양한 작품을 남겼습니다. 제가 그를 존경하는 이유 중 하나는 사토 겐지가 일상의 작은 것들을 통해 인간의 삶과 존재에 관해 성찰할 수 있는 글을 쓰기 때문입니다. 길에 버려진 짧디짧은 담배꽁초를 보며 자본주의를 살아가는 인간의 고뇌를 성찰하고, 아침마다 지하철에 몸을 구겨 넣는 현대인들을 보며 생계를 위해 자유를 포기하는 삶은 노예의 삶이라며 '모든 생의 순간에 자유를 추구하라'[42]고 위로하는 작가입니다. 실제로 그의 글 덕분에 많은 사람이 용기를 얻어 마음에 담아두기만 했던 일들을 실천에 옮기는 독자들도 생겨났다고 합니다. 소설 한 편으로 어느 한 사람의 인생 경로를 바꿔낸 겁니다.

이렇듯 글에는 필자의 생각뿐 아니라 독자의 가능성을 발현하는 힘이 있습니다. 모든 인간은 '해석하는 존재'이기 때문입니다. 수많은 언어사전에서 '사랑'을 어떻게 정의하든 사랑의 감정을 느끼는 당사자에 의해 재해석 되기 마련입니다. 그래서 어떤 이에게 사랑은 새로운 세상을 보게 해주는 희망이지만, 또 어떤 이에게는 다시는 경험하고 싶지 않은 상처이기도 한 것이죠. 그렇기 때문에 글의 진정한 힘은 사유하는 필자와 해석하는 독자가 만날 때 비로소 발현됩니다. 사유와 해석을 통해 세상을 바라볼 수 있을 때, 진정으로 자신이 원하는 삶이 어떤 길인지 보이기 시작합니다. 그래서 흔히 글을 '생각의 재료'라고 부르기도 하지요. 하지만 생각하며 살아가는 유의미한 삶을 살아가기 위해서는 험난한 난관을 하나 넘어야 합니다. 바로 '글을 쓰려면 많이 읽어야 한다'라는 난관입니다. 많이 읽다 보면 내 머릿속에 더 이상 생각을 가둘 수 없어 넘쳐 나오는 순간을 마주하게 되어 있습니다. 그래서 넘쳐 나오는 생각을 '글'로 나타내는 것이죠. 내면을 충분히 채워놓지 않으면 밖으로 나타낼 것이 없는 것은 당연한 일입니다. 그래서 글력을 키워내려면 일단 많이 읽을 줄 알아야 합니다.

국가통계포털(KOSIS)에서 발표한 〈국민 생활 실태조사〉에 따르면, 대한민국 평균 독서량을 2019년을 기준으로 연간 9.9권 정도로 전년 대비 0.2권 더 감소한 것으로 나타났습니다.[43] 이렇듯 계속해서 감소하고 있는 독서량과 달리 코로나 시대가 겹치면서 유튜브나 OTT 서비스 등 영상 콘텐츠에 대한 사용량과 시간은 기하급수적으로 늘어나고 있습니다.[44] 전 세계적으로 하루 평균 유튜브의 시청 시간이 1억 4천만 시간인 것을 감안하면 사람들이 독서에 할애하는 시간은 정말 미미한 수준이라 볼 수 있습니다. 물론 요즘은 이런 영상 콘텐츠 또한 좋은 지식적 채널로 활용하는 경우가 많아지고 있는 것도 사실입니다. 하지만 하나 걱정되는 부분은 영상으로 전달되는 지식이 이미 편집자에 의해 정보가 다듬어져 완성된 형태의 지식 모양을 갖추고 있기 때문에 구독자가 그것에 대해 스스로 생각할 기회가 더 적다는 데 있습니다. 유튜브는 술이고 책은 물입니다. 교육학에서도 온라인 강의하듯 지식을 전달하는 과정보다 글을 쓰거나 서로 말하는 형태의 지식 전달 과정이 훨씬 효과적이라 말하고 있습니다. 에드거 데일(Edgar Dale)이 1969년에 발표한 논문의 내용을 잠깐 살펴보면, 강의 듣기는 5%, 읽기는 10%, 시청각 수업 듣기는 20%, 시범 강의 보기는 30%, 집단 토의는 50%, 실제로 해보기는 75%, 서로 설명하기는 90%의 학습 효율성을 가진다고 합니다.[45]

제가 지금의 세상을 '극단의 아이러니 시대'라고 일컫는 이유도 여기에 있습니다. 세계는 코로나 시대를 겪으면서 다양한 불확실성을 동반한 침체기를 겪을 수밖에 없을 겁니다. 이렇게 세계 경제의 판도가 바뀌어 버린 전례 없는 일이 벌어졌으니 이제 많은 나라와 기업들이 'Next Level'로 나아가기 위한 전략을 내놓아야 합니다. 이 말은 곧 나라 경제뿐 아니라 기업의 인재 영입의 기준 또한 불확실성을 대처할 수 있는 능력에 초점을 맞춘다는 말입니다. 그래서 익숙한 문제를 익숙하게 풀어내는 사람들의 역량을 예전만큼 높이 평가하지 않을 겁니다. 그런 부분들은 이제 로봇이나 AI가 대신할 겁니다. 대신 이제부터는 지금껏 접해보지 않았던 문제를 가장 혁신적으로 풀어내는 사람들이 필요한 시대가 되었습니다. 여기서 말하는 혁신성은 창의성과는 조금 결을 달리합니다. 번뜩이는 혁신적인 아이디어보다는 적은 비용으로 같은 문제를 풀어내거나, 기존의 문제와 전혀 다른 접근 방식으로 문제를 풀어내는 것을 의미합니다.

이것은 '완전한 창조'의 영역이 아니라 '융합을 통한 창조'의 영역입니다. 익숙한 것을 이리저리 융합해서 새로운 형태를 만들어 내는 사람들의 역량이 높이 평가되는 시대가 온 것이죠. 여기서 기존의 것을 융합한다는 것은 '생각을 통한 조립'을 의미하며 이 생각의 힘은 곧 '읽고 쓰기'를 통해 기르게 됩니다. 그래서 우리는 예전보다 더 많이 읽고 더 많이 써야 합니다. 글은 생각을 낳고, 생각은 글을 낳습니다. 이 선순환에 빠져 보면 남들이 아직 알지 못하는 무언가를 먼저 알고 대처할 힘이 생기는 순간을 마주할 수 있습니다. 그때부터 글쓰기가 곧 '실용적 지식'을 위한 필수 과정이라는 것을 이해할 수 있을 겁니다.

이러한 맥락에서 코로나 시대가 도래했을 때 제가 가장 먼저 한 일은 '질병에 대한 경제학적 연구'였습니다. 아마 그 날은 밤샘하며 자료들을 정리하고 편집했던 것 같습니다. '팬데믹(pandemic)'은 전 세계적으로 대규모의 전염병이 발생하거나 유행하는 것을 의미합니다. 저는 진로와 경제를 가르치는 일을 하고 있기 때문에 이 현상이 가져올 한국의 직업적, 경제적 효과에 대해 알고 싶었습니다. 그래서 제일 먼저 비슷하게 팬데믹으로 불린 사례들을 찾았습니다. 그러자 14세기 유럽을 중심으로 번졌던 흑사병(Bubonic Plague)과 1918년에 발생했던 스페인 독감이 대표적인 사례로 등장했습니다. 그다음에는 전 세계적으로 이 팬데믹 상황을 어떤 과정을 통해 어떤 정책으로 위기를 넘겼는지 복기하기 위해 시간대별로 자료들을 찾아 나열하기 시작했습니다. 많은 경제학자 또한 과거의 실수를 통해 배우고 지금의 문제들을 풀어내는 민족지학적 사고방식을 자주 활용합니다. 그 때문에 분명 이런 방식으로 코로나 시대에 대응하다 보면 직업적으로 또는 투자자의 관점으로 유의미한 결론이 나오리라 믿었습니다. 거의 일주일에 걸쳐 자료를 정리하고 편집하기를 반복했습니다. 그렇게 나왔던 유의미한 가설과 전략들은 다음과 같습니다.

■ **코로나 시대를 앞두고 세웠던 가설과 투자 전략**
- 가설 1. 비접촉, 비대면의 업무수행 방식의 필요성이 증가할 것이다.
  전략 1) 자율 출퇴근 기업의 채용 정보 정리 후 관련 키워드를 가진 멘티들에게 배포
  전략 2) 수요 인력 증가가 예상되는 '코딩', '프로그래머' 키워드로 수능 - 학과 - 대학 - 직무 - 경력 - 독립 회사의 순서로 직무 구성표와 역량표 업데이트하기
  전략 3) 비대면 업무가 예상보다 일찍 정착될 예정이므로 온라인 회의 서비스를 제공하는 'Zoom' 주식 매입
- 가설 2. OTT, 유튜브 사용량이 획기적 증가할 것이다.
  전략 1) 영상 콘텐츠의 흐름이 기존 메이저 방송국에서 MCN

(Multi-Channel Network) 회사로 옮겨올 것을 대비해 기존 MCN 회사의 채용 정보 및 직무 구성표를 정리 후 멘티들에게 배포
전략 2) OTT 및 TV의 운영 체제를 공급하는 기업 ROKU에 투자
- 가설 3. 금리 인상의 수혜 산업 정리가 필요할 것이다.
전략 1) 상장 기업 중 부채비율이 높은 기업 리스트를 추출하여 멘티들의 취업 희망 회사 리스트에서 삭제
전략 2) 은행주 중 현금유보율이 높은 기업들을 정리해서 가치주 투자 전략 업데이트

이러한 가설과 투자전략을 단기간에 글로 정리해서 실용적으로 활용할 수 있는 것은 단연 이 정보에 대해 많이 읽고 많이 써 왔기 때문입니다. 신기한 것은, 이렇게 현재의 문제를 해결하기 위해 무려 7년 전에 써놓았던 메모도 활용했다는 겁니다. 무언가를 읽고 쓸 때 그 속에 숨겨진 '사람들의 욕구는 무엇일까?', '앞으로는 어떤 일이 벌어질까?' 와 같은 질문을 떠올려야 합니다. 그렇게 고민의 과정과 결론에 이르는 여정을 여행일기를 쓰듯 일단 글로 남겨 둡니다. 지금 당장 쓰이지 않더라도 온라인과 오프라인을 번갈아 가며 자료를 모아둡니다. 그러면 지금 제가 이 장의 글을 쓰는 것처럼 책의 재료로 쓰이기도 하고, 새로운 아이디어의 재료가 되기도 합니다. 중요한 것은 '지금 내가 풀어야 할 문제'에 대해서 스스로 잘 알고 있어야 하며, 그 재료가 어떤 정보인지를 알고, 그것에 대한 글쓰기를 지속해서 해놓아야 한다는 점입니다. 이것은 그저 기사를 읽고 공유하기 버튼을 눌러 내 메모장에 담아 놓는 작업을 말하는 것이 아닙니다. 단 한 줄이라도 그것에 대한 내 생각을

글로 써놓아야 합니다. 어떤 문제 때문에 내가 그 기사를 읽었고 그 기사에서 가장 중요한 부분이 무엇인지, 현재 나의 문제를 풀어내기 위해서는 어떻게 활용하는 것이 좋다고 생각하는지 등을 메모해 놓아야 합니다. 이러한 일련의 과정을 '정보의 편집'이라 합니다. 글을 많이 쓴다는 것은 바로 이 '편집 과정'을 많이 경험한다는 말입니다. 각색하고 이어 붙이고 시간의 배열을 뒤틀면서 나의 기준으로 자료들을 편집해 보세요. 그러면 마치 해리포터에 나왔던 킹스크로스역 9 3/4 지점을 현실에서 발견한 기분이 들 겁니다.

그럼, 구체적인 글쓰기의 형태에 대해 논하기 전에 진로와 직업을 가르치는 제가 왜 이렇게 '글쓰기'를 강조하는지에 대해 먼저 알려드리고자 합니다. 일반적인 글쓰기의 효능도 말씀드리겠지만 그것보다는 직업 훈련을 해본 사람의 입장에서 알려 드리는 관점이라는 것을 먼저 밝힙니다.

1. 글쓰기는 정확한 의사소통을 가능하게 한다

요즘 주변의 회사 대표님들과 조찬모임을 하다 보면 여기저기서 한숨 소리가 들립니다. 왜 그러시냐 물어보면 직원들과 의사소통이 너무 안 되어서 답답하다는 말씀을 많이 하시는 것 같습니다. 단순히 은어를 많이 쓰거나 줄임말을 많이 써서 생기는 문제는 아닌 듯했습니다. 조금 더 이야기를 이어가 보니 가장 본질적인 문제는 '일의 맥락'을 파악하는 데 너무 많은 시간을 허비해야 한다는 점이었습니다. 매출을 높이고 비용을 줄여가며 다음 시장을 공략해야 하는 대표님의 입장에서는 이러한 의사소통의 부정확성은 꽤 중대한 문제였습니다. 저는 다른 것보다 우선 회사에서 쓰이는 용어들의 의미와 활용처를 정리한 업무분장표를 인수인계서 형식으로 만들고 회사의 공용 네트워크를 통해 공유해 보시는 게 어떻겠냐며 의견을 드렸습니다. 그리고 수개월이 지난 후 다시 뵈었을 때 다행히 안색이 예전보다 훨씬 좋아 보였습니다.

"윤 대표, 내 밥 한 끼 살게."
"네, 기분 좋게 얻어먹겠습니다. 전에 그 문제는 잘 해결되셨나 봐요."
"덕분이지. 진작에 업무분장표를 세세하게 문서화해 놓을 걸 그랬어. 일주일 넘게 걸렸던 인수인계 기간이 단 하루로 줄어들었지 뭐야. 무엇보다 기존 직원들이 업무 시간에 신입 직원들 교육하느라 일을 못 하고 저녁에 야근하는 악순환이 없어졌지. 덕분에 나도 야근 수당만큼 비용을 줄였고. 모두가 만족하는 상황이야."

오랜만에 발걸음이 가벼워 보이는 대표님을 보니 저도 덩달아 기분이 좋아졌습니다. 저는 이것이 글의 힘이라 믿습니다. 정리된 글은 정확한 의사소통이 가능하게 하고 불필요하게 낭비되는 시간을 줄여주니까요. 위에 언급된 사례에서도 업무 분장표에 업무의 분류와 정의, 담당자, 거래처와의 조율 내용과 소요된 경비와 시간, 그리고 앞으로 거래처 관계를 이어 나갈 것인지 보류할 것인지에 대한 의견을 적어 놓지 않았다면 눈에 보이지 않는 경비는 갈수록 커졌을 겁니다. 그래서 글쓰기 훈련을 통해 명확하고 정확한 글을 쓰는 연습을 하는 것은 곧

개인의 의사소통 능력을 키워 냄과 동시에 사회적 비용을 줄이는 역할도 한다고 볼 수 있습니다.[46]

정확한 글쓰기는 의사 소통할 때 불필요한 오해를 줄여주기도 합니다. 요즘은 개인적인 소통뿐 아니라 업무를 할 때도 SNS 메신저를 활용하는 곳이 많아졌기 때문에 글로 하는 소통을 조금 더 신경 써야 하는 시대인 것 같습니다. 그래서 언어의 중의적 표현이나 부정확한 선택은 그동안 쌓아왔던 신뢰나 업무 능력을 깎아내리는 요소가 되기도 합니다. 한 예로 다음 두 문장을 같이 한 번 볼까요?

'내일 영화 볼까요?'라는 질문에 대한 답변
1. 좋아요. 예매는 어떻게 할까요?
2. 좋아요. 근데 예매하셨어요?

같은 질문에 대해 1번처럼 대답한 사람은 아주 정석적인 대화를 하는 상황입니다. 이후에 이어질 텍스트를 예상해 보면 언제 만날지, 팝콘은 누가 살지 등에 관해서 이야기가 이어질 수 있겠죠. 하지만 2번의 경우는 다릅니다. 맥락이 비슷해 보여도 중간에 있는 '근데'라는 단어 때문에 문장 전체적으로 보면 거절의 의사가 있는 것처럼 보이죠. 이렇게 되면 실제로는 함께 영화를 보고 싶은 마음이 있더라도 문자적 오해 때문에 주말을 혼자 보내야 하는 상황이 벌어질 수도 있습니다. 그러니 SNS 메신저나 이메일, 사내 커뮤니티 프로그램 등을 통해 일하거나 관계를 이어 나가야 하는 지금 같은 시대에서는 더욱 정갈한 글쓰기 훈련이 필요합니다. 글쓰기를 통해 내 생각을 명확하게 전달할 수 있는 능력만 갖추더라도 불필요한 오해를 줄이고 매사에 정확한 사람이라는 인식을 심어줄 수 있으니, 일거양득의 효과를 가져올 겁니다.

2. 글쓰기는 생각과 감정을 정리하는 가장 좋은 방법이다

저는 매월 20~30명의 청년과 진로에 대한 상담을 진행하는 삶을 15년째 살아오고 있습니다. 진로상담을 진행할 때 가장 먼저 해야 하는 것은, 제가 만들어 둔 상담신청서에 자신의 고민과 상황을 정리하는 글을 써서 제출하는 것이죠. '지금 가장 우선되는 고민 3가지를 적어 주세요', '지금 나의 자존감의 점수는 몇 점이라고 생각하나요? 그 이유는 무엇인가요?' 등의 질문들을 제시해 주고 그것에 대해 가능한 상세한 답변을 써내야만 진로상담을 진행해 줍니다. 이런저런 정리되지 않은 답답한 마음으로 상담 신청을 했더라도 질문에 대한 답을 글로 써내려 가는 것만으로도 생각과 감정이 어느 정도 정리가 됩니다. 저 또한 이 과정을 통해 '드러난 고민'이 아니라 '본질적인 고민'이 무엇인지를 유추해 보고 상담을 준비할 수 있기 때문에 서로에게 좋은 결과를 가져올 수 있죠.

생각보다 많은 사람이 자신의 감정과 생각을 정리하며 살아가는데 서툰 경우가 많습니다. 물론 바쁜 현대인의 삶에 적응하느라 절대적인 시간이 부족한 경우도 많습니다. 하지만 저는 반대로 바쁠수록 정리하는 삶을 추구해야 한다고 생각합니다. 글쓰기는 글의 양이 중요한 것이 아니라 '글을 매일 쓰는 축적의 시간'이 중요하기 때문입니다. 그래서 저는 가르치는 학생들에게 '정말로 너무 바쁜 날이라면 한 줄 일기라도 써야 한다'고 설파합니다. 글을 쓰지 않는 하루가 반복되면 정리되지 않은 마음과 생각으로 학교와 일터로 향해야 할 것이고, 그런 날들이 지속되다 보면 반드시 평소에는 하지 않던 실수를 반복하는 자신을 마주해야 하기 때문입니다. 실수가 반복되면 실력이라고 합니다. 실수가 반복된다는 것을 다르게 말하면 실수의 원인을 모르거나 원인을 알아도 고치기 위한 적절한 노력을 투입하지 않았다는 말입니다. 그러니 같은 실수를 반복하지 않기 위해서는 글쓰기를 통해 할 일과 생각들 그리고 오늘 내가 살아온 하루에 대한 성찰 등을 담백하게 글로 남겨 놔야 합니다.

가르치는 멘티들에게 "하루에 1번 나에 대한 글을 써오세요~"라고 과제를 준 적이 있습니다. 제가 흥미를 느끼는 부분은 글과 언어의 난이도나 매끄러운 문장 같은 게 아니었습니다. 바로 그 글을 쓰게 되는 '시간'이었습니다. 어떤 멘티들은 아침에 주로 자신에 대한 글을 씁니다. 하루의 시작점에 글을 쓰게 되다 보니 대체로 '오늘 하루를 어떻게 보내겠다', '무슨 일을 하겠다' 등의 계획적인 글이 주를 이룹니다. 반대로 저녁이나 잠들기 바로 전에 이 과제를 한 멘티들은 주로 후회하거나 반성하며 자신의 삶을 성찰하는 글쓰기를 많이 해왔습니다. 그래서 아침에 주로 글을 써 왔던 멘티들에게는 '하루를 계획적으로 잘 살기 위한 방법'에 대한 수업을 이어 나갔고, 저녁에 주로 글을 써 왔던 멘티들에게는 '성찰이 후회로 변하지 않으려면'이라는 주제로 수업을 이어 나갔습니다. 그랬더니 아침에 글을 썼던 멘티들은 '현실 가능한 목표에 관해 공부하고 싶다'라는 피드백이, 저녁에 글을 썼던 멘티들은 '과거의 경험으로부터 배움을 얻는 방법에 관해서 공부하고 싶다'라는 피드백이 나왔습니다. 이렇게 글쓰기와 질문 그리고 다시 글쓰기로 이어지는 과정들을 반복하다 보면 그 반복하는 과정에서 진짜 자기 모습을 발견하게 되는 것이죠.

지금처럼 속도가 빠른 시대에 생각과 감정을 정리하는 일은 오히려 더 필요한 역량이 아닐까 싶습니다. 이것은 곧 타인의 생각과 타인의 감정을 나의 것으로 착각하지 않기 위함입니다. 이렇게 자신의 감정을 표현하는 것은 인간의 본성적인 것을 채워주는 일이라는 것을 영국의 극작가이자 감독인 데이비드 헤어(David Hare)는 익히 알고 있었나 봅니다.

글쓰기란 자신이 무엇을 믿는지 발견하는 행위다.
- 데이비드 헤어(David Hare)

다시 말해, 글을 꾸준히 쓰면 감정과 생각이 정리가 되고 정리된 감정과 생각은 곧 '나는 무엇을 하고 싶은가?'와 같은 본질적인 질문으로 우리를 안내합니다. 그렇게 글쓰기는 정리를 넘어 목적을 상기시켜 주는 충실한 안내자가 되어 주는 것이죠. 저는 제대로 글을 쓴 지 이제 15년이 되어 갑니다. 그동안의 글을 연 단위로 훑어보면 그렇게 부끄러울 수가 없습니다. 하지만 지금의 내가 과거의 내 모습을 부끄러워할 수 있다는 것은 과거에는 보이지 않던 것들이 지금은 보이기 때문이겠죠. 또한 거의 매일 써 왔던 일기들이 내 생각과 감정이 어떤 방식으로 정리되어 왔는지 그 과정의 기록을 볼 수 있어 너무 귀한 자산이 되어 줍니다. 이것을 자산이라 명명하는 이유는 제가 마침 교육자로서의 길을 걷고 있기 때문입니다. 누군가에게는 이 기록들이 '하지 않아도 되는 실수리스트'가 되기도 하고, 만날 수밖에 없는 장애물을 어떻게 넘어왔는지를 알려줄 수 있는 귀한 자료가 될 테니까요. 이렇듯 글쓰기는 나의 생각과 감정을 정리하는데 좋은 방법일 뿐 아니라 후세를 위한 유산적 자원이기도 합니다.

3. 글쓰기는 똑똑한 인간을 만든다.

글을 쓴다는 것은 생각을 체계적으로 정리하는 능력을 기르게 도와줍니다. 머릿속에서 뒤죽박죽이었던 생각들이 글쓰기를 하면서 조리 있게 정리되어 논리적인 글이 되어가는 과정을 누구나 한 번 정도는 겪어 보았을 겁니다. 실제로 2014년에 미국 조지아 대학교에서 대학생 200명을 대상으로 글쓰기와 지능의 상관관계를 연구한 적이 있습니다.[47] 역시나 글쓰기 능력이 높다고 평가받는 학생일수록 높은 지능 지수를 보였습니다. 재밌는 결과 중 하나는 이러한 글쓰기 능력은 선천적인 지능보다는 후천적인 학습의 과정 중에 얻게 된 능력이라는 것이었습니다. 희망적인 결과죠. 글을 잘 쓰는 데는 특별한 재능이 필요 없습니다. 그저 '많이' 그리고 '자주' 쓰면 됩니다. 생각을 정리해서 글로 써내는 작업은 하면 할수록 고도화되는 역량이기 때문에 어제보다 오늘이, 오늘보다 내일의 글이 조금씩 더 좋아질 수밖에 없습니다.

미국 조지아 대학(University of Georgia)의 연구팀 또한 2018년에 재미있는 연구를 진행했습니다. 해당 논문은 65세 이상의 노인들을 대상으로 '일기 쓰기가 인지 능력에 미치는 효과'를 검증하기 위한 실험이었습니다.[48] 실험에 참여한 노인들은 약 8주 동안 주 3회 15분 동안 자유 주제로 일기를 썼습니다. 그래서 자신의 감정이나 생각 혹은 살아오면서 겪어야 했던 경험 등을 자유롭게 글로 쓰게 했습니다. 그리고 8주가 지난 뒤 일기를 쓰지 않는 노인그룹과 인지 평가 도구인 "Mini-Mental State Examination(MMSE)"를 사용하여 실제로 일기 쓰기가 노인들의 지능에 도움이 되었는지를 측정하였습니다. 측정 결과, 8주 동안 일기를 쓰지 않았던 노인들에 비해 일기를 썼던 노인들의 지능지수가 훨씬 더 높게 나왔습니다. 글쓰기가 인간의 뇌를 더 똑똑하게 만든다는 것이 입증된 셈이지요.

글을 쓴다는 것은 생각과 인지의 유연성을 기르는 행위입니다. 반대로 생각하면 글을 쓰지 않고 배우기만 한다는 것은 생각이 딱딱하고 하나로 모이기 쉽다는 것이죠. 그래서 독일의 독재 정치 시대나 한국의 일제강점기를 되짚어 보면 무엇보다 사람들이 글을 쓰는 환경을 멀리하게 만들고 하나의 목소리만 듣게끔 했습니다. 하나의 생각만 가진 대중이 통치하기 쉽기 때문입니다. 이렇듯 생각하고 고민할 수 있는 인간의 권리를 타인에게 양도한다는 것은 나 자신과 사회를 위협하는 행동입니다. 그래서 모든 사람은 자신만의 생각의 유연성을 기르기 위해 노력할 필요가 있습니다. 아니 정확하게 말하면 이제는 유연하게 생각하고 문제를 해결해내는 사람들을 사회가 필요로 하고 있습니다. '나'라는 사람의 부가가치를 올려놓기 위해서라도 생각의 유연성이 필요한 시대가 된 것이죠. 네, 맞습니다. 이 부분이 창의성이며 곧 이것은 문제해결력과 직결되는 역량입니다.

창의성이라 불리는 '유연한 생각'은 질 좋은 글쓰기로부터 생겨납니다. 질 좋은 글을 쓰기 위해서는 많은 양의 글쓰기가 필요합니다. 많은 양의 글쓰기를 해내려면 질 높은 읽기가 선행되어야 합니다. 그리고 질 높은 읽기는 많이 읽는 것에서 출발합니다. 또한 많이 읽으려면 시간을 내어 읽지 말고 일상생활에서 마치 밥 먹듯 습관적으로 읽어야 합니다. 되짚어 보면, 습관적인 읽기를 시작해야 창의적인 사람으로 인정받으며 살아갈 수 있다는 겁니다. 여기까지의 인과관계를 충분히 설명해도 많은 멘티는 되려 저에게 이런 질문을 합니다.

'지금 제가 당장 결과를 내야 하는 상황인데, 그런 방식은 너무 오래 걸릴 것 같습니다. 어떤 필살기 같은 건 없을까요?'

네, 없습니다. 단연코 없습니다. 그러니 하루라도 빨리 읽어내는 습관부터 잡으셔야 합니다. 정도(正道)를 걸어야 정도(程度)를 지켜내는 사람으로 살아갈 수 있습니다. 무엇보다 습관적 읽기에서 유연한 생각의 단계까지 밟아본 사람은 그 일련의 과정을 통해 '이런 게 공부구나….'를 알게 되는 것 같습니다. 곧 무지의 영역에서 이해의 영역으로 넘어가는 경험을 해보는 것이죠. 곧 모르는 것에서 앎의 단계로 넘어가는 것을 두려워하지 않을 수 있게 됩니다. 제 생각에 이 영역의 배움이 독서와 글쓰기를 통해 얻을 수 있는 가장 큰 혜택이 아닐까 싶습니다. 30km 행군을 거의 매일 해왔던 군인에게 처음 해보는 5km 달리기는 그리 어렵지 않은 도전일 겁니다. 분명 걷기와 뛰기는 다른 영역임이 분명하더라도 이내 곧 걷기와의 공통점과 다른 점을 찾아 적응해 버립니다. 저는 이것이 지금을 살아가는 사람들에게 꼭 필요한 지능이 아닐까 싶습니다. 곧 미래를 예측해 보려는 허황된 노력을 하는 것이 아니라 눈앞에 주어진 상황에 빨리 적응하는 능력을 키우는데 노력을 집중하는 것이 우리에게 필요한 공부라 할 수 있습니다.

　이런 방식으로 경험을 축적하고 그 경험의 확장까지 글로 남겨 놓는다면 더할 나위 없이 좋은 공부가 되어 줄 겁니다. 그래서 저는 논리적인 글쓰기도 한번 해봤다가, 소설처럼 예술적인 글쓰기도 한번 해봤다가를 반복하며 글쓰기를 저의 삶 속에 가져오려 애쓰며 살아갑니다. 왜냐하면 저는 제가 푹 빠져 있는 저의 '일'을 '잘'하고 싶거든요. 그래서 조금의 의도를 가지고 글쓰기 훈련을 하고 있습니다. 신기한 것은 정말로 예전에는 몇 달이 지나도 풀리지 않던 문제들이 제법 수월하게 풀어지는 경험을 한다는 것입니다. 이것이 글쓰기를 통해 메타인지가 높아져서 그런 것인지 아니면 단순하게 삶의 경험치가 쌓여서 그런 것인지는 확언하기 어렵습니다. 분명한 것은 무언가를 보고, 읽고, 경험한 인풋을 다른 형태가 아닌 '글'의 형태로 나타내는 경험이 우리를 한층 더 성숙한 인간으로 만들어 준다는 데 있습니다. 그저 생각하는 스킬이나 사색의 깊이를 말하는 것이 아니라 일을 할 때 문제해결력을 높여주고 창의적인 아이디어가 떠오르게 하며 새로운 일에 대한 학습 능력도 향상시켜 주는 것이죠. 많은 글쓰기의 스킬이 있겠지만, 저는 제가 활용하고 있는 '성장하는 글쓰기의 3단계'를 추천합니다.

■ 성장하는 글쓰기의 3단계
1. 메모하는 글쓰기
2. 감정을 기록하는 글쓰기
3. 해석을 기록하는 글쓰기

1. 메모하는 글쓰기

저는 모든 글쓰기의 시작이 '메모'라고 확신합니다. 흔히 우리가 '글'이라고 하면 에세이나 소설처럼 긴 문장의 것만 글이라고 생각해서 접근하기 어려워하는 경우가 많습니다. 그래서 저는 글쓰기를 토막 내 단어나 함축적인 의미의 문구로 적어두는 훈련부터 멘티들에게 권장합니다. 그리고 무엇보다 메모를 '손 글씨'로 적는 것을 추천하는 편입니다. 실제로 2014년에 뮬러(Pam A. Mueller)와 오펀하이머(Daniel M. Oppenheimer)는 노트테이킹 방식의 차이가 학생들의 학습에 미치는 영향을 비교 분석한 적이 있습니다. 이 논문에서는 대학생들이 수업을 들으며 노트를 작성하는 방식을 비교했고, 한 그룹은 노트북을 이용하여 디지털적으로 노트를 작성하고, 다른 그룹은 손으로 쓰는 방식으로 노트를 작성하도록 했습니다. 그리고 실제로 그 노트의 내용들을 얼마나 기억하는지를 테스트해 보았습니다. 그 결과 손으로 쓰는 방식의 노트테이킹이 디지털 방식보다 학습 성과와 기억력에 더 좋은 영향을 미친다는 결과를 얻었습니다. 이를 유추해 보면 손으로 쓰는 방식이 뇌에 더 많은 정보를 기억시키고, 더 오랫동안 기억할 수 있게 하기 때문이라고 설명됩니다. 그래서 곧 손으로 하는 많은 메모는 중요한 정보들을 기억하게 해 줄 뿐 아니라 뇌의 기능을 조금 더 향상시켜 주는 역할을 하기도 하는 것이죠.

메모한다는 것이 모든 내용을 다 옮겨 적는 것을 의미하는 것은 아닙니다. 그렇기 때문에 나만 알아볼 수 있는 내용들과 형태로 재해석하면서 메모하는 것이 훨씬 더 좋은 작업이라 할 수 있습니다. 그러다 보면 메모를 적어 보는 과정들을 통해서 생각이 정리되어 간다는 것을 느낄 수 있을 겁니다. 중구난방 뒤죽박죽된 생각을 주기적으로 정리하면서 살아간다는 것만으로도 얼마나 큰 생산성이 허락되는 일인지 꼭 경험해 보면 좋겠습니다. 메모를 통해 삶을 주기적으로 기록하면 마치 삶을 자동화하는 비밀을 알게된 느낌마저 듭니다. 그러다 보면 딱히 애쓰지 않아도 일정 관리를 위한 메모와 생각을 정리하기 위한 메모, 혹은 아이디어를 위한 메모 등으로 분류화가 시작될 겁니다. 그때부터 삶의 체계를 잡아갈 힘이 생기기 시작합니다. 실수가 줄어들고 삶이 심플해진다는 것을 몸과 마음으로 경험할 수 있을 겁니다.

'좋은 메모는 나쁜 기억보다 더 오래 남는다.'

저의 메모장에 손 글씨로 적어둔 문장입니다. 디지털 메모든 손글씨를 활용한 메모든 상관없습니다. 내 생각, 오늘의 기분, 일정 등을 메모하는 습관을 가져 보세요. 그리고 꼭 지금이 아니더라도 여러분이 어떤 중요한 결정 앞에 서 있을 때 이 메모들을 곱씹어 보는 시간을 가져 보셔야 합니다. 과거의 내가 현재의 나에게 해주는 진중한 조언을 들을 수 있을 겁니다.

2. 감정을 돌아보는 메타인지 글쓰기

메모하는 글쓰기를 섭렵했다면 이제는 '나의 감정'에 대해서 글을 써봐야 할 시간입니다. 저는 학생들에게 글쓰기를 가르쳐 보면서 이 부분이 참 어렵다고 생각했습니다. 왜냐하면 많은 한국인은 감정을 숨기는 것이 미덕이라고 배워왔기 때문입니다. 조선시대의 유교 사상과 겸손을 강조하는 시대적 흐름이 겹치면서 형성된 문화라고 할 수 있습니다. 실제로 조선의 정조(1776~1800)는 자신의 감정을 억누르는 것을 중요하게 여긴 왕이었습니다. 이는 왕이 권력을 행사할 때 감정적으로 흔들리지 않도록 하기 위한 장치이기도 했죠. 호시탐탐 자신의 자리를 노리는 권력자들 사이에서 왕 노릇을 하는 사람의 입장에서는 충분히 이해됩니다. 감정을 드러내면 곧 죽음을 의미하기도 하는 시절이었으니까요.

하지만 지금은 시대가 많이 달라졌습니다. 자기 생각과 감정을 왜곡 없이 잘 전달하는 것이 오히려 필수 역량이라 평가하는 시대가 되었습니다. 하지만 시대가 변했다고 해서 사람들의 인식과 관습이 시대의 변화 속도에 맞게 변하지는 않습니다. 느리게 변하기도 하지만 오히려 너무 빨리 변해서 사회적 갈등의 원인이 되기도 하죠. 이런 이유로 자신의 감정을 객관적으로 바라볼 수 있는 '메타인지 글쓰기'는 더욱더 중요해지는 것 같습니다. 메타인지 글쓰기란, 자기 상태를 제3의 자아가 마치 CCTV를 통해서 나의 상황을 바라보며 쓰는 듯한 관점으로 글을 쓰는 것을 말합니다. 그래서 슬픔이나 분노, 기쁨 등을 감정 그대로 표출하는 데 중점을 두지 않고, 그 감정의 원인을 스스로 돌아보려는데 목적을 두고 글쓰기를 합니다.

메타인지 글쓰기를 설명할 때 저는 유명 연예인인 '이효리'님을 자주 언급합니다. 그녀는 오랜 시간 공들인 앨범이 표절 시비에 휩싸였던 적이 있습니다. 관심과 인기가 순식간에 손가락질과 악플로 바뀌어 갔죠. 너무 힘들었던 나머지 그녀는 한동안 칩거하며 술만 마셨다고 했습니다. 그러다 지인의 권유로 정신과를 찾았는데 간단한 질문과 대답을 해보고 글로 정리하면서 많은 것을 깨달을 수 있었다고 합니다. 그중 하나가 바로 '유기견'에 대한 이효리 님의 애정이었죠. 그저 '나는 유기견을 사랑한다'라고 적은 글이었다면 '나는 동물을 좋아하는 사람이구나'의 깨달음 정도로 끝났을 겁니다. 하지만 그것을 정신과 의사에게 들고 가서 해석의 과정을 들어보니 그것은 곧 유기견의 모습에서 자기 모습이 투영된 결과라는 것을 알게 됩니다. 사람들에게 사랑받다가 한순간에 버림받는 처지가 닮았다고 느낀 것이죠. 곧 본인이 아팠던 만큼 동물들에게 마음이 갔던 것입니다. 그리고 또 정신과 상담을 해주던 선생님은 뜬금없이 '효리 님의 냉장고에 무엇이 들어있나요?' 와 같은 질문을 던졌습니다. 생각해 보니 물 몇 병, 유통기한이 아슬아슬한 우유 정도밖에 없었죠. 그 모습에 대한 글을 써보라는 선생님의 권유를 따라

짧은 글을 써보고 나서야 스스로 알게 되었다고 합니다.

'나는 나 자신을 사랑하지 않고 있었구나….'

이처럼 메타인지 글쓰기는 드러나는 행동을 그저 기록하는 것이 아니라 그 행동을 유발하게 한 근원적인 이유를 관찰할 수 있도록 도와주는 글쓰기를 말합니다. 그래서 글쓰기 자체도 중요하지만, 그 글을 곱씹어 보며 사색에 빠지는 피드백의 순간이 반드시 병행되어야 합니다. 그래야 자신의 감정을 객관적으로 살펴볼 수 있고 또 쌓여만 가는 스트레스에서 벗어날 수 있죠. 실제로 제가 가르치는 멘티 중에서는 이 감정 표출을 어려워하는 멘티들이 참 많았습니다. 의학적으로 분석해봐도 감정을 억제하기만 했을 때는 스트레스 호르몬인 코르티솔의 분비를 증가시키고, 이것은 우리 몸의 면역력을 떨어뜨리며 이는 곧 심혈관 질환이나 우울증 등으로 이어질 수 있다고 합니다.[49] 또한 감정 표현의 부족은 인간관계나 사회생활에도 악영향을 미칩니다. 신입 사원들과 직무 상담을 해보면 다른 문제가 아니라 그저 자기 생각을 표현하는 데 서툴러 인간관계를 망치게 되거나 신뢰를 주지 못하는 경우가 생각보다 많습니다. 이는 곧 낮은 성과로 이어져 사회 적응력까지 저하하는 결과로 이어집니다. 그러니 메타인지 글쓰기는 자기 자신을 돌아볼 수 있도록 객관적 자아를 훈련하는 방법이기도 하지만 동시에 사람들과 원활한 의사소통을 위해 어떤 방식을 취해야 하는지를 알 수 있는 일거양득의 글쓰기라 할 수 있습니다.

3. 해석을 기록하는 글쓰기

마지막으로 우리가 갖춰야 할 글쓰기는 바로 '해석하는 글쓰기' 단계입니다. 이 단계는 의인화, 비유, 사색, 성찰, 자기화 등의 방법들을 이용해 세상의 많은 사물과 나의 접점을 만들어 가는 글쓰기입니다. 내 주변에 존재하는 것들에 대해 생각을 입히고 그것을 나의 관념으로 해석해 보는 훈련입니다. 설명이 거창하긴 하지만 그렇게 어렵지 않습니다. 한 가지 예를 들어볼까요?

집에 나뒹구는 걸레를 본다. 가장 더러운 곳을 찾아다니며 자신을 더럽히면서 주변을 끊임없이 청소한다. 그것은 너덜너덜해져 '에이 이제 못 쓰겠네!'라는 어머니의 판결이 있기 전까지 그것을 반복할 운명이다. 걸레는 왜 걸레가 되었을까. 아, 생각해 보니 걸레도 원래는 수건이었다. 건조기에서 뽀송함을 뽐내며 나와서 화장실 수납함에 정갈하게 개어져 있던 바로 그 수건. 수건이 걸레가 되었는데도 그는 한마디 변명도 없다. 그저 묵묵히 자신이 지금도 쓰이는 것에 오히려 감사할 뿐이다. 이런 성인군자를 보았나. 뜯어진 걸레의 몸뚱이를 보며 나는 오늘도 고개 숙여 배운다.

제가 걸레를 보면서 썼던 에세이의 한 문단입니다. 한창 정약용과 레오나르도 다빈치에 대한 글을 읽어가며 그들의 생애를 공부하고 있을 때 쓴 글이라 그런지 집에 나뒹구는 걸레를 보더라도 제게는 그것이 또 한 명의 선생으로 보였습니다. '이런 글쓰기는 작가들이나 하는 게 아닌가?'라는 의문을 갖는 분들도 많더군요. 하지만 그렇지 않습니다. 지금 우리가 살아가는 시대는 모든 사람에게 '색다른 관점'을 요구하는 시대입니다. 하지만 이런 관점 훈련은 하루아침에 갖춰낼 수 있는 영역이 아닙니다. 호기심도 있어야 하고 꾸준하게 생각의 톱니바퀴를 굴릴 수 있어야 하며, 주기적으로 창의성을 자극할 자극제도 필요하죠. 이 모든 과정을 한꺼번에 해낼 수 있는 것이 바로 이런 '해석하는 글쓰기 과정'입니다. 우리의 뇌는 참 정직해서 많이 훈련하는 부분을 더 잘하게 해주고 자주 쓰지 않는 부분은 스스로 퇴화시킵니다. 그렇기 때문에 이런 창의성 훈련을 지금부터라도 천천히 자신의 습관으로 만들어 두면 이것은 단연 글쓰기 능력뿐 아니라 다양한 삶의 기회들을 우리에게 선물해 줄 겁니다.

너무 어렵게 느끼실 필요는 없습니다. 다행히도 해석하는 글쓰기에는 규칙이 없기 때문입니다. 그래서 삶의 크고 작은 문제들을 특정한 시선으로 풀어나가는 글들을 자주 읽어 보는 것을 추천해 드립니다. 이런 맥락에서 문학이 참 의미 있는 분야의 글이라는 생각이 듭니다. 『노르웨이의 숲』에서 무라카미 하루키가 언급했던 '사람은 사람을 위해 존재하며 그것이 모든 것의 시작이다'라는 문장으로 시작해서 『1984』에서 조지 오웰이 언급했던 '진리는 속지 않는다. 다만, 우리의 관념이 진리의 기운을 지탱하지 못할 뿐이다'라는 문장에 이르기까지 어느 하나 버릴 것이 없습니다. 이 문장들은 지금도 저의 현재 시점의 많은 삶의 문제들을 풀어갈 때 나침반의 역할을 해주고 있기 때문입니다. 우리가 무라카미 하루키나 조지 오웰 같은 유명한 작가의 필력까지 갖출 필요는 없습니다. 그저 나의 관점으로 세상을 바라보고 그 관점을 통과한 결과물이 '글'의 형태를 띠기만 하면 됩니다.

이런 맥락에서 저는 일상 속에서 늘 관찰의 시선을 거두지 않고 살아가는 듯합니다. 아침 산책을 하면서도 떨어진 벚꽃 잎을 찰칵 사진 찍어 둡니다. 그리고 사진 제목을 '인기'라고 적어 두죠. 그리고 그 사진 메모를 일단 잊어버립니다. 그렇게 시간이 조금 지나고 나서 '매일 에세이 1편 쓰기'라는 버킷리스트를 실천하기 위해 메모장을 열었을 때 다시 그 녀석을 만나 글을 써내려 갑니다.

인기는 벚꽃 잎과 같다. 화려하게 피어 모든 사람에게 주목받았다가도 예상치 못한 소나기 한 번 만나면 하루아침 바닥에 나뒹굴며 쓰레기 취급받는 것. 그러니 피어날 때 너무 뽐내지 말고 떨어졌다 한들, 내가 꽃잎이 아닌 게 아니니 스스로 너무 자책하지 말자. 결국 나를 지켜내는 것은 나의 마음이다.

이런 식으로 관찰과 기록을 반복하는 일상을 살다 보면 어느새 메모장에 책 한 권 분량이 쌓여 있게 됩니다. 그렇게 저만의 해석하는 글쓰기는 카피라이터의 도움을 받아 한 권의 책으로 재탄생이 되는 것이죠. 너무 멋진 일 아닌가요? 생각의 흔적들이 누군가에게 영감을 주는 책으로 생명을 얻어낸다는 것이. 무엇보다 저는 해석하는 글쓰기를 일상의 삶에서 녹여내면서부터 제 일을 더욱 사랑하게 된 것 같습니다.

자기 일을 사랑하는 사람은
하루하루를 인생의 성취로 즐길 수 있다.

- 얼 나이팅게일(Earl Nightingale)

20세기 미국의 성공학자이며 목표 설정과 자기 관리 분야의 저자인 얼 나이팅게일(Earl Nightingale)의 말입니다. 그중에서도 저는 1956년에 집필해 두었던 『The Strangest Secret(가장 낯선 비밀)』이라는 책을 지금도 종종 읽습니다. 무엇보다 '성공'의 정의를 부의 축적이 아니라 '지혜의 유산을 남기는 것'이라고 강조한 부분이 너무 와닿았기 때문입니다. 저는 글을 쓴다는 것이 자기 자신의 성장을 위한 가장 좋은 투자이기도 하지만 무엇보다 '지혜의 유산을 남기는 일'이라는 맥락에서 더 큰 의미가 있는 것 같습니다. 그래서 글쓰기는 나의 행복과 성장을 추구하면서 동시에 사회에 좋은 영향을 끼칠 수 있는 몇 안 되는 행위라 할 수 있죠. 여러분 모두가 한 번쯤은 그런 경험을 해보셨을 겁니다. 나의 보잘것없는 경험과 이야기를 가까운 사람에게 나눴더니 그 사람의 오랜 고민이 풀어져 가는 경험. 혹은 별생각 없이 친구에게 툭 던진 위로의 말이 한 인생을 살리는 기적. 이런 것들을 한두 번 경험하다 보면 알게 됩니다. '아, 나의 보잘것없는 글도 누군가에게는 힘이 될 수 있구나….'

밤을 지새우며 이 책을 쓰고 있는 저의 마음도 다르지 않습니다. 그래서 저는 누군가에게는 비루한 경험과 뻔한 이야기일 수 있지만 누군가에게는 인생의 큰 전환점이 되어줄 책이 될 수도 있다는 가능성을 믿기 때문에 글 쓰는 것을 멈추지 않습니다. 앞서 말한 것처럼 누군가에게 큰 의미로서의 도움이 되지 못할지언정 이 책을 쓰는 과정을 통해 저를 더 다듬어보고, 제 삶의 방향을 점검할 수 있었던 성장의 시간은 사실이니까요. 그래서 저는 멘티들을 가르치면서 '글을 쓴다는 것은 원금 손실이 보장되는 고수익 투자상품에 가입하는 것과 같다'는 말을 종종 합니다. 글을 쓰기 시작하는 순간 정말로 잃을 게 하나도 없는 투자이기 때문입니다. 그러니 이 장을 읽고 나서 바로 일상으로 돌아가지 말고 짧은 글이라도 좋으니 꼭 자신만의 글을 기록해 보셨으면 좋겠습니다. 그리고 이왕이면 이 경험이 출발지가 되어 글 쓰는 습관을 꼭 여러분의 것으로 만들어 가셨으면 좋겠습니다. 부디 제가 누리는 이 일상의 행복을 함께 향유하는 분들이 많아지기를 바라며.

미션 9. 오늘 하루를 대표할 수 있는 한 단어를 적고, 그 단어에 대한 글쓰기를 '메모-감정-해석'의 단계에 맞게 적어 보세요.

대표 키워드 :

메모	

↓

감정	

↓

해석	

열 번째 힘

시장조사력

열 번째 힘

시장조사력

빌드업대표 **최 대 열**

'지피지기 백전불태(知彼知己 百戰不殆)'.

'적을 알고 나를 알면 백 번 싸워도 위태롭지 않다'라는 손자병법의 유명한 명언입니다. 손자병법은 중국 고대 군사학의 명저로 현존하는 중국에서 가장 오래된 병서이며, 춘추시대 말기 오나라의 명장이었던 '손무(孫武)'라는 인물이 저술한 13편의 책입니다. 손무에 대한 유명한 일화[50]가 있습니다. 오나라의 왕이었던 '합려'가 손자병법을 읽고 손무를 존경하게 되어 궁중의 시녀들을 군사들처럼 훈련할 수 있는지 보려고 시험을 했습니다. 손무는 합려가 선발한 108명의 궁녀의 훈련을 맡게 되었는데 누구도 손무의 명령을 따르지 않았습니다. 이에 손무는 군령이 제대로 전달되지 않은 것은 장수의 잘못이지만 병졸이 전달된 명령을 따르지 않는 것은 대장의 책임이라며 궁녀들의 대장 역할을 맡은 두 명의 궁녀를 참수했습니다. 궁녀들은 이 사건을 통해서 두려움을 느껐고 이후 궁녀들은 일사불란하게 움직이게 되면서 합려가 손무의 용병술을 높게 여겼다는 일화가 전해지기도 합니다. 오늘날 고전들이 사람들에게 다시금 많이 읽히고 있습니다. 무수한 시간을 거치면서 고전 속에 축적된 과거의 지혜와 철학들이 현재의 삶에 필요한 정보와 생각들을 줄 수 있기 때문입니다. 그중 손자병법과 같은 병법서들은 기업의 대표나 사업 운영 등 경영을 하는 사람들이 특히 자주 읽고 곱씹는 책들입니다. 이런 고전들이 시간을 초월하여 오늘날 사람들에게 자주 읽히고 이야기되는 이유가 무엇일까요? 시대는 달라도 사람이 살아가는 모습은 비슷하기 때문입니다. 인간이 가진 욕망, 생각, 행동 등은 시대에 따라 형태와 성격이 다를 뿐 어느 시대를 막론하고 동일합니다. '역사는 돌고 돈다'라는 말은 그냥 우스갯소리가 아닙니다.

'지피(知彼)', 적을 알지 못하고 자신도 알지 못해서 큰 전쟁에서 힘 한번 제대로 쓰지 못하고 일방적으로 패배할 수밖에 없었던 전쟁이 있었습니다. 그 전쟁은 바로 우리가 살아가는 이 땅에서 400여 년 전에 6년간 있었던 '임진왜란'입니다. 류성룡이 집필한 『징비록』은 임진왜란 당시의 조선 상황에 대한 설명을 자세하게 묘사하고 있습니다. 조선은 태조 이성계를 시작으로 세종대왕이 즉위한 15세기에 조선 최고의 전성기를 누리게 됩니다. 하지만 그 이후로 조선은 점차 쇠락기에 접어들게 됩니다. 한 가지 재미난 사실은 이 전성기를 누리는 시점을 기준으로 전후 약 200년 동안 이웃 나라 일본을 대비하고 경계하기 위한 데이터를 수집하기 위한 활동의 차이가 너무나 크게 차이가 난다는 사실입니다. 14세기 태조 때부터 성종에 이르기까지 일본으로 사절단을 파견하여 일본의 일거수일투족을 분석하고 데이터를 수집하게 한 횟수는 '60회'에 이르지만, 16세기 연산군부터 임진왜란이 일어나는 선조에 이르기까지는 단 '5회'에 그치고 있습니다.

어떤 이유로 이렇게 엄청난 차이가 발생했던 것일까요? 류성룡이 작성한 『징비록』[51]을 보면 그 답이 나와 있습니다. 류성룡은 당시 조선의 상황을 이렇게 묘사하고 있습니다. "당시 조선은 오랫동안 평화로운 시절이 지속되었고 이로 인해 온 나라의 백성이 편안함에 익숙해져 있었다." 류성룡의 이야기를 통해 알 수 있는 것은 당시 조선은 전쟁이 없는 평안함의 시대를 무려 200년 가까이 지속되었음을 알 수 있습니다. 200년 동안 전쟁이 없었으니 군사훈련이나 무기를 정비할 필요성을 느끼지 못하는 것은 당연했을 것입니다. 누군가가 군사를 정비해야 한다는 의견을 제시했다면 아마 그는 시대를 읽지 못하는 몽상가라고 치부되었을 것입니다. 만약 지금 시대에 뉴스 기사로 나왔다면 어떤 댓글들이 달렸을까요?

'이렇게 살기 좋은 시대에 전쟁이라니 세상을 너무 모르는 거 아님?' '밀리터리 덕후이심?' '이런 사람들은 군대를 한 번 더 보내야 이런 얘기가 쏙 들어감' 아마도 이런 종류의 다양한 댓글들이 달리지 않았을까요? 이에 반해 일본은 조선과 정반대의 상황이었습니다. 이런 조선의 사정을 너무나 잘 알고 있었습니다. 일본은 이미 내전을 종결시키고 임진왜란을 준비하는 나라였기에 그 준비가 철저할 수밖에 없습니다. 일본 내부 세력들의 불만들을 종식시키고 시선을 외부로 돌리려면 임진왜란은 당시 일본에 있어서 매우 중요한 전쟁이었습니다. 일본은 조선에 수차례 많은 정탐꾼을 보내 조선의 내부 사정들을 파악했습니다. 일본은 '지피(知彼)' 했지만 우리는 '지피(知彼)' 하지 못했기 때문에 임진왜란이 발발한 전쟁 초기에 속수무책으로 당할 수밖에 없었습니다. 임진왜란이 일어나자마자 일본은 파죽지세로 조선의 수도였던 한양까지 갈 수 있었고 이에 반해 조선은 임금이 도망친 나라가 될 수밖에 없었습니다. 이처럼 처한 상황과 흐름을 읽는 '눈'은 무엇보다도 중요합니다.

동일하게 지금도 '지피지기(知彼知己)'는 무척 중요합니다. 오늘날의 지피(知彼)는 '나를 아는 것'이며 지기(知己)는 '시대의 흐름과 취업 시장의 상황을 아는 것'입니다. 커리어를 개발하거나 쌓아가는 과정에서 반드시 갖춰야 할 핵심 역량 중 하나가 바로 시장을 분석하는 눈을 갖는 것입니다. 내가 활동하고 있거나 향후 진출할 시장의 규모, 이슈, 환경에 대해 대한민국을 비롯한 전 세계의 정보와 분석이 없다면 노력한 만큼 원하는 결과로 이어지지 않을 수도 있습니다. 따라서 생애 첫 취업이나 이직 혹은 직무 선택의 과정이든 현 시장에 대한 전반적인 이해를 바탕으로 하는 것은 마치 전쟁에서 전술을 어떻게 운용해야 하는지를 예상하고 파악하는 것과 동일합니다. 우리가 공부해야 할 많은 시장이 있지만 여기서는 커리어적인 성장과 가장 연관성이 높은 '취업 시장'에 대한 이야기를 해보고자 합니다. 무엇보다도 지금은 그 어느 때보다 많은 변화를 맞이하고 있습니다. 3년 넘게 우리의 삶에 많은 변화를 가져온 코로나 바이러스의 영향력은 4차 산업혁명의 흐름을 더욱 가속하게 만들었습니다. 많은 이슈 중에서 몇 가지 기억해야 할 내용들을 다뤄보고자 합니다.

먼저 산업적인 변화를 살펴보자면, 제조 및 기술을 기반으로 하는 '산업사회'에서 지식과 정보를 기반으로 하는 '정보사회'로 변화되었고 더 나아가 현재는 소비 대신 공유와 협력, 상생의 '공유 사회'로 변화되면서 이에 대응하는 산업과 기업들이 눈에 띄게 달라졌습니다. 이런 변화는 코로나 팬데믹 상황이 발생하기 이전부터 있었지만 코로나 발생 이후에 더욱 변화하는 속도가 빨라지고 변화의 폭도 넓어지고 있습니다. 이전에는 '소유' 형태의 소비 가치가 있었다면 이제는 '공유' 형태의 소비가 자리 잡으면서 '공유 플랫폼'[52]이 삶에 자리 잡기 시작했습니다. 따라서 기업에서는 공유 사회를 기반으로 하는 전략적 제품들이나 서비스들을 속속 출시하고 있는 상황입니다. 사람들은 기능이 좋은 제품을 넘어 어떤 '가치'와 '의미'가 있는 좋은 제품인지를 판단합니다. 예전에는 디자인이 예쁘거나 고가의 명품 소비와 같은 기준들이 있었지만, 지금은 'ESG'와 같은 친환경적이고 긍정적인 가치를 추구하는 제품들을 선호하는 경향들이 있습니다. 이런 흐름에 발맞춰 정기적으로 구독하는 형태의 서비스들이 정말 많이 증가했습니다. 크고 작은 생활가전에서부터 식료품, 책, OTT 서비스(Over-The-Top media service, 각종 미디어 콘텐츠를 제공하는 서비스)에 이르기까지 목돈을 주고 구매를 해야 했던 제품들이 지금은 매월 일정한 금액을 지불하고 빌려서 사용하는 형태로 바뀌고 있습니다. 이런 다양한 변화 흐름은 자연스럽게 기업 운영의 방향성이 바뀌게 했고 이는 기업의 채용 방식과 형태

변화에도 영향을 미쳤습니다.

코로나 이후 채용시장에서 크게 달라진 변화들

채용시장의 많은 변화 중에서 크게 세 가지를 함께 나눠보고자 합니다. 첫 번째 큰 변화[53]로는 기존의 '공개채용'같은 대규모 채용에서 '상시 채용' 혹은 '수시 채용'으로 필요 인력을 최소한으로 채용하는 형태로 변화되었습니다. 공개채용이란 일정 기간 대규모의 채용을 위해 서류접수, 그리고 면접, 인·적성 시험 등을 거쳐 많은 인원을 정해진 기한 안에 선발하는 과정을 말합니다. 우리가 흔히 알고 있는 대기업들의 채용 방식이 바로 공개채용 방식입니다. 현재 바뀌고 있는 채용 방식인 상시 혹은 수시 채용은 고정적인 채용 일정이 아닌 회사의 상황에 따라 유동적으로 선발하는 과정을 말합니다. 예를 들어, A라는 기업에는 다음 달부터 출산으로 인해 1년 정도 육아휴직에 들어가야 하는 영업팀 직원이 있습니다. 그렇다면 A 기업은 이달에 1명에 해당하는 채용공고를 게시하게 됩니다. 수시 채용으로 전환한다는 뜻은 구직자의 입장에서 자신이 가고자 하는 기업에 대한 채용정보를 수시로 따라다녀야 한다는 뜻이기도 합니다. 채용시기나 인원이 정해져 있지 않기 때문입니다. 따라서 관심 기업들에 대한 정보를 평소에 파악해두는 것이 중요합니다. 팬데믹 상황이 점차 안정되면서 공채를 조금씩 늘려가는 상황이기는 하지만 예전처럼 대규모의 인력을 채용하는 방식으로 돌아가지 않을 것으로 판단됩니다.

두 번째 변화는 기업이 채용에서 '실패'를 줄이기 위한 다양한 노력을 하게 된 것입니다. 그중 하나가 바로 '중고 신입의 채용 증가[54]'입니다. 기업들은 이제 막 대학을 졸업한 지원자보다 1~3년 정도 재직 경험이 있는 지원자를 선호합니다. 생애 첫 취업을 준비하는 사람의 입장에서는 억울할 수밖에 없지만 기업의 입장에서는 적절하고 효과적인 운영방식이라고 할 수 있습니다. 우리나라의 교육 구조상 대학 교육에서 배운 지식을 현장에서 쓰기 위해서는 일정 동안 '수습 기간'을 통해서 일련의 업무 숙지를 위한 학습과정을 거쳐야 합니다. 기업은 이 기간에 수습사원에 대해 급여 및 복지, 교육 등의 투자 비용들이 발생하게 됩니다. 일을 시키기 위한 준비 비용, '비기너 코스트(beginner cost)'가 발생하게 되는 것입니다.

그러니 중고신입을 채용하는 것은 신입 사원을 업무에 투입하기 위해서 교육하고 준비시키는 과정에서 발생하는 비용을 줄이기 위한 기업들의 전략입니다. 그만큼 생애 첫 취업을 준비하는 구직자들의 입장에서 더욱 취업 문이 좁아졌다고 할 수 있습니다. 그러다 보니 취업 현장에서는 이제 막 사회에 진출하는 신입과 근무 경력이 존재하는 경력자가 동등한 위치에서 비교되는 상황에 아쉬움을 토로하는 상황입니다. 이와 같은 현상들은 현재의 경제 상황과 매우 밀접한 연관성이 있습니다. 금리 인상과 물가 상승, 고환율이라는 악재들이 겹치는 상황에서 기업도 '생존'을 위한 노력을 해야만 하는 상황인 것이죠. 채용 규모를 줄이는 것은 기업 입장에서 생존을 위한 선택입니다.

대다수 기업은 상대적으로 인건비가 차지하는 비율이 높습니다. 따라서 경기가 나빠지는 상황에서는 고용을 감축시키는 것이 우선순위로 해야 할 일이 됩니다. 원자재 가격이나 생산 과정에서 발생하는 비용, 제품개발비 등은 줄일 수 없지만 인력에서 지출되는 비용들은 줄일 수 있기 때문입니다. 이런 이유로 기업들이 경영 사정이 나빠지면 제일 먼저 구조조정을 통해서 인력수급을 조절하게 되는 것입니다. 또한 축소된 채용인력을 선발하는 과정에서 비기너 코스트가 발생하지 않을 수 있고 바로 업무 현장에 투입될 수 있는 경력자, 즉 중고 신입을 선호하게 됩니다. 왜냐하면 신규 채용한 사원이 그만두게 되면 또다시 채용이라는 과정을 반복하면서 비용이 추가로 발생하기 때문입니다. 그 때문에 확률적으로 실패하지 않는 채용을 하기 위해서라도 이제 막 졸업한 인력보다는 기존에 일을 해봤던 인력들을 선호하는 것입니다.

세 번째는 'AI 채용의 증가[55]'입니다. 4차 산업으로 접어들면서 AI 기술에 대한 수요와 관심이 증가한 데다가 코로나바이러스로 인해서 기술 개발과 적용이 가파르게 빨라졌습니다. 코로나 확산 위험으로 대면 면접이 축소되고 비대면 면접으로 전환하면서 온라인 화상 면접이 증가했습니다. 그 과정 가운데 AI 기술을 통한 'AI 채용'이 증가했으며 그 중심에 AI 면접을 적용하는 기업들이 늘어나고 있습니다. 자기소개서 역시 사람이 판단하고 해석하는 것이 아니라 AI 기술을 활용하여 자기소개서를 판단하고 평가하는 시스템도 꾸준하게 활용되고 있습니다.

미 포춘지(Fortune)에 따르면, 글로벌 500대 기업의 90% 이상이 AI

를 활용한 채용 프로세스를 진행 중이며 국내 기업들도 500여 개로 추산되고 있습니다. 기업들이 AI 채용을 도입하는 이유는 크게 세 가지입니다. 바로 '신뢰성, 공정성, 효율성'입니다. 현재는 AI가 빅데이터를 기반으로 태도 등을 평가하는 수준에 있지만, 이후에는 답변 내용들을 분석하는 AI를 개발하고 출시할 예정이라 신뢰도가 높아질 예정입니다. 또한 인사직무 담당자들이 채용 실무를 진행하면서 발생하는 비용과 시간을 혁신적으로 줄일 수 있기에 대부분 기업이 긍정적으로 판단하고 있습니다. 무엇보다도 최근들어 면접관들의 자질과 역량이 문제점으로 부각되면서 지원자들이 면접관을 보고 회사 전체를 판단하고 평가하는 경향을 보이고 있습니다. 따라서 기업에서는 면접에서 질문이나 판단 기준 등을 면접관의 개인 역량에 맡기는 것이 아니라 AI 기술을 이용하여 채용에 적극 활용하려고 합니다.

물론 코로나가 안정기에 접어들면서 다시 대면 면접이 조금씩 증가하는 추세에 있습니다. 대면 면접으로 회귀하는 이면에는 바이러스가 안정세로 접어든다는 이슈도 있지만 좀 더 근본적인 이유가 있습니다. AI 면접 평가에 대한 공정성 논란과 개인을 판단하는 한계가 있다는 게 이유입니다. AI의 특성상 과거의 데이터를 기반으로 학습하는데 이 알고리즘에 대한 공정성 기준이 논란이 되고 있습니다. 이 알고리즘이 지원자들을 공정하게 판단할 수 있는 객관적으로 논리적인 근거가 될 수 있는지에 대한 여러 가지 비판적인 의견들이 존재하기 때문입니다.

실제로 연구 직무에 대한 채용 과정에서 특정한 성별을 우선으로 분류하는 사례들이 있었고, 미국의 유명 기업 아마존에서는 AI가 지원자의 이력서에 '여성'이라는 특정 단어가 들어가 있으면 감점하는 일들이 있었습니다. AI가 학습한 지난 10여 년간의 아마존의 데이터에는 남성 지원자가 압도적으로 많았기 때문에 알고리즘에 의해 AI는 여성에게 감점을 준 것입니다. 이런 문제들로 인해 AI 면접이 증가하고 있는 상황에서 조금 더 지원자에 대한 성향, 이미지, 가치관 등을 객관적으로 파악하기 위해 대면 면접과 함께 AI 면접을 병행하는 기업들이 늘어나고 있습니다. 이런 상황들은 구직자의 입장에서는 그다지 반가운 소식은 아닙니다. 지원하는 기업들이 AI 면접과 대면 면접 중 어떤 면접 형태를 원하는지 알 수 없기에 두 가지 모두 준비해야 하는 부담감으로 이어지기 때문입니다.

네 번째는 채용시장에서 직무 경험이 중요해지면서 이력서에서 '점차 사라지는 항목[56]'들이 존재한다는 것입니다. 바로 '나이'와 '학력'입니다. 최근 몇 년 전부터 대기업을 비롯한 공공기관에서는 '블라인드 채용'이라는 명칭으로 이름, 나이, 학교, 학점 등을 기재하지 않는 채용을 진행하고 있습니다. 오롯이 실력과 역량 중심의 판단을 하겠다는 것이 취지이고 공정한 평가의 기회를 제공하자는 것이 기업 관계자들의 설명입니다. 물론 정부에서 향후 블라인드 면접을 폐지하겠다고 발표했지만, 기업에서 실력과 역량 중심으로 지원자들을 선발하려는 현상들은 점차 확대될 것으로 예상이 됩니다.

최근 스타트업 기업들의 채용공고나 자격요건 등을 살펴보면 점차 나이나 학력 등의 사항들을 기재하지 않고 지원하도록 안내되어 있습니다. 소위 말하는 '스펙'이 곧 일하는 '실력'으로 이어지지 않기 때문입니다. 취업을 위한 자격을 준비하는 과정에서의 노력과 입사 후에 일을 하는 과정에서의 노력은 본질적으로 다릅니다. 취업을 준비하는 과정은 '정형화'되어 있고 '수동적'이라 할 수 있습니다. 일정한 자격 요건을 갖추기 위한 활동들을 하면서 자신을 증명하는 것이 취업을 준비하는 과정이라고 한다면, 입사 후 일을 하는 과정은 예측 불가능한 '다변적인' 문제 상황에 따라서 적절하게 해결점을 제시하고 '능동적'으로 대응할 수 있어야 하기 때문입니다. 이런 면에서 기업들은 더 이상 지원자의 기본적인 스펙에 속지 않기 위해 나이나 학력 등과 같은 항목들을 제외하고 면접을 통해서 지원자 본연의 특성을 판단하고자 노력하고 있습니다. 하지만 기업에서는 이런 파격적인 채용이 지원자의 수준을 하향평준화하고 결국 직원들의 역량을 낮추는 결과로 이어지는 것이 아닐까 하는 불안함이 있을 수 있습니다. 이에 대한 국내 기업의 좋은 사례가 있어 함께 나눠보고자 합니다.

최근에는 반도체를 비롯해 디스플레이, 태양광 제조 장비가 주력 기술 기업인 주성엔지니어링 '황철주' 회장의 발언[57]이 화제가 되기도 했습니다. 그 내용은 다음과 같습니다. "R&D 부문에 고졸과 인문계 출신을 본격 채용하고, 향후 전체 채용 인원의 절반까지 늘리겠다." 기술 기업으로서는 폭탄선언에 가까운 발언입니다. 이런 채용 방식의 변화를 추구하는 이유를 묻는 말에 대한 황철주 회장은 이렇게 답변했습니다. "대학 다닐 때 뭘 배웠는지 제대로 기억하시나요? 아마 거의 없을 겁니다. 사실 고졸 사원을 뽑기 시작한 지 몇 년 됐습니다. 막상 보니 대졸 사원과 별 차이가 없어요. 오히려 열정적인 자세와 결과물은 더 낫더군요. 그러면 왜 굳이 대졸이나 이공계 졸업자라고 선을 그어야 하죠? 유명 대학 출신 박사 학위자가 많다고 해서 반드시 좋은 결과를 내는 건 아닙니다."

주성엔지니어링은 1993년 회사 설립 초기부터 30여 년간 성별, 학력, 전공, 경력 등을 보지 않는 이른바 '열린 채용'으로 직원들을 선발하고 있습니다. 앞으로도 지속해서 살아남을 기업들의 생존방식이 바뀌고 있음을 잘 드러내는 인터뷰 답변입니다. 크고 작은 기업들이 기존 이력서에서 가장 중요하게 여겼던 나이와 학력을 삭제한다는 것은 그만큼 구직자들에게는 직무 전문성과 역량이 있다면 충분히 취업에 성공할 수 있다는 청신호입니다. 비본질적인 자격요건들을 갖추기 위해 시간과 에너지를 허비하지 말고 '본질적인 성장'에 집중해야 하는 시기라는 것을 말하기도 합니다. 하지만 반대로 예전 방식처럼 고학력이나 나이를 가지고 자신의 커리어가 상대적으로 우위에 있다고 믿는 사람일수록 안 좋은 결과로 이어질 가능성이 크다고 볼 수 있습니다.

실제 컨설팅에서 서로 결이 다른 스펙을 가지고 같은 기업을 지원했던 사례가 있었습니다. 두민(가명) 씨와 선영(가명) 씨가 그 주인공입니다. 두민 씨의 커리어는 화려합니다. 우리나라에서 명문 대학으로 손꼽히는 서울권역의 대학 출신으로, 학점도 우수하고 대내외 활동 이력들도 많은 편입니다. 선영 씨의 경우 지방대 출신으로 학점이나 대내

외 활동들은 평범한 수준입니다. A라는 중견기업에 같은 직무로 지원했는데 두민 씨는 탈락했고 선영 씨는 최종 합격으로 입사하게 되었습니다. 두민 씨는 당황스러움을 감출 수 없었습니다. 전혀 이해할 수 없다는 표정으로 며칠을 보내기도 했습니다. 당연한 반응일 것입니다. 그의 스펙은 누가 봐도 납득할 정도로 화려한 수준이었기 때문입니다. 면접관이 아닌 이상 어떤 기준으로 가지고 합격과 불합격을 선별하였는지는 알 수 없으나, 두 사람이 준비했던 직무 포트폴리오를 살펴보면서 어느 정도 이유를 추측할 수 있었습니다.

두민 씨의 포트폴리오는 정답에 가까운 형태였습니다. 조금 더 표현하자면 어디서나 볼 수 있는 교과서적인 내용들로 크게 흠잡을 수 없는 내용들로 구성되어 있었습니다. 지원 기업의 홈페이지는 물론이고 동종 업계의 기업 홈페이지를 모두 검색하고 그 내용들을 토대로 기재된 정보들이었습니다. 물론 틀린 내용들은 아니었지만, 너무 정답에 가까운 내용들이라 면접관의 입장에서는 오히려 역량을 표현하는 근거라고 판단하기에 부족한 부분들이 많았습니다. 그에 반해 선영 씨가 작성한 포트폴리오에는 현재 지원하는 기업이 운영하는 프랜차이즈 지점에서 3년간 아르바이트를 하면서 느낀 메뉴의 장단점과 손님들의 취향 데이터들을 일목요연하게 정리되어 있었습니다. 포트폴리오를 만드는 과정에서 매일 일이 끝나고 난 이후에 작성했던 자신만의 업무 일지가 크게 도움이 되었습니다. 게다가 자신이 만약 점주라면 이런 신메뉴를 개발하여 출시하겠다며 제품 기획과 그 이유까지 있었습니다. 어떠신가요? 여러분이 면접관이라면 어떤 지원자에게 더 매력을 느낄 수 있을까요? 두 지원자에게서 확연한 차이가 난다는 점을 알 수 있을 것입니다.

또한 'MZ세대' 문화의 등장은 채용시장의 변화에 많은 영향을 끼쳤습니다. 현재를 기준으로 20대 후반에서 40대 초반에 해당하는 밀레니얼 세대(M세대)와 10~20대 중반에 해당하는 Z세대를 묶은 이들의 가치관과 직업관은 기성세대와는 많이 달라져 있습니다. 기성세대들의 경우 '생존'을 위한 취업의 개념이 가장 컸기에 생존의 현장인 회사에서는 아무리 힘들고 억울해도 늘 참고 인내하라는 가르침을 자연스럽게 받아왔습니다. 그러나 MZ세대는 '자기 행복', '업무 만족감'이라는 가치를 중요시하다 보니 자신에게 맞지 않은 역할이나 업무를 견디지 않고 자신에게 맞는 기업들을 찾아 이직하거나 퇴사하는 경우들이 적지 않습니다. 최근 조사 결과에 따르면 10명 중 3명은 입사한 지 1년도 지나지 않아 퇴사하거나 이직했다고 답변[58]하고 있습니다. MZ세대에게 '퇴사'하면 떠오르는 이미지나 느낌이 무엇인가를 묻는 말[59]에 그들은 '휴식, 편안, 재충전' 등의 단어들을 이야기했습니다. 이전 세대가 느끼는 퇴사라는 무게감은 MZ세대에게서는 찾아볼 수 없는 것들입니다.

이제는 직업관이 많이 바뀌었습니다. 새로운 세대는 돈만 벌기 위해 일하지 않습니다. 돈보다 개인적인 삶에 집중할 수 있는 시간과 여유를 가질 수 있는 직장을 원하고 있습니다. 기업들에서도 이런 변화의 흐름을 알고 회사의 가치관이나 비전 등을 제시하여 지원자에게 긍정적인 회사 이미지를 보일 수 있도록 노력하고 있습니다. 그래서 지금은 기업만 지원자를 평가하고 판단하지 않습니다. 지원자도 기업을 판단하고 평가하여 입사 여부를 결정하고 있습니다. 자신의 시간을 투자할 만한 가치가 있는 회사인지를 파악한다는 뜻입니다. 지금은 '장기근속'이나 '직무 안정성'만을 목적으로 취업하는 시대가 아닙니다. 한 직장에서 오래 재직하는 것으로 역량을 증명하는 것이 아니라 재직하는 동안 근무를 하면서 기업의 성장에 도움을 줄 수 있는 경험을 바탕으로 커리어를 만들어가겠다는 마음가짐을 갖는 것이 필요합니다. 기업에 도움을 준다는 의미는 간단합니다. 회사의 존재 목적은 '이윤 추구'입니다. 따라서 회사의 실적이나 매출을 증대시키는 행위이거나 기존보다 효율성을 추구하는 방식으로 일을 하여 비용을 절감하는 등의 노력이라고 할 수 있습니다. 따라서 내가 가지고 있는 역량으로 어떻게 회사의 이윤추구를 도모할 수 있을지를 고민하며 직장 생활에 임해야 합니다. 회사나 업무에 대해서 수동적 자세를 벗어나 능동적이고 적극적인 자세가 필요합니다.

얼마 전, 〈스트릿 우먼 파이터〉라고 하는 예능, 일명 '스우파'가 큰 인기를 끌었습니다. 리얼리티 서바이벌 프로그램으로 춤을 추는 것을 직업으로 삼는 전문 댄서들의 경쟁 프로그램입니다. 프로그램 방영 후 전국적인 인기를 얻으며 유행이 되었습니다. 이전까지 '춤'이란 단순히 취미활동이며 이것을 직업으로 갖는다는 것은 불가능하다는 인식들이 있었습니다. 더군다나 춤을 추는 댄서는 가수들의 화려함과 인기 뒤에 가려진 존재들로 인식되는 것이 일반적이었습니다. 이런 개념들 때문에 자녀들이 희망 직업란에 '댄서'라고 기재한 내용들을 보면 부모님들은 한숨이 나올 수밖에 없었습니다. '춤을 춰서 먹고살기 어렵다'는 인식이 팽배해 있었기 때문입니다. 댄서는 생존을 위한 정상적인 직업이라는 인식이 없었습니다.

그러나 지금은 '댄서'라는 직업으로 자신만의 분야에서 두각을 드러내는 모습들에 열광하고 동경하는 상황으로 바뀌었습니다. 청소년들이 이루고 싶은 장래 희망에 당당하게 한자리를 꿰차고 있을 정도입니다. 그리고 춤 실력 하나로도 얼마든지 생계를 유지할 수 있는 시대가 열리기 시작했습니다. 이처럼 이전 세대에서는 '생존을 위해서 무엇이든 상관없이 우선으로 하는 선택'이 직업관이었다면, '자신에 대한 가치를 증명하고 스스로 좋아하는 일을 찾아야 한다'는 생각이 요즘 시대의 직업관입니다. 이와 같은 변화로 평생직장의 개념으로 안주하기보다는 스스로 삶을 경영하고 개척해가고자 하는 가치관이나 인식들이 높아지고 있습니다. 지금은 이전에 많은 사람이 선호하던 직무나 직업적 선호도를 떠나 다양한 직무와 직업적 선호도가 생겨나고 있습니다. 이런 상황에서 자신의 직무 적성이나 직업 가치관 등에 대해 잘 알지 못해서 방황하는 경우들이 많습니다. 청소년기와 대학 시절을 거쳐 취업과 재직 생활에 이르기까지 구체적이고 정확하게 자신의 강점이 무엇이고 흥미와 적성들이 무엇인지를 파악하는 과정들이 없었기에 더욱 어려워하는 부분들입니다. 단적인 예로 이 질문에 여러분도 한번 답을 해보시기를 바랍니다.

"당신의 장단점에 대해서 각각 세 가지씩 이야기해 주세요."

간단한 질문처럼 보이지만 가장 어려워하는 질문이기도 합니다. 장단점을 묻는 순간 당혹스러운 얼굴을 하는 경우들이 많습니다. 살면서 이런 질문들을 만나는 경우는 취업이나 이직을 위한 자기소개서 작성 외에는 없기 때문입니다. 그러니 자기소개서 작성 파트에서 가장 난감해하는 부분이 바로 이 '성격의 장단점'입니다. 그만큼 나에 대해서 관심을 가지고 진지하게 고민하고 성찰하는 시간이 부족합니다. 그래서 자신을 알고 싶지만 어떻게 찾아야 할지 몰라서 고민하기도 합니다. 성장을 위한 노력을 시작하기 전에 우선적으로 선행되어야 할 것은 '자신을 파악하는 일'입니다. 적어도 자신이 무엇을 원하는 사람인지, 내 인생의 목적이나 방향성은 무엇인지, 취업을 통해서 이루고자 하는 바가 무엇인지를 아는 것. 그리고 일을 하면서 이루고자 하는 구체적인 목표를 설정하는 것은 무척 중요합니다.

현재 취업을 하고 직장 생활을 하는 많은 사람의 일상은 대개 이렇습니다. 일단 취업하고 본격적으로 출근을 시작합니다. 신입 사원이기에 약 3~6개월정도를 OT(오리엔테이션)를 포함한 수습 기간을 거치면서 업무 파악 및 적응을 하게 됩니다. 처음 맞이하는 낯선 공간과 익숙하지 않은 사람들 사이에서 일을 하다 보면 자연스럽게 긴장도가 높아지고, 작은 일들을 수행하는데도 요령이 없기 때문에 많은 에너지를 소비하게 됩니다. 그래서 대부분은 성장을 위한 노력을 해야 한다는 생각보다는 일단 업무에 적응하고 나서 열심히 자기 계발을 시작해 보자고 생각하고 다짐합니다.

 인간은 '적응의 동물'입니다. 일정한 시간이 흐른 뒤에는 업무도 어느 정도 적응되고 일하는 요령들도 생겨나기 시작합니다. 그렇게 6개월에서 1년이 흘러갑니다. 그렇게 익숙해진 환경 안에서 성장을 위한 추가적인 노력을 투입하는 것은 더더욱 불가능해집니다. 그 원인을 따져보면 추가적인 노력을 하는 것이 귀찮거나 해야 할 필요성을 느끼지 못하기 때문입니다. 이제 업무도 익숙해졌고 회사도 나름 다닐만한데 굳이 피곤하게 추가적인 노력을 더 해야 한다는 생각 자체가 부담스럽기 때문입니다. 당장 내일부터 퇴근 후에 영어 공부를 하고 독서하고 운동을 해야 한다고 생각하면 직장인들의 얼굴빛은 어두워질 것입니다. 그렇게 안정적인 재직 상황이 2~3년이 흐르고 나면 어느 날 문득 자기 경력이 아무런 성과도 만들지 못한, 소위 말하는 '물경력'이 되었다고 판단하며 불안해합니다. 스스로 판단했을 때 정확하게 '시키는 일'만 했기 때문입니다.

나를 알아가기 위해 필요한 정보들을 파악하는 방법

 그렇기 때문에 일하는 목적과 방향, 무엇을 위한 노력인지를 스스로 생각하고 파악해야 합니다. 현재의 회사 안에서 시야가 갇히는 것이 아니라 자신의 직무, 업종 분야로 시야가 확대되어야 합니다. 지금 일하는 내용과 방법들이 업계에서는 어떤 의미이고 역할인지, 앞으로 어떤 모습으로 변화들이 일어날지 등에 대한 고민은 일을 하면서 항상 가지고 있어야 할 생각들입니다. 이런 본질적인 고민을 두려워하지 않기를 바랍니다. 이런 생각들을 하려고 하다 보면 자연스럽게 어려움을 호소하며 포기하고 싶은 생각들이 들기 마련입니다. 당장 내 직장이나 주변에 문제가 없다고 생각하지 않기를 바랍니다.

지금 시대는 우리가 변화를 따라잡을 수 없을 정도로 크고 빠르게 바뀌고 있습니다. 내가 자고 있는 동안에 지구 반대편에서는 상상도 하지 못했던 많은 일들이 일어나고 있습니다. 대한민국 안에서 일어나는, 내 주변에서 일어나는 일들에만 관심을 가져서는 안 되는 이유이기도 합니다. 이런 맥락으로 세상의 흐름을 읽다 보면 자연스럽게 현재에 안주해서는 안 된다는 결론에 이르게 됩니다. '세계화', '대한민국'이라는 단어들을 들으면 낯설고 막막해집니다. 그러나 이런 고민은 나 혼자만 겪는 문제가 아니며 지극히 자연스럽고 당연한 것입니다. 자신에게 맞는 회사와 직무를 선택하기 위해서 그리고 자신이 행복해하는 일을 추구하기 위해서 한 번은 겪어야 하는 과정일 뿐입니다. 자기 능력이 부족하다거나 역량의 문제라기보다는 '정보 부재'의 문제이며 '탐색 방법'의 부재일 뿐입니다. 자신과 기업 그리고 세상의 흐름을 읽고 변화를 알기 위한 '정보 채널'을 확보해서 탐색하는 과정들을 지금부터 하나씩 수행해야 합니다. 다양한 정보 채널들이 있지만 이 책에서는 여러분이 참고할 만한 몇 가지 채널들을 제시할 예정입니다. 이 밖에도 나에게 필요한 정보가 있는 채널들을 발굴하는 작업을 쉬지 않기를 바랍니다.

1. 워크넷 직업 적성 검사 https://www.work.go.kr

첫 번째는 정부에서 운영하는 취업 및 직업정보 채널인 '워크넷'입니다. 워크넷에서는 직업 및 직무와 관련한 다양한 정보들과 각종 심리검사를 진행해 볼 수 있습니다. 이것들을 통해서 자신이 가지고 있는 성향이나 적성을 파악하는 기초 자료로 활용하시기를 바랍니다. 많은 검사 가운데 '직업 가치관 검사'와 '직업 선호도 검사 L형' 정도는 꼭 해 보시길 권해드립니다.

직업 선호도 검사는 L형과 S형으로 나뉘어 있는데 S형은 축약형이라 L형을 선택하여 검사를 진행하는 것이 좋습니다. 대략 60분 정도 소요되며 흥미 검사, 성격 검사, 생활사 검사 등으로 평가 항목이 나뉘어 검사자 개인의 흥미 유형과 성격 등을 파악할 수 있습니다. 흥미 검사의 경우 '홀랜드(John L.Holland) 이론'을 바탕으로 만들어진 검사이며 성격검사는 'Big Five'모델을 근거로 만들어진 검사입니다. 직업 가치관 검사는 직업 선택에 가장 많은 영향을 미치는 가치관 항목을 성취, 봉사, 개별 활동, 직업 안정, 변화 지향, 몸과 마음의 여유, 지식 추구, 애국, 자율성, 금전적 보상, 인정, 실내 활동 등 13가지로 측정할 수 있습니다.

2. 무료 성격 유형 검사 16 Personalities https://www.16personalities.com

최근 나를 알고 싶은 욕구를 바탕으로 'MBTI 검사'를 하는 것이 유행입니다. 그래서 처음 만나는 사람에게 "MBTI가 어떻게 되세요?" 하고 묻는 것이 자연스러울 정도입니다. MBTI의 유형에 따라서 자신과 맞는 사람인지 혹은 그 사람의 성격이나 개성이 어떤 것인지를 알기 위한 기준으로 묻는 것이죠. 심지어 최근에는 면접에서도 이를 활용하는 기업들이 있습니다. MBTI는 1944년에 마이어스와 그의 어머니 브릭스가 개발한 16가지 지표로 사람의 성격을 분류한 검사입니다.

16 Personalities는 Big5를 토대로 카를 융의 이론을 합쳐서 MBTI식 명칭을 차용한 성격 유형 검사입니다. MBTI식의 표기는 같지만, 같은 검사는 아닙니다. 결과로 나오는 유형이 대한민국 혹은 전 세계적으로 얼마나 분포되어 있는지를 볼 수 있고 캐릭터로 이미지화해서 한 눈에 자신의 유형을 볼 수 있도록 잘 만들어진 무료 사이트입니다. 영어로 된 사이트라 번역의 오류가 종종 있었으나 22년 7월 이후에 업데이트 된 사이트는 질문이나 답변에서 완성도가 높아 자신의 성격 파악이나 성향을 분석하는 자료로 활용하기 좋습니다.

3. 태니지먼트 https://www.tanagement.co.kr

직무나 직업을 찾아가는 과정에서 자신에 대한 장점이나 강점을 알지 못해서 어려워하는 경우들이 대다수입니다. 무엇보다도 자신의 성향을 아는 것은 적합한 직무나 직업을 선택하는 데 중요한 기준들이 될 수 있습니다. 먼저 구분해야 할 개념은 '장점'과 '강점'입니다. 비슷해 보이지만 다른 개념이기 때문입니다. '장점'은 타고난 고유의 기질을 의미하며 좋아하거나 잘하거나 긍정적인 면을 의미합니다. '강점'은 비교 대상이 존재하며 남들보다 우세하거나 더 뛰어난 면을 말합니다. 따라서 장점으로 출발하여 강점을 만들어가는 과정이 역량 개발의 과정이라고 할 수 있습니다. 장점이나 강점을 하루아침에 찾을 수는 없습니다. 평소에 하는 일이나 취미 등에 관한 다양한 활동들과 그에 대한 기록을 통해 자기 자신에게 맞는 사항들을 발견할 수 있어야 합니다. 오랜 시간에 걸친 성찰과 기록을 통해 가능한 부분이기도 합니다. 그럼에도 직관적으로 참고할 만한 데이터를 볼 수 있는 채널을 알려드립니다.

바로 '태니지먼트'라고 하는 사이트입니다. 태니지먼트는 Talent와 Management의 합성어입니다. 개인의 기본 욕구를 바탕으로 자신이 가지고 있는 재능이나 강점을 파악하고 분석해볼 수 있습니다. 욕구, 강점, 태도에 대한 개인 보고서를 볼 수 있으며 200여 개의 문항, 60분 정도 소요됩니다. 한 가지 주의할 점은 강점 진단은 무료이나 한번 실행하고 재검사하려면 카카오톡으로 문의하거나 사용하지 않은 새로운 아이디로 가입해서 검사를 진행해야 합니다.

4. 커리어넷 https://www.career.go.kr/cnet/front/main/main.do

직무나 직업을 선택하는 데 있어서 어려운 부분은 직무에 대한 정확한 정보를 알지 못한다는 점입니다. 가령 신입 지원의 경우, '영업 관리'와 '영업 지원'이 어떤 일들을 하는지 몰라 지원하는 과정에서 많이 혼란스러워 합니다. 직무와 직업에 대한 정보들을 알 수 있는 사이트로

'커리어넷'을 활용하길 바랍니다. 커리어넷은 청소년들을 위해 직업 정보, 학과 정보, 각종 진로 심리 상담 등의 정보들을 제공합니다. 하지만 청소년들만을 위한 정보가 아니라 유형별 직업군들이 세분화되어 나뉘어 있고 기본적인 직무에 대한 설명, 직업 전망, 연봉정보, 취업 준비 방법 등의 기초적인 자료들이 잘 정리되어 있습니다.

5. 무료 직업 적성 테스트 https://www.arealme.com

무료 해외 사이트인 'arealme'는 회원가입 없이 직업적성을 비롯하여 성격이나 성향 등을 테스트해 볼 수 있습니다. 그 외에도 인터넷에서 한 번쯤 해봤을 법한 자아 테스트 항목들이 있어 재미있는 검사들을 다양한 관점으로 해볼 수 있습니다. 가벼운 마음으로 나라는 사람의 또 다른 데이터들을 재미로 찾아보길 바랍니다.

위에서 언급한 사이트 외에도 모두 나열하기 힘들 정도로 정말 다양한 정보 채널들이 있습니다. 이런 사이트를 활용하여 자기 적성이나 흥미, 직업군에 대한 정보를 찾는 과정에서 반드시 잊지 말아야 할 것이 있습니다. 이런 검사들이 나에 대한 절대적이고 정확한 답을 알려주는 것이 아니라는 점입니다. 이런 검사들이 유행하고 많은 관심을 받는 이유는 '나'에 대한 궁금증 때문입니다. 나 자신을 알고 이해하고 싶은 욕구나 욕망을 반영하여 직관적이고 즉흥적으로 파악할 수 있는 검사들이 만들어지고 유행하고 있습니다. 앞서 잠시 언급했던 MBTI 성향이 대표적이라고 할 수 있습니다. 이런 MBTI나 DISC 검사 등의 성향 검사들은 '절대적'이지 않고 '가변적'인 데이터입니다. 현재 처한 상황이나 하는 업무에 따라서 검사 결과들이 조금씩 달라집니다.

예를 들어 내가 하는 일이 사람들과 만나는 대면 업무가 많고 서비스를 제공하는 'CS(Customer Service)' 직무에 종사한다고 한다면 '외향적인' 성격유형이 나올 가능성이 높습니다. 반대로 사람들과 소통하는 경험이 적고 정적이고 협업보다는 개인의 역할이 강조되는 행정이나 사무직에 종사하는 사람이라면 '내향적인' 성격유형이 나올 가능성이 커집니다. 이런 이유로 검사 결과들을 절대적인 나에 대한 데이터라기보다는 보조 지표, 참고 사항 정도로 보는 것이 좋습니다. 이런 검사 결과 끝에 나오는 추천 직업들이 맞을 수도 있지만 고개를 갸우뚱하게 만드는 이유가 바로 이 때문입니다.

자신을 이해할 수 있는 데이터들을 수집한 다음에 해야 할 일들은 '시장'에 대한 흐름과 트렌드를 파악하기 위한 정보 탐색을 하는 것입니다. 앞부분에서 말했듯이 시장의 흐름을 아는 것, 시대상이 어떻게 변화되고 있는지를 파악하는 '시장조사력'이 필요합니다. 자신의 강점이 발휘되는 시장이 어떤 곳이며 어떻게 활용되는지를 모른다면 제아무리 강점이라고 한들 인정받을 수 없는 상황이 생길 수 있습니다. 따라서 자신과 시장에 대한 정보들을 함께 찾아볼 수 있어야 합니다. 여기에서는 채용 및 취업시장에 대한 정보를 파악할 수 있는 몇 가지 사이트를 추천합니다.

1. 원티드 https://www.wanted.co.kr

취업과 이직 과정에서 구직자들이 원하는 정보 중 하나는 '연봉정보'입니다. 컨설팅하는 과정에서 가장 많이 받는 질문이자 구직자들의 고민 중 하나는 바로 이것입니다. "연봉을 얼마를 받아야 적정한 수준일까요?" 대게는 자신의 주변 사람들을 통해서 정보를 얻거나 인터넷을 활용하지만 직군별, 기업 규모별로 연봉이 다르고 심지어 기업 체계에 따라 다르기에 특정하기가 어려운 부분입니다. 때문에 면접이나 이력서 등의 서류 전형에서 희망 연봉을 묻는 말에 고민을 많이 할 수밖에 없습니다. 이런 어려움에 대한 실마리를 찾을 수 있는 사이트로 '원티드'를 활용하길 바랍니다. 원티드에서는 직무별 직급에 따른 연봉정보와 평균 연봉정보들을 파악할 수 있습니다. 또한 원티드에서는 자신의 근무 이력 등을 입력하면 적정 수준의 연봉정보 등을 가늠해 볼 수 있습니다. 이 밖에도 채용 정보와 함께 취업 지원 시 합격하면 그에 대한 소정의 축하금 등을 받을 수 있기에 적극적으로 활용하기 유익한 사이트입니다.

2. KOTRA 해외시장 뉴스 https://dream.kotra.or.kr/kotranews/index.do

시장조사에 있어서 반드시 챙겨 봐야 할 정보는 '해외시장'에 대한 것입니다. 시장의 흐름은 국내에만 국한되지 않기 때문입니다. 무엇보다도 '우리나라의 특성'을 파악할 필요가 있습니다. 우리나라는 자원국가가 아닙니다. 원자재를 수입하여 제품을 생산해 다시 역수출하거나 기술 개발을 통해 고도화된 기술집약적 산업을 수출해야 하는 나라입니다. 한마디로 정의하자면 '수출 중심의 국가'라는 의미입니다. 따라서 수출과 수입 과정에서 다른 나라들과의 관계 및 상황 변화는 매우 중요한 정보 사항입니다. 국제정세가 어떻게 달라지는 가에 따라서 우리나라의 '경쟁력'이 변화됩니다.

우리나라의 경쟁력은 곧 내가 속해있는 기업의 경쟁력과도 직결되는 문제입니다. 원유 가격 변동, 전쟁 이슈, 기후 변화 등 내 삶에 직접적인 연관성이 없어 보이는 이런 이슈들을 관심 있게 봐야 하는 이유입니다. 국제정세 이슈와 산업 전망 등에 대한 정보들을 자주 파악하고 수집해야 합니다. 'KOTRA'는 '대한무역 투자진흥공사'입니다. 각종 제품과 원자재들의 수입과 수출 현황 등을 파악할 수 있는 보고서를 볼 수 있고, 현재 이슈가 되는 뉴스들을 파악할 수 있는 사이트입니다. 알림 기능을 설정해두면 주기적으로 발행되는 보고서들을 매번 찾지 않아도 알아서 편리하게 발송해 주니, 이용해 보시기 바랍니다.

이런 일련의 정보들을 검색하고 찾는 과정에서 놓치지 않고 봐야 할 것은 정보의 '발행 시기'입니다. 직무에 대한 정보나 시장에 대한 정보가 2023년 현재를 기준으로 2018년이나 2019년에 대한 정보라고 해봅시다. 아무리 잘 정리되고 유익한 정보라고 하더라도 앞으로 할 일을 위해서 학습하는 것은 맞지 않습니다. 왜냐하면 2020년을 기점으로 '코로나바이러스' 상황이 발생했기 때문입니다. 코로나19가 전 세계적으로 발병한 이후에 산업과 사회, 생활 문화 등은 많이 바뀌었습니다. 따라서 코로나 이전의 정보들은 현재에는 적용되지 않는 부분들이 존재하기 때문입니다. 심지어 지금은 코로나가 발생한 시점과는 또 다른 변화들이 진행되고 있는 영역들도 존재합니다. 따라서 정보의 발행 시기를 항상 체크하고 현재 상황에 적용되는 내용들인지를 파악해야 합니다.

  소개팅을 통해서 이성을 만나는 자리가 있다고 가정을 해봅시다. 그 어느 때보다도 옷차림이나 외모에 신경을 쓰고 가장 아름답고 멋진 모습으로 이성을 만나기로 한 장소에 나가게 될 것입니다. 따뜻한 커피 두 잔을 시켜놓고 이런저런 얘기들을 나누면서 서로에 대한 정보와 성향을 파악합니다. 하루를 온전히 보내고 나서 기분 좋게 집으로 돌아옵니다. 누구나 한 번쯤은 경험하는 소개팅의 모습입니다. 이 하루의 만남으로 상대방에 대해서 모든 것을 파악했다고 말할 수 있을까요? 더 이상 만나보지 않아도 확신에 차서 평생의 반려자로 함께 할 수 있다고 결정할 수 있을까요? 결코 그럴 수 없을 것입니다. 서로를 알아갈 수 있는 만남의 시간이 더해져야만 상대방을 안다고 확신할 수 있을 것입니다. 다른 누군가를 파악하고 알아 가는데 이처럼 적지 않은 시간이 필요합니다.

  타인도 이러할진대 나 자신을 알아가는 일에도 시간과 과정이 필요합니다. 20, 30년 넘게 나를 대면하는 시간과 과정이 없었는데 몇 가지 성격 유형 검사로 쉽게 답을 얻을 수 없습니다. 인간은 단순한 몇 가지 지표로 파악될 수 없을 만큼 복잡다단한 존재입니다. 다양한 상황이나 환경에 따라 반응하는 모습들도 조금씩 다르고 반응의 형태들도 다릅니다. 이런 나에 대한 데이터를 쉽게 찾을수록 왜곡되는 답이 될 가능성이 큽니다. 먼저 빨리 찾아야 한다는 조바심을 내려놓길 바랍니다. '빨리 찾는 것'이 중요한 게 아니라 '정확하게 찾는 것'이 필요합니다. 그 과정에서 나에 대한 정보와 내가 앞으로 진출하고자 하는 시장과 사회에 대한 정보를 아는 것이 필요합니다. '내가 좋아하는 것은 무엇인지?' '내가 싫어하는 것은 무엇인지?' '나는 어떤 관계 유형을 선호하는지?' '나의 취미는 무엇인지?' 등 하나씩 고민하면서 나에 대한 기록을 쌓아나가길 바랍니다.

또한 '현재 우리나라의 경제 상황은 어떠한가?' '현재 직무 분야의 현황은 어떠한가?' '전 세계적으로 가장 큰 경제 이슈는 무엇인가?' 등에 대한 정보들을 수집하고 정리하길 바랍니다. 그렇게 하루하루를 '나를 아는 지피(知彼)'와 '세상을 아는 지기(知彼)'를 이어 간다면 그 끝에서는 '나답게' 살아가고 있는 자신을 발견할 수 있을 것입니다.

미션 10. 워크넷 사이트에서 관심있거나 또는 가고자 하는 직무를 선택하고 'SWOT분석'을 해보세요.

관심 직무	

강점 (Strength)	약점 (Weakness)
기회 (Opportunity)	위기 (Threat)

강점(S) 이유	약점(W) 이유	기회(O) 이유	위기(T) 이유

열한 번째 힘

대화력

열한 번째 힘

대화력

멘토링연구소장 **윤 성 화**

"회사 안에서 관계가 너무 힘들어요…."

저는 종종 직장과 관련한 상담을 하면서 이런 푸념을 듣습니다. 회사의 복지도 너무 만족하고 내가 원했던 일을 하고 있는데 회사 안에서 한두 사람과의 관계가 너무 힘들어 퇴사까지 고민하고 있다는 푸념. 네, 그렇습니다. 생각보다 많은 사람이 직장을 그만두거나 옮기는 가장 큰 원인으로 일이나 복지가 아닌 사람과의 관계 속에서 겪는 갈등을 꼽습니다. 실제로 구인·구직 플랫폼 〈사람인〉에서 직장인 379명을 대상으로 '일과 사람 중에서 퇴사에 더 영향을 미치는 것은 무엇인가?'라는 질문으로 설문조사를 했습니다. 예상했던 대로, 결과는 사람이 싫어서 퇴사한다는 경우가 81%, 일이 싫어서 퇴사한다는 경우가 19%를 차지했습니다.[60] 그리고 이어서 퇴사에 영향을 미친 원인을 물어보니 업무

분장에서 상사가 유리한 결정만을 고집하거나(44%), 자기 경험만을 내세우는 권위적인 태도가 있거나(40.4%), 업무를 직급이 낮은 사람에게 미루는 경우(37.6%)가 순으로 많았습니다.

불합리하고 권위적이며 내가 하지 않아도 되는 일을 나에게 미루는 상사와 함께 일하는 하루를 상상해 보세요. 상상만으로도 가슴이 답답해지는 것 같지 않나요? 시간이 지나도 이런 부분이 개선되지 않는다면 당연히 퇴사자가 속출할 것이고, 그렇게 되면 회사에 남은 사람들에게 업무가 가중될 겁니다. 회사의 입장에서는 사람이 부족하니 어쩔 수 없다는 입장이겠지만, 남은 사람들은 예전에 없었던 업무 과중으로 인한 스트레스로 퇴사를 생각하게 됩니다. 시간이 갈수록 업무에 방어적인 사람이 되는 악순환에 빠지게 되는 것이죠. 저는 이런 상황의 원인이 개인의 미성숙함이나 조직의 구조적 결함에 있다고 생각하지 않습니다. 저는 이 문제를 '건설적 소통의 부재'로부터 시작되었다고 생각합니다. 즉, 다르게 말하면 회사 내에서 필요한 소통의 방식을 익히 알고 훈련하고 공유했다면 미연에 이런 상황을 예방할 수 있다는 말입니다. 왜냐하면 우리가 위에 언급한 3가지 경우의 일들에 처하게 될 때 많이 하는 선택이 바로 '갈등 피하기(59.6%)'와 '혼자 속으로 참기(42.2%)'이기 때문입니다.

조직 안에 어떤 문제가 생겼는데 한쪽은 문제를 문제로 인식하지 못하고 한쪽은 문제를 더 키우고 싶지 않아 외면하거나 혼자 참고 넘어가려고 합니다. 이런 선택이 쌓이는 것은 구성원뿐 아니라 회사에도 큰 위험 요소가 될 겁니다. 당장 눈앞의 스트레스를 받지 않으려고 본질적 문제를 외면하는 것은 마치 찬물을 삼키며 알게 된 충치를 억지로 외면하는 것과 같습니다. 결국 언젠가는 치과에 가서 충치를 제거해야 하기 때문에 그 시간이 늦어질수록 본인에게 손해입니다. 작은 균열을 일찍 발견해서 그것을 메우는 용기를 내지 않으면 건물 전체가 무너지는 법입니다. 그래서 저는 이 '작은 균열'을 '소통의 부재'라 정의하고 조직 강의를 할 때 활용하기도 합니다. 이런 연역적 결과를 겪어보지 않은 분들에게는 '왜 우리가 소통 강의를 들어야 하느냐?' 하겠지만, 실제로 이것이 기업의 비용과 회사 운영에서 꽤 중요한 역할을 한다는 것을 경험한 분들은 대화법에 대한 강조에 대해 연신 고개를 끄덕이십니다.

삼성경제연구소에 따르면 우리나라는 사회적 갈등으로 모든 국민이 매년 약 900만 원을 소비한다고 합니다. 국민 전체로 보면 무려 246조 원, 한 해 국가 예산의 60%에 해당하는 금액을 갈등비용으로 낭비하는 것과 마찬가지입니다. 이것을 역순으로 계산했을 때, 이 갈등비용을 줄이는 것이 가능하다면 한국의 실질 GDP가 0.2% 정도 추가 상승할 수 있다는 계산이 나옵니다.[61] 한마디로 서로 오해가 없고 소통이 잘 되기만 해도 실질적 사회비용을 줄이고 경제성장을 이룰 수 있다는 말이 됩니다. 다시 말해, 우리가 이번 챕터의 주제인 '소통과 대화'를 공부하는 것은 곧 나뿐 아니라 사회와 나라를 위한 이타적 행위에도 포함된다는 뜻입니다. 그러니 '말 잘하는 사람이 되고 싶다'라는 맥락보다 조금 더 광범위한 시각을 가지고 이 주제에 대해 접근해 보시길 추천해 드립니다. 그럼, 하나씩 대화력의 종류에 대해서 살펴볼까요?

대화의 출발점, 스몰토킹

대화력에서 제가 가장 먼저 강조하고 싶은 부분은 바로 '스몰 토킹(Small Talking)'입니다. 저는 요즘의 20~30대 젊은 청년들을 상담하면서 놀라는 부분이 '대화가 무섭다'라며 상담을 의뢰하는 경우가 갈수록 많아진다는 점입니다. 손가락으로 자판을 두드리며 텍스트와 이모티콘으로만 수년간 소통을 해오다가 갑자기 회사 전화기 너머로 대화를 오래 이어가는 것이 너무 겁난다고 합니다. 처음에는 저 역시 '이게 상담의 주제가 될 수는 있을까?'라는 생각이 들었는데 같은 주제로 저를 찾아와 도움을 요청하는 사회 초년생들이 많아지는 것을 보고 제대로 공부해서 도와야겠다는 마음을 먹기에 이르렀습니다. 말하는 것이 두려운 이들에게 업무 지시적 대화 이외에 회사 사람들과의 대화는 곤혹스러운 시간일 겁니다. 경험도 없고 방법도 몰라 침묵하는 것인데 이에 대해 기성세대는 또 불만이 많거나 조직에 어울리기 싫어하는 사람이라는 꼬리표를 붙입니다. 그렇게 오해로 인한 갈등의 씨앗이 완성되는 것이죠. 그래서 저는 진로와 취업을 준비하는 컨설팅 수업을 진행하면서 자연스럽게 사람과 사람으로 대화하는 방법을 면밀히 알려주기 시작했습니다. '이런 것도 가르쳐줘야 하나?' 혹은 '이 정도는 기본 아닌가?'라는 생각을 내려놓으니, 그들과 진짜 대화를 할 수 있는 눈높이를 갖추게 되더군요. 그래서 어떤 부분이 힘든지 또 그것을 어떻게 풀어가야 하는지, 그것이 왜 필요한지에 대해 알려주기 시작했습니다. 이 많은 궁금증 중에서 저는 '왜 스몰토킹(Small Talking)이 필요한가?'를 가장 먼저 알려주는 편입니다. 특히나 요즘은 이해되지 않은 상태에서 지시만 내려오는 회사문화를 받아들이지 않으려는 시대적 특성이 강하다는 것을 알아차렸기 때문입니다. 사실 정확히 말하면 '당연히 하는 것'에 대해 질문과 의문을 던지는 지금 세대의 특성은 환영하고 싶은 마음이 큽니다. 그러면 우리에게 스몰토킹이 왜 필요한지부터 하나씩 살펴볼까요?

스몰토킹의 가장 중요한 역할은 '대화의 출발점'이 아닐까 싶습니다. 대부분 '안녕하세요' 혹은 '식사는 하셨어요?'까지는 습관적으로 내뱉을 수 있지만 그다음부터 어떤 말을 어떻게 이어가야 할지 난감한 경우가 많습니다. 그래서 보통 어색한 침묵만 흐릅니다. 하지만 이런 일상적 상황에서 침묵이 반복되다 보면 불편한 시간을 다시 마주하고 싶지 않다는 생각이 드는 경우가 많습니다. 그래서 그 사람과 마주치는 상황을 회피하기 위해 먼 길을 돌아가기도 하는 불상사가 벌어지는 것이죠. 하지만 사람은 자신과 개인적인 이야기를 나눈 사람에게 호의를 베푸는 성향을 보인다는 것을 기억해야 합니다. 일과 관련한 대화가 아닌 개인적인 대화를 할 수 있는 대상이라고 인식하기 시작하면 사람은 경계를 풀고 관계 속에 마음을 담기 시작합니다. 그리고 자연스럽게 일 대화로 넘어갈 때도 친절함이 동반되는 기적을 경험하게 되는 것이죠.

이런 현상은 블로그나 인스타그램 같은 SNS를 운영할 때 많이 느껴보는 것 같습니다. 저는 온라인 스몰토킹에 의도적으로 하루 30분 정도의 시간을 들이는 편입니다. 블로그나 인스타그램 상에서 연결된 사람들에게 단순히 상투적인 댓글을 다는 것이 아니라, 그들이 포스팅하기 위해 들였던 시간과 문장력, 편집력 등 업로드된 소식에 투여한 그 사람의 노력에 대해 칭찬을 많이 합니다. SNS의 특성이 그렇습니다. 이미지나 영상이라는 형태의 결과는 눈에 띄지만, 그 결과물을 만들기까지 투입된 그 사람의 노력과 과정의 어려움 등은 잘 보이지 않기 때문이죠. 그래서 저는 꾸준히 포스팅하는 노력, 편집 아이디어를 위해 투입한 시간, 주제 선정에서 돋보이는 기획력 등을 구체적으로 언급하면서 사람들의 포스팅에 댓글을 남기고 '좋아요'를 누릅니다. 당연히 당사자들은 제 댓글을 그냥 지나치지 못합니다. 곧 저의 블로그와 인스타그램에 방문해서 제가 그랬던 것처럼 저의 노력을 찾아 칭찬해 보려 노력하는 사람이 되는 것이죠. 그렇게 진짜 팔로워, 진짜 이웃이 늘어나게 됩니다. 그리고 이런 일련의 과정을 온라인에서 오프라인으로 옮겨 오기만 하면 됩니다. 그래서 저 또한 온라인 채널을 오프라인 채널의 실험실로 쓰는 경우가 많습니다.

예를 들어, 저는 진로 컨설팅과 직무 컨설팅을 주요 업으로 살아가는 삶을 살고 있습니다. 그래서 팔로워와 이웃들을 모두 저와 연관이 있는 분들 위주로 구성해 놓았습니다. 그래서 SNS를 하는 시간이 곧 제 직무에 관한 공부 시간이 되게 설계해 둔 것이죠. 그리고 위에 언급했던 방식으로 스몰토킹하듯 그분들과 댓글로 소통하다 보면 자연스럽게 여러 가지를 알게 됩니다. 이 분야에서 지금 쟁점이 되는 것은 무엇이고, 이 분야에서만 통하는 농담은 어떤 것들이 있고, 이런 칭찬을 좋아한다 등의 깨달음이 모이게 됩니다. 그러면 저는 온라인 채널에서 얻었던 실험의 결과물을 에버노트나 노션 같은 앱에 정리해뒀다가 '스몰토킹 주제'라는 폴더에 모아둡니다. 그러면 제 분야의 사람들을 만났을 때 이야기가 끊이지 않고 계속 이어갈 수 있는 사람으로 변모하게 되는 것이죠.

이 정도까지만 해도 여러분은 꽤 많은 유익을 얻을 수 있습니다. 우선 해당 분야의 최신 소식들을 알고 있는 사람으로 비치기 때문에 '공부하며 노력하는 사람'이라는 브랜딩이 되기 시작합니다. 그러다 나중에는 그것을 현실화하기 원해서 정말로 그렇게 공부하는 사람으로 변해가는 자기 자신을 발견하게 될 겁니다. 즉 남과 나 모두에게 좋은 결과를 가져오는 것이죠. 또한 업계에서 중요한 정보를 늘 찾아 놓고 정리해 두기 때문에 회사 내 일을 처리하거나 새로운 사업 제안을 할 때 근거 있는 의견을 제시할 수 있는 논리적인 사람이 될 수도 있습니다. 보통은 회사 내 큰 이슈가 생겼을 때 그것을 대처하거나 문제를 해결하기 위한 시간과 노력을 투입하기 때문에 효과가 단발성으로 끝나버리거나 얕은 수준으로 그칠 가능성이 높습니다. 하지만 이런 스몰토킹을 위한 정보수집 과정을 미리 해놓은 사람들은 이런 이슈가 생겼을 때 몇 시간의 정리작업을 통해 제안서나 의미 있는 보고서를 써 내려갈 수 있는 겁니다. 곧 업무에서의 성과도 좋아지는 것을 기대할 수 있습니다.

가장 중요한 일에 대한 스몰토킹을 해결했으니 이제 남은 과정은 '일반적인 주제'에 대한 스몰토킹을 같은 방식으로 장착해 두는 겁니다. 사실 어려운 스몰토킹을 이미 해놓았으니 이 부분은 그저 '얕고 넓게 알아둔다'는 마음으로 정리를 해두시는 것을 추천해 드립니다. 여기서 주의해야 할 점은 스몰토킹을 잘하고 싶다고 해서 세상의 모든 주제에 대해 알 필요는 없다는 것입니다. 그것은 분명 불가능한 목표일 뿐 아니라 소모적인 결과를 가져올 것이 자명하기 때문입니다. 그래서 저는 가장 많은 사람이 알 법한 주제와 회사와 관련한 가장 일반적인 주제, 그리고 나만 알고 있을 법한 희소성 있는 주제를 적절히 배합해서 읽어두는 걸 추천해 드리는 편입니다.

■ 스몰토킹의 일반 주제 구성
1. 많은 사람이 알 법한 사회 주제
2. 회사와 관련된 일반 주제
3. 나만 알고 있는 희소성 있는 주제

먼저 많은 사람이 알 법한 사회 주제가 바로 날씨, 사건과 사고, 뉴스 내용에 대한 것들입니다. 이 부분은 너무 깊게 알지 않아도 됩니다. 여러분이 사회학 박사과정을 공부하는 분들이 아니라면 그저 헤드라인 정도를 조금 집중해서 읽어 놓기만 해도 됩니다. 그리고 해당 주제가 나왔을 때 '아, 저도 그 기사는 잠깐 봤는데 구체적으로 무슨 내용인지 아세요?'라고 질문을 던지세요. 그러면 기사를 유심히 읽어본 사람 한 명 정도는 꼭 나타나 자신이 알고 있는 부분을 열심히 여러분에게 설명해 줄 겁니다. 여러분이 할 일은 단지 잘 들어주고 고개를 끄덕이며 정보를 습득하는 것이 전부입니다. 두 번째로 회사와 관련된 일반 주제는 요즘 하는 업무에 대한 힘듦, 오늘 진행되고 있는 일들에 대한 내용, 오늘 회사의 분위기 등이 여기에 속합니다. 주의할 점은 절대로 누군가를 비난하는 형식의 스몰토킹은 삼가야 합니다. 비난의 말은 돌고 돌아 결국 내 등에 꽂히게 된다는 걸 명심하시기 바랍니다. 자극적인 주제로 사람들의 관심을 끄는 것이 스몰토킹이 아니라는 점을 기억해야 합니다. 스몰토킹은 자연스럽게 흘러가는 흐름 속에서 가벼운 정직함으로 접근하는 게 좋습니다. '오늘 ○○씨 스타일 너무 멋지지 않아요?' 와 같은 칭찬과 응원으로 시작하는 스몰토킹이 좋습니다.

마지막으로 나만 알고 있는 희소성 있는 주제는 요즘 내가 하는 취미 활동, 새롭게 알게 된 정보나 관심사 등에 대한 주제들입니다. 위 두 가지 주제와 다르게 이 부분은 듣는 역할보다 말하는 역할을 담당해야 하는 주제이니 다른 주제들에 비해 정확하게 알거나 나만의 느낀 감정을 전달할 수 있는 분야일수록 좋습니다. 저는 이 분야에 대한 주제로 '사람들이 잘 알지 못하는 책'이나 '재즈공연' 등을 열심히 공부해 놓습니다. 그래서 베스트셀러나 스테디셀러가 아니지만 지금 하는 일이나 하루를 열심히 살아가는 데 도움이 되었던 책들을 잘 정리해 놓았다가 스몰토킹 때 하나씩 이야기를 꺼내 추천합니다. 또는 주말 동안 가봤던 재즈공연에서 느낀 점들을 가감 없이 나눕니다. 이로써 최소한 여러분은 '취향을 찾아가는 사람' 혹은 '일과 휴식의 균형'에 애쓰는 사람이라는 평가를 받을 수 있습니다. 대신 자기의 이야기를 할 때는 자신감 있고 즐겁게 이야기하되 자랑하거나 으스대는 방식의 어법이 아니도록 주의해야 합니다. 그리고 나의 즐거움을 소개하고 끝에는 '당신도 이런 즐거움을 누려보기를 추천합니다' 와 같은 화법으로 끝맺음해 보시는 게 좋습니다. 아래는 위 세 가지 항목에 해당하는 스몰토킹의 주제들입

니다. 저는 평소에도 이런 주제 문장들을 수집하는 편이니 여러분들도
이 문장들을 필두로 여러분만의 스몰토킹 주제들을 정리해 놓는 습관
을 들여보시길 추천해 드립니다.

■ **스몰토킹 하기 좋은 질문들**
- 제가 숨은 맛집 하나 알려드릴까요?
- ㅇㅇ씨는 쉬는 날 보통 뭐 하세요?
- 요즘 부쩍 건강해 보이시는데 어떻게 관리하세요?
- 가장 최근에 가본 여행지가 어디예요?
- 요즘 OTT 보는 거 중에 추천해 주실 만한 거 있어요?
- 00씨는 옷 어디서 사요? 스타일이 좋으셔서 궁금해요.

질문의 형식과 내용들을 보면 알겠지만 결국 스몰토킹의 목적은 예전보다 관계가 자연스러워지거나 부드러워지는 데 있습니다. 그러니 평소에 여러분 주변 사람들에 대해 관심을 가지고 관찰을 해두는 연습도 필요합니다. 그래서 저는 주변 사람들의 취향이나 특징들을 간단하게라도 메모해 놓았다가 적당한 때가 되었을 때 공개적으로 그것을 콕 짚어 칭찬해주는 편입니다. 예를 들어, 직원 중에 점심시간마다 짧게라도 에세이를 읽는 직원이 있다면 메모장에는 '00님, 점심시간, 에세이'라고 메모를 해두었다가 전체 회의 시간에 그 직원이 좋은 아이디어를 내면 '역시 책 읽는 사람은 뭐가 달라도 달라~!'라는 칭찬을 해주는 것이죠. 그러면 직원 입장에서는 '내 상사가 나에게 관심을 두고 있구나'

라고 느낄 수 있고, 동료 직원들에게는 '나도 독서를 해볼까?'라는 자극을 줄 수 있습니다. 그리고 좋은 성과를 이뤄서 보상을 해줘야 할 경우가 생기면 '책을 좋아하시는 것 같아 다른 것보다 문화상품권으로 준비했어요'라는 쪽지와 함께 사람들 앞에서 선물을 전달하는 방식이죠. 다시 말씀드리지만, 스몰토킹은 이 모든 과정의 출발점 역할을 합니다. 다르게 말해서, 스몰토킹만으로 모든 인간관계가 좋아지는 것을 기대하기는 어렵습니다. 하지만 좋은 출발은 좋은 마무리를 가능하게 하죠. 그러니 이제부터는 스몰토킹 이후에 필요한 과정들을 하나씩 살펴보면서 우리가 어떤 노력을 하면 좋을지 계속 살펴보시죠.

듣기와 말하기는 시소게임이다

오랜만에 지인과 커피 타임을 가지고 집으로 돌아오는 길이라 가정해 봅시다. 방금 보낸 그 두 시간 남짓의 시간을 돌이켜 봤을 때 다음 중 어떤 문장이 그 시간을 정의하기에 더 맞을까요?

1. 아, 기 빨려…
2. 다음에 또 보자고 해야지!

1번이라 대답한 경우는 백발백중 말하는 비율보다 듣는 비율이 많은 경우일 겁니다. 처음 만났을 때부터 헤어질 때까지 나는 들어주기만 해야 하고 심지어 그 고민이나 내용이 한두 가지가 아닐 때 우리의 뇌는 쉬지 않고 그 대화에 반응하게 되기 때문이죠.[62] 그래서 너무 많은 주제에 관해 이야기하고 집으로 돌아가는 길에서는 그나마 남았던 에너지를 다 써버린 기분을 느꼈을 겁니다. 이렇게 한쪽으로 기울어진 대화를 이어 나가다 보면 결국 한 쪽은 지치게 되어 있습니다. 결국 그 만남이 계속 이어지지 못하게 되겠죠.

반면, 2번이라 대답할 수 있는 만남이 있다면 여러분은 관계의 질이 좋은 인생을 살고 있는 겁니다. 그 시간을 천천히 복기해 보면 한 가지 특징이 있을 겁니다. 바로 '대화의 균형이 잘 잡혀있다'라는 것입니다. 먼저, 말하는 시간과 듣는 시간의 균형이 좋습니다. 그래서 마치 시소를 타듯이 한쪽으로 무게를 실었으면 다시 힘껏 반동을 주어 다른 쪽으로 무게를 넘겨주는 것이 잘 됩니다. 그래서 어느 한쪽만 주인공이 되지 않고 그 자리에 있는 모든 사람이 골고루 자신의 이야기를 할 기회가 주어지는 것이죠. 저는 이런 주고받는 대화가 가능한 관계에는 기본적으로 '세심한 배려'가 깔려 있다고 생각합니다. 너무 많은 시간을 혼자 말하기에 빠져 있다는 것은 내가 하고 싶은 말을 하느라 그 말을 듣는 상대방의 표정과 기분을 살필 겨를이 없다는 뜻이니까요. 그래서 이런 경청을 기반으로 한 대화는 우리에게 '감각 교환'을 자연스럽게 훈련하게 해 줍니다. 대화의 속도나 주제 혹은 시간 등이 어느 정도로 이어가야 상대방이 불편해하지 않는지를 감각적으로 익히는 과정이죠. 그래서 어느새 어조뿐 아니라 말소리의 크기까지 상대방의 감정 상태에 맞춰서 말을 할 줄 아는 대화력의 경지에 오르는 분들도 생겨납니다. 이런 분들은 대화하는 중에도 눈동자는 상황을 살피고 귀로는 주변의 소리를 동시에 듣고 있습니다. 이는 곧 주변의 상황변화에 민감한 사람이 되고 이것은 결국 우리가 흔히 말하는 '센스 있다'라는 평을 듣게 합니다.

대화의 맥락을 잘 파악한다는 것은 우리가 사회에 속해서 살아갈 때 큰 무기가 될 수 있습니다. 대화의 형태가 직접 말소리로 주고받을 때와 텍스트로 주고받을 때 무엇이 달라져야 하는지, 또는 어떤 방식으로 전달해야 오해가 없고 핵심을 잘 전달할 수 있는지를 익힐 필요가 있다는 말입니다. 그래서 대화를 잘하는 사람들의 대표적인 특징을 몇 가지 알려 드리겠습니다. 첫 번째로 대화를 잘하는 사람들은 '비언어적 공감력'이 뛰어납니다. 우리가 흔히 말하는 '리액션이 좋다'가 여기에 해당합니다. 그래서 대화를 할 때 고개를 잘 끄덕이거나 몇 초간의 간격으로 눈을 마주칠 줄 알며, 중요하다 싶은 내용은 적어가며 이야기를 듣습니다.

우리는 우리가 인지하는 것보다 비언어적 공감에 훨씬 더 많이 반응합니다. 그래서 사람들은 나의 이야기를 듣는 사람의 표정뿐 아니라, 눈동자의 위치, 팔과 다리의 자연스러움, 몸의 기울기 등을 기반으로 '이 사람이 지금 내 이야기를 잘 듣고 있구나…'를 판단한다고 합니다. 굳이 '잘 듣고 있지?'라고 말로 물어보지 않아도 이미 우리의 뇌가 그것을 판단하고 그 사람에게 나도 모르게 호감을 표시하는 것이죠.[63] 그렇다고 너무 과하게 액션을 취할 필요는 없습니다. 억지로 움직이는 목각인형 같은 느낌으로 리액션을 하다 보면 '가식적인 사람'이라는 평가를 듣기 십상이니 주의할 필요가 있겠죠. 그래서 저는 제가 가르치는 학생들에게 '창업 프로젝트'에 참가해 보기를 적극 권유하면서 미션을 하나 줍니다.

'프로젝트의 성공이 아니라 그 프로젝트에 참여하는 사람들을
너의 친구로 만들어라.'

이 미션을 머리에 각인시킨 채 프로젝트를 진행하다 보면, 자신과 다른 생각을 가진 그룹원들과의 관계를 어떻게 원만하게 이어갈지를 고민하게 되고 결국 대화의 스킬이 늘어서 오는 것이죠. 다른 건 몰라도 '대화력'만큼은 글로 배우는 게 아니라 많은 실전 경험을 통해 배워야 한다고 생각하기 때문입니다. 그래서 같은 나이대의 사람들뿐 아니라 부모님 세대의 사람들 혹은 그 중간에 있는 사회의 선배들과의 대화법을 익혀둘 필요가 있습니다.

두 번째는 '언어적 공감'입니다. 앞에 말한 부분이 몸짓, 눈 마주침과 같은 비언어적인 형태의 대화였다면 이 '언어적 공감'은 '주제에 대해 내가 이해하면서 듣고 있다'를 알려주는 언어적 회신입니다. 그래서 저는 이 언어적 공감의 영역에서 가장 중요한 것이 '부메랑 대화법'이라고 가르칩니다. 누구든 한 가지 주제에 대해 집중해서 대화를 이어나가기는 결코 쉬운 일이 아닙니다. 그래서 나도 모르게 상대방과 대화하는 중에도 딴생각에 빠지거나 순간적으로 중요한 단어를 놓쳐 대화의 흐름에서 벗어나 버리기도 하죠. 친구들이나 가족들과의 대화에서는 큰 문제가 아니지만 일을 하면서 하게 되는 대화라면 이야기가 달라집니

다. 그래서 저는 크게 두 가지 기술을 학생들에게 가르쳐줍니다.

언어적 공감의 첫 번째 기술은 '들었던 말을 반복해서 질문으로 만들기'입니다. 대화를 이어 나가다 보면 상대방이 자신도 모르게 장황하게 대화를 부풀리게 되는 경우가 꽤 많습니다. 그럴 때 부메랑 대화법을 통해 원래 주제로 돌아오게 만들어 주는 기술을 써보면 내가 그 대화에 집중하고 있다는 것을 알려주기도 하면서 동시에 상대방이 곁가지의 대화로 빠지지 않게 도와주는 격이 됩니다. 한 번 예를 들어볼까요?

상대방: 그래서 저희 고객들에 대한 시장조사 설문지 작성을 위해 20대부터 30대까지의 여성 직장인이 자주 쓰는 인스타그램 해시태그를 뽑았습니다. 그중에는 요즘 트렌디한 SPA 브랜드에 대한 키워드가 새롭게 등장해 있었는데요~ 주로 '가성비 브랜드'라는 키워드로 20~30대 여성들에게 각인되고 있었습니다.

나: 오, 좋은 접근이네요. '가성비'라는 키워드를 중요하게 생각하는 20~30대 여성이 저희 제품에도 관심이 있을 거라는 말씀이시군요. 그래서 나온 키워드 중에서 저희 브랜드와 연관 있는 키워드는 어떤 게 있었나요?

위 대화에서 알 수 있듯이 자칫 잘못하면 트렌디한 키워드에 집중한 나머지 자사의 설문 목적과는 거리가 있는 쪽으로 대화가 이어질 뻔했습니다. 하지만 이것을 간단한 칭찬과 함께 '그래서 우리 회사와 관련된 키워드는 어떤 것들이 있었나요?'라는 핵심적인 질문을 하나 되돌려주면서 상대방이 본질적 주제에 조금 더 집중할 수 있게 도와주는 것이죠. 처음부터 이런 과정이 바로 말로 되지는 않는 분들이 많을 겁니다. 그래서 저는 이런 업무적인 대화를 하는 중에는 반드시 '메모하는 습관'을 가지라고 가르칩니다. 모든 대화를 다 기록할 필요는 없습니다. 마치 긴 대본을 하나의 마인드맵이나 키워드 메모로 요약한다는 생각으로 줄여나가다 보면 앞에 있는 사람이 무슨 말을 하고 싶어 하는지가 눈에 보일 겁니다. 그러면 메모장을 슬쩍 보면서 '그래서 이 부분을 말씀하시는 거 맞으시죠?'라고 재확인하는 질문 한 번만 던져주면 됩니다. 이를 통해 대화의 맥락이 자연스럽게 주제 안에서 이뤄지는지를 서로 점검하는 장치가 되어주는 것이죠.

그래서 경청에 기반해서 질문으로 이어지는 이런 스킬을 익혀두면, 대화 자체에서 느낄 수 있는 즐거움뿐 아니라 평소에도 업무적인 능력을 검증받을 기회가 되기도 합니다. 저도 처음에는 이 '비언어적 공감'과 '언어적 공감'을 동시에 활용하는 게 힘들었습니다. 그래서 이 둘을 한번에 공부하기 위해 예능 프로그램에 자주 등장하는 '유재석' 씨를 자주 들여다봤습니다. 국민 MC답게 어떤 게스트가 나와도 그 게스트가 빛날 수 있는 방법을 찾아 밥상을 차려주는 그의 스킬에 혀를 내두를 정도였습니다. 게스트에 대한 사전 조사는 물론이고 그날 이어질 주제에 대한 배경지식을 미리 공부해 오는 준비성도 빛을 발했습니다. 경제에 관한 이야기를 하면 조금 더 일찍 일어나 그날 할 이야기에 대한 배경지식을 조금이라도 알아두는 그의 보이지 않는 노력이 있었기 때문에 거의 모든 게스트가 그와 대화하고 싶어 하는 게 아닐까 싶습니다.

또한 그의 큰 특징 중 하나가 제가 위에 언급했던 '언어적 공감'을 잘 활용한다는 겁니다. 〈유퀴즈〉 같은 프로그램에 등장한 게스트가 무심결에 내뱉은 말 한마디를 잘 기억했다가 그것에 대한 세부적인 질문을 즉석에서 만들어 게스트에게 되돌려 주는 거죠. 지식이 아니라 자신만의 경험에 대한 질문을 받으면 사람은 신이 나게 되어있습니다. 자기밖에 할 수 없는 이야기니까요. 그래서 어디에서도 듣지 못했던 게스트의 생각 그리고 속마음을 털어놓게 하는 것이죠. '아는 사람의 모르는 이야기'를 끄집어내는 유재석 씨의 스킬은 저는 요즘도 저에게 많은 공부가 되고 있답니다.

대화력의 최고급 스킬, 매너 있게 거절하기

직장인 멘티들을 가르치다 보면 안타까운 상황들을 자주 마주합니다. 첫 사회생활에 대한 기대, 일에 대한 열정 등으로 시작한 회사생활을 3개월 만에 그만두고 싶다며 상담을 요청해 오기 때문입니다. 누군가 퇴사를 결정하는 데는 수만가지 이유가 존재하겠지만 제가 안타깝다고 느끼는 부분은 바로 '휴머노이드 증후군'의 경우입니다. 흔히 '예스맨 강박증'이라고도 하는데, 이것은 사소한 요청도 거절하기 어려워하는 심리학적 방어기제를 말합니다. 처음에는 좋은 마음으로 '돕겠다' 했던 일들이 어느새 나 홀로 야근하게 합니다. 다른 사람들의 일을 돕느라 정작 내 일을 할 시간이 없었기 때문이죠. 참 이상합니다. 일을 잘하면 돈을 더 줘야 하는데 한국에서는 일을 잘하면 일을 더 줍니다. 결국 누군가를 돕던 일은 이내 '나의 업무'가 되어 버립니다. 기존의 내 업무에도 제대로 적응하지 못했는데 새롭게 맡게 되는 일들이 쌓여만 갑니다.

이럴 때 선배라는 사람이 나타나 '신입 때는 다 그런 거다', '원래 그렇게 일을 배우는 거다', '공짜로 일 배우니 좋지 않느냐?'라는 말도 안 되는 이야기를 해댑니다. 아닙니다. 신입 때가 다 그런 시절은 30년 전에 끝났고, 일은 제대로 가르쳐야 제대로 배우는 것이며, 나머지 공부는 내가 하고 싶을 때 내가 원하는 방식으로 하는 것이죠. 부당한 것을 당연하게 여기시면 안 됩니다. 이것은 일 뿐 아니라 나의 삶의 영역을 지켜내는 것이기 때문에 아무리 강조해도 지나치지 않습니다. 그래서 우리는 크고 작은 거절을 연습해 둘 필요가 있습니다. 짧게라도 거절의 의미에 대해 생각해 보겠습니다. 몇 년 전만 해도 누군가의 부탁을 거절하는 사람을 '까다로운 사람' 혹은 '사회성이 부족한 사람'으로 인식하는 문화가 있었습니다. 불행인지 다행인지 이제는 적절히 거절할 줄 아는 사람을 오히려 '지혜로운 사람'이라고 보는 인식이 생기기 시작했습니다. 그래서 거절이 주는 유익함에 대해 공유하고 이야기하는 분들도 많아진 것 같습니다. 매너 있게 거절하는 것이 필요한 이유도 여기에 있습니다. 잘 거절하는 것이 적을 만드는 것이 아니라, 사람들과의 적절한 거리를 유지하기 위함이라는 것을 기억해야 합니다.

거절이 주는 많은 유익 중에서도 제가 가장 먼저 강조하고 싶은 부분은 거절이 우리에게 '자유 의지'를 훈련하게 도와준다는 점입니다. 보통 우리가 거절을 못 하는 이유는 거절 후 상대방과의 관계가 틀어지는 것이 두렵기 때문입니다. 그래서 굳이 원하지 않는 선택으로 겪는 불편함까지 감수하는 것이죠. 저는 관계가 바람 같은 것으로 생각합니다. 소리 없이, 눈에 보이는 것 없이 왔다가 또 어느새 없어져 버리는 것이죠. 하지만 따뜻한 봄바람을 만나기도 했다가 추운 칼바람을 마주하기도 하는 것이 인생일 테니 흘러가는 인연은 흘러가는 대로 자연스럽게 생각하고 받아들이는 게 중요합니다. 그러니 관계에 매달리면서 나의 '자유 의지'를 양보하지 말아야 합니다.

이것이 왜 중요하냐면, 한두 번 다른 사람의 선택에 동조하다 보면 이내 '나의 선택'이라는 기준 자체가 흔들립니다. 그러다 언젠가 '내 기준'이라는 것이 없어져 버리는 지경에 이르는 것이죠. 그래서 우리는 모든 개인에게 할당된 자유 의지를 매사에 피력하며 살아갈 필요가 있습니다. 무엇보다 개인의 의사결정이 존중받는 경험을 많이 한 사람은 '자아 효능감'이 올라가기 때문입니다. '나의 선택이 생각보다 자주 좋은 결과를 가져오는구나…'라는 경험이 필요한 것이죠. 그래야 아주 사소한 결정에서부터 인생의 큰 갈림길 앞에서 하는 결정에 이르기까지 '자신의 기준'이 투영된 결정을 할 수 있습니다. 요약해 보면, 무조건적인 거절이 아니라 '나의 기준에 맞지 않아 하는 거절'이 많아져야 하는 겁니다. 이 규칙을 잘 준수한 거절이 쌓이면 이는 나의 자유 의지를 지켜내는 일이기도 하지만 곧 '나의 기준'에 대한 힌트를 얻는 비전

탐색 활동이 되기도 하는 것이죠.

한 예로, 저는 밥을 먹으러 갈 때 늘 '혹시 못 드시는 거 있어요?'라는 질문을 먼저 하는 편입니다. 알레르기가 있거나 특히 기피하는 음식을 미리 물어보고 그것을 기억해 두죠. 그리고 저 또한 '저는 매운 것을 못 먹습니다'라는 말을 미리 해 둡니다. 그래서 모두가 먹고 싶은 메뉴를 시킬 수 있는 식당을 찾거나 그것도 안 되면 차라리 따로 먹고 다시 만나 커피만 같이 마십니다. 함께 시간을 보내는 것도 중요하지만 다른 사람을 위해 못 먹는 매운 음식을 억지로 먹지는 않겠다고 선언하는 것이죠. 나이가 조금 더 어릴 때는 이걸 억지로 참고 먹어봤는데 밥 한 끼 잘 못 먹어서 병원을 이틀씩이나 가야 하는 상황이 반복되더군요. 그래서 '남자가 그 정도 매운 것도 못 먹냐?', '따로 먹고 커피만 같이 마시자는 게 말이 되냐?'는 식으로 생각하는 분들은 점차 거리를 두다가 이제는 함께 식사를 하지 않습니다.

내 주변 사람들의 부탁을 들어 주는 것이 모든 사람에게 사랑받는 유일한 길은 아닙니다. 그러니 소외될 것만 같은 두려움, 나를 오해 할 것 같은 불안을 내려놓는 연습이 필요합니다. 이를 위한 연습으로 가장 좋은 방법이 바로 '매너 있게 거절하기'인 것이죠. 그래서 이렇듯 거절을 익숙하고 매너 있게 잘하다 보면 보너스처럼 정서적인 안정감이 생겨 일상에서 겪는 스트레스가 적어집니다. 이렇게 디스크 조각모음 하듯 정리된 시간과 감정의 여유분이 곧 나의 발전과 성장에 쓸 수 있는 새로운 에너지가 되는 것이죠. 그래서 '거절만 잘해도 시간이 남는다'라는 말을 제가 가르치는 멘티들에게 많이 해주는 것 같습니다. 간혹 '나의 기준대로 거절했더니 정말로 외톨이가 되어버렸어요…'라는 말을 하는 멘티들도 있습니다. 그러면 저는 지긋이 웃으며 '그럼, 이참에 혼자 있는 시간을 즐겨봐~'라고 격려 해줍니다. 인생에 정답이 없듯이 지금 나의 문제를 반드시 관계로 풀어갈 필요는 없다는 것을 일찍이 깨우치게 하려는 것입니다.

이런 거절을 훈련하는 시기를 겪다보면 그제야 나와 비슷한 생각을 하는 사람, 나와 가치관이 비슷한 사람들이 모여듭니다. 이미 서로에게 거절이 익숙하고 그것을 존중할 줄 아는 사람들로 삶을 채워 가는 것이죠. 그래서 잘 거절하는 방법을 배워두면 예전보다 관계가 더 건강해집니다. 이 단계까지 오면 이제 내 주변의 모든 사람과의 대화가 즐거운 때를 마주하게 됩니다. 대화의 주제가 엇비슷하고 생각의 결이 유사한 사람들과 나누는 대화의 시간만큼 즐거운 것이 없습니다. 그러니 특별한 날이라서 행복한 것이 아니라 일상적인 삶을 살아가는 것만으로도 행복한 삶을 살아갈 수 있습니다. 그러니 거절을 너무 두려워하지 마세요. 정말로 여러분을 아끼는 사람들은 모든 것을 자신에게 맞추라고 강요하지 않습니다. 또한 정말 좋은 회사라면 거절할 수 없는 부당한 요구를 하지도 않을 겁니다. 그런 상황에 처해있다면 그냥 마음 편히 자신에게 맞는 회사를 찾아 떠나 보세요.

생각보다 세상은 넓습니다. 분야를 바꿔보고 살고 있는 지역을 바꿔보세요. 그러다 보면 '내가 생각보다 할 줄 아는 게 많구나…'를 알게 될 겁니다. 그 여정들이 반드시 좋은 결과로 끝나지 않아도 괜찮습니다. 거절하지 못해 억지로 불편한 하루하루를 보내는 것보다 나의 삶을 찾아 진취적으로 선택하는 하루가 더 의미 있고 귀중하기 때문입니다. 그리고 이런 길을 먼저 가 본 사람으로서 말씀드립니다. 자기 삶에 대한 기준이 확실히 잡혀있는 사람은 절대로 굶어 죽지 않습니다. 물론 그 기준이 실력이 될 때까지 멈추지 않고 노력하셔야 합니다. 어차피 일정 수준 이상의 노력이 투입되어야 하는 게 인생이라면 이왕이면 즐겁고 나에게 행복을 주는 길이 더 낫지 않을까요?

코어 토킹, 핵심을 짚어내는 대화

그다음으로 제가 강조하고 싶은 대화 스킬은 '코어 토킹(Core-Talking)'입니다. 굳이 번역을 해보면 '핵심적인 대화를 이어간다' 정도가 되겠네요. 모든 대화에는 주제가 있습니다. 하지만 생각보다 이 흐름을 잘 파악하면서 대화를 이어 나가기는 그리 쉬운 일이 아닙니다. 일을 하다 보면 종종 대화의 흐름을 뚝뚝 끊어 놓는 사람들을 만납니다. 하고 싶은 말이 너무 많아서일 수도 있고 정말로 대화의 주제를 파악하지 못했기 때문일 수도 있습니다. 분명한 건 매번 대화의 주제에 녹아들지 못하는 이들은 사람들에게 부정적인 인상을 남길 수밖에 없다는 사실입니다. 우리가 사용하는 말에는 습관적 변수가 존재하기 때문입니다. 여기서 말하는 습관적 변수에는 크게 두 가지가 있습니다. 첫 번째는 '기호적 습관'입니다. 이것은 다른 사람이 뭐라 하든 나만의 헤어스타일을 고집하는 것, 탄산 중 어떤 것은 잘 안 먹는 것 등을 말합니다. 취향이 곧 습관이 되어 있는 것이죠. 두 번째는 '사고적 습관'입니다. 이것은 우리가 어떤 행위를 하거나 말을 할 때 자신도 모르게 하는 사고의 방향을 뜻합니다. 예를 들면, 진로에 대한 문제가 생길 때마다 반드시 친한 친구에게 조언을 구한다거나 처음 만나는 사람들 속에서는 유난히 목소리를 작게 한다는지 등의 습관입니다. 우리가 핵심을 짚어내는 대화, '코어 토킹'을 잘 해내기 위해서는 이 중에서 두 번째 습관인 '사고적 습관'을 평소에 잘 훈련해 둘 필요가 있습니다. 생각하는 방식이 곧 말하는 방식이 되기 때문입니다. 이것을 다르게 생각해 보면 평소에도 덜 중요한 것에 대한 생각을 많이 하는 사람은 대화에서도 덜 중요한 주제에 더 집중하게 된다는 말이 됩니다. 그래서 대화의 핵심이 되는 키워드는 흘려듣고 평소에 관심이 있었거나 당장의 호기심이 당기는 키워드에 더 집중해 버리는 오류를 범합니다. 그러니 대화가 끊어질 수밖에 없습니다.

그래서 대화의 핵심을 잘 짚어낸다는 것은 '한 번에 하나의 생각을 한다'는 말과 일맥상통합니다. 이것을 뒤집어 보면 하나에 집중하기 위해서는 덜 중요한 것을 삭제시키는 것이 우선되어야 한다는 말이 됩니다. 한번 떠올려 보면, 지금 우리가 살아가는 하루에는 내가 원하는 자극과 원하지 않는 자극들이 수백 번 나를 두드립니다. 이 모든 것들에 반응하다 보면 정작 무엇이 중요하고 무엇이 덜 중요한 것인지 구분해 낼 여력이 없어집니다. 대화도 마찬가지입니다. 우리가 대화를 주고받을 때 우리의 뇌에는 수많은 자극이 오고 갑니다.[64] 그중에서 하나를 택해서 입을 통해 대답하는 연산 과정을 무의식적으로 반복하고 있는 것이죠. 이러한 자극과 반응의 원리를 잘 활용해 보면 필요한 자극과 불필요한 자극을 구분하는 것이 가능합니다. 곧 대화에 집중하는 사람으로 바뀔 수도 있다는 말이지요. 그럼, 제가 실제로 활용하고 있는 코어토킹의 스킬들을 몇 가지 소개해 드리겠습니다. 경험적으로 조금씩 업데이트를 해왔던 스킬들이니 정답이라 여기지 마시고 선별적으로 활용해 보시면 좋을 듯합니다.

코어토킹 스킬 - 내 분야 글 읽고 핵심 키워드에만 형광펜 칠하기

저는 직업의 특성상 매일 약 100페이지에 달하는 글을 읽으며 살아갑니다. 출판업에 계시는 분들에 비하면 적은 분량이겠지만 저 나름대로는 시간을 쪼개고 쪼개어 읽고 또 읽습니다. 하지만 늘 아쉬웠던 점이 있습니다. 바로 '시간은 부족한데 읽을 것은 많다'라는 점입니다. 그래서 저는 늘 '핵심 키워드'를 정해 놓고 그 부분과 관련된 것들을 먼저 읽고 생각하고 말해 보는 편입니다. 다행인지 불행인지 저는 직업을 연구하고 가르치는 일들을 하다 보니 새롭게 생기는 직업이나 산업에 대해 남들보다 조금 더 일찍, 그리고 많이 알아야 합니다. 그렇다고 제가 그 분야의 전문가들처럼 학술적으로 모든 것을 다 이해하려면 대학을 수십 번을 가야 할 겁니다. 그래서 현실적으로 이런 부족함을 채울 수 있는 가장 효율적인 방법이 바로 '키워드 읽기'입니다. 해당 분야의 핵심적인 키워드를 추출하고 다양한 문서에서 그 키워드가 포함된 문단과 내용들을 선별적으로 가지고 와서 다시 재조립해서 읽어내는 방식입니다.

이 작업을 하기 위해 가장 먼저 해야 할 일이 바로 한 페이지의 글이나 기사를 읽고 그 내용에서 가장 핵심적인 단어나 키워드에 형광펜으로 칠해 놓는 것입니다. 저는 단언컨대 무언가를 모를 때는 이렇게 핵심 키워드를 추출해서 사전적 정의부터 하나씩 이해하며 읽는 것이 가장 빨리 알아가는 길이라 생각합니다. 그래서 SNS에서 글을 읽거나 기사를 읽을 때나 책을 읽을 때도 늘 형광펜 작업을 해 놓습니다. 그렇게 모아둔 단어들을 제 메모장에 옮겨두고 마치 나만의 단어장을 만들 듯 하나씩 그 단어의 뜻과 예시를 적어 둡니다. 이런 작업을 반복하다 보면, 결이 비슷한 단어들이 점점 모이게 되고 어느 순간 새로운 단어를 발견하기 힘든 시점을 마주하게 됩니다. 이때가 바로 단어들을 복습해야 하는 순간입니다. 단어들을 복습하면서 유사성의 단어인지, 반의어인지, 혹은 포함 관계인지, 예시인지 등을 정리해서 하나의 마인드맵으로 정리를 해보는 것이죠. 여기까지만 해 놓으면 내가 지금껏 모아뒀던 키워드 중에서 가장 핵심적인 것이 무엇이고 그것을 어떤 분야에서 어떻게 쓰고 있는지를 명확하게 이해할 수 있답니다. 저 역시 진로와 직업을 가르치는 일을 하고 싶어서 많은 문서에서 핵심 키워드를 찾아 다녔고 다음과 같이 정리하기에 이르렀습니다.

■ **핵심 키워드 : 하브루타**

1. 정의 : 유대인의 1:1 말하기 학습법, 짝을 이루어 토론하듯 자신이 아는 것을 설명해 본다. (그래서 온전히 설명하지 못한다면 당신은 그것을 모르는 것이다)
2. 심리학에서는 이것을 '메타인지'라 한다.

3. 메타인지는 질문 능력과 연관성이 높다.

4. 한국의 학생들이 질문을 하지 않는 이유는 무엇인가?

5. 한 명의 교수자·다수의 학습자인 암기 위주의 교육방식이 원인이다.

6. 암기의 반대는 토론이다.

7. 토론은 생각의 교차와 차이를 인정하는 것이다.

8. 생각의 교차와 차이는 창의력의 근간이다.

9. 창의력은 문제해결형 인재의 핵심역량이다.

10. 기업은 창의적 인재를 원하나, 학생들은 그런 교육을 받은 적이 없다.

흩어져 있던 정보의 조각들을 모아서 이렇게 하나의 문서로 정리해 보니 알게 되더군요. 지금 내가 직업과 진로에 대해 가르치기 위해서는 창의력 위주의 교수법 설계가 필수이며, 이것은 질문과 토론 위주의 수업으로만 가능하다는 것을요. 그래서 세상에 없던 '비전스쿨'이라는 토론형 진로 수업을 개설하기에 이릅니다. 읽고 생각하고 핵심을 끄집어 내는 작업을 통해 깨달은 것을 내 삶에 적용하는 훈련을 한 바퀴 경험해 본 것이죠. 이제 남은 것은 문서검색과 형광펜으로 했던 작업을 대화와 역질문으로 바꾸는 것입니다. 이제부터는 사람들과의 대화의 순간에도 어느 단어에 가상의 형광펜을 칠해 놓을지 생각하면서 듣다가, '이 단어인가?'라는 것이 들리면 'ㅇㅇ는 무슨 의미인가요?'라고 역질문을 통해 말하는 사람이 자신의 이야기를 더 길게 할 수 있게 해주기만 하면 됩니다. 저는 다음과 같은 방식으로 그날의 대화를 기록해 놓습니다.

'2023년 6월 1일 오후 2시. 사무실 앞 카페. 작가 미팅. 코어 : 메시지 전달의 짧은 글, 따뜻한 에세이, 어른동화, 독자와의 오프라인 소통, 욕심 없는 삶….'

 이렇게 메모장에 그날의 기억을 대표할 수 있는 핵심적인 단어들을 적어 둡니다. 그리고 다음에 같은 작가님을 만나게 될 때 따뜻함이 묻어나는 어른 동화 1권을 선물로 준비해서 가는 것이죠. 그러면 앞서 말했던 스몰 토킹은 물론이고 그 책의 따뜻함과 메시지에 관해서 이야기를 해 볼 수 있을 테니 이보다 가성비 좋은 투자가 없습니다. 요약해 보면 텍스트에서 가장 중요한 단어에 형광펜을 칠하듯 대화에서 핵심적인 키워드들을 듣고 미리 정리해 둘 필요가 있다는 말입니다. 저는 이제는 이런 작업이 익숙해져서 어떤 사람을 만나기 전에 그 사람의 핵심 키워드가 포함된 텍스트나 영상 혹은 사건 등을 30분 정도 찾아보고 만나러 갑니다. 그러면 얼마나 대화가 풍성해지는지 모릅니다. 이렇게 한 발 일찍 움직이는 부지런함 덕분에 그렇게 듣고 싶었던 말도 듣게 되더군요. "또 만나고 싶습니다! 오늘 대화가 너무 즐거웠네요~"

 이런 말을 듣고 돌아오는 길이 그렇게 행복할 수가 없습니다. 황금 같은 쉬는 시간을 할애해서 그 사람의 핵심 키워드를 읽어두고 공부한 보람이 있다고나 할까요? 무엇보다 이렇게 코어 토킹을 할 수 있게 된 이후부터는 대화에 대한 두려움이 사라졌다는 게 가장 큰 이점이 아닐까 싶네요. 누구를 만나 이야기를 해도 대화 그 자체가 즐거운 이유겠죠. 어떤 사람이 가지고 있는 핵심 키워드가 그 사람의 머리 위에 뿅~

하고 나타나는 경험을 하게 되면 대화를 어떻게 풀어가야 할지 머릿속에서 순서도가 그려지는 것만 같습니다. 이런 즐거움을 많은 분이 누려 봤으면 좋겠습니다.

비전 스피커 - 미래를 이야기하는 사람과 대화하라

마지막으로 제가 강조하고 싶은 대화의 스킬은 '대화의 대상'에 대한 이야기입니다. 내가 아무리 건설적인 대화의 주제를 준비해도 부정적이고 염세적인 사람들을 마주하면 꿈과 희망에 대한 대화를 이어 나가기가 힘든 것이 사실입니다. 참 신기하게도 우리가 쓰는 언어는 생각과 행동을 지배합니다. 흔히 '언어 상대성 이론'이라 알려진 Sapir-Whorf 가설을 봐도 그렇습니다. Sapir-Whorf 가설이란 언어의 구조와 특성이 화자의 생각, 인식 및 행동을 크게 형성한다는 가설입니다. 그래서 언어가 의사소통에 영향을 미칠 뿐 아니라 개인의 주변 세계를 개념화하고 이해하는 방식에도 영향을 준다고 합니다. 이는 언어학자 에드워드 사피어(Edward Sapir)와 벤자민 리 워프(Benjamin Lee Whorf)에 의해 명명된 가설인데 크게 두 가지의 언어 상대성 이론이 존재합니다.

첫 번째는 '강력한 언어 상대성'입니다. 이 이론에서는 언어가 화자의 생각과 인식을 결정하는 것을 넘어 심지어 제한하기도 한다고 주장하는 가설입니다. 그래서 긍정의 확언을 하게 되면 긍정을 유발하는 환경과 사람들이 모이게 된다는 주장입니다. 두 번째는 '약한 언어 상대성'입니다. 이것은 언어가 화자의 생각과 인식에 영향을 주지만 결정하지는 못한다는 가설입니다. 긍정과 부정에 대한 관념이 언어 하나만으로 결정되는 것이 아니라 국지적 문화, 개인의 성장 배경, 유전적 요인 등에 의해서 수만 가지의 형태로 진화할 수 있다고 하는 주장입니다. 어느 쪽의 가설이 더 현대적인 의미를 가지는지는 중요하지 않습니다. 중요한 것은 최소한 언어가 우리의 생각과 인식에 영향을 미치거나 심지어 결정할 수도 있다는 것에는 모든 사람이 동의하고 있다는 점입니다.

저도 처음에는 이 이론에 대해 회의적인 시각이 더 컸던 사람 중 한 명이었습니다. 이 언어의 상대성 이론을 신뢰하게 된 것은 많은 사회 초년생의 면접을 볼 수 있는 기회 덕분이었습니다. 다른 면접관들에게는 굳이 말하지 않고 저만의 실험을 해 본 적이 있습니다. 회사에 입사하려고 최종 면접까지 온 지원자들의 언어에서 긍정의 언어가 나오는 횟수와 부정의 언어가 나오는 횟수를 체크해 봤습니다. 보통 우리가 생각할 때는 중요한 면접 자리에서는 모두 긍정의 언어만 쓸 것 같지만 그렇지 않습니다. 지원자 중에서 생각과 행동이 부정적인 사람들은 자기도 모르게 부정적인 언어를 쓰고 있습니다. 처음에는 면접관들에게 잘 보이고 싶어 그 부정적 언어들을 숨길 수 있을지 몰라도 면접 시간이 길어질수록 자기도 모르게 평소의 언어체계가 드러나는 것이죠.(사실 이런 연유 때문에 일부러 면접 시간을 늘리기도 합니다) 언어라는 것이 얼마나 습관적인 것인지를 증명하는 지점이기도 하지요. 저는 이 작은 실험을 통해 재미있는 결과를 얻을 수 있었습니다. 면접 자리에서 긍정의 언어를 많이 썼던 지원자들은 입사 후 업무실적이나 동료들과의 관계에서도 좋은 평가가 많았고, 부정적 언어를 많이 사용했던 지원자들은 입사 후 얼마 가지 않아 퇴사하거나 회사 내 불화를 일으키는 주범이 되어 있었습니다.

"Language!!"

간혹 미국이나 영국의 영화와 드라마에서 배우들이 손가락을 치켜들며 강조하는 한 마디입니다. '말 조심해!'라는 이 단순한 한마디에 '언어가 모든 것을 결정한다'라는 심오한 철학이 담겨 있음을 이제는 압니다. 그래서 저는 다른 어떤 역량보다도 긍정의 언어체계를 가지는 것이 굉장히 중요하다고 생각합니다. 다만 '긍정 언어'에 대한 정의가 조금 달라질 필요는 있습니다. 예전에는 아무리 힘든 상황에서도 '나는 할 수 있어!'라고 외치는 것이 긍정 언어의 활용인 줄 알았습니다. 실제로 미국에서 유행했던 긍정 심리학도 이 부분을 강조했었죠. 하지만 이것은 산업의 시대적 의도가 숨어있다고 보는 것이 합당할 것 같습니다. 경기가 어려워졌고 많은 사람이 실직해 절망에 빠져 있는 순간에는 합리적인 사람보다 희망적인 사람들이 환영받을 테니까요. 실제로 미국의 긍정 심리학은 웰빙, 행복, 최적의 인간 등의 단어와 맞물려 인간 경험의 긍정적 측면을 강조하는 심리학으로 자리 잡습니다. 가장 유명한 긍정 심리학자인 마틴 셀리그만(Martin Seligman)은 심지어 '긍정 심리학의 아버지'라는 타이틀을 가지기도 했었죠. 그는 긍정 심리학의 대표적인 모델인 PERMA모델을 제안하며 긍정적인 감정, 참여, 관계, 의미, 성취감이라는 5가지 요소가 우리의 긍정 언어와 긍정 심리에 많은

영향을 준다고 설파했습니다.[65]

하지만 저는 긍정 언어에 대해 조금 다르게 정의하는 편입니다. 마틴 셀리그만(Martin Seligman)이 주장했던 긍정 심리학이 산업의 재건과 발전을 이뤄내기 위한 시장의 수요에 부합한 긍정성이었다면 지금의 긍정 언어는 '과거를 벗어나 현재에 집중해 미래를 설계해 나갈 힘을 얻는 것'이 되어야 할 것입니다. 그래서 저는 제가 가르치는 멘티들에게 '미래를 이야기하는 사람과 삶을 같이하라'라고 강조합니다. 아이러니하게도 가장 나이가 어린 MZ세대 중에서 과거의 사건에 시선이 묶여 앞으로 나아가지 못하는 이들을 많이 만나기 때문입니다. 왕따당했던 기억, 부모를 잃었던 순간, 많은 사람 앞에서 실패를 실토해야 했던 경험들이 자꾸만 오늘의 기억을 헤집어 놓습니다. 그래서 내가 가진 에너지를 그 과거의 기억을 떨쳐 내는데 다 소진하고 맙니다. 현재를 살아갈 힘, 미래를 설계할 힘이 남아있지 않은 것이죠.

그래서 꿈을 꾸고 싶어도 자꾸만 침대에 눕게 되는 겁니다. 그러니 긍정의 언어를 쓰기 위해 가장 먼저 해야 할 일은 '과거의 아픔과 상처로부터 나를 분리하는 일'입니다. 이미 다 지나간 일이고, 예전보다 여러분은 어떤 형태로든 더 어른스러워지고 더 성숙해졌을 겁니다. 생각이 많을 때는 몸을 움직이면 됩니다. 부정적 생각에 내 삶이 빨려 들어가기 전에 환경을 바꾸고 오늘에 집중할 수 있는 무언가를 던져 줘야 합니다. 아마 그 무언가가 '오늘을 살아가게 하는 힘'에 해당하는 꿈과 비전이 되겠죠. 그러고는 철저하게 오늘에 집중하기 위한 훈련도 해야 합니다. 삶을 누려야 하는 순간과 내일을 위해 오늘에 최선을 다해야 하는 순간을 구분하는 눈도 키워야 합니다. 하고 싶은 것 혹은 호기심이 당기는 어떤 일들을 참아내고 해야 할 일에 집중하는 환경도 찾아야 합니다. 나의 꿈을 위한 모든 정보가 담긴 한 권의 책이 존재할 수 없으니, 시간이 날 때마다 내 꿈을 현실로 만들어 가기 위한 길에 대해 읽고 생각하고 쓰기를 반복해야 합니다. 여기까지 해낼 수 있다면 '나는 앞으로 이런 삶을 살아야겠다'라는 청사진 정도는 나오게 됩니다. 내 삶의 미래에 대한 청사진이 있는 사람에게서만 이런 말을 들을 수 있습니다.

"나는 앞으로 등록금 없는 학교를 세워서 진짜 진로 교육을 배울 수 있는 교육환경을 만들어 낼 거야!"

예상하셨겠지만 이 문장은 저의 비전이고 꿈입니다. 등록금은 제가 창업한 10개 회사에서 CSR(기업의 사회적 책임) 사업을 통해 지원금으로 충당하고, 수능과 같은 성적 기준이 아닌 '나의 일을 발견하는 것'을 목표로 하는 대학. 언뜻 들으면 참 거창하고 무모해 보이죠? 저도 인정합니다. 하지만 신기한 것은 이 무모해 보이고 불가능해 보였던 꿈들이 15년이 지나자 어느 정도 구조를 이뤄내고 있고, 실제화할 수 있는 새로운 길을 알게 됐다는 것입니다. 이것이 가능했던 가장 큰 이유는 바로 '미래를 이야기하는 사람들'과 삶을 함께 해왔기 때문입니다. 앞서 강조한 바와 같이 미래를 이야기한다는 것은 과거로부터의 분리, 현재에 집중하는 훈련을 거쳐, 미래를 설계할 힘을 갖췄다는 말입니다.

그렇게 미래를 설계하고 사회에 긍정적인 영향을 끼치려고 치열하게 살아가는 사람들과의 대화는 인간이 누릴 수 있는 가장 큰 혜택이라 할 수 있을 정도입니다. 저는 이러한 이유로 제 인간 관계를 미래를 이야기하는 사람들로 더 채우려고 노력하는 편입니다. 그들의 언어를 유심히 들어보면 허무맹랑한 소리가 아니라는 것을 금방 알아차릴 수 있습니다. 충분히 고민했고 그것을 실제화하기 위해서 어떤 노력이 필요한지를 알고 있으며, 그것을 오늘 하루에 녹여내고 있는 사람들입니다.

언어는 전이성이 강합니다. 그래서 미래를 이야기하고 그것을 이뤄내기 위한 언어를 쓰는 사람들과 삶을 같이하면 나 역시 그렇게 바뀌기 시작합니다. 안 읽던 책을 손에 잡기도 하고 연예계나 게임 혹은 유머가 주를 이루던 나의 SNS 채널들이 건설적이고 정보성이 강한 것들로 바뀌기 시작하는 것이죠. 다행인지 불행인지 배움에는 끝이 없기 때문에 어떤 것을 배우고 익힐수록 궁금한 것들이 더 많아집니다. 곧 질문하고 싶어지고 더 알고 싶다는 욕구가 일어납니다. 육체적 쾌락과는 다른 맥락의 즐거움을 알아가는 것이죠.

네, 맞습니다. 매슬로우가 말했던 '자아실현의 욕구'가 그제야 발동하는 것이고, 칙센트 미하이가 말했던 '몰입(Flow)'이 드디어 작동하는 것이죠. 이렇게 미래를 설계하려는 발버둥의 시간이 축적되면 나도 모르게 나의 삶을 하나의 결로 통일시키는 경지에 이르게 됩니다. 쉽게 말해서 내가 이뤄내고 싶은 것 말고 다른 것들에 대한 관심이 급격하게 줄어듭니다. 삶이 단순해지고 명료해집니다. 여기부터가 진짜 폭발적인 성장이 일어나는 지점입니다. 많은 사람이 이 단계까지 곧바로 진입하기를 희망하지만 앞서 말한 과거, 현재, 미래에 대한 설계 과정 없이는 절대로 불가능한 것이죠.

이러한 맥락에서 제가 미래를 이야기하는 사람들과 삶을 같이하라는 말은 곧 '그들의 미래 설계 과정을 벤치마킹하라'라는 말과 같습니다. 분야가 다를 수는 있겠지만 한 사람이 이렇게 인생의 몰입 단계까지 건너갈 수 있었던 이야기들을 하나씩 듣고 기록하고 생각하다 보면 그 사고의 과정에서 앞으로 내가 무엇을 해야 할지가 보이는 겁니다. 이때부터는 그 어떤 기술이나 힘보다 대화가 더 큰 위력을 발휘합니다. 독일의 저명한 철학자이자 사회학자인 하버마스도 비슷한 말을 남겼습니다.[66]

> 더 나은 대화의 힘은 더 잘 무장된 힘보다 강하다.
> - 위르겐 하버마스

가십거리로 하루를 채우고 잠자리에 들 때의 허망함을 한 번쯤은 느껴보셨을 겁니다. 흘러가는 시간이 아깝지만 무엇을 해야 할지 모르겠다면 저는 단연코 '미래를 이야기하는 사람들과 대화하라'라고 조언할 것 같습니다. 실제로 저는 종종 제 멘티들을 제가 참석하는 조찬모임에 데리고 갑니다. 아침 7시에 열리는 조찬에 참석하려면 새벽까지 즐길 수 있는 OTT를 포기해야 하고, 게임을 포기해야 합니다. 힘겹게 준비를 마치고 심지어 6시에는 집을 나서야 7시 조찬 모임에 참석할 수 있습니다. 하지만 한 번 참석하고 나면 그들이 먼저 이렇게 말합니다. "멘토님, 다음 모임은 언제일까요? 또 오고 싶습니다!"

아침 7시라는 이른 시간에 나라의 정책에 대해 서로 이야기하고, 자신이 경영하고 있는 회사의 비전을 발표하고 그것에 대해 토론해 보는 시간이 그들에게 큰 자극이 되었기 때문일 겁니다. 그리고 자기보다 훨씬 더 나이가 있는 분들이 지금도 이렇게 자기 일을 잘하기 위해 열심히 노력하고 있다는 사실에 큰 충격을 사실이 가장 놀라웠던 것 같습니다. 무엇보다 원형 테이블에 앉아 아직 아무것도 준비되지 않은 입장에서 회사를 운영하고 있거나 중요한 실무를 책임지고 있는 분들의 생각들을 듣다 보면 하루를 조금 더 열심히 살고 싶어지는 마음가짐이 생긴다고 합니다. 이렇듯 우리에게 미래를 설계하고 그것을 현실로 만들어 가기 위해 고군분투하는 사람들과의 대화는 그 자체만으로 우리에게 큰 자극제가 됩니다.

그러니 방황하는 순간에 함께 방황하고 있는 친구를 만나러 가지 마세요. 넋두리가 쌓이면 걱정이 되고 걱정이 쌓이면 불안만 키울 뿐입니다. 이럴 때는 나의 환경을 바꾸고 새로운 자극을 찾아 떠나야 합니다. 그리고 이왕이면 그것이 단순한 즐거움이나 쾌락이 아니라, 성장을 이야기하고 사회를 조금 더 좋은 방향으로 바꾸려고 노력하는 사람들이 모인 것이라면 금상첨화겠지요.(참고로 우리 회사의 성장커뮤니티는 매월 마지막 주 토요일 오후 7시, 서울 합정입니다)

미션 11. 대화력에서 배운 핵심키워드 추출을 연습해 보세요.

읽은 텍스트의 제목 (출처)	
핵심 키워드 (형광펜작업)	

핵심 키워드로 찾은 다른 텍스트 & 본문	

새롭게 알게 된 내용을 메모로 기록해보기	

열두 번째 힘

반복력

열두 번째 힘

반복력

멘토링연구소장 **윤 성 화**

"매일 똑같은 하루가 지겨워서 못 하겠어요…."

제가 예상했던 것보다 더 많은 사람이 이런 주제로 이직 상담을 위해 센터를 찾습니다. 그들의 이야기를 들어보면, 직장에 큰 문제가 있는 것도 아니고 실적이나 성과도 꽤 잘 나오는 편이며 심지어 저녁에 종종 자신만의 취미생활도 즐기는 삶입니다. 하지만 '반복되는 삶이 지겹다'라고 머릿속에 한 번 떠올리는 순간 갑자기 내 인생이 재미없어 보이고 수많은 SNS에 올라오는 다른 사람들의 인생이 부러워집니다. 결국 '이렇게 사는 게 맞나?'라는 불필요한 생각에 이르게 되는 것이죠. 그래서 저희는 이 '반복은 곧 지겨운 삶'으로 인식하는 부분을 진로와 이직 컨설팅 영역에서 풀어야 할 문제로 정의하고 그것을 차근차근 풀어내야겠다고 다짐했습니다. 그때부터 이 '반복'이라는 주제에 관해 관심을 가지고 많은 세계 각국의 연구자료들을 모으고 분석하기 시작했습니다. 그랬더니 우리가 반복하는 행위에 대해 갖고 있던 오해들을 많이 알게 되었습니다.

반복은 곧 평범함이라는 오해

인간이 평범해지는 것을 거부하는 것은 본능에 가깝습니다. 인간은 생존과 번영을 위해서라도 '나만의 특별함'을 어필해야 하는 숙명을 타고난 존재들이니까요. 유전학적으로는 그것을 '번식 욕구'라고 하며, 사회학적으로는 '자아실현 욕구'라 할 수 있습니다. 그래서 인간이라는 종(種)은 기회가 있을 때마다 자신만의 특별함을 나타내고 싶어 합니다. 그렇기 때문에 무료한 일상이 반복되는 시기를 '고통의 시기'라 생각하는 경우가 많습니다. 하지만 여기서 하나 짚고 넘어가야 할 부분이 있습니다. 바로 '특별함'에 대한 부분입니다. 특별하다는 말은 '보통과 구별되게 다르다'라는 것을 의미합니다. 이 문장을 하나씩 뜯어보면 '보통은 무엇을 의미하는가?', '구별됨이란 무엇인가?', '다름은 어떤 형태여야 하는가?' 로 나눠볼 수 있습니다. 이 세 질문에 대한 자신만의 답변을 지금 당장 할 수 있다면 이번 장을 넘어가셔도 좋습니다. 하지만 단 하나의 질문이라도 쉽게 답변할 수 없는 상황이라면 이번 기회에 '반복'에 대한 성찰을 이번 기회에 꼭 한 번 해보셨으면 합니다.

반복은 배움의 어머니이다.
- 라틴 속담

라틴 속담에 있는 말입니다. 저는 이 격언을 조금 다르게 해석해 '반복은 배움의 출발점이다'라고 학생들에게 가르치고 있습니다. 흔히 라틴이라고 하면 로망스족(Romance Peoples)을 말합니다. 주로 남유럽, 동유럽, 라틴아메리카에 분포하는 집단을 일컫는 말이기 때문에 프랑스, 벨기에, 이탈리아, 스페인, 포르투갈, 루마니아, 아르헨티나, 우루과이 등이 여기에 해당합니다. 현대에는 라틴이 종족의 의미가 아닌 '언어'의 의미로 더 많이 정의되기도 합니다. 중요한 것은 이 '반복은 배움의 어머니이다'라는 격언이 스페인과 포르투갈 등 17세기 대항해시대를 통해 발전한 유럽지역에서 형성되어 언어적 전파를 거쳤다는 것입니다. 이것은 곧 농경사회 조건에서 기술 산업을 발전시켜야 하는 나라들이었던 상황이었다는 의미입니다. 그렇기 때문에 당시 유럽 사회의 '배움'이라고 하면 지금 우리가 알고 있는 '도제식 교육'이 가장 효과적이었을 겁니다. 경험 많은 사람이 경험이 적은 사람 앞에서 직접 보여주고 그것을 반복하게 하여 체득(體得)하게 하는 것이 좋은 교육이었던 것이죠. 그렇기 때문에 무언가를 잘한다는 것은 곧 '하나의 행위를 많이 반복했다'는 것이기도 했습니다.

오늘날에도 반복은 꽤 중요한 역할을 합니다. 하지만 이제부터는 그것이 전부가 아니어야 한다는 말씀을 드리고 싶습니다. 한 가지 예를 들어볼까요? 저는 전국의 수많은 학생들과 직장인을 만나 취업이나 이직을 함께 고민하는 일을 하고 있습니다. 그러다 보면 우리가 흔히 말하는 '스펙'에 해당하는 '자격요건'을 갖춰야 하는 시기를 만나는 경우가 많습니다. 공인된 영어 시험 점수가 필요하기도 하고, 국가 기술 자격증 필기시험에 합격하기 위해서는 '단순 암기'와 같은 공부를 해야 하죠. 하지만 시간이 갈수록 이러한 단순 암기에 대한 오해가 쌓여가는 것만 같습니다. 결론부터 말씀드리면 '단순 암기와 같은 반복은 전부가 아니어야 하지만 필요한 공부'라고 정의해두고 싶습니다.

'단순 암기'와 같은 공부가 그저 시험을 통과하기 위한 공부로 사용하고 끝나버렸다면 여러분이 가진 오해가 사실이 될 겁니다. 하지만 이런 일련의 반복 과정을 통해 '더 좋은 방식'을 찾으려 노력하고 그것을 기록화해서 자신만의 체계를 갖춘다면 이야기가 달라집니다. 다르게 말하면 그저 반복하는 것이 아닌 '자신만의 반복의 법칙'을 발견하는 것을 목표로 그 시간을 보내야 한다는 말입니다. 저 역시 재미있고 즐거운 공부만을 좇던 시절이 있었습니다. 그때는 제가 몰랐던 역사적 서사와 정치적, 경제적 내부 상황들의 스토리를 알아가는 재미에 푹 빠져 있던 시절이었습니다. 그래서 사회에서 요구하는 자격 요건을 갖추는 공부보다는 조금 더 근원적인 공부에 더 매력을 느꼈던 것 같습니다. 하지만 제가 간과한 사실은 그러한 공부가 실용성을 갖추려면 '사회'라는 체제 속에서 '나'를 증명해낼 수 있어야 했고, 그 사회에 속해 살아가려면 '자격 요건'이 필요했죠. 결론적으로 저는 사회에 나가기 위해 즐거워하는 역사와 정치 공부보다 공인된 영어시험의 성적을 올려야 했습니다.

하고 싶은 공부와 해야 하는 공부의 갈림길에 선 것이죠. 분명 머리로는 '지금은 영어 공부를 해서 시험점수를 올려야 한다!'라는 사실을 잘 알고 있습니다. 하지만 영어 문제 하나를 풀기도 전에 읽고 싶었던 인문학 책을 손에 들기 일쑤였습니다. 돌아보면 정작 해야 할 영어 공부는 2시간도 채 하지 않는 날이 많았습니다. 당연히 영어시험은 망칠 수밖에 없었고, 망한 성적표를 들고 저는 이렇게 자기 위로에 빠지기 시작했습니다. '이런 공부는 필요 없어. 어차피 갖춰 봤자 남들 다 가진 영어점수인데. 그건 평범해지는 거잖아?' 이런 생각에 사로잡힌 시간이 쌓이다 보니 남은 건 시험제도에 대한 부정적인 생각과 텅 빈 이력서밖에 없었습니다. 하지만 제가 가진 열정이나 역량 중 그 어떤 것도 증명할 수가 없었죠.

문제는 제가 했던 이 실수를 지금을 살아가는 많은 청년들도 반복하고 있다는 사실입니다. 우리가 여기서 중요하게 생각해야 할 것은, 개인과 사회의 인지 격차가 존재한다는 것을 아는 것입니다. 다르게 말하면 '내가 가고자 하는 사회영역에 나의 능력을 증명하는 방법'을 모르면 여러분이 하고 싶은 일을 할 수 있는 '기회'가 오지 않는다는 것입니다. 어디서부터 고쳐 나가야 하는 걸까요? 저는 무엇보다 '반복이 일상이 되는 삶'을 두 가지로 나눠서 생각할 필요가 있다고 봅니다. 라틴 속담에서 언급된 것처럼 반복이 '배움'이 되는 순간과 이미 익숙해진 무언가를 반복하는 것으로 안주하는 순간을 구분하는 것이죠.

■ 반복하는 삶의 두 가지 시선
  • 배움을 위한 반복의 시간
  • 안주를 위한 반복의 시간

정리해보면 두 가지 경우의 오해가 나올 수 있습니다. 배움을 위한 반복의 시간을 보내야 하는 사람이 그 시간을 안주를 위한 반복의 시간으로 여긴다면 스스로 자만하고 있다는 뜻입니다. 아직은 더 배울 때인데 '나는 이미 다 안다' 하는 것이죠. 그래서 기술을 연마하고 반복을 통해 성장해야 하는 순간에 안주하기를 선택합니다. 그렇게 되면 회사나 사회가 요구하는 역량과 자신이 가진 역량의 격차는 시간이 갈수록 커질 수밖에 없을 겁니다. 그래서 '반복은 지겨운 것'이라 생각하게 되는 것이죠. 앞서 예시를 든 제가 그랬던 것처럼.

갓난아기는 태어나서 옹알이할 때까지 '엄마', '아빠'와 같은 단어들을 가장 많이 반복해서 듣는다고 합니다. 그래서 그것을 모방해서 흉내 내기 시작합니다. 그랬더니 '엄마' 혹은 '아빠'라는 단어를 모방하는 순간에 부모가 좋아한다는 것을 본능적으로 알게 됩니다. 또한 얼마 지나지 않아 목청껏 큰 소리로 울어대면 내 입에 먹을 것을 넣어준다는 것도 알게 됩니다. 반복을 통해 '학습'을 하는 과정인 거죠. 하지만 이러한 배움의 환경은 성인이 되어 갈수록 줄어들 수밖에 없습니다. 현존하는 거의 모든 교육의 과정이 인간답게 살아가기 위해 필요한 '기본적 소양'을 가르치는 교육에서 청소년기를 지나 청년기에 이를수록 '선택적 교육'으로 나아가기 때문입니다. 곧 공부하고 싶은 사람은 공부하고, 공부하기 싫은 사람은 다른 걸 하라는 자율성을 보장받는 것이죠. 하지만 이것을 반대로 생각해보면 성인이 되어갈수록 스스로 갖춰야 하는 배움의 환경이 늘어난다는 말이기도 합니다. 그래서 검색도 하고 주변 사람들에게 물어도 보고 유튜브를 시청하면서 배움을 이어 나가는 것이죠.

그렇기 때문에 이 첫 번째 오해를 풀어내기 위해서는 무엇보다 '배움의 인풋(Input)'을 끊임없이 제공해주는 환경을 갖추는 힘을 길러내는 것이 가장 중요합니다. 그런 의미에서 저는 '끊임없이 배우기를 선택하는 사람'이 되려는 마음가짐을 강조합니다. 이것이 왜 중요하냐면, 우리가 그렇게 가지고 싶어 하는 '특별함'은 평범함을 갈고 닦아야만 형성될 수 있기 때문입니다. 평범함을 갖춰보지 않은 사람은 결코 특별해질 수 없습니다. 평범함이라는 기준이 없으니 무엇이 특별한지를 특정할 수가 없기 때문입니다. 그래서 평범함을 거부한 특별함은 외면당하기 딱 좋습니다. 이것은 마치 특허권을 취득했지만 아무도 사지 않는 제품을 열심히 만들고 있는 일과 같습니다. 그래서 저는 제가 가르치는 모든 멘티에게 '특별해지고 싶다면 먼저 평범함의 위대함을 깨달아야 한다'고 가르칩니다.

하지만 이것이 '평범한 사람이 되어라'를 의미하는 것은 아닙니다. 정확히 말하면 '나만의 평범한 체계를 갖춘다' 정도로 해석할 수 있겠습니다. 저는 여러 가지 사업을 동시에 하고 있습니다. 사람도 정말 많이 만나야 하고 틈만 나면 공부해야 하는 일을 하고 있죠. 할 수만 있다면 하루를 48시간으로 살고 싶은 지경입니다. 그렇기 때문에 저는 '이 평범함의 영역을 어떻게 최적화 시킬까?'를 늘 고민하고 살아가는 것 같습니다. 옷 쇼핑으로 예로 들면 이렇습니다. 옷을 고르는 시간은 줄이고 싶은데 남들 앞에 서서 강연하는 사람이니 '옷 잘 입는다'라는 말은 또 듣고 싶더군요. 그래서 거금을 들여 지인에게 패션 컨설팅을 한 번 받았습니다. 저의 체형과 퍼스널컬러를 꼼꼼하게 컨설팅받은 이후부터는 색감을 통일시키고 제가 구상한 스타일과 비슷한 곳에서만 옷을 삽니다. 그랬더니 최소 일주일을 고민했던 쇼핑 시간이 단 30분으로 대폭 줄었습니다. 덩달아 '스타일 좋아졌다'라는 칭찬도 꽤 듣게 되었습니다.

또 저는 아침 시간을 효율적으로 쓰고 싶었습니다. 침대에서 나오는 시간이 오후 1시라는 것을 알게 되었을 때 느꼈던 한심함을 반복하고 싶지 않았으니까요. 그래서 인터넷과 책을 뒤졌습니다. '아침', '미라클모닝', '좋은 습관'이라는 키워드를 두고 자료를 취합하고 그중에서 '부자', '성공'과 관련된 키워드는 삭제했습니다. 그것이 목적이 아니라 저는 그저 아침 시간에 대한 통제성을 가져오고 싶었으니까요. 발췌독을 통해 아침 시간에 반복했을 때 삶에 긍정적인 영향을 주는 것들을 찾아 목록을 기록합니다. 이불 개기, 물 한 잔 마시기, 푸시업 10분, 찬물 샤워, 아침 독서 1페이지, 창문 열기, 15분 아침 산책, 5분 방 청소 등 정말 여러 방법이 존재했습니다. 이제 남은 건 그중에서 '나'라는 사람에 맞게 가져올 수 있는 것은 무엇인지 그리고 그것을 가져온다면 나의 기준으로는 어떤 방식으로 바뀌어야 하는지를 알아내는 것이었습니다.

저는 이런 '평범함의 최적화'를 통해 다음과 같은 저만의 평범한 '아침'을 재정의하기 시작했습니다.

1. 알림이 울리면 자동으로 커튼이 열리게 한다. (IOT기계 활용)
2. 알람 직후 재즈 음악이 자동 플레이 되게 루틴 어플을 설정한다.
3. 재즈 한 곡이 끝나기 전에 이불을 갠다.
4. 침실에 가져다 둔 칫솔에 치약을 짜서 입에 넣는다.
5. 거품이 일어나면 화장실로 이동해서 양치질을 마무리한다.
6. 양치질 직후 푸쉬업 15개 3세트를 한다.
7. 심장이 요동칠 때 찬물을 틀고 3초 안에 들어간다.
8. 샤워 직후 따듯한 차 한 잔을 마시며 쉬운 책을 10분 읽는다.
9. 오늘 해야 할 일정들을 체크하고 각 일정들 30분 전에 알람을 설정한다.
10. 책상 앞 비전 보드를 보며 앞으로 내가 살아갈 30년을 떠올려보고 하루를 시작한다.

사실 따지고 보면 그냥 일어나서 하루를 시작하는 과정이라 할 수 있습니다. 하지만 이 10단계의 루틴이 저만의 것으로 자리 잡기까지 저 역시 '반복'을 피할 수는 없었다는 것이 핵심이라 말씀드리고 싶습니다. 저는 이 일련의 과정을 통해 매일 4시간이라는 시간을 벌었습니다. 그렇게 확보한 오전 시간에 중요한 일들을 먼저 처리하는 습관이 생겼고, 덕분에 오후에는 짧은 낮잠을 잘 수 있는 여유도 부리고 있습니다. 그리고 이런 패턴으로 10년 넘게 살아가는 저를 보고 저의 학생들이 '특별하다'라고 하더군요. 평범함의 반복을 지나야만 특별함에 이를 수 있다는 것을 실감하는 순간이었습니다. 이제는 이런 원리를 잘 알기 때문에 저를 찾아와 '일상이 너무 평범해서 지루하다'는 사람들에게 저는 위 이야기를 들려줍니다. 그리고 그분들이 놓치고 있는 두 가지를 알려드립니다.

■ 평범한 일상이 지루한 사람이 놓치고 있는 2가지
1. 평범함을 반복해야만 특별해질 수 있다.
2. 나의 기준으로 체계화한 반복이 필요하다.

사실 1번 항목을 인정하게 만드는 것도 꽤 오랜 시간이 걸리는 작업인 것을 잘 알고 있습니다. 마치 장기판을 멀리서 지켜봐야만 그 수가 읽히는 것처럼, 평범함의 굴레에 속해 있는 사람이 이것을 스스로 알아차리기는 상당히 어려운 작업이기 때문입니다. 하지만 방법이 전혀 없지는 않습니다. 제가 추천하는 방식은 여러분이 가진 그 반복적인 일상에서 얻을 수 있는 이점들을 계속 나열해보는 것입니다. 예를 들면 다음과 같은 질문들에 대답을 적어 보는 것이죠.

■ 반복적 일상이 주는 혜택들을 나열해보기
- 일찍 잠자리에 들었을 때 좋은 점은 무엇인가?
- 청결을 유지하는 것이 왜 좋을까?
- 규칙적인 운동은 나를 어떤 사람으로 만드는가?
- 좋은 컨디션이 내가 하는 일에 어떤 역할을 하는가?

이렇게 평범하게 반복되고 있는 일상들의 장점들을 생각해볼 수 있는 질문들을 짜 놓고 스스로 그 대답을 글로 적어보시는 게 가장 좋은 개선 과정이 아닐까 싶습니다. 그러면 가장 주관적인 관점에서 그 원인과 결과를 알아차릴 수 있기 때문입니다. 이 글쓰기 과정을 실제로 해보시면 내가 반복적인 일상을 통해 얻고자 하는 것이 무엇인지를 스스로 알아내실 수 있을 겁니다. 내가 장기판에 앉아 있지만 안경에 특수 카메라가 장착되어 있어 제3의 눈으로 그 경기를 객관적으로 지켜보는 것처럼, 즉 '메타인지'가 생겨나는 것이죠. 저는 이 메타인지를 장착하는 순간부터 진정한 삶이 시작된다고 생각합니다. 그만큼 많은 사람이 여러 이유로 자기 자신을 돌아볼 수 없는 시대를 살고 있다는 방증이기도 하겠지요. 이 책을 여기까지 읽은 분들이라면, 평범함의 반복을 메타인지의 발견으로 잘 연결하실 수 있을 거라 생각됩니다.

반복은 무너지지 않는 건물을 세우는 일

하지만 이러한 반복의 효과를 알았다고 하더라도 변수는 존재합니다. 바로 '끈기'의 영역이 남아있기 때문입니다. 누군가 그러더군요. '끈기조차 재능이다'라고. 하지만 저는 이 말에 동의하지 않는 사람입니다. 왜냐하면 저 자신이 그 명제의 블랙스완*이기 때문이죠. 저는 끈기 없고 열정도 없고 방향도 없는 20대를 보냈습니다. 하지만 지금은 누군가의 인생을 컨설팅 해주고 기업에 좋은 문화를 정착하는 데 일조하는 삶을 살고 있죠. 이렇게 변할 수 있었던 가장 큰 이유가 재능이 아니라 '훈련' 덕분이라 믿습니다. 끈기라는 녀석은 누구나 훈련을 통해서 자신의 것으로 만들 수 있기 때문이죠. 그저 내 수준에 맞는 끈기를 알아차릴 수 있는 인지능력이 필요할 뿐입니다. 그러나 끈기의 영역을 자신의 것으로 만들어가지 못하는 대부분의 이유는 내 수준이 아닌 완성된 타인의 끈기를 나의 것으로 만들려고 하는 실수를 범하기 때문입니다. 삶의 규칙성을 갖추고 그것을 끈기 있게 유지할 수 있다면 그것만으로 여러분은 삶이라는 전쟁터에서 굉장한 무기 하나를 갖춘 것과 다름없습니다. 그러니 조금은 생소하더라도 이 책을 통해 메타인지를 기반한 여러분만의 반복 체계를 만들어 보시길 추천해 드립니다. (*블랙스완 : 검은 백조. 익히 알고 있던 참의 명제를 반박하는 새로운 증거를 일컫는 말)

그럼, 제가 해왔던 끈기 훈련에 대해 간략하게 소개해 드리겠습니다. 말 그대로 저라는 사람에게 개인화된 시스템이기 때문에 모든 분에게 이 방법이 정답일 수는 없습니다. 하지만 이 기록들이 여러분의 끈기 훈련 과정에 작은 힌트들이 되어 줄 수는 있을 거라고 생각합니다. 우선 이 끈기라는 녀석을 내 것으로 만들기 위해서는 '반복'의 개념을 또 다른 시선으로 분류해 볼 필요가 있습니다.

■ 끈기의 관점으로 보는 반복의 2가지 유형
- 생각 없이 해야 하는 반복
- 생각하며 해야 하는 반복

저는 끈기를 위 2가지 관점으로 분류해놓고 성찰해서 제 삶에 녹여

내려고 노력하고 있습니다. 첫 번째 유형인 '생각 없이 해야 하는 반복'은 청소, 청결, 식사, 정리 등의 삶의 기초적인 것들을 받쳐주는 영역에 필요한 반복을 의미합니다. 양치질을 하거나 샤워할 때 기막힌 아이디어가 떠오르는 경험을 한 번쯤은 해보셨을 겁니다. 그것은 평소에 하게 되는 걱정이나 불안 등에 대한 생각이 사그라들면서 오래 해오고 있는 신체의 반복에 집중했기 때문에 일어나는 일입니다. 내가 긴장을 풀고 생각의 끈을 놓아 자유롭게 해줬더니 그제야 숨어있던 '아이디어'라는 녀석이 고개를 내미는 것이죠. 이렇듯 생각 없이 해야 하는 반복의 영역은 신체가 활동하고 정신이 쉬는 특징을 보입니다. 너무 많이 반복해서 특별히 신경 쓰지 않아도 몸이 자동으로 반응하게 되는 모든 것들이 이 영역에 속할 수 있죠. 중요한 것은 이 단계의 반복을 하면서 '의미'를 찾지 않는 것입니다. 즉 '생각'을 하지 않아야 합니다.

이 반복의 영역을 조금만 확장해보면 '생각 없이 해야 하는 연습'과 '생각하며 해야 하는 연습'으로 나뉠 수 있습니다. 예를 들어보겠습니다. 여기 축구선수 지망생이 있다고 가정해 봅시다. 좋은 축구선수가 되려면 일단 그라운드를 오랫동안 누빌 수 있도록 가장 먼저 '체력'을 기릅니다. 체력 중에서도 다리 근력이 가장 중요하기 때문에 허벅지 근육을 키워내는 다리 운동이 필요하다는 결론을 만납니다. 그래서 매일 스쾃을 500개는 해야 한다는 구체적 목표가 설정되었습니다. 다음 날 아침부터 그 스쾃 500개라는 목표를 시작하기로 합니다. 이 상황에서 '생각'이 필요한 부분과 필요하지 않은 부분을 구분할 수 있어야 합니다. 우선 생각 없이 해야 하는 연습은 스쾃 500개를 실제로 하는 순간입니다. 이 순간에는 머리를 비워내고 오로지 스쾃 500개를 달성하는 데만 신경 써야 합니다. 체력 운동이 끝나고 나서는 '내가 왜 다리 근력을 키워내고 있더라?'에 대한 답을 '그라운드에서 오래 뛰는 선수가 되기 위해서'라는 목표에서 찾을 수 있어야 한다는 거죠. 하지만 대부분의 사람은 스쾃하는 순간에도 이런저런 생각에 빠지게 됩니다.

'다리 운동은 역시나 힘들어….'
'다리 힘을 키운다고 내가 좋은 선수가 될 수는 있을까?'
'다른 운동을 더 해야 하는 건 아닐까?'

위와 같은 생각 역시 언젠가는 필요한 것일 수 있겠지만 운동을 하는 그 순간에는 하지 말아야 한다는 말입니다. 생각을 비워내지 않으면 그 순간에 집중해서 반복할 수 없게 되고 결국 스쾃 500개를 채워내지 않아도 되는 명분을 찾게 될 겁니다. 그러면 방금 위에서 언급한 불안을 기반으로 한 생각들이 하루 종일 여러분을 괴롭히는 나날들이 시작되는 거죠. 저는 이 '생각 없이 해야 하는 반복'의 개념을 가장 잘 설명해주는 운동선수가 바로 피겨 스케이팅 '김연아 선수'라고 생각합니다. 청년들 사이에서도 아주 유명한 밈(meme) 사진이 한 장 있습니다. 한 스포츠 전담 기자가 김연아 선수에게 "지금처럼 연습할 때 무슨 생각하면서 하세요?"라는 질문을 던졌더니 김연아 선수는 이렇게 대답했습니다. "무슨 생각을 해요. 그냥 하는 거지~"

이 한마디로 '생각 없이 해야 하는 반복'에 대한 설명이 다 되는 것 같습니다. 꼭 운동선수의 영역이 아니라 거의 모든 직업군에서 이 영역은 존재합니다. 아무리 첨예한 전문기술을 갖춘 전문가라 할지라도 그 출발점을 따라가 보면 용어부터 암기하고, 기초 원리부터 익히는 시간이 있었다는 것을 알 수 있기 때문이죠. 그러니 이 '생각 없이 해야 하는 반복'을 저는 '기초를 다지는 시간'이라 생각하고 계속 이어가고 있습니다. 이 시간이 겹겹이 쌓이면 반복을 통한 축적의 힘이 발휘되기 시작합니다. 이와 같이 운동을 반복했다면 나에게는 당연한 정도의 체력이 누군가에게는 부러움이 되어 있을 겁니다. 이처럼 일에 대한 나머지 공부를 반복했다면 경력에 비해 많은 일을 할 수 있는 사람이 되어 있겠죠.

'위대한 성과는 소소한 일들이 모여 조금씩 이루어진 것이다'
- 빈센트 반 고흐

제가 좋아하는 빈센트 반 고흐가 남긴 말입니다. 우리가 익히 알고 있는 〈자화상〉이나 〈별이 빛나는 밤〉과 같은 그림들도 사실은 수많은 연습작들 때문에 탄생할 수 있었던 것이죠. 네, 그렇습니다. 이제 '생각해야 하는 반복'에 대해 이야기해보려고 합니다.

'매번 똑같은 행동을 반복하면서 다른 결과를 기대하는 것은 미친 짓이다' 제 메모장에도 적혀 있는 이 문구는 근대사에 가장 큰 업적을 남긴 발명가 알베르트 아인슈타인의 말입니다. 이것은 곧 반복하되 다르게 반복할 수 있어야 한다는 말입니다. 아인슈타인은 전구 발명으로 유명하지만, 저는 그가 지금 우리가 쓰고 있는 냉장고를 최초로 발명한 사람이라는 것을 책으로 알게 되면서 한 번 더 감탄을 자아냈습니다. 그는 1902년부터 1909년까지 스위스 특허청에서 특허 신청서를 검토하는 관리감독관으로 일을 했습니다. 그 덕분에 당시에 빠르게 발전하고 있었던 전기 장치 분야에 대한 여러 특허 신청서를 볼 수 있었고 그중에서는 니콜라 테슬라, 리디 포리스트, 마이클 푸핀과 같은 큰 기업 제품들의 세계 특허도 접할 수 있었다고 합니다. 지속적인 배움의 환경 덕분인지 그는 누구보다 '끈기 있는 개선작업'에 능했습니다. 또한 그는 하나의 문제를 풀어야겠다고 결심하면 그것이 풀릴 때까지 멈추지 않았습니다. 여기서 중요한 것은 그는 늘 실험에 대한 기록을 체크하며 '개선된 반복'을 이어 나갔다는 점입니다. 결국 그는 당시 논란이 되었던 '냉장고의 소음 문제'와 '천연가스 누출'이라는 문제를 해결해냈고 1926년 독일 특허를 시작으로 1936년 영어권 국가의 특허권도 취득했습니다.

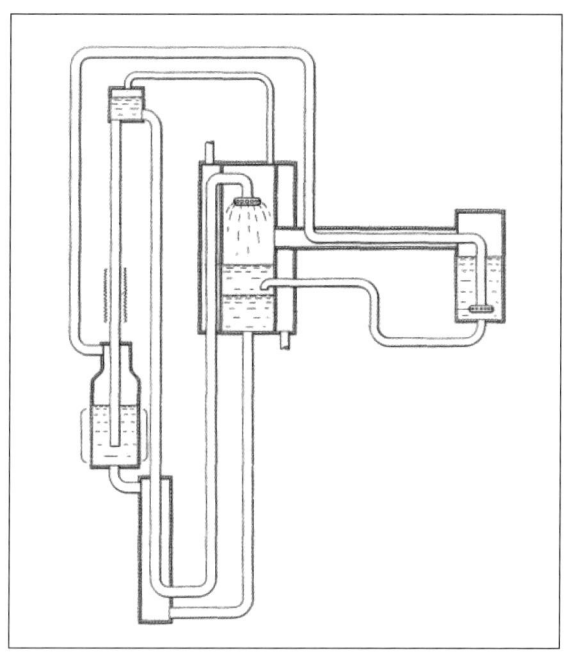

사진: 아인슈타인의 특허인증서에 수록된 냉장고 설계도[67]

　여기서 우리가 나의 것으로 만들어야 할 점은 아인슈타인의 좋은 머리와 환경이 아닙니다. 중요한 점은 '객관적 개선 활동'과 '탐구력'이라 할 수 있습니다. 그래서 '생각하며 해야 하는 반복'을 하는 과정에서는 실패하는 결과보다 '실패의 원인을 찾아내는 눈'이 더 중요해집니다. 모든 인생에는 실수와 실패라는 상처가 있습니다. 그저 성공의 비법에만 관심이 많은 대중은 이것을 알고 싶어하지 않습니다. 분명한 것은 실패의 과정 없이 성공적인 결과는 존재할 수 없다는 것이죠. 그러니 애초부터 어떤 일을 하더라도 '실패하지 않겠다', '실수하지 않겠다'라는 마음을 먹어서는 안 됩니다.

실제로 미국에서 실시한 한 조사에 따르면 새해 결심이 성공할 확률은 약 8%에 불과하다고 합니다. 결심을 한 사람들 중 약 25%가 일주일 안에 포기했고, 2주일이 지나자 30%가 포기했고, 한 달이 지나자 50%가 포기했다고 합니다. 무엇이 문제일까요? 우리에게는 없는 큰 결심의 동력이 아인슈타인에게만 있어서일까요? 그렇지 않습니다. 저는 이것이 분명 목표설정의 문제가 아니라 '결심을 실행하는 방법'의 문제라고 확신합니다. 이 책을 집필하기 위해 '반복'에 관련된 정보들을 수집하고 연구하면서 이 확신은 더 굳어졌습니다.

자신의 상태를 진단하고 상태에 맞는 개선점을 도출해 그 수준에 맞는 목표를 설정하는 것이 우리에게 필요합니다. 지금의 취준생들과 취업 상담을 해보면 마치 ABCD를 배워야 하는 유치원생이 수능 영어문제집을 가지고 와서 가르쳐달라 하는 것과 비슷한 경우라 할 수 있습니다. 그러니 우리에게 필요한 것은 원대한 목표를 끄집어내어 벽에 붙여 놓는 것이 아니라 지금 나의 상태를 진단하고 개선점을 찾아내어 수정해보는 과정을 반복하는 것입니다. 예를 들어 저의 아침 시간 확보에 대한 개선 기록을 보여 드리면 다음과 같습니다.

1. 아침에 5시 30분 알람을 맞춰 놓고 문밖에 놔둔다.
2. 알람이 울리면 밖에 나가서 끄고 다시 잠들기 위해 돌아온다.
3. 아침 기상이 실패해서 오전 시간을 낭비한다.

위와 같은 과정을 놓고 찾은 저의 패착의 원인은 '알람을 끄고 이불

속으로 돌아오는 거리가 너무 가깝다'였습니다. 그래서 저는 '이 프로세스에서 무엇을 바꾸면 내가 일어날 수밖에 없는가?'를 두고 자기 실험을 하기 시작했습니다. 그 과정을 함께 한 번 살펴보시죠.

■ 실험 1. 문밖에 휴대전화를 놔두지 말고 창문에 올려두고 알람이 울리면 창문을 열어 찬바람을 맞게 하자. 그러면 잠이 깨서 다음 행동을 할 것이다.
→ 실패. 위치에 상관 없이 휴대전화 알람만 끄고 다시 이불 속으로 들어와 버린다.

■ 실험 2. 휴대전화 옆에 찬물 한 잔을 떠 놓고 잠들자. 알람을 끄자마자 물 한 잔을 마실 수 있게 하면 잠이 깰 것이다.
→ 실패. 알람을 끄다가 물컵을 쏟아 아내한테 혼났다.

■ 실험 3. 어플의 도움을 받자. 실패의 원인인 이불을 바로 개어버리자. 개어진 이불 사진을 찍어야만 알람이 꺼질 수 있도록 하면 이불이 없어 다시 잠들지 못할 것이다.
→ 절반의 성공. 시끄러운 알람 소리를 끄기 위해 일어나자마자 이불을 개고 사진까지 구도에 맞게 찍어야 했기 때문에 그 과정에서 종종 잠이 깬다.

■ 실험 4. 억지로 일어나니 기분이 별로다. 기상 프로세스만큼 충분한 수면시간을 확보하는 것이 더 중요하다. 밤 11시에는 모든 불을 끄고

수면 환경을 만들고 실험 3의 과정을 반복하자.
→ 실패. 습관이 되지 않아 누웠지만 오히려 새벽 2시까지 깨어 있었다. 줄어든 수면 시간으로 실험 3의 프로세스를 해나가는데 드는 고통이 배가 되었다.

■ 실험 5. 좋은 수면 환경 설정이 곧 아침 기상과 직결된다는 가설을 세웠다. 암막 커튼을 달고 저녁 식사 후 간단한 운동을 해서 잠들기 좋은 신체 환경을 만들고 실험 4의 과정을 반복하자.
→ 성공. 나는 수면시간이 최소 6시간은 보장되어야 하며, 이 조건을 충족하면 아침 이불 개기가 성공하는 확률이 높아지는 것을 확인했다. 이후 거짓말처럼 물 한 잔 마시기, 샤워하기 등으로 연결되기 시작했다.

앞의 실험을 요약해보면 저의 경우에는 이 '아침 6시 이전 기상'이라는 목표를 달성하기 위해 다음과 같은 개선점이 도출되었습니다.

1. 암막 커튼 구입해서 설치
2. 저녁 식사 후 30분 운동을 위해 아령 구입
3. 물 한 잔과 휴대전화는 거실 탁자 위로 이동
4. 이불 개기는 습관이 된 후 어플 삭제
5. 10시 이후 유튜브 시청 금지 (수면 방해)

이를 위해, 어느 정도의 비용이 들었고 생활 패턴 중 나쁜 습관으로 자리 잡았던 밤늦은 유튜브 시청을 포기해야 했습니다. 하지만 개선된 반복을 저만의 것으로 만들고 나니 그렇게 하고 싶었던 '일과 삶의 균형'이 가능해지더군요. 좀 더 정확하게 말하면 생산성 있게 일할 수 있게 되었기 때문에 쉴 수 있는 시간, 나만을 위한 시간이 생겨난 겁니다. 늘 시간이 부족하다고 느끼면서 살았는데 사실은 시간당 생산성이 너무 낮아 시간을 낭비하고 있었다는 것을 알게 된 실험이었습니다.

또한 이렇게 스몰 스텝 전략을 추천하는 이유는 실패에 대한 두려움을 극복하는 데 효과적이기 때문입니다. 로버트 마우어는 그의 저서 『아주 작은 반복의 힘』에서 우리의 뇌는 두려움을 느낄 때 그것을 공격할 것이냐 아니면 빨리 달아날 것이냐를 선택하도록 프로그램되어 있다고 합니다. 그러면서 스몰 스텝 전략을 '사자를 토끼로 길들이는 작업'이라 비유하죠. 작곡가를 꿈꾸는 사람에게 "오늘은 음표 1개만 그리세요."라고 하면서 정신적 고통에서 조금씩 벗어나게끔 도와주는 것과 같죠. 이 과정을 반복하다 보면 모든 사람은 그 두려움으로부터 도망가기보다 그것을 극복하기를 선택한다는 것이 그의 주장입니다.

저 역시 이 주장에 동의하는 편입니다. 목표를 쪼개고 가장 낮은 난도를 찾아내어 그것부터 시작하는 것만큼 확실한 성공의 축적이 없기 때문입니다. 대신 로버트 마우어는 한국적 사고를 반영하지 않아서인지 1년 동안 1곡을 완성하지 않아도 된다는 식으로 주장했지만, 저는 기한 내 결과가 나올 수 있게 아주 미세하게라도 개선작업의 난도를 올려야 한다고 생각하는 편입니다. 너무 쉬운 과제만 받다 보면 장기적인 목표에 대한 방향성을 잃어버리거나 혹은 그 행위가 '생각 없이 해야 하는 반복'으로 치부될 수 있다고 보기 때문입니다. 저는 개선의 목적이 결국에는 가시적 성취로 연결되어야 이후에도 지속될 수 있다고 생각합니다.

제가 이렇게 생각하는 또다른 이유는 삶이 우리가 생각하는 것만큼 질서 정연하고 예측할 수 있게 움직이지 않는다는 점 때문입니다. 스몰 스텝 과정이 계속해서 반복되며 조금씩 나아지려면, 나의 의지력 이외의 거의 모든 변수가 없어야 합니다. 갑자기 감기에 걸려서도 안 되고, 결혼식이나 장례식 때문에 일정이 꼬여서도 안 될 겁니다. 그런 삶은 계획적인 삶이 아니라 계획에 발목이 잡힌 삶이라고 보는 게 맞을 겁니다. 그러니 다른 사람들이 만들어 놓은 좋은 선례들을 배우고 응용하되 완전히 똑같이 따라 하려고 하지는 말아야 합니다. 그러면 우리가 작은 성취를 누리면서 지속해서 이 반복의 힘을 유지하려면 무엇이 필요할까요? 많은 요인이 있었지만 사람들에게 '반복의 지속력'에 가장 많은 영향을 미쳤던 요인은 다음 세 가지였습니다.[68]

1. 즐거운 반복

우리가 가장 먼저 해야 할 일은 지겨워질 수 있는 반복의 순간들을 즐겁게 만드는 일입니다. 이 맥락을 잘 이해하지 못하면 '일이라는 것은 원래 고통스러운 것이고, 한 분야의 전문가로 살아가려면 그 엄청난 고통을 참아내야만 한다'와 같은 일반화의 오류에 빠지기 쉽습니다. 그러니 반복하는 과정과 순간들이 즐거울 수 있는 '환경'을 만들어내는 것이 우리에게 가장 중요한 일이라 할 수 있습니다.

저는 글을 쓰고 강연하는 인생을 살고 있습니다. 그렇다 보니 일상의 모든 것들이 글감이 됩니다. 그래서 적고 또 적습니다. 하지만 저 역시 이 고통스러운 반복의 함정을 피해 갈 수는 없더군요. 글을 쓰는 것이 너무 즐겁고 재미있는 일이었는데, 어느 순간부터 이게 '일'처럼 느껴지는 겁니다. 마감 기한이 정해져 있기 때문에 초 단위 시간조차 아까워하고 초조해하는 날들이 많아졌습니다. 또 쓰다 보니 사람들의 좋은 반응을 계속 유지하고 싶은 욕심이 들기 시작했습니다. 욕심이 나니 글의 양이 훨씬 줄어들었습니다. 좋은 글만 기록해두고 싶었던 거죠. 그래서인지 아침마다 키보드 위 손가락이 이리저리 방황하며 내려앉지를 못했습니다. 그렇게 잘하고 싶은 마음은 저의 글쓰기를 멈추게 했죠. 방법을 찾아야 했습니다. 그래서 '내가 왜 글쓰기를 멈추게 되었을까?', '어떤 과정을 바꿔야 다시 글쓰기를 할 수 있을까?' 라는 질문을 칠판에 적어두고 골똘하게 사색에 빠졌습니다. 그러다 중요한 세 가지 사실을 발견하게 됩니다.

- 글쓰기를 글 쓰는 자체보다 평가에 초점을 맞춰서 쓰려고 했다.
- 많이 써야 좋은 글이 나오는데 처음부터 좋은 글을 쓰려고 했다.
- 글 쓰는 환경에 즐거움의 요소가 부족하다.

저는 마치 외과 전문의가 된 것처럼 제 생각과 태도 그리고 환경들을 하나씩 고쳐나가기 시작했습니다. 제일 먼저 누군가에게 보여주기 위한 글쓰기를 멈췄습니다. 당시에는 여러 블로그와 SNS에 업로드 자체를 위한 글이 많았는데 그것이 문제의 중심이었습니다. 3만 명이 넘는 사람들이 저의 글을 읽어준다고 생각하니 잘하고 싶었나 봅니다. 그래서 늘 '어제보다 더 좋은 글!'이라는 메모를 노트북에 붙여 놓고 글쓰기를 하고 있었죠. 일단 그 메모를 떼서 휴지통에 버렸습니다. 그리고 순서를 바꿨습니다. 책의 원고작성을 위한 글쓰기를 가장 먼저 하고, 이미 써 놓은 원고 중에서 일부분만 SNS에 옮겨 그대로 업로드를 하는 것으로 말입니다. 작가로서 내 글이 독자들에게 어떻게 읽히는지 알아둘 필요가 있지만 '댓글 하나하나에 마음이 흔들려서야 어떻게 하나의 주제로 한 권의 책을 쓸 수 있을까?'라는 생각이 들었기 때문입니다. 신기한 것은 이렇게 글을 쓰는 순서만 바꿨을 뿐인데 저는 글을 잘 써야 한다는 부담감을 내려놓을 수 있었고, 글에 대한 사람들의 평가도 오히려 더 좋아졌습니다. 역시 모든 일은 힘을 뺄 때부터 잘 되나 봅니다.

이제 남은 건 '글 쓰는 환경에 즐거움의 요소가 부족하다'라는 문장이었습니다. 제가 생각할 때 저는 아마도 죽기 직전까지 글을 쓰는 행위를 반복하고 있을 테니 이 문제는 결코 쉽게 생각할 부분이 아니었습니다. 늘 그랬듯 생각 노트를 꺼내 들고 '나는 무엇을 즐거워하는가?'부터 시작해 질문 마인드맵을 펼쳐내기 시작했습니다. 이렇게 나의 즐거움에 대한 맥락을 이해하는 시간을 가져보니 제가 알지 못했던 저의 또 다른 모습이 보였습니다.

· 정리된 책상에서 즐거움을 느낀다.
· 얼리어답터로 살아가는 것이 즐겁다.
· 일을 할수록 생산성이 올라가는데 뿌듯함이 있다.

생각 노트를 정리하는 일주일의 시간을 통해 저는 이 굵직한 3가지 즐거움의 요소를 발견하게 되었습니다. 이제 남은 것은 이 문장들을 하나씩 저의 것으로 만드는 일이었습니다. 먼저 '정리된 책상'을 유지하기 위해서 책상 위 배열부터 다시 잡았습니다. 충전기가 있어야 할 곳, 멀티탭이 있어야 할 곳, 펜이 있어야 할 곳, 노트북의 위치 등을 정했습니다. 그러고 나니 제가 하는 업무마다 물건의 배치와 필요한 요소들이 조금씩 다름을 알게 되었습니다. 업무가 섞여 있다보니 책상 위에 있어야 할 가짓수도 더 늘어난 상황이었죠. 업무 생산성을 올리기 위해 비슷한 결을 가진 업무들을 한 곳에 묶어두고 나머지 업무를 따로 떼어 오후 시간대로 계획표를 잡아 둡니다. 그것만으로도 책상의 배열이 꽤 정리되었습니다. 그리고 손만 갖다 대면 뚜껑이 자동으로 열리고 쓰레기가 가득 차면 알아서 봉투를 갈아 끼워 주는 스마트 휴지통을 하나 구입했습니다. 책상 위 올려두었던 쓰레기나 휴지 등을 깔끔하게 정리할 수 있고, 한 달에 한 번 정도 버튼 하나만 누르면 자동으로 새 봉투로 갈아 끼워 주기도 합니다.

그리고 다시 책상으로 시선을 옮겨보니 버튼이 하나 빠져버린 키보드, 손때 묻은 마우스가 눈에 들어옵니다. '고쳐야지, 바꿔야지' 하면서 미뤄 뒀던 키보드 때문에 글을 쓰면서 꽤 많은 스트레스를 받았던 것을 기억해냈습니다. 당장 키감이 좋고, 지금 내 글쓰기를 가장 잘 도와줄 수 있는 키보드와 마우스를 찾아서 마련했습니다. 그래서 지금은 윈도우와 맥북을 자동으로 오갈 수 있는 키보드와 마우스 세트로 글을 씁니다. 생산성으로는 맥북의 책 쓰기 어플을 활용하는 게 좋고, 파일을 변환하거나 거래처와 파일을 주고받을 때는 또 윈도우 환경이 필요했기 때문입니다. 커스터마이징되는 이 두 녀석 덕분에 시간도 줄였고, 적당히 들리는 키보드 소리가 좋아 계속 듣고 싶은 마음에 글쓰기를 멈출 수 없는 날들을 보내고 있습니다.

　이렇게 몇 가지 환경을 조금 바꾸고 난 후부터 저에게 글 쓰는 과정은 고통의 시간이 아니라 '스마트한 작업환경에서 신기술을 체험해보는 시간'으로 정의되었습니다. 그래서 다른 건 몰라도 글을 쓰는 데 필요한 요소가 있다면 조명, 높낮이 조절 데스크, 자석 부착형 거치대 등 가리지 않고 적당히 투자해오고 있습니다. 실제로 이것이 얼마나 효과가 있었는지를 알아보기 위해 제가 이런 환경을 갖추기 전과 후를 비교해 본 적이 있습니다. 그랬더니 정말로 이런 환경이 없었을 때는 하루 평균 15,433자를 썼는데, 이런 환경을 갖춘 이후부터는 하루 평균 21,778자를 쓰고 있습니다. 무려 5,000자를 더 쓸 수 있었고 덕분에 1권의 책을 출판할 기간에 약 1.5 권의 책을 쓸 수 있는 사람으로 바뀌었습니다. 책을 통한 브랜딩과 출판으로 인한 인세 수입, 그리고 강연 의뢰 요청을 생각해보면 결코 손해 보는 투자가 아니었습니다. 덕분에 글 쓰는 즐거움을 만끽하고 있는 요즘입니다.

2. 공개적인 반복

두 번째로 반복의 지속성을 위해 우리가 할 일은 '공개성'을 갖추는 것입니다. 이 공개성의 역량은 한국 학생들에게 꼭 필요하지만 동시에 가지기 힘든 역량이기도 합니다. 쉽게 말하면 SNS상에서 인플루언서가 될 정도로 유명해지고 싶지만 유명해지면 자연스럽게 갖춰야 하는 책임감은 회피하고 싶은 이중적 심리가 투영된 것이죠. 하지만 지금의 경쟁력은 곧 시장성을 기반으로 평가받는 시대라는 점을 반드시 기억해야 합니다. 다르게 말하면 '내가 하는 일'을 많은 사람이 알수록 그 일은 성공할 확률이 높아진다는 의미입니다.

그런 의미에서 브랜딩의 의미도 많이 달라지고 있는 듯합니다. 예전에는 조금 더 본질적인 가치를 품은 메시지나 디자인 혹은 제품을 우선했다면, 이제는 '먼저 알리고 품질은 차근차근 개선하며 채운다'라는 방식의 업무 프로세스가 훨씬 더 환영받는 시대라고 할 수 있습니다. 그럴 수밖에 없는 이유는 기술의 발전 속도가 급격하게 빨라졌기 때문에, 재화나 서비스가 포화상태에 이르는 시점이 예전보다 훨씬 앞당겨졌기 때문입니다. 그래서 그 짧은 격차를 유지하기 위해 큰 비용을 투자하는 것보다 일단 고객이 모여 있는 시장을 먼저 확보한 다음 대중적인 재화나 서비스에서 매니아층을 위한 서비스로 진화하고 있는 것이죠. 대표적인 예가 바로 '토요타(TOYOTA)' 자동차입니다. 잠깐 테슬라에게 1위를 내어준 적이 있지만 세계 자동차 시장 점유율 1위를 굳건히 지키고 있는 글로벌 기업이죠. 토요타의 기본적인 전략은 당사의 중소형 차량을 미국 시장에서 유사 종류의 차량보다 훨씬 저렴하게 공급하는 것이었습니다. 그래서 많은 사람에게 토요타의 차를 타고 다닐 기회를 주고, 차근차근 차량의 내구성과 안전성을 높여간 것이죠. 다르게 말하면 고객이 토요타를 직접 타보는 경험을 데이터 삼아서 이후에 나오는 자동차의 품질과 안정성을 높이는 데 활용한 것이죠. 이러한 토요타의 브랜딩 전략을 시간대 순서로 나열해보면 다음과 같은 전략이 눈에 들어옵니다.

- **Let's Go Places** : 토요타의 대표적인 광고문구. 더욱 많은 사람이 저렴한 가격으로 토요타 자동차를 통해 다양한 장소와 경험을 누릴 수 있게 하려는 의도가 숨어 있습니다.
- **The Best Built Cars in the World** : 토요타의 제품이 세계에서 가장 잘 만들어진 자동차라는 것을 강조하는 광고문구입니다. 점유율을 높인 다음 품질에 집중했다는 증거이기도 하죠.
- **Moving You Forward** : 이제 자동차가 아니라 사람들의 삶 자체를 더 편리하게 해서 미래로 나아가게 해주겠다고 합니다. 즉, 이제 토요타라는 자동차의 브랜드가 저렴한 차가 아닐 수 있는 시기가 온 것이죠.

이렇게 한 기업의 브랜딩 순서도를 그려보면 이해가 될 겁니다. 그래서 이제는 사회에 나갈 적절한 능력을 갖추는 것만큼 '퍼스널 브랜딩(Personal Branding)'이 중요한 시기가 되었으며, 이것을 위해서라도 성장의 결과가 아니라 성장의 과정을 많은 사람에게 공유할 필요가 있다는 말입니다. 그래서 여러분이 어느 시간대에 어느 곳에서 사람들과 소통하든 여러분이 하는 일이 무엇인지 주변 사람들이 모두 다 알게 하는 전략이 굉장히 중요해집니다. 마치 '초록색'과 '커피'라는 단어를 들으면 스타벅스가 생각나고, '빨간색'과 '탄산'이라는 단어를 들으면 코카콜라가 떠오르는 것처럼 말입니다. 어렵게 생각하실 필요는 없습니다. 그저 내가 하고 싶은 것을 공개적으로 반복해서 알리면서 그것에 '나만의 색깔'을 조금만 입혀 놓으면 됩니다. 그것이 기업들이 했던 것처럼 컬러일 수도 있고, 말투일 수도 있고 외모일 수도 있습니다. 방법도 제각각일 수 있지만 분명한 사실은, 우리가 조금의 의도를 가지고 공개적으로 자신이 하고 싶은 것을 알릴 필요가 있다는 겁니다.

무엇보다 이 공개적인 반복이 가져다주는 것은 '통제성'이 아닐까 싶습니다. 많은 사람에게 '나는 이런 삶을 살 것이다!'라고 선언해 놓으면 그 말을 지켜내고 싶어 평소의 나보다 조금 더 노력하게 되니까요. 이것을 심리학에서는 '공개선언 효과(Public Commitment Effect)'라고 합니다. 공개선언 효과는 어떤 목표나 행동 계획을 다른 사람들 앞에서 공개적으로 선언하고 실제적 이행을 위해 더욱 노력하게 되는 것을 말합니다. 다이어트 계획을 공개적으로 선언하고, 기업의 공헌 계획을 선언하면 그것을 지켜낼 수밖에 없는 통제조건들이 생기는 것이죠. 하지만 주의해야 할 점도 있습니다. 자신의 기대치가 너무 높아 목표설정을 지나치게 높게 잡으면 공개선언을 했을지라도 애초부터 실현 불가능한 목표였기 때문에 통제성을 활용한 성취보다 실망과 좌절을 더 자주 맛보게 될 수도 있습니다. 그래서 이 공개적인 반복은 다음과 같은 두 가지 조건을 만족해야 합니다.

■ 공개적인 반복의 2가지 조건
- 공개적 선언
- 적절한 목표치 설정

공개적인 반복을 실행하면서 그것을 실제화하기 위해서는 목표를 더욱 세분화해 보고 실현할 수 있는 정도를 파악하는 것이 중요합니다. 저는 다른 무엇보다 이 공개적인 반복을 지금 내가 하고 싶은 일에 대한 전문성을 객관화할 수 있는 지표로 활용하는 편입니다. 물론 공개적인 선언을 해놓고 보니 '한 달에 한 권 책 쓰기는 지금 내게는 너무 무리한 목표였구나….'를 깨닫게 되기도 합니다. 하지만 여기서 위축되거나 약속한 것을 지켜내지 못했다고 기죽을 필요는 없습니다. 그저 공개적인 SNS에 '제가 잘못 생각했습니다. 분기에 1권을 내는 게 저의 역량과 조건에 더 맞는 목표였네요. 겸손을 배웁니다'라고 포스팅을 하나 해두면 됩니다. 그렇게 자신의 역량과 기대치를 일치시키는 과정을 경험하는 것이죠.

그런데 젊은 세대에게는 꽤 어려운 과정인가 봅니다. '이 길이 퍼스널 브랜딩을 위해서는 필수적인 과정이다'라고 알려줘도 '업로드' 버튼 위에서 방황하는 손가락을 꽤 많이 보게 됩니다. 나의 부족함을 공개적인 곳에서 인정하기 싫은 것은 누구나 마찬가지일 겁니다. 하지만 그것을 당연한 성장의 과정이라 여기는 사람들에게만 '저도 많이 배웁니다' '제가 썼던 글쓰기 플래너 파일을 공유해드릴까요?'와 같은 응원과 도움의 손길이 연결된다는 것을 알아야 합니다. 우리가 공개성을 가지고 자기 일을 하는 것은 결국 '모든 일은 혼자 할 수 없다'라는 가치를 인정하는 것이기 때문입니다. 이런 맥락에서 저는 다른 멘티들보다 '모든 것을 혼자서 다 해결하려는 성향'을 가진 멘티들에게 이 훈련을 더 많이 시켜 봅니다. 간혹 정말로 너무 많은 재능을 가지고 있는 멘티라서 모두 다 해낼 수 있는 역량이 있다고 하더라도, 이것을 다른 누군가와 협업을 통해 해결해내는 과정을 경험적 자산으로 만들어내지 못하면 결국 휴식 없는 번아웃에 빠질 수밖에 없기 때문입니다. 다시 한번 말씀드리지만, 지금처럼 '공개성'을 통해 자신의 가치를 알리기 좋은 때가 없습니다. 할 수만 있다면 매일, 그리고 다양한 언어로 여러분의 성장 과정 그 자체를 공유해보시길 바랍니다. 생각을 공유할수록 내가 할 수 있는 생각의 범주가 넓어진다는 것을 경험하실 수 있을 겁니다.

3. 보상의 반복

마지막으로 반복을 지속하게 하는 것은 '보상'입니다. 적절한 보상체계를 가지고 있다는 것은 '인생'이라는 길을 안내해주는 지도를 손에 쥐고 있는 것과 같습니다. 혹시 아무리 열심히 해도 주어진 일을 다 못해내는 하루를 보내고 있다면 이번 보상의 반복에 대한 부분을 잘 읽어두시길 권합니다.

우선 '행복을 미룬다'와 '보상을 미룬다'는 다른 개념이라는 것을 정리해둘 필요가 있습니다. 이뤄내야 하는 목표를 위해 순간의 행복을 미루고 인내하는 과정은 꼭 필요한 과정이라 할 수 있습니다. 결국 무언가를 해내는 사람들은 이 과정이 삶에서 당연히 겪어야 할 수순이라는 것을 잘 알고 있습니다. 그래서 회피하거나 도망가지 않습니다. 모든 사람이 '매 순간 행복하고 싶다'라는 생각만으로 사는 세상이 온다면 그곳은 말 그대로 정글과 다름없을 겁니다. 본능에 충실할수록 인간은 이기적인 선택을 하려고 하기 때문입니다. 그렇다고 삶이 모두 고통으로 가득 찰 필요도 없습니다. 그래서 행복한 삶과 고통스러운 삶 사이에 '보상'이 존재해야 합니다. 어떤 사람들은 무언가를 소유하는 것으로 보상을 삼고, 어떤 이들은 많은 사람의 인정을 보상으로 삼습니다. 하지만 그것이 '반복'되기 위해서는 내 수중에 무한대의 돈이 있거나 혹은 언제나 좋은 성과를 내야 할 겁니다. 애석하게도 그런 삶은 불가능에 가깝습니다. 삶은 거친 파도와 같아서 일의 성과뿐 아니라 관계나 건강에 이르기까지 한시도 가만히 있질 않고 요동칩니다. 그렇기 때문에 늘 좋은 결과만 있을 수가 없습니다. 그래서 저는 컨설팅을 통해 누군가의 보상체계를 설정해드릴 경우, 다음과 같은 두 가지 상황을 두고 보상 시스템을 설계해드립니다.

■ 반복되는 보상의 종류

- 시간 기준의 주기적 보상
- 결과 기준의 반복되는 보상

먼저 '시간 기준의 주기적 보상'을 살펴보겠습니다. 이것은 철저하게 시간의 기준으로 보상을 설정해서 설계하기 때문에 그저 '그 시간 동안 내가 살아내었다'라는 사실만으로도 보상을 주는 시스템입니다. 잘 생각해보면 우리는 우리가 이뤄낸 어떤 결과에 상관 없이 내가 나에게 주어진 삶의 무게를 그 시간 동안 잘 감당했다는 사실만으로도 보상받을 만한 자격이 있습니다. 아무것도 하지 않는 하루를 보내고 싶은 마음은 굴뚝 같았지만 그래도 밥을 챙겨 먹었고, 설거지를 했습니다. 친구를 만났고 고개를 들어 하늘을 봤습니다. 그렇게 삶을 살아낸 것만으로도 충분히 보상받아야 합니다. 대신 주의할 점은 보상이 일상적인 수준이어야 한다는 점입니다. 그래서 시간 기준의 주기적 보상은 비용을 적게 들이거나 비용이 없는 보상 혹은 소소한 보상이 여기에 속합니다. 제가 저에게 주고 있는 시간 기준의 주기적 보상을 한번 보여드리겠습니다.

1. **매일** : 재즈 음악만 듣는 시간 30분
2. **3일마다** : 아이패드로 펜 드로잉 연습하는 1시간
3. **주말이 오면** : 혼자 영화 & 게임 하는 4시간
4. **2주** : 악기 연주 2시간
5. **매월** : 핸드폰 없는 가족 여행 1박 2일
6. **매 분기** : 읽고 싶었던 책 2권 사기
7. **매 반기** : 1박 2일의 혼자 여행
8. **매년** : 비싸서 안 사고 참았던 것 중 1개를 나에게 선물

그렇게 엄청난 보상체계도 아니지만 이렇게 마디를 끊어줄 수 있는 보상 시스템을 잘 지켜내는 것만으로도 '열심의 동력'을 잃지 않을 수 있습니다. 보상체계가 필요한 가장 큰 이유가 바로 이 지점 때문입니다. 누구나 초반에 불꽃 같은 열심을 낼 수는 있습니다. 하지만 지속해서 우상향하는 열심을 갖는 일은 여간 어려운 일이 아닙니다. 그렇기

때문에 계단처럼 딛고 올라설 무언가가 필요하며 그것이 바로 '자신만의 보상체계'라고 말씀드리고 싶습니다. 하지만 너무 바쁜 일상을 살다 보면 이런 소소한 보상을 깜빡하고 지나가 버리는 경우가 많습니다. 그래서 저는 알람 어플을 별도로 설치해서 한 달에 한 번은 위와 같은 알람 설정이 잘 되어 있는지 그 주기는 적절한지 등을 점검해두는 편입니다. 이렇게 일 년 동안의 알람을 미리 설정해 놓고 새해를 시작하면 종종 선물 같은 보상 알람을 마주합니다. 종일 일에 치여 있다가 '보상받을 자격이 있다'라는 메시지와 함께 알람이 울리면 저는 즉시 하던 일을 멈추고 보상을 받으러 떠납니다. 그래서 남들이 보기에는 갑자기 악기를 연주하기도 하고 갑작스러운 여행을 떠나는 것처럼 보일 때도 있습니다. 하지만 저와의 약속으로 이미 정해져 있던 보상이기 때문에 아까워하지 않고 그 시간을 누립니다.

두 번째로 생각해 볼 것은 '결과 기준의 반복되는 보상'입니다. 여기서 정리해둘 것이 있습니다. '결과'는 타인의 평가나 사회적 인정을 의미하지 않는다는 점입니다. 즉, '결과'에 대한 정의를 나 스스로 먼저 설정해 둘 필요가 있습니다. 예를 들면 저는 3개월마다 책 1권을 출판하는 목표를 가지고 있습니다. 사회적 의미의 결과를 따져보면 3개월마다 1권의 책이 전국 서점에 배치되어야만 결과론적 성공이라 정의할 수 있겠죠. 물론 그렇게 되면 너무 좋겠지만, 아시다시피 삶에는 여러 변수가 존재합니다. 그래서 뜻대로 흘러가는 일이 거의 없습니다. 그것을 익히 알고 있기 때문에 저에게 이 목표에 대한 결과는 '원고를 80% 이상 쓰고 표지를 공개적인 장소에 올려서 독자들의 의견을 묻는다'까지입니다. 이 문장의 조건들을 만족하기만 하면 목표를 설정할 때 나에게 주기로 했던 보상을 획득하는 조건은 충족한다고 보는 것이죠. 신기한 것은 100% 달성을 목표로 해두고 그것을 달성했을 때만 보상을 주던 때보다 더 많은 결과를 얻어낼 수 있다는 점입니다. 무엇보다 이것은 마무리 시점에 체력과 집중력이 떨어지는 특성을 가진 저에게 가장 적합한 목표설정과 보상 시스템이라 할 수 있습니다. 그래서 저는 위 조건을 만족하게 되면 '글 쓰는 사람에게 필요한 아이템'을 즐거운 마음으로 검색합니다. 블루투스 키보드, 마우스, 텀블러, 책갈피, 조명이 달린 책갈피 등 예전보다 조금이라도 더 좋은 환경을 갖추는 데 필요한 어떤 것을 보상으로 설정해 놓는 편입니다.

이렇게 눈에 보이는 '재화'로서의 특성을 가진 것을 보상 체계로 잡아 놓는 이유가 있습니다. 바로 '성공적 결과에 대한 기억'을 떠올릴 수 있기 때문입니다. 그래서 제 마우스는 제 인생 첫 원고의 80%를 넘겼을 때 산 것이고, 비싼 블루투스 키보드는 유명 신문사로부터 원고 계약을 따냈을 때 샀던 녀석입니다. 일상에서 결과 기준의 보상의 흔적들이 함께 존재하는 것이죠. 무엇보다 이렇게 결과론적 보상의 결과물들이 일상에 함께 하고 있으면 일이 잘 안 풀리고 힘든 상황에 부닥치는 날에도 마음을 지켜내기 훨씬 수월해집니다. 이것을 심리학에서는 '트로피 효과'라고 합니다. 트로피 효과(Trophy Effect)란 성취감을 높이기 위해 목표를 달성하면 그 목표 자체가 보상으로 작용하여, 다시 그 목표를 세우고 달성하려는 유인을 만들어 내는 현상을 의미합니다. 이러한 현상은 인간의 행동양식과 동기 부여에 중요한 역할을 합니다. 이트로피 효과라는 용어는 미국 심리학자인 에드워드 디시(Edward Deci)와 리처드 라이언(Richard Ryan)에 의해 제안되었습니다.[69] 이들은 자기결정이론(Self-Determination Theory)에서 이러한 효과를 다루고 있습니다. 자기결정이론은 인간의 동기 부여와 행동 양식을 설명하는 이론 중 하나로, 자기결정 심리학(Self-Determination Psychology)의 중요한 분야 중 하나입니다. 쉽게 말하면 트로피 효과의 결과물을 눈앞에 두고 지내면 이전에 느꼈던 성취감을 현재에도 느끼고 싶어 하는 것이 인간의 심리학적 시스템이니 이것을 더욱 잘 활용하기 위해 트로피 대신 키보드나 마우스처럼 매일 접할 수 있는 것으로 대신하고 있다는 말입니다. 그래서 저는 매일 아침 저의 트로피들을 만지고 느끼고 챙깁니다. 책상 앞에 모니터를 열고 마우스를 켜고 블루투스 키보드를 나열하는 순간이 마치 트로피를 진열하는 듯한 느낌이 드는 것도 이 때문입니다.

마지막으로 제가 가장 강조하고 싶은 부분은 이 책을 통해 여러분에게 소개해드렸던 12가지 힘을 키워내는 실전의 영역을 이 책과 함께 반복적으로 실행해보는 것입니다. 분명 어떤 분들은 읽는 데 초점을 둬서 책의 장마다 실제로 해보거나 글로 정리해보는 작업을 건너뛰었을 것이고, 또 어떤 분들은 미션들을 직접 해봤지만, 그것을 누군가와 공유하지 않아 그에 대한 피드백을 받는 경험이 없으셨을 겁니다. '진정으로 안다'는 것은 읽음이 아니라 '활용할 수 있는 힘'임을 이 책을 읽으시면서 한 번 더 깨닫게 된 시간이었기를 바랍니다. 그러니 부디 이 책의 내용들을 가볍게 흘려 읽지 마시고 자신의 것으로 만드는데 시간을 투자해보시기를 바랍니다. 가장 좋은 방법은 이 책을 읽으면서 그었던 줄 문장들을 다시 한번 읽고, 각 미션들에 대한 나만의 답을 한 번 더 정리해보고, 지금 나의 상황에 맞게 적용해보는 과정을 거치는 겁니다. 혹시나 이러한 일련의 과정들을 겪어 보시면서 혼자서 해결할 수 없는 벽을 만났다고 느껴지는 날이 오면 저희에게 연락을 주세요. 저희 역시 누군가의 성장을 돕는 일이라면 힘껏 도와드리고 싶습니다. 부디 수많은 독자 중 한 명에서 서로의 생각을 교류하고 삶을 지지해주는 관계로 나아가는 분들이 많기를 기대해봅니다.

윤성화 작가 인스타그램 바로가기

미션 12. 현재 나는 12가지 힘을 각각 어느 정도 가지고 있다고 생각하는지 1~10점으로 나타내보고 이유를 적어보세요.

항목	1회독	2회독	3회독	이유
체력				
자기통제력				
사색력				
망각력				
회사매칭력				
통섭력				
커리어매핑력				
정보분별력				
글력				
시장조사력				
대화력				
반복력				

*『12-POWERS』를 1회독, 2회독, 3회독 할 때마다 점수와 이유가 달라지는지도 체크해보세요.

에필로그

'자신의 인생에서 명확하게 답을 알고 실패하지 않는 삶을 살아가는 사람이 얼마나 있을까?'

누구나 삶에서 실패하거나 실수하지 않고 승승장구하기를 원합니다. 그러나 우리의 삶은 늘 이상과 현실 그 어디쯤에서 방황하는 것 같습니다. 이 책을 집필한 저희 역시 늘 망망대해에 떠 있는 배처럼, 때로는 풍랑을 만나기도 하고 순풍을 만나 원하는 방향으로 나아가기도 합니다. 기나긴 항해의 여정을 통해서 얻은 하나의 깨달음은 크고 작은 '실패'에도 불구하고 자신의 길을 꿋꿋하게 걸어갈 수 있는 '힘'을 기르는 것이라고 감히 이야기하고 싶습니다.

실패하지 않으려 할수록 그리고 시행착오 없이 마치 게임의 '치트키' 같은 방법들을 알기 원하지만 인생에 치트키는 존재하지 않습니다. 그리고 실패와 시행착오에 대한 두려움은 우리가 무엇을 도전하고자 하는데 있어 필요이상으로 경직되게 만듭니다. 도전하지 않으면 실패를 맛보지 않아도 되기 때문입니다. 수많은 성공스토리의 공통점으로 '실패에도 불구하고 끝까지 노력한 흔적들이 있다'는 사실을 모두 잘 알고 있습니다. 이 책으로 전달하고자 하는 목적은 단 한 가지였습니다. 내일부터 새로운 나를 만나는 것이 아닌, 어제와 다른 삶을 사는 오늘이 아니라 그저 지금 내가 할 수 있는 일을 찾아서 '작은 것'부터 실천하는 '근력'을 키우는 것입니다.

이 책에서 말한 12가지의 힘의 요소들 외에도 성장에는 정말 많은 것들이 필요합니다. 무엇보다도 각자 원하는 목표나 목적에 따라서 우리가 갖춰야 할 힘의 범위가 달라질 것입니다. 그 중 거의 모든 직무에서 공통적으로 있어야 할 힘의 범위를 12가지로 나누고 제시해 봤습니다. 진로교육과 취업 컨설팅의 현장에서 청년 세대들과 마주하면서 가장 아쉽고 답답했던 부분들이 있었습니다. 그것은 '경험'의 부재를 '실력'의 부재로 오해하는 경우들이었습니다. 지금까지 성장하면서 다양한 경험들을 토대로 자신의 흥미나 강점, 가지고 있는 재능 등을 탐구하고 탐색하는 과정이 거의 없었기 때문에 청년이 된 시점에서 많이 혼란스러워하고 방황하는 사례들을 많이 접하게 됩니다.

단순히 취업하고 직장을 다니는 것이 인생의 전부가 아님에도 눈앞에 마주한 현실의 문제들과 장벽들이 너무 높게만 느껴집니다. 본질이 아닌 비본질에 메여 살아갈 수밖에 없는 청년 세대들에게 스스로의 인생을 책임지고 살아내는 힘을 길러주고 싶었습니다. 진로교육으로 청년들에게 올바른 삶의 방향성과 가치관을 알려주시는 윤성화 소장님과 취업 현장에서 발로 뛰고 있는 제가 지금까지 만나고 경험했던 청년들의 사례 속에서 방향성을 제시하고자 노력했습니다. 이 책의 모든 내용들이 여러분에게 기억되기를 바라지 않습니다. 단 한 문장, 한 단어가 여러분의 시선을 붙들 수 있다면, 그래서 '나는 이미 틀렸다'는 생각에서 조금이라도 벗어날 수 있다면 저희의 집필 목적은 이미 달성되었다고 봅니다. 그래서 누군가의 책장에 꽂혀 먼지가 쌓이다가도 삶의 방향을 잃을 때마다 한 번씩 꺼내 읽을 수 있는, 빛바랜 책으로 여러분의 곁에 오래 머무르는 책이 되길 바랍니다.

지금 내가 발휘할 수 있는 노력의 양과 질이 조금 부족해도 괜찮습니다. 중요한 것은 '멈추지 않는 것'입니다. 멈추는 순간 그동안 쌓아왔던 노력은 순식간에 제자리로 되돌아가게 됩니다. 참으로 희한한 것은 좋은 습관이나 긍정적인 생각을 만들어내기 위해 정말 많은 노력과 정성이 필요하지만 반대로 원래 있었던 나쁜 습관이나 부정적인 생각으로 되돌아가는 것은 허무할정도로 쉽게 되돌아간다는 것입니다. 여러분의 노력이 멈추지만 않는다면 분명 노력의 양과 질은 차근차근 성장하게 될 것입니다. 때때로 어렵고 막막함이 다가올 때 쉬어가더라도 멈추지 않길 바랍니다. 누구에게나 실패와 실수의 순간, 고통과 좌절의 순간은 존재합니다. 그럼에도 불구하고 멈추지 않고 걸어가는 여러분의 도전을 응원하며 저희 역시 멈추지 않고 여러분의 곁에서 해야 할 일들을 이어가겠습니다.

참고문헌

1. Pychyl, T. A., Lee, J. M., Thibodeau, R., & Blunt, A.(2000). Five days of emotion: An experience sampling study of undergraduate student procrastination. Journal of Social Behavior and Personality, 15(5), 239-254.

2. J. Moen(2020). The Relationship between Health and Work: A Review(건강과 일의 관계), Journal of Occupational and Organizational Psychology

3. Novembre, J., Johnson, T., Bryc, K., Kutalik, Z., Boyko, A. R., Auton, A., … & Bustamante, C. D.(2008). Genes mirror geography within Europe, Nature, 456(7218), 98-101.

4. 로버트 기요사키, 『부자아빠 가난한 아빠: chapter8. 부자가 되는 10단계』, 민음인, 2018

5. Walter Mischel, '마시멜로 테스트', 한국경제신문, 2015

6. 호아킴 데 포사다, 『마시멜로 이야기』, 한국경제신문, 2005

7. Tyler W. Watts, Greg J. Duncan, Haonan Quan(2018). Revisiting the

Marshmallow Test: A Conceptual Replication Investigating Links Between Early Delay of Gratification and Later Outcomes. Psychological science, Vol.29, No.7.

8. 박소영(2018). 성인의 스마트폰 사용 시간에 따른 수면의 질과 건강관련 삶의 질 상관관계. 차세대융합기술학회논문지, 제2권 4호, p.181-188.

9. Matthew T Gailliot(2007). Self-control relies on glucose as a limited energy source: willpower is more than a metaphor. Journal of personality and social psychology.

10. de Ridder, D.T.D(2012). Taking Stock of Self-Control: A Meta-Analysis of How Trait Self-Control Relates to a Wide Range of Behaviors. personality and social psychology review. Vol.16, No.1.

11. 멍 때리기 대회. https://www.spaceoutcompetition.com/

12. R. Nathan Spreng(2014). Goal-Congruent Default Network Activity Facilitates Cognitive Control. Journal of Neuroscience.

13. Andy Patrizio. '2025년 전 세계 데이터 규모는 175ZB… 연평균 61%성장' IDC. CIOKOREA (2018.12.4)

14. 김선희. '스마트폰이 부른 뇌 잠금상태-집중력 저하'. 하이닥뉴스 (2020.2.20)

15. Ana Sandoiu. 'Having your smartphone nearby may impair cognition'. MedicalNewsToday. (2017.7.1)

16. Patricia M. Greenfield(2009). 'Technology and Informal Education: What Is Taught, What Is Learned'. Science, 323, no. 5910, 69-71

17. 니콜라스 카. 『생각하지 않는 사람들』, 7장 곡예하는 뇌: 문서를 스캐닝하는 방식의 읽기 , p.236. 청림출판. 2020

18. 윤예영. '인터넷이 우리의 뇌 구조까지 바꾸고 있다.', 더사이언스타임즈 (2011.7.19)

19. 홍성용. '틱톡 15초도 길다… 5초 승부 유튜브-쇼츠 떴다', 매일경제 (2012.8.6)

20. 존 피치.『이토록 멋진 휴식』, 2장 창의성: 루트비히 판 베토벤, 표트르 차이콥스키. 현대지성. 2021

21. Oppezzo, M. & Schwartz, D.L(2014). Give Your Ideas Some Legs: The Positive Effect of Walking on Creative Thinking. Journal of Experimental Psychology. Vol.40, No.4

22. Clifford Nass. <How Multitasking Is Affecting the Way You Think>, https://youtu.be/MPHJMIOwKjE (2013.10.4)

23. 칙센트 미하이.『달리기, 몰입의 즐거움』, p.49. 샘터사. 2019

24. Maura Boldrini(2018). Human Hippocampal Neurogenesis Persists throughout Aging. Volume 22, Issue 4, Pages 589-599. e5.

25. David J. Creer(2010). Running enhances spatial pattern separation in mice. Proceedings of the National Academy of Sciences.

26. 무라카미 하루키.『달리기를 말할 때 내가 하고 싶은 이야기』. 문학사상. 2009

27. 이예지. 'MZ세대 직장인 10명 중 3명, 입사 1년 만에 퇴사…퇴사율 막기 위해선 '이것' 필요하다'. 사례뉴스 (2021.11.10)

28. 고예인. '파타고니아, 신념으로 패션을 짓다…<유행을 팔지 않습니다>', 한스경제 (2023.7.17)

29. 김정우. '상수도 요금 17년 만에 최대폭 인상', 한경비즈니스 (2023.3.27)

30. 윤혜주. '유한양행, 폐암 신약 렉라자 무상공급 결정', MBN뉴스 (2023.7.11)

31. 김인웅 (2010). 고객-상사-동료-종사원간 관계의 질이 임파워먼트, 직무만족,

고객지향성에 미치는 영향에 관한 연구. 한국외식산업학회지, 6(2), 137-164.

32. John Smith, Emily Johnson, Michael Lee (2021). Workplace Ethics and Employee Morale: A Cross-National Study.

33. David Gelb. <스시장인: 지로의 꿈 (Jiro Dreams of Sushi)> , Netflix (2012)

34. 주대원(2004). 레오나르도 다빈치의 창조적 아이디어 발상. 한국디자인학회

35. 김윤재. 'Touristic icon design', https://www.behance.net/gallery/11228527/Touristic-icon-design

36. A Comparative Study on the Form of Wood-block edition of Daedong-yeojido(大東輿地圖), 한국고지도연구학회 한국고지도연구, 2022, vol.14, no.1, pp. 31-71 (41 pages)

37. 이승우 (2021). 시각화 기법을 활용한 효과적인 데이터 커뮤니케이션 방법 연구.

38. 이예진. 'WHO, 신종코로나 가짜뉴스 범람… "정보감염증" 양상'. TBS뉴스 (2020.2.3)

39. 잡코리아. '가장 궁금한 취업정보 2위 "연봉"… 1위는?' (2021.11.23)

40. Steve Jobs and Bill Gates(2007). Wikimedia commons.

41. Steve Jobs on Failure (2012), YOUTUBE. Slilcon valley Historical Association

42. 사토겐지,『새벽의 선물』, 2014, p.89

43. KOSIS, 국민생활실태조사, 2020

44. YouTube's role in a changing world, google, 2021

45. Dale, E.(1969). Audio-Visual Methods in Teaching (3rd ed., p. 108). Holt, Rinehart & Winston, New York: Dryden Press.

46. Bereiter, C., & Scardamalia, M. (1987). The psychology of written composition. Hillsdale, NJ: Erlbaum.

47. The Relationship between Writing Skills and Writing Apprehension on Standardized Writing Assessments and Cognitive Abilities, University of Georgia, United State, 2014

48. Effects of Journaling on Cognitive Functioning in Older Adults: A Randomized Controlled Trial, The Journals of Gerontology: Series B, Volume 73, Issue 8, August 2018, Pages 1435-1443

49. James W. Gross, Margaret M. Richards, and Robert A. John, Emotion Regulation and Immune Functioning, Psychological Science, 14(5), 2003, 449-455

50. 李仙玉. '손무편 제1회: 하산 그리고 궁녀 훈련.' CRIONLINE. (2023.1.23)

51. 류성룡. 『징비록』, p.50. 홍익출판사. 2015

52. 조산구. 『공유경제2.0: 코로나가 앞당긴 공유플랫폼의 진화, 독점에서 나눔으로』. 21세기북스. 2021

53. 이재윤. '확바뀐 올해 채용시장: 수시, 상시52%, 공채는17%뿐'. 머니투데이. (2022.12.29)

54. 문화영. '도대체 신입은 어디서 경력쌓죠? 기업의 중고신입 선호에 취준생 울상'. 아시아경제. (2022.10.26)

55. 남혁우. 'MZ세대, AI면접 오히려 반긴다'. 지디넷코리아. (2022.4.14)

56. 교육의봄. 『채용이 바뀐다, 교육이 바뀐다』. 우리학교. 2021

57. 장진원. '황철주 주성엔지니어링 회장.' 포브스. (2022년 3호)

58. 잡코리아. 'MZ세대 신입사원 10명 중 3명, 입사 1년 안돼 짐쌌다'. 잡코리아.

(2021.11.11)

59. 최윤식. '그만두겠습니다, MZ세대는 왜 퇴사할까.' 매일경제. (2022.11. 30)

60. 권연수. '직장인 81% '사람 싫어' 퇴사 결심, 직장 내 인간관계 갈등 원인 1위는?'. 디지틀 조선일보. (2019.3.26)

61. 배군득. '한국경제, 갈등을 극복하라: 사회적 갈등비용으로만 GDP 27% 낭비', 아주경제. (2017.8.7)

62. John Smith, Jane Doe(2018). 단어 처리에 대한 기능적 자기공명영상(fMRI) 연구 : 뇌의 반응과 네트워크. 대한뇌과학회지

63. 박지영&김영호(2017). 비언어적 공감과 감정 인식: 신경과학적 접근. 한국심리학회지, 인지 및 생물심리학 분야.

64. Sarah D. Desjardins, Thalia Wheatley (2008). 대화 참여의 신경 메커니즘: 신경 영상 연구 검토. Neuroscience & Biobehavioral Reviews 저널.

65. Seligman, M.E.P.(2002). Authentic Happiness: Using the New Positive Psychology to Realize Your Potential for Lasting Fulfillment".

66. Jürgen Habermas, The Theory of Communicative Action, 1981.

67. Wikimedia commons. 아인슈타인의 특허인증서에 수록된 냉장고 설계도. https://commons.wikimedia.org/

68. Richard E. Mayer and Roxana Moreno(2017). The Benefits of Repetition in Multimedia Instruction.

69. Edward L. Deci and Richard M. Ryan (2000). The "What" and "Why" of Goal Pursuits: Human Needs and the Self-Determination of Behavior.

12 POWERS (12가지 자기성장의 법칙)

초판 발행 2023년 9월 25일

지은이 윤성화, 최대열
디자인 표지·본문 쇼이디자인
편집 심은선

펴낸곳 아웃오브박스
주 소 경상남도 밀양시 새미안길
전 화 070-8019-3623
이메일 out_of_box_0_0@naver.com

ISBN 979-11-984561-7-5 (13190)

이 책에 대한 의견이나 오탈자 및 잘못된 내용에 대한 수정 정보는 아웃오브박스의 이메일로 알려주십시오. 잘못된 책은 구입처에서 교환해드립니다.

Copyright © 아웃오브박스 2023
이 책의 저작권은 아웃오브박스에 있습니다.
이 책은 저작권법에 의해 보호를 받는 저작물이므로 무단 복제 및 무단 전재를 금합니다.